Peter Kürble, Helena M. Lischka
Trends und Forschung im Marketingmanagement

Peter Kürble, Helena M. Lischka

Trends und Forschung im Marketingmanagement

—

DE GRUYTER
OLDENBOURG

ISBN 978-3-11-052614-1
e-ISBN (PDF) 978-3-11-052609-7
e-ISBN (EPUB) 978-3-11-052620-2

Library of Congress Control Number: 2018947017

Bibliografische Information der Deutschen Nationalbibliothek
Die Deutsche Nationalbibliothek verzeichnet diese Publikation in der Deutschen
Nationalbibliografie; detaillierte bibliografische Daten sind im Internet über
http://dnb.dnb.de abrufbar.

© 2018 Walter de Gruyter GmbH, Berlin/Boston
Umschlaggestaltung: Ahmetov_Ruslan/istockphoto
Satz: le-tex publishing services GmbH, Leipzig
Druck und Bindung: CPI books GmbH, Leck

www.degruyter.com

Vorwort

Obschon Bücher aktuelles Wissen aufbereiten und strukturiert zusammenfassen, weisen sie in der Regel eine Produktionsdauer von mindestens eineinhalb bis zwei Jahren auf, so dass das dort gebündelte Wissen in der Folge kaum noch im klassischen Sinne *aktuell* sein kann. Dies bedeutet nicht, dass die dort zusammengefassten Erkenntnisse zwangsläufig ihre Gültigkeit verloren haben. Allerdings können sich in der Zwischenzeit die Voraussetzungen geändert haben, die den Annahmen dieser Erkenntnisse zugrunde liegen. Dies gilt insbesondere für das Marketing – eine Disziplin, die sich in ihrer notwendigen Realitätsorientierung gerade vor dem Hintergrund der Digitalisierung unserer Gesellschaft in einer Geschwindigkeit erweitert und verändert, die eine Befassung mit Trends in einem *Buch* anstatt eines Working-Papers, Themensheets oder Podcasts zunächst sowohl antiquiert als auch inadäquat erscheinen lässt.

Und dennoch beschäftigt sich das vorliegende Buch mit Trends, und dies ist allenfalls vordergründig antiquiert und inadäquat, denn: Zum einen besteht ein Ziel dieses Buches darin, eine systematische Herangehensweise in der Bewertung aktueller Phänomene verständlich zu machen. Oftmals handelt es sich bei vermeintlich neuen Erscheinungen um bloß eine andere Form von etwas schon dagewesenem und nicht immer lässt sich auf den ersten Blick erkennen, ob etwas Bestand hat oder genauso schnell verschwindet, wie es aufgetaucht ist (man mag sich an dieser Stelle in Nostalgie an Bubble Tea erinnern). Dieses Buch soll daher aufzeigen, wie durch die systematische Betrachtung erkannt werden kann, was wirklich neu ist, was vermutlich Bestand haben wird oder was sogar als disruptiv bezeichnet werden darf. Zum anderen ist festzuhalten, dass im Gegensatz zu einer *Mode*, von einem Trend angenommen wird, dass er längerfristig und nachhaltig wirkt. Ein Trend stellt damit eine Funktion der Zeit dar, die die Grundrichtung des Verlaufes einer Zeitreihe ausdrückt. Ein Trend bezeichnet daher eine Veränderungsbewegung beziehungsweise einen Wandlungsprozess. Die Identifizierung von Trends und deren Auseinandersetzung bedeutet also, sich mit absehbaren Auswirkungen auf zukünftige Entwicklungen zu befassen und eine Mode von einem Trend zu unterscheiden.

In diesem Buch haben wir den Fokus nicht auf sogenannte Megatrends gelegt. Megatrends bezeichnen globale Entwicklungen, die langfristigen (mindestens 25 Jahre) Charakter haben und sämtliche Lebensbereiche umfassen, einschließlich Gesellschaft, Ökonomie und Politik. Wenngleich einige der gewählten Themen diese Kriterien erfüllen mögen (beispielsweise Health- oder Sustainable-Marketing), so bezieht sich die Auswahl der Trendthemen für dieses Buch vor allem auf Konsum-, Zeitgeist- und soziokulturelle Trends sowie technologische Entwicklungen, die sich primär kurz- und mittelfristig bemerkbar machen (werden).

Die Auswahl der Trendthemen muss, bis zu einem gewissen Grad, dem persönlichen und fachlichen Hintergrund der Autoren geschuldet bleiben, da quantitative Begrenzungen keine Befassung mit allen Trends möglich machen. Manche der Themen

https://doi.org/10.1515/9783110526097-201

haben darüber hinaus große Überschneidungen wie das Touchpoint- und Content-Marketing oder fließen in verschiedene andere Themen ein, wie beispielsweise Digital Privacy in das Health-Marketing: Über unter anderem die ansteigende Nutzung sogenannter Wearables, mit denen Gesundheitsverhalten erfasst und ökonomisch verarbeitet werden kann, ist die hochgradig relevante Frage zu klären, wem, warum und in welchem Ausmaß der Zugriff auf diese Daten zugestanden werden kann.

Andere Themen finden ihre Überschneidung durch den zugrunde liegenden Megatrend der Digitalisierung. Dies betrifft Phänomene wie das Influencer-Marketing, welches in seinen analogen Grundformen seit Menschengedenken für die Kommunikation Relevanz hat und nun durch Netzwerkeffekte im Internet eine eigene Dynamik erfährt oder die Augmentierte Realität, die das Potenzial hat, unsere Form der Informationsaufnahme in den nächsten Jahren bedeutend zu verändern. Gemein ist den ausgewählten Themen auch, dass sie zumeist auf sehr langen Einführungsphasen oder Entwicklungsprozessen beruhen, in denen sie zwar existent waren, aber aus der Masse der Marketinginstrumente nicht hervorstachen, bevor sie nach dem Überschreiten einer kritischen Masse oder aufgrund technologischer Veränderungen, an Relevanz gewonnen haben. Keines der Themen ist also wirklich neu, sondern hat eine, oft analoge, Entsprechung in früheren Zeiten.

Zudem tritt eine weitere Entwicklung im Hintergrund deutlich hervor, die für alle Themen wichtig ist: das zunehmende Bedürfnis der Kunden nach Individualisierung und Selbstbestimmung. Auch wenn dieser Aspekt keinen eigenen Schwerpunkt in diesem Buch erfährt, muss an den entsprechenden Stellen darauf eingegangen werden und es zeigt sich (wieder einmal), dass der Fokus des Marketings eng mit den Kundenbedürfnissen gekoppelt ist. Ob es sich um Sustainable-Marketing, Mass Customization, Content-Marketing oder Touchpoint-Marketing handelt, der Kunde erwartet eine (mehr oder weniger) individuelle Beantwortung seiner Bedürfnisse durch das Unternehmen. Mit dem individuell gewünschten Ausmaß an Nachhaltigkeit, Produktvarianten, Informationsaufnahme oder Berührungspunkten nimmt bei Unternehmen die Notwendigkeit der Produktdifferenzierung zu, um im Wettbewerb zu bestehen, nicht nur, aber auch im Zusammenhang mit den produktbegleitenden Dienstleistungen. Dies bietet, wie noch zu zeigen sein wird, eine Vielzahl von Chancen und Risiken. Aus dem Bedürfnis der Selbstbestimmung heraus wächst auch das Ausmaß an Selbstverantwortung – sie ist letztlich die Kehrseite der Medaille. Sie bezieht sich nicht nur auf das Ausmaß an Kombinationsmöglichkeiten bei der Individualisierung von Produkten (ein zu komplexer Konfigurator führt eher zu Frust als zu Lust). Sie schließt auch die Verantwortung für die eigene Gesundheit oder persönliche Daten ein. Die Frage, die heute und in der Zukunft einen entscheidenden Erfolgsfaktor für das unternehmerische Angebot darstellen wird, ist: In welcher Höhe liegt wo und wann das Gleichgewicht von Selbstbestimmung (Nutzen) und Selbstverantwortung (Kosten)? Es werden sich für Unternehmen neue Möglichkeiten ergeben, den Kunden in dem von ihm gewünschten Ausmaß an Selbstbestimmung entgegen zu kommen und/oder die Kosten für ihn zu übernehmen. Doch auch die Kunden werden lernen müssen, mit ihrer

Selbstverantwortung umzugehen und die Verantwortung für einen aktiven nachhaltigen Konsum zu übernehmen. Einen Ausblick, wie Unternehmen und Kunden diesen Weg gemeinsam gehen können, soll an vielen Stellen in diesem Buch gegeben werden.

Die Besonderheit der Darstellung der in diesem Buch aufgeführten Trends besteht nicht nur darin, dass es sich um für das Marketing relevante Entwicklungen handelt und dass jedes Kapitel mit aktuellen Beispielen versehen ist, sondern sie besteht insbesondere in der kapitelabschließenden Diskussion ausgewählter wissenschaftlicher Ausarbeitungen zum Thema. Die Vorstellung der Aufsätze zeigt nicht nur die praktische Relevanz der wissenschaftlichen Marketingforschung, die weit entfernt ist von der so oft den Akademikern unterstellten Forschung im Elfenbeinturm, sondern gibt Praktikern und Studierenden die Möglichkeit, (neue) Ansatzpunkte für eine weitere Befassung mit dem Thema zu finden. Die Besprechung der wissenschaftlichen Aufsätze soll das Verständnis für die Thematik fördern.

Entgegen der anfänglich angesprochenen langen Prozesskette bei monographischen Werken und der daraus resultierenden Gefahr der schon bei der Veröffentlichung spürbaren Vergänglichkeit dargestellter Inhalte, war es uns bis zur sprichwörtlich letzten Sekunde vor dem Druck möglich, an den Themen zu arbeiten und aktuellste Entwicklungen berücksichtigen zu können. Damit ist dieses Buch aktueller, als es mancher Aufsatz in wissenschaftlichen Fachzeitschriften sein kann. Hierfür muss dem Verlag, und insbesondere Herrn Dr. Giesen, ein großes Dankeschön ausgesprochen werden. Die Geduld des Verlages wurde von uns in hohem Maße geprüft. Es sei zu unserer Entlastung gesagt, dass dies nur in der besten Absicht geschah, ein Buch zu veröffentlichen, das unseren gemeinsamen Ansprüchen genügt.

Ein besonderer Dank gilt unseren Mitautoren bei verschiedenen Aufsätzen, die durch ihr Fachwissen einen eigenen Beitrag zu einer gelungenen Darstellung der unterschiedlichsten Themengebiete geleistet haben. Weiterhin möchten wir Frau Dr. Julia Römhild und Herrn Sebastian Danckwerts, M. Sc. für Ihre Korrekturlesung sowie einige aufschlussreiche Hinweise danken. Frau Pia Bagusche danken wir für ihren inhaltlichen Beitrag in dem Aufsatz zu Digital Privacy. Einen weiteren persönlichen Dank möchte ich, Helena Lischka, an Herrn Prof. Dr. Peter Kenning richten. Dieser Dank gebührt nicht nur der Begleitung meiner Promotion, sondern ganz besonders der Teilhabe an der Breite und Tiefe seines Wissens. Viele der Ideen, die zu der Entstehung meiner Beiträge geführt haben, wären ohne ihn in mir nicht entstanden.

Das Buch widmen wir unseren Kindern, die unsere Zukunft sind.

Vreden, im Spätsommer 2018   Prof. Dr. Dr. Peter Kürble
                                                     Dipl. Region.-Wiss. Helena M. Lischka

Inhalt

Abbildungsverzeichnis

https://doi.org/10.1515/9783110526097-202

Tabellenverzeichnis

https://doi.org/10.1515/9783110526097-203

Peter Kürble und Helena M. Lischka

1 Marketingmanagement

Marketing ist *marktorientierte Unternehmensführung*.[1] So einfach diese Definition ist, so sehr verlangt sie ein Verständnis der sich dahinter verbergenden Zusammenhänge.

Unternehmensführung ist, zumindest auf funktionaler Ebene, mit (strategischem) Management gleichzusetzen. Es geht dabei um „(1) die Realisierung einer angestrebten Leistung für die (2) Anspruchsgruppen eines Unternehmens; dies kann erreicht werden durch (3) geplante und emergente Initiativen sowie (4) den Einsatz von Ressourcen, die zu einer (5) einzigartigen Positionierung und (6) möglichst dauerhaften Wettbewerbsvorteilen verhelfen."[2] Schon anhand dieser Definition wird deutlich, welche wichtige Bedeutung der *Marktorientierung* für das Unternehmen hat, denn natürlich muss, in Zeiten von Käufermärkten, auf die Anspruchsgruppen fokussiert werden. Diese Fokussierung sollte effektiv und effizient vollzogen werden und einen möglichst dauerhaften Erfolg ermöglichen.

Dem Marketing ist die Sichtweise der Orientierung an Anspruchsgruppen schon in der Entstehung dieser Disziplin begrifflich in die Wiege gelegt worden. Zu Beginn des letzten Jahrhunderts umfasste das Marketing eine Orientierung an distributiven Tätigkeiten (*marketing products*), bevor sich der Begriff als Substantiv etablierte. In seiner Bedeutung dehnte sich der Marketingbegriff, einhergehend mit Veränderungen der Rahmenbedingungen, nicht nur auf andere operative Instrumente weiter aus, sondern erlangte auch strategische Bedeutung. Die immer wieder diskutierte Gretchenfrage ist, was mit *marktorientiert* genau gemeint ist. Die erwähnten Anspruchsgruppen können vielfältigster Natur sein und wenigstens in Nachfrager, Wettbewerber, Lieferanten, staatliche und nicht staatliche Organisationen und Anteilseigner (Banken, Aktionäre usw.) unterteilt werden. Natürlich ist diese Unterteilung nicht überschneidungsfrei, denn mitunter ist der Staat Anteilseigner an Banken, die wiederum Anteilseigner an Unternehmen sind. Für die folgenden Ausführungen mag eine Abgrenzung nach B2C (Business-to-Consumer), B2B (Business-to-Business) und B2G (Business-to-Government) genügen. Die weitere Betrachtung konzentriert sich jedoch auf den B2C-Markt, also auf den (potenziellen) (End-)Kunden.

Marketing ist somit die betriebswirtschaftliche Brücke zwischen Unternehmen und Kunden. Das Ziel ist es, dem Kunden das Produkt oder die Dienstleistung anzubieten, das oder die seine Bedürfnisse am besten befriedigt unter der Nebenbedingung, dass das Unternehmen dabei Profit erzielt, um im Markt bestehen zu können. Das Aus-

---

[1] Vgl. u. a. Meffert, H., Burmann, C., Kirchgeorg, M. (2008), S. 13., Backhaus, K., Schneider, H. (2009), S. 22.; Voeth, M., Herbst, U. (2013), S. 6., Homburg, C. (2017), S. 8 und insbesondere S. 1283 ff.
[2] Müller-Stewens, G., Lerchner, C. (2016), S. 19.

https://doi.org/10.1515/9783110526097-001

maß der Bedürfnisbefriedigung wird in der Ökonomie als *Nutzen* beschrieben und es wird davon ausgegangen, dass der Kunde diesen Nutzen möglichst gut erfüllt sehen möchte, ihn also maximieren will.

Dies vorausgesetzt, trifft das Unternehmen im Markt auf einen Nachfrager, den verschiedene Nutzenaspekte treiben: Zum einen kauft er Produkte deswegen, weil sie bestimmte vorrangige Bedürfnisse befriedigen, wie das Brot, das satt macht. In diesem Fall wird vom sogenannten Grundnutzen gesprochen. Darüber hinaus kann das Produkt aber auch zusätzlichen Nutzen erfüllen, den Zusatznutzen, der sich aufteilen lässt in einen Erbauungsnutzen und einen Geltungsnutzen. Der Erbauungsnutzen beschreibt eher solche Bedürfnisse, die sich auf den Kunden selber beziehen, wie die eigene Freude am schönen Design von elektronischen Produkten. Der Geltungsnutzen beschreibt die Wirkung der Produkte nach außen in Richtung des sozialen Umfelds.

Den höchsten Nutzen erhält der Kunde dann von dem Produkt, wenn es durch seine Eigenschaften die Nutzenaspekte so bedient, wie es für den Kunden am sinnvollsten wäre: Sieht der Kunde den Hauptnutzen bei einem Auto in der Überwindung von Distanzen, reicht ihm ein Wagen, der genau dies erfüllt. Sieht der Kunde den Hauptnutzen bei einem Auto im Prestige, also dem Geltungsnutzen, dann wird er viel Wert auf die Aspekte legen, die aus seiner Sicht dafür ausschlaggebend sein können, wie beispielsweise das Design, die Größe, die Geschwindigkeit oder der (hohe) Preis.

Im Vergleich mit den Angeboten anderer Unternehmen geht es für den Kunden letztlich um den höchsten Nettonutzen, also den Nutzen, der übrig bleibt, wenn alle Kosten für den Erwerb oder die Nutzung des Produkts abgezogen werden, wie beispielsweise der Preis, die Transaktionskosten oder die Opportunitätskosten. Aus Sicht von Backhaus und Schneider (2009) kann nun noch zwischen dieser Nettonutzen-Differenz, als Abweichung des Nettonutzens eines Unternehmens vom Nettonutzen eines anderen Unternehmens, und dem Komparativen Kostenvorteil (KKV)[3] unterschieden werden, der die Sichtweise um den unternehmensinternen Aspekt der Ergebnismarge erweitert. Schließlich soll ein Unternehmen nicht nur aus Sicht des Kunden die beste Leistung bringen, sondern diese auch noch möglichst unternehmenssichernd durch eine notwendige Marge erbringen können.

Unternehmenssicherung ist ein strategisch relevantes Thema, das aufgrund seiner langfristigen Orientierung die Beschäftigung mit relevanten Entwicklungen und Trends bedingt. Die in diesem Buch zusammengefassten Aufsätze spiegeln solche Entwicklungen und Trends wieder. Sie sind zum Teil nicht wirklich neu, allerdings ist die wesentliche Eigenschaft eines Trends eben auch seine Langfristigkeit. Die vorgestellten Themen sind keine Modeerscheinungen, die in diesem Jahr kommen und im nächsten Jahr gehen; es sind sicherlich auch nicht die einzigen beobachtbaren Trends und sicherlich ließe sich zu allen angesprochenen Aspekten noch eine vertiefende Be-

---

3 Vgl. Backhaus, K., Schneider, H. (2009), S. 31.

trachtung finden. Die jeweils angehängte Literatur mag den Leser weiter in die Thematiken einführen. Aber es sind die Themen, die sich als konstant relevant und in hohem Maße einflussnehmend auf das unternehmerische Tun erwiesen haben.

Die Handhabung solcher Trends setzt ein Marketingmanagement voraus, das für die angesprochenen Aufgaben eine Konzeption entwirft, die in einem Plan konkretisiert und abschließend durchgeführt wird. Für die Konzeption wird im Marketing die Marktforschung im Sinne einer Unternehmensumweltanalyse eingesetzt. Die Ergebnisse der Analyse werden mit dem Leitbild des Unternehmens abgeglichen, vor dessen Hintergrund die Ziele für das Marketing formuliert und die Strategien entwickelt werden. Daran anschließend erfolgt die Formulierung der operativen Maßnahmen im sogenannte Marketingmix, schließlich die Organisation der Aktivität im Sinne der geplanten Implementierung und Umsetzung und abschließend die Überwachung der Zielerreichung anhand der vorab festgelegten Kennziffern mit der Option der Korrektur von Abweichungen. Parallel zu den Aktivitäten findet kontinuierlich die Analyse des Unternehmensumfeldes statt, um gegebenenfalls Anpassung noch im laufenden Prozess der Erstellung der Marketingkonzeption durchführen zu können. Die verschiedenen Stufen der Konzeption sind zwar von oben nach unten aufeinander aufbauend, allerdings handelt es sich dabei nicht um eine Einbahnstraße: Eine begleitende kritische Überprüfung auf der jeweiligen Stufe mit einer eventuell notwendigen Anpassung kann in beide Richtungen des Prozesses erfolgen. Die unterschiedlichen Aspekte sind in Abbildung 1.1 zusammengefasst.[4]

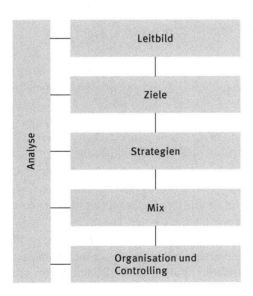

Abb. 1.1: Marketingkonzeption (in Anlehnung an Kürble, P. (2015), S. 18).

---

4 Vgl. auch Voeth, M, Herbst, U. (2013), S. 19 und Homburg, C. (2017), S. 247 ff.

Als Analyseinstrument kann die SWOT-Analyse bemüht werden, die eine Analyse der unternehmensexternen Umwelt und deren Einteilung in sogenannte Chancen (O = Opportunities) und Risiken (T = Threats) sowie eine Analyse der unternehmensinternen Situation und deren Einteilung in Stärken (S = Strengths) und Schwächen (W = Weaknesses) umfasst. Die Gegenüberstellung der Ergebnisse der unternehmensinternen und -externen Analyse in einer sogenannten SWOT-*Matrix* zeigt dann mögliche Handlungsfelder auf, die als Grundlage für strategische Überlegungen dienen können (siehe Abbildung 1.2).

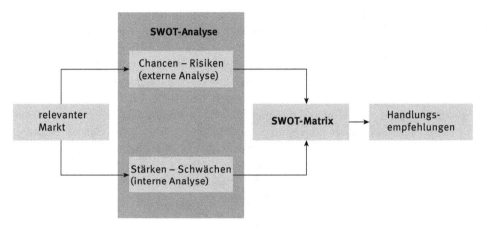

Abb. 1.2: Herleitung einer Handlungsempfehlung (eigene Darstellung).

Hinter der unternehmensinternen und -externen Betrachtung verbergen sich wiederum eine Vielzahl von Instrumenten, die für die Analyse genutzt werden können. So kann eine *unternehmensinterne* Analyse der Stärken und Schwächen mit Hilfe eines sogenannte Polaritätenprofils vorgenommen werden, bei dem sich das Unternehmen mit seinem stärksten Wettbewerber hinsichtlich marktrelevanter Kriterien durch Experten oder Kunden vergleichen lässt. Die Bewertung kann beispielsweise durch eine Skala erfolgen, die mit positiven und negativen Werten arbeitet. Die sich aus den Bewertungen der einzelnen Aspekte ergebenen Punktwerte können dann durch eine Linie miteinander verbunden werden, sodass Differenzen zwischen dem eigenen Unternehmen und dem stärksten Wettbewerber sichtbar werden. Die Kriterien, bei denen das Unternehmen besser bewertet wird als der Wettbewerber, sind entsprechend als Stärken zu interpretieren, und die, bei denen das Unternehmen schlechter bewertet wird, als Schwächen. Die *unternehmensexterne* Analyse kann ihrerseits durch die PESTEL-Analyse[5] und die Five-Forces-Analyse[6] durchgeführt werden, sodass sowohl

5 Vgl. Farmer, R., Richman, B. (1965).
6 Vgl. Porter, M. (2013).

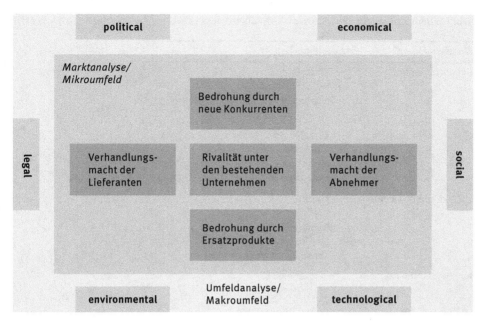

Abb. 1.3: Analyse des Makro- und Mikroumfelds eines Unternehmens (in Anlehnung an Kürble, P. (2015), S. 22).

das Makro- als auch das Mikroumfeld des Unternehmens hinreichend analysiert werden und mögliche Entwicklungen vorhergesehen werden können (vgl. Abbildung 1.3).

Dabei erfasst die *PESTEL-Analyse* die Entwicklungen politischer, ökonomischer, soziokultureller, technologischer, ökologischer und rechtlicher Natur und greift damit im Wesentlichen Entwicklungen des Makroumfelds auf, die vom Unternehmen nicht direkt beeinflusst werden, für die Aktivitäten des Unternehmens aber von entscheidender Bedeutung sein können (siehe Tabelle 1.1).

Natürlich sind nicht immer alle Aspekte relevant und auch nicht alle in gleichem Maße: So wird ein deutsches Unternehmen, wenn es um die Analyse des deutschen Marktes geht, die Staats- oder Wirtschaftsform nicht wesentlich hinterfragen. Die in Deutschland 2017/18 vorherrschende politische Situation mit einer andauernden Unsicherheit über die zukünftige Regierung zeigte jedoch, dass das Sich-Befassen mit dem *politischen Umfeld* auch landesintern immer notwendig bleibt.

Gerade die in diesem Buch behandelten Themen, wie beispielsweise das Sustainable-Marketing zeigen sehr deutlich, inwieweit *ökologische Faktoren* und deren Veränderungen in der Wahrnehmung der Gesellschaft von den Unternehmen aufgegriffen werden müssen und deren Relevanz zu analysieren ist. Ähnliches gilt für das sich immer stärker individualisierende Konsumverhalten und die daraus resultierenden Ansprüche der Kunden (*soziokulturelle Faktoren*). Das Mass Customization ist eine Entwicklung, die dieser Tendenz Rechnung trägt.

Tab. 1.1: Umfeldbezogene Einflussfaktoren im Rahmen der PESTEL-Analyse (Kürble, P. (2015), S. 27).

Einflussfaktoren	Ausprägungen
politische Faktoren	– Staatsform – Wirtschaftsform – allgemeine aktuelle Gesetzgebung – internationale Verknüpfungen
ökonomische Faktoren	– Kapital- und Geldmarkt – Gütermarkt – Arbeitsmarkt – Außenhandel
soziokulturelle Faktoren	– Kultur – Demografie – Familienstand – Bildungsniveau – Konsumentenverhalten
technologische Faktoren	– Innovationsrate – Netzinfrastruktur
ökologische Faktoren	– Umweltbewusstsein – Nachhaltigkeit
rechtliche Faktoren	– branchenspezifische Gesetzgebung – regionale Gesetzgebung – internationale (Handels-)Gesetzgebung

Als Ergänzung zur PESTEL-Analyse, wird oft die Branchenstrukturanalyse von Porter angewandt, die, wegen ihrer fünf Faktoren auch als Five-Forces-Modell bezeichnet wird (siehe Abbildung 1.3). Die Branchenstrukturanalyse hilft zu klären, inwieweit der Markt, in dem das Unternehmen (noch) tätig ist oder in den es eintreten möchte, aus ökonomischer Sicht attraktiv ist. Dieser Markt ist im Zentrum der Abbildung mit der dazugehörigen Wettbewerbskraft (*Rivalität unter den bestehenden Unternehmen*) dargestellt. Auch die umliegenden vier Faktoren um das Zentrum herum stellen die Faktoren dar, die unmittelbar auf die Attraktivität des Marktes Einfluss nehmen können, da beispielsweise eine hohe Verhandlungsmacht der Abnehmer für die Möglichkeiten, in dem Markt hohe Margen zu erzielen, relativ ungünstig ist. Wovon hängt die Verhandlungsmacht aber ab? Porter listet für jede Wettbewerbskraft eine Vielzahl von Faktoren auf, die eine genaue Beschreibung der Situation ermöglichen. An dieser Stelle soll eine der Wettbewerbskräfte beispielhaft herausgegriffen werden, um die grundsätzliche Idee, aber auch die Komplexität dieses Instruments deutlich zu machen.

Wie in Abbildung 1.3 zu erkennen ist, spielt unter anderem die Bedrohung durch Ersatzprodukte eine wichtige Rolle für die Frage, inwieweit der eigentliche Markt ökonomisch attraktiv ist. Die Bedrohung durch Substitute, also solcher Produkte, die von den Nachfragern als Ersatz angesehen werden, hängt entscheidend vom Kosten-Nutzen-Verhältnis des jeweiligen Produkts, also wieder vom Nettonutzen ab. Es gibt für den Kunden offensichtlich ausschlaggebende Gründe, warum der PC die Schreibmaschine oder das Smartphone den mp3-Player ersetzt hat. Das Angebot der Ersatzprodukte kann, muss aber nicht, mit dem Auftreten neuer Unternehmen zusammenhängen, sodass eine enge Verknüpfung zu einer weiteren Wettbewerbskraft (*Bedrohung durch neue Konkurrenten*) besteht.

So sehr solche Analyseinstrumente die Quintessenz von Erfahrungswerten und eine strukturierte und übersichtliche Darstellung der sich herauskristallisierten ökonomisch relevanten Faktoren sind, so sehr muss jedes Unternehmen für sich eine individuelle Herangehensweise finden und die Faktoren entsprechend der eigenen Situation analysieren und gewichten.

Die Ergebnisse der Branchenstrukturanalyse und der PESTEL-Analyse (Chancen-Risiken-Analyse) werden schließlich in die SWOT-Matrix eingetragen und dann mit den Ergebnissen der Stärken-Schwächen-Analyse kombiniert. Aus der Kombination wird eine Handlungsempfehlung abgeleitet (siehe Tabelle 1.2).

Diese Handlungsempfehlung wird mit dem Leitbild, also der Mission und der Vision des Unternehmens abgeglichen und in Zielen konkretisiert. Die Ziele im Marketing sind grundsätzlich in psychologische (vorökonomische) und ökonomische Ziele zu unterteilen. Erstere knüpfen an die geistigen Verarbeitungsprozesse der Zielgruppe an und versuchen einen, im Sinne des Unternehmens, positiven Einfluss zu nehmen. Im Ergebnis führt dies im Idealfall zu der Erfüllung ökonomischer Ziele, wie beispielsweise einer Umsatzsteigerung.

Tab. 1.2: Schematische Darstellung der SWOT-Matrix (eigene Darstellung).

stärkster Konkurrent	Chancen (O)	Risiken (T)
	a.	A.
	b.	B.
	c.	C.
	...	...
Stärken (S)	SO-Strategien (ausbauen)	ST-Strategien (absichern)
1.	1.a., 1.b., 1.c	1.A., 1.B., 1.C
2.	2.a, 2.b, 2.c	2.A., 2.B., 2.C
3.	3.a, 3.b, 3.c	3.A., 3.B., 3.C
...		
Schwächen (W)	WO-Strategien (aufholen)	WT-Strategien (abbauen)
4.	4.a., 4.b., 4.c	4.A., 4.B., 4.C.
5.	5.a, 5.b., 5.c	5.A., 5.B., 5.C.
6.	6.a., 6.b., 6.c	6.A., 6.B., 6.C
...		

Nachdem die Ziele festgelegt sind, folgt die Überlegung der verschiedenen Möglichkeiten der Zielerreichung. Diese Möglichkeiten der Zielerreichung werden Strategien genannt und können als *Weg zum Ziel* definiert werden. Damit ist gemeint, dass das entscheidende Kriterium für die Auswahl einer Strategie darin besteht, ob mit ihr das Ziel zu erreichen ist (Effektivität). Eine der bekanntesten Strategiemöglichkeiten ist beispielsweise die von Porter formulierte Kostenführerschaft. Diese Strategie zeichnet sich dadurch aus, dass das Unternehmen, das die Strategie verfolgen möchte, im Vergleich zum Wettbewerb zu den vergleichsweise niedrigsten Kosten produzieren kann. Wäre nun bei der Analyse herausgekommen, dass die Kunden in dem vom Unternehmen angestrebten Markt sehr preissensibel sind und das Leitbild des Unternehmens beispielsweise darin bestehen würde, möglichst jedem Kunden den Zugang zum Mobilfunkmarkt zu ermöglichen, dann könnte dies, in Kombination mit einem Umsatzziel, dazu führen, dass die Kostenführerschaft die ideale Strategie darstellen kann.

Die operative Umsetzung der Strategie erfolgt im Marketing durch den sogenannten Marketingmix, der aus maximal sieben Instrumenten besteht. Beim Sachgütermarketing werden, in Anlehnung an McCarthy[7] vier Ps genutzt: Product (Produktpolitik), Price (Kontrahierungspolitik), Place (Vertriebs- oder Distributionspolitik) und Promotion (Kommunikationspolitik). Bei Dienstleistungen werden, aufgrund der besonderen Eigenschaften von Dienstleistungen, in Anlehnung an Magrath[8] sieben Ps genutzt: Product (Leistungspolitik), Price, Place, Process (Prozesspolitik), Physical Facility (Ausstattungspolitik), Personnel (Personalpolitik) und Promotion. Eine Strategie der Kostenführerschaft würde in der operativen Umsetzung bedeuten, dass beispielsweise das Produkt einen möglichst hohen Standardisierungsgrad aufweist. Es müsste auf solche Funktionalitäten verzichtet werden, die für den Grundnutzen des Produkts nicht relevant sind.

Mitunter sind organisatorische Umgestaltungen für die Umsetzung einer Strategie notwendig. So würde beispielsweise bei einer Kostenführerschaft über Lean Production nachgedacht werden müssen beziehungsweise über das Auslagern von Produktionsschritten in das Ausland, wenn dort insgesamt günstiger produziert werden kann. Nach einer bei der Zielformulierung vorgegebenen Zeit wird schließlich der Zielerreichungsgrad kontrolliert und gegebenenfalls finden Anpassungen auf der einen oder anderen Ebene der Konzeption statt.

Die angesprochene Marketingkonzeption kann in der Umsetzung inhaltlich in die Begrifflichkeiten des Marketingmanagements überführt werden, wenn dieses zusammengefasst als Analyse, Planung, Durchführung und Kontrolle verstanden wird. Die Thematiken des vorliegenden Buches lassen sich nun den einzelnen Ebenen des Mar-

---

7 Vgl. McCarthy, E. J. (1960).
8 Vgl. Magrath, A. J. (1986), S. 44 ff.

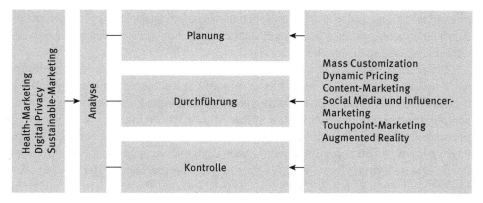

Abb. 1.4: Marketingmanagement und Trends (eigene Darstellung).

ketingmanagements zuordnen (siehe Abbildung 1.4). Dabei muss allerdings bedacht werden, dass die Zuordnung nicht überschneidungsfrei passiert, sie hat eher orientierenden Charakter.

Die Reihenfolge im vorliegenden Buch orientiert sich an dieser Abbildung insofern, als die Kapitel Health-Marketing, Digital Privacy und Sustainable-Marketing zuerst diskutiert werden. Sie sind der Analysephase zugeordnet, weil es sich um Themen handelt, die in hohem Maße durch externe Effekte geprägt sind.

Daran anschließend folgt die Darstellung von Mass Customization, Dynamic Pricing, Content-Marketing, Influencer-Marketing, Touchpoint-Marketing und Augmented Reality. Diese Disziplinen sind in deutlicherem Maße einem operativen Marketing zuzuordnen und damit vom Unternehmen steuerbar: Mass Customization hat seinen Fokus in der Produktpolitik, Dynamic Pricing in der Kontrahierungspolitik, Content-Marketing und Influencer-Marketing in der Kommunikationspolitik, Touchpoint-Marketing in der Ausstattungs- und Prozesspolitik und Augmented Reality beispielsweise in der Produkt-, Distributions- und Kommunikationspolitik.

Gerade am Beispiel des *Health-Marketings* zeigt sich die Bedeutung der kontinuierlichen Analyse des Umfelds und der eigenen Branche: Es ist heute üblich, in diesen Markt auch solche Prozesse zu integrieren, die sich mit der Prävention auseinandersetzen (beispielsweise Vorsorgeuntersuchungen, aber auch Ernährung). Genauso gilt dies für Situationen, in denen eine Heilung zwar nicht mehr möglich ist, der Patient aber entweder auf seinem Krankheitsniveau stabilisiert werden kann (beispielsweise in Krankenhäusern, durch die Pharmaindustrie oder die Pflegeeinrichtungen) oder die nicht aufzuhaltende Verschlechterung optimal begleitet werden kann (beispielsweise in einem Hospiz). Dieses veränderte Verständnis hängt in hohem Maße mit der Erkenntnis zusammen, dass Industriegesellschaften sehr spezifische Krankheitsbilder wie beispielsweise Diabetes hervorbringen und die zu beobachtende Entwicklung nur durch eine ganzheitliche Betrachtung der Entstehung von Krankheitsbildern aufzuhalten ist. Das Health-Marketing ist nun die ökonomische Antwort auf diese Entwicklung und stellt im Wesentlichen das verbindende Element zwischen Gesundheitspsychologie und Gesundheitsökonomie im Sinne einer Ausrichtung des Unternehmens an den Kundenbedürfnissen dar.

Der Beitrag zu *Digital Privacy* dient als weiteres Beispiel der Veranschaulichung, wie Phänomene, ursächlich bedingt oder verstärkt durch andere Phänomene, gravierenden Einfluss auf sämtliche marketingrelevanten Entscheidungen nehmen können, von der Kommunikationspolitik zum Aufbau von Vertrauen bis hin zur Entwicklung neuer Geschäftsmodelle. Obwohl grundsätzlich davon ausgegangen werden kann, dass Privatsphäre auch vor der zunehmenden Digitalisierung weiter Anwendungsbereiche eine Bedeutung hatte, wird für viele erst aus der Bedrohung der Privatsphäre im digitalen Kontext ein Zustand des Mangels spürbar. Privatsphäre im digitalen Kontext wird zum Bedürfnis und somit ökonomisch relevant. Unternehmen müssen sich damit auseinandersetzen, ob und wie sie dieses Bedürfnis adressieren. Dabei sind sie in ihrer Entscheidung nicht frei. Die Politik hat unlängst regulatorischen Handlungsbedarf erkannt. Auf EU-Ebene ist jüngst die umfassende EU-Datenschutzgrundverordnung (EU-DSGVO) in Kraft getreten. Die EU-DSGVO soll einheitlich für einen besseren Schutz sorgen und auch für außereuropäische Unternehmen gelten, die auf dem europäischen Markt agieren. Während sich vor allem große Konzerne bereits lange im Vorfeld auf die Veränderungen und gegebenenfalls sogar Verwerfungen vorbereitet haben, die von der Verordnung ausgehen, ist es für alle Unternehmen unvermeidbar, sich mit dem Thema auseinanderzusetzen. So wenig wie Unternehmen der Digitalisierung entgehen können, so wenig wird es möglich sein, sich dem Thema Digital Privacy zu entziehen.

Obschon dem *Sustainable-Marketing* zeitweise nachgesagt wurde, dass es sich nur um einen der vielen Modebegriffe im Marketing handeln würde, hält der Trend weiter an. Zahlreiche Studien zeigen, dass gerade in Industrienationen wie Deutschland die Bereitschaft, Nachhaltigkeitsaspekte in die Kaufentscheidung einzubeziehen und ein Preispremium in Kauf zu nehmen, steigt, wenngleich dies nicht für alle Produkte und Segmente zutrifft. Dennoch wird in der wissenschaftlichen Diskussion teilweise schon von einer Moralisierung der Märkte gesprochen.[9] Sogar Unternehmen, deren Produkte und Leistungen nicht zwangsläufig einem nachhaltigen Konsum entsprechen, moralisieren ihre Tätigkeit durch überbetriebliches Engagement. Auch hier folgen nicht alle Märkte dieser Entwicklung und doch scheinen sich Unternehmen sämtlicher Branchen der Notwendigkeit einer nachhaltigen Entwicklung stellen zu müssen. Veränderungen des sozialen und ökologischen Gleichgewichts, die in Intensität und Häufigkeit zukünftig eher zu- als abnehmen werden, bedingen Anpassungen, die mitunter Einfluss auf sämtliche Entscheidungsstufen eines Marketingprozesses nehmen.

---

9 Vgl. Stehr, N. (2007).

Mass Customization ist ein relativ altes Phänomen und wurde schon in den 1980er Jahren beschrieben. Die Triebfeder bilden der zunehmende Wettbewerb und der aufkommende Wunsch des Kunden nach Individualisierung. Der Fokus des Mass Customization liegt in der Produktion und bezieht sich auf eine möglichst individualisierte Anpassung von Massengütern durch entsprechende Produktionsstrukturen. Die erste Branche, die das Mass Customization profesionell etabliert hatte, war die Automobilindustrie, wo durch die Modulbauweise die Möglichkeit bestand, dem Kunden sein persönliches Auto aus einer Vielzahl von Einzelmodulen mehr oder weniger flexibel zusammenzustellen. Dass diese alte Thematik in einem Buch über aktuelle Trends erneut aufgegriffen wird, hat zum einen damit zu tun, dass die Voraussetzungen nach wie vor die gleichen sind und tendenziell eher noch zugenommen haben: Intensiver Wettbewerb und der Wunsch nach Individualisierung. Andererseits bieten die technischen Entwicklungen der letzten Jahre, Stichworte: Digitalisierung, Big Data und Industrie 4.0, Möglichkeiten, die in diesem Ausmaß früher nicht zu realisieren waren.

Obwohl auch *Dynamic Pricing* kein neues Phänomen ist, erfreut es sich zunehmender Aufmerksamkeit in der öffentlichen Wahrnehmung, häufig in Zusammenhang mit den Begriffen Individual Pricing oder personalisierte Preise. Der Grund für die zunehmende Aufmerksamkeit liegt vor allem in der Ausweitung des Einsatzes von Dynamic Pricing begründet. Durch die Digitalisierung weiter Bereiche der Wirtschaft sind automatisierte Preisanpassungen in Echtzeit fast kostenlos möglich, so dass Dynamic Pricing nicht nur im E-Commerce, sondern immer mehr auch im stationären Handel Anwendung findet. Zudem steigen durch die rapide zunehmende Verfügbarkeit von Daten die Möglichkeiten der viel diffizileren Umsetzung von Preisanpassungen, in der nicht nur Nachfrageschwankungen oder Tageszeit, sondern auch Wettbewerbs-, Wetter- und Kundendaten Berücksichtigung finden. Hinter dem Dynamic Pricing, das zunächst ganz allgemein die automatisierte Preisanpassung im Zeitablauf unter Berücksichtigung sich ändernder Bedingungen beschreibt, steht vor allem die Idee unterschiedlicher Zahlungsbereitschaften und die (im Extremfall maximale) Abschöpfung der Konsumentenrente. Vor dem Hintergrund einer sich jüngst verstärkenden öffentlichen und sehr kritischen Diskussion um Dynamic Pricing und vor allem um die individualisierte Preissetzung erlangen verhaltenswissenschaftliche Fragestellungen im Zusammenhang mit wahrgenommener Preisfairness, Vertrauen und Kundenzufriedenheit immer mehr Aufmerksamkeit in Wissenschaft und Praxis. Unternehmen müssen sich daher damit auseinandersetzen, unter welchen Bedingungen und in welcher Ausgestaltung die Umsetzung von Dynamic Pricing für sie sinnvoll ist.

Das *Content-Marketing* ist ein relativ aktuelles Phänomen, welches sich in seiner analogen Variante bis in das vorletzte Jahrhundert zurückverfolgen lässt und in Deutschland insbesondere durch die *Bäckerblume* oder die *Apothekenrundschau* bekannt geworden ist. Damals noch im Rahmen der Öffentlichkeitsarbeit unter *Corporate Publishing* als Unternehmenszeitschrift verortet, findet die digitale Form unter dem Begriff Content-Marketing immer stärkeren Zuspruch. Die Ursachen hierfür liegen in der Notwendigkeit für Unternehmen die Aufmerksamkeit von Kunden zu bekommen, die mit der vorliegenden Informationsflut völlig überfordert sind und in hohem Maße selektiv Inhalte konsumieren. Der Wunsch, dabei nach den eigenen Bedürfnissen zu dem Zeitpunkt der Wahl, am Ort der Wahl möglichst frei von (offensichtlichen) Verkaufsinteressen unterhalten und informiert zu werden, führt dazu, dass die digitalen Inhalte plattformunabhängig und in möglichst individualisierter Form angeboten werden müssen. Bei Content-Marketing spielt die Beurteilung des Inhalts als möglichst neutralem Inhalt eine entscheidende Rolle für den Erfolg des Content-Marketings hinsichtlich Weiterverbreitung und Image-Pflege.

Ähnliches gilt für das *Influencer-Marketing*: Die Entscheidung des Kunden für ein bestimmtes Produkt ist per se individuell, aber eben nicht ohne Einflussmöglichkeit von außen. Diese Einflussmöglichkeit von außen für eine Kaufentscheidung existiert seit Menschengedenken und enthält eine Vielzahl von Facetten. Eine wichtige Facette ist der Einfluss von Personen, denen der Kunde vertraut. Sei es, weil sie fachlich versiert sind, das Produkt ausprobiert haben oder dem Kunden emotional einfach nahe stehen. Das Urteil solcher Personen über ein Produkt kann das mögliche Kaufverhalten deutlich beeinflussen. Diese Personen werden als Meinungsführer (*Influencer*), bezeichnet und der Kommunikationsweg als zweistufige Kommunikation. Neu ist dabei die Form, die sich in den letzten Jahren im Internet etabliert hat und die entscheidend voran getrieben wird durch Personen, die (voher) keine Prominenten waren, sondern als Durchschnittsbürger aus ihrem ganz normalen Leben und ihren Erfahrungen mit Produkten berichten. Die Berücksichtigung der Meinungsführer in Kaufentscheidungsprozessen ist nicht grundsätzlich neu; neu ist aber die damit verbundene Dynamik hinsichtlich ihrer Wirkung.

Preise, Produkte und Technologie alleine stellen bei den stetig steigenden Kundenerwartungen häufig keine hinreichende Bedingung mehr für strategische Wettbewerbsvorteile dar. Vielmehr ist vorauszusehen, dass in Zukunft das Kundenerlebnis einer der zentralen Faktor darstellen wird, um den Kundenvorteil zu erhalten oder auch um eine führende Position im Markt zu erlangen. Das Kundenerlebnis setzt sich dabei aus der Gesamtheit aller Eindrücke zusammen, die ein Kunde während der gesamten Dauer einer Kundenbeziehung von einem Unternehmen erhält. Sie umfasst sämtliche individuellen Wahrnehmungen und Interaktionen des Kunden an den verschiedenen Berührungspunkten mit einem Unternehmen – sogenannte Customer Touchpoints. Beim *Touchpoint-Marketing* geht es demzufolge nicht mehr darum, dem Kunden nur ein Produkt anzubieten, sondern vielmehr eine ganzheitliche Erlebniswelt an allen Touchpoints entlang der Customer Journey zu erschaffen und den Kunden zu begeistern. Aufgrund der zunehmenden Digitalisierung spielt dabei die Verknüpfung der Offline- und Online-Kundenerlebnisse eine zentrale Rolle. Alle Berührungspunkte mit dem Kunden müssen kanalübergreifend miteinander vernetzt sein und ein ganzheitliches Bild und Erlebnis der Marke oder des Unternehmens aus Kundensicht ergeben. Die Herausforderung für das Touchpoint-Marketing besteht damit insbesondere in der Steuerung aller Schnittstellen, über welche die Kunden mit einem Unternehmen in Berührung kommen können.

Die meisten Menschen haben sich inzwischen daran gewöhnt, dass digitale Produkte ein Teil ihres Lebens geworden sind und wissen spätestens seit Jurassic Park und Harry Potter, dass sich in die reale Welt Elemente einfügen lassen, die dort eigentlich nicht existieren. Die erweiterte Realität oder *Augmented Reality* ist eine der aktuellsten Entwicklungen im Marketing, wenn auch hier die ersten Erfahrungen bereits in den 1960er Jahren stattgefunden haben. Die Erweiterung der Realität hat ihren Siegeszug in erster Linie in der Spieleindustrie angetreten und ist dort inzwischen bei vielen Spielen üblich geworden. Für das Marketing bekommt die augmentierte Realität langsam eine Relevanz, nachdem sie in der Produktpolitik, insbesondere in der Automobilproduktion schon seit einigen Jahren benutzt wird und nun auch in der Vertriebs- und Kommunikationspolitik angekommen ist. Ob Kunden mit virtuellen Brillen ihr Wunschauto genauer und in 3D betrachten können oder die Wohnungseinrichtung vor dem Kauf im Haus virtuell platziert werden kann – auch wenn viele Anwendungen noch etwas rudimentären Charakter haben, wird die Bedeutung der augmentierten Realität zukünftig in allen Bereichen des Marketings deutlich zunehmen.

Literatur

Backhaus, K., Schneider, H. (2009): Strategisches Marketing, 2. Auflage, Stuttgart.

Farmer, R., Richman, B. (1965): Comparative Management and Economic Progress, Homewood.

Homburg, C. (2017): Marketing-Management, 6. Auflage, Wiesbaden.

Kürble, P. (2015): Operatives Marketing, Stuttgart.

Magrath, A. J. (1986): When Marketing Services, 4 Ps are not enough, in: Business Horizons, Mai – Juni, S. 44 – 50.

McCarthy, E. J. (1960): Basic Marketing. A Managerial Approach. Homewood.

Meffert, H., Burmann, C., Kirchgeorg, M. (2008): Marketing. Grundlagen marktorientierter Unternehmensführung, Wiesbaden.

Müller-Stewens, G., Lerchner, C. (2016): Strategisches Management, 5. Auflage, Stuttgart.

Porter, M. (2013): Wettbewerbsstrategie, 12. Auflage, Frankfurt.

Stehr, N. (2007): Die Moralisierung der Märkte. Eine Gesellschaftstheorie, Frankfurt am Main.

Voeth, M., Herbst, U. (2013): Marketing-Management, Stuttgart.

Peter Kürble und Michael Schütte

2 Health-Marketing

2.1 Hintergrund

Die Beschäftigung ökonomischer Teildisziplinen mit dem Gesundheitssektor ist nicht wirklich neu. Je nach Teilmarkt innerhalb dieses Sektors ist eine mindestens betriebs-wirtschaftliche Betrachtung sogar üblich, da dort privatwirtschaftliche Unternehmen in einer Wettbewerbssituation tätig sind, wie beispielsweise in der Sport- und Fitness-Branche. Etwas neueren Datums sind die Bestrebungen, insbesondere in Deutsch-land, auch andere, bisher staatlich regulierte und im Wesentlichen durch nicht priva-te Unternehmen geprägte Märkte, wie beispielsweise den Markt für Gesundheitsleis-tungen (Krankenhäuser, Rehabilitations- und Pflegeeinrichtungen etc.) ökonomisch zu betrachten und Erkenntnisse der Betriebs- und Volkswirtschaftslehre einfließen zu lassen. Dies hängt zum einen mit den immer akuter werdenden Problemen in die-sem Teilmarkt zusammen (steigende Kosten, Ineffizienzen) und zum anderen mit der zunehmenden Notwendigkeit aufgrund der in den letzten Jahren stark gestiegenen Nachfrage.

Die zunehmende Nachfrage im gesamten deutschen Gesundheitssektor basiert *ei-nerseits* auf einem Fitnesstrend, der in den 1970er-Jahren die Fitnessstudios aus den Schmuddelecken der anabolikageschwängerten Bodybuilding-Studios in Hinterhöfen herausgeholt hat in ein breitensporttaugliches Geschäftsmodell der Fitnesskurse für Jedermann. Dieser Trend begann in den 1970er-Jahren im Wesentlichen durch zwei Vorbilder: Arnold Schwarzenegger für das Bodybuilding und Jane Fonda für das Ae-robic, und damit verbunden das auch in Deutschland grundsätzlich aufkommende Bedürfnis vieler Deutscher nach ausdauerorientiertem Training. In den 1990er-Jahren kam der Wunsch der Kunden hinzu, neben Fitness auch das Wohlbefinden zu stei-gern, so dass unter anderem Saunen und Spa-Anlagen sowie Kursprogramme ergänzt wurden. Zeitgleich etablierten sich in Deutschland größere Fitnessketten, die unter anderem auch im Discount-Bereich Angebote auf den Markt brachten.[1] Unterdessen liegt die Anzahl der Unternehmen in der Fitness-Branche bei 8.684[2], der Gesamtum-satz der Branche bei 5.588,1 Millionen US-Dollar. Die Mitgliederzahl betrug zu Beginn des beschriebenen Trends Anfang der 1980er Jahre in Deutschland etwa 400.000[3] und stieg bis 2016 auf 10,08 Millionen.[4]

---

1 Vgl. https://www.dssv.de/statistik/geschichte-des-fitnesstrainings/ (abgerufen am 20.09.2017).
2 Vgl. https://www.dssv.de/statistik/#gid=lightbox-group-2009pid=1 (abgerufen am 20.09.2017).
3 Vgl. Dreßler, W. (2002), S. 42.
4 Vgl. https://de.statista.com/statistik/studie/id/6326/dokument/fitnessbranche-statista-dossier/ (abgerufen am: 01.12.2017).

https://doi.org/10.1515/9783110526097-002

Andererseits basiert die deutliche Zunahme auf dem starken Anstieg von Erkrankungen, die für die westlichen Industrienationen üblich zu sein scheinen und auch auf einen Wandel in der Lebensführung zurück zu führen sind.[5] So stiegen die Gesundheitsausgaben in Deutschland zwischen 1995 und 2015 von 185,7 Milliarden Euro auf 344,2 Milliarden Euro.[6] Tatsächlich gibt es keine weltweit einheitliche Definition für die sogenannten Zivilisationskrankheiten, die WHO fasst aber unter den *noncommunicable diseases* (NCDs) unter anderem Herz-Kreislauf-Erkrankungen, Krebs, Diabetes und chronische Atemwegserkrankungen zusammen.[7] Mitunter werden auch Karies, muskuloskelettale Erkrankungen und Adipositas hinzugezählt.[8] Es ist bekannt, dass hierbei der Lebensstil einen großen Einfluss auf die Gesundheit nimmt: 82 Prozent aller Herzerkrankungen lassen sich auf den Lebensstil zurückführen[9] und etwa 89 Prozent der Fälle von Diabetes Typ 2 sind auf Bewegungsmangel, Ernährung, Rauchen, Alkohol und Übergewicht zurückzuführen.[10] In Deutschland zählen Herz-Kreislauf-Erkrankungen und Krebs mit 356.616 und 226.337 Todesfällen in 2015 zu den häufigsten Todesursachen.[11] Über die Hälfte der erwachsenen Bevölkerung in Deutschland ist übergewichtig[12] und Rückenschmerzen zählen zu den häufigsten Beschwerden.[13] Die Zahl der Erkrankungen nimmt absolut aber nicht nur durch die sogenannten Zivilisationskrankheiten zu, sondern auch, zumindest in Deutschland, durch die Altersstruktur der Bevölkerung: Immer mehr Deutsche werden immer älter und mit dem Alter steigen die Krankheitskosten. Tabelle 2.1 zeigt die Zusammenhänge von Krankheitskosten sowie Alter und Geschlecht.

Der Gesundheitssektor weist mit einer Rate von jährlich 3,8 Prozent ein überdurchschnittliches Wachstum auf. Die Gesamtwirtschaft ist im Vergleichszeitraum zwischen 2005 und 2015 lediglich um 2,7 Prozent gewachsen.[14] Vor diesem Hintergrund ist eine Beschäftigung der Betriebswirtschaftslehre und insbesondere des Marketings mit dem Gesundheitssektor aus verschiedenen Perspektiven sinnvoll: Zum einen muss es darum gehen, dass, sofern nötig und gewünscht, der Staat seine

---

5 Vgl. Mai, R., Schwarz, U., Hoffmann, S. (2012), S. 5.

6 Vgl. Statistisches Bundesamt (1995; 2015), (abgerufen am 30.11.2017).

7 Vgl. WHO (2013), S. 7.

8 Vgl. Roelcke, V. (2005), S. 1531 f.

9 Vgl. Stampfer, M., Hu, F., Manson J., Rimm, E., Willett, W. (2000), S. 16 f.

10 Vgl. Mozaffarian, D., Kamineni, A., Carnethon, M., Djoussé, L., Mukamal, K., Siscovick, D. (2009), S. 798 f.

11 Vgl. https://www.destatis.de/DE/ZahlenFakten/GesellschaftStaat/Todesursachen/Todesursachen.html (abgerufen am: 20.09.2017).

12 Vgl. https://www.destatis.de/DE/ZahlenFakten/GesellschaftStaat/Gesundheit/GesundheitszustandRelevantesVerhalten/Aktuell.html (abgerufen am 30.11.2017).

13 Vgl. http://www.gbe-bund.de/gbe10/ergebnisse.prc_tab?fid=25135suchstring=query_id=sprache=Dfund_typ=TXTmethode=vt=verwandte=1page_ret=0seite=1p_lfd_nr=2p_news=p_sprachkz=Dp_uid=gastp_aid=40930626hlp_nr=2p_janein=J (abgerufen am 30.11.2017).

14 Vgl. Bundesministerium für Wirtschaft und Energie (2017), S. 10.

Tab. 2.1: Zusammenhang zwischen Krankheitskosten, Alter und Geschlecht in Milliarden Euro (https://www-genesis.destatis.de/genesis/online;jsessionid=394DFA1F4E578A4D95A8A0B3BDEC7338.tomcat_GO_1_3?operation=previous&levelindex=2&levelid=1522745094776&step=2 (abgerufen am: 01.11.2017)).

Geschlecht	Altersgruppen	2015
Männlich	unter 15 Jahre	11.053
	15 bis unter 30 Jahre	9.537
	30 bis unter 45 Jahre	13.956
	45 bis unter 65 Jahre	45.205
	65 bis unter 85 Jahre	57.726
	85 Jahre und mehr	11.193
	Insgesamt	148.670
Weiblich	unter 15 Jahre	9.214
	15 bis unter 30 Jahre	13.838
	30 bis unter 45 Jahre	19.744
	45 bis unter 65 Jahre	47.249
	65 bis unter 85 Jahre	67.611
	85 Jahre und mehr	31.881
	Insgesamt	189.537

Mitbürger als Kunden versteht und gesundheitsfördernde Maßnahmen entwickelt, bepreist, kommuniziert und propagiert. Zum anderen müssen die Unternehmen in dem Sektor, sofern sie weiterhin ökonomischen Kriterien unterworfen bleibt und/oder in noch stärkerem Maße unterworfen wird, unter anderem ihre Produkte, ihr Auftreten und ihre Kundenkommunikation professionalisieren. Die Werbeausgaben des Gesundheitssektors stiegen entsprechend zwischen 2000 und 2016 von 631 Millionen Euro auf 1.487 Millionen Euro.[15]

2.2 Definition und begriffliche Abgrenzung

Ein entscheidender Grund für die Schwierigkeiten der Abgrenzung des Gesundheitssektors ist der Begriff der Gesundheit selber. Die World Health Organization (WHO) definierte über einen langen Zeitraum Gesundheit als „Zustand des vollständigen körperlichen, geistigen und sozialen Wohlbefindens"[16]. Diese Definition zeigt folgende Schwierigkeiten: es besteht damit die Notwendigkeit, Gesundheit als dynamischen Prozess zu verstehen, der einen Zustand definiert, der nahezu unerreichbar

---

15 Vgl. https://de.statista.com/statistik/daten/studie/182792/umfrage/werbeausgaben-der-branche-gesundheit-und-pharmazie-seit-2000/ (abgerufen am 30.11.2017).
16 https://www.admin.ch/opc/de/classified-compilation/19460131/201405080000/0.810.1.pdf (abgerufen am 01.12.2017).

ist, denn jede Form von psychischem oder körperlichem Unwohlsein würde den Zustand der Gesundheit negieren. Außerdem liegt dieser Definition ein eher *pathogenetisches Verständnis* des Verhältnisses von Gesundheit und Krankheit zugrunde, welches in den beiden Begriffen eine Dichotomie sieht, also ein 0/1-Verhältnis im Sinne einer Schwarz-Weiß-Malerei. Damit ist Gesundheit also als „Abwesenheit von Krankheit"[17] zu verstehen. Auch wenn diese Sichtweise nicht falsch ist, da sie auf die Entstehung von Krankheiten fokussiert und als deren Ursachen insbesondere die Risikofaktoren und negative Stressoren ausmacht, so muss doch konstatiert werden, dass die Identifikation von Risikofaktoren im Sinne eines Ursache-Wirkungs-Zusammenhangs alleine nicht ausreicht. Bei den meisten Krankheiten, wie beispielsweise Herz-Kreislauf-Erkrankungen, spielen Ursachenbündel (unter anderem psychosoziale Entwicklung, Ernährung, Rauchen, wenig Bewegung) eine Rolle, deren Beziehung nicht zweifelsfrei zu identifizieren ist. Wenn die Identifikation nicht gelingt, dann ist die gleichzeitig zu beobachtende zunehmende Medikalisierung wenig sinnvoll, die aus leichten Beschwerden und Risiken Krankheiten macht oder aus persönlichen Problemen medizinische.[18]

Eine sehr weite Definition beschreibt Gesundheit deswegen als „die Fähigkeit des Individuums, für sich und als Mitglied seiner jeweiligen Gesellschaft jetzt und in Zukunft im Rahmen der gegebenen Möglichkeiten angemessen zu handeln und damit seine soziale Teilhabe zu erhalten und wenn möglich zu erweitern."[19] Diesem *salutogenetischen Verständnis*[20], welches nach den *Ursachen* für Gesundheit fragt,[21] soll im Weiteren gefolgt werden. Die Verantwortung für die eigene Gesundheit wird dann stärker beim Menschen selber gesehen, der das Ausmaß seiner Gesundheit durch gesundheitsförderliche Verhaltensweisen steigern kann. Gleichzeitig wird die Vollkommenheit der Gesundheit aus der obigen Definition nicht notwendig und Gesundheit eher als eine Balance zwischen dem darstellt, was eine Person für erstrebenswert hält und was sie realiter erreichen könnte.[22]

Wird dem salutogenetischen Verständnis von Gesundheit gefolgt, so treten einerseits die *Prävention* und andererseits die *Gesundheitsförderung* in den Vordergrund. Während die Prävention Gesundheitsrisiken minimieren soll, zielt die Gesundheitsförderung auf die Stärkung gesundheitsbezogener Ressourcen und der Verantwortung für die eigene Gesundheit ab.[23] Entsprechend des Zeitpunktes wird im Rahmen der Prävention zwischen dem Zeitpunkt vor dem Eintreten einer Erkrankung (primäre Prävention) und während der Erkrankung (sekundäre und tertiäre Prävention) unterschieden. Die primäre Prävention soll Krankheiten verhindern helfen. Wenn die Per-

---

17 Paul, N. W. (2012), S. 37.
18 Vgl. Moynihan, R., Heath, I. Henry, D. (2002), S. 886.
19 Paul, N. W. (2012), S. 38.
20 Vgl. Faselt, F., Hoffmann, S., Hoffmann, S. (2010), S. 16.
21 Vgl. Silbermann, A. (2015), S. 9.
22 Vgl. Paul, N. W. (2012), S. 37.
23 Vgl. Faselt, F., Hoffmann, S., Hoffmann, S. (2010), S. 17.

son bereits erkrankt ist, so sollen im Rahmen der sogenannten sekundären Prävention Früherkennungsmaßnahmen dafür sorgen, dass Erkrankungen möglichst früh diagnostiziert und therapiert werden, um eine schnelle Genesung herbeizuführen. Die tertiäre Prävention hat zum Ziel, die Verschlimmerung einer vorhandenen Krankheit, zum Beispiel im Sinne einer Chronifizierung, zu verhindern und dadurch die Lebensqualität zu verbessern.[24]

Die WHO beschreibt die Gesundheitsförderung bereits 1986 als einen Prozess, der „allen Menschen ein höheres Maß an Selbstbestimmung über ihre Gesundheit"[25] ermöglichen soll und formuliert 2005 in der Bangkok-Charta, „dass das Erreichen des höchstmöglichen Gesundheitsstandards eines der fundamentalen Rechte aller Menschen ohne Unterschied darstellt. Gesundheitsförderung basiert auf diesem wesentlichen Menschenrecht. Dieses positive und umfassende Konzept begreift Gesundheit als einen Bestimmungsfaktor für Lebensqualität einschließlich des psychischen und geistigen Wohlbefindens."[26] Hierzu passt eine Befragung von TNS Infratest und Trendbüro im Auftrag des Magazins Healthcare-Marketing von 2014, die ergab, dass 79 Prozent der Befragten in Deutschland mit Gesundheit das persönliche Wohlgefühl verbanden, 67 Prozent die Abwesenheit von Krankheit und Schmerz, 58 Prozent die Balance von Körper, Geist und Seele sowie 56 Prozent die persönliche Fitness beziehungsweise die Leistungsfähigkeit.[27]

Die Selbstbestimmung verlangt im Gegenzug auch Selbstverantwortung, wie ein gesundheitsförderliches Verhalten im Sinne körperlicher Aktivität, Krebsvorsorgeverhalten und gesunder Ernährung.[28] Die Deutsche Gesellschaft für Ernährung e. V. formuliert beispielsweise zehn Regeln für eine gesunde Ernährung:

–   Lebensmittelvielfalt genießen
–   Gemüse und Obst – nimm 5 am Tag
–   Vollkorn wählen
–   mit tierischen Lebensmitteln die Auswahl ergänzen
–   Gesundheitsfördernde Fette nutzen
–   Zucker und Salz einsparen
–   am besten Wasser trinken
–   schonend zubereiten
–   achtsam essen und genießen
–   auf das Gewicht achten und in Bewegung bleiben.[29]

---

24 Vgl. Delbrück, H. (2006), S. 340.
25 http://www.euro.who.int/__data/assets/pdf_file/0006/129534/Ottawa_Charter_G.pdf.ua=1 (abgerufen am 01.08.2017).
26 http://www.who.int/healthpromotion/conferences/6gchp/BCHP_German_version.pdf (abgerufen am 01.08.2017).
27 Vgl. Healtcare Marketing (2014), S. 115.
28 Vgl. Faselt, F., Hoffmann, S., Hoffmann, S. (2010), S. 18.
29 Vgl. https://www.dge.de/fileadmin/public/doc/fm/10-Regeln-der-DGE.pdf (abgerufen am 20.09.2017).

Das diesem Verständnis folgende Health-Marketing oder auch Gesundheitsmarketing ist insbesondere in Deutschland eher eine Entwicklung der jüngeren Zeit und hat inhaltliche Überschneidungen unter anderem im Social-Marketing[30] und im Medizinmarketing.[31] Zum einen finden sich Überschneidungen durch die Gemeinsamkeit hinsichtlich der Notwendigkeit zur Implementierung von Programmen zur Steigerung der Akzeptanz von sozialen Ideen[32] und zum anderen hinsichtlich der Akteure: Gesundheitsmarketing umfasst ebenso wie das Medizinmarketing unter anderem Arztpraxen und Krankenhäuser, die Pharmaindustrie und Apotheken.[33] In den USA wird die Notwendigkeit des Marketings für die Gesundheitsbranche schon deutlich länger gesehen, was unter anderem auch mit den dort weiter verbreiteten Privatisierungen des Sektors zu tun haben mag.[34]

Eine weit verbreitete Definition des Begriffs Health-Marketing stammt vom Centers for Disease Control and Prevention (CDC) in den USA: „Health Marketing involves creating, communicating, and delivering health information and interventions using consumer-centered and science-based strategies to protect and promote the health of diverse populations."[35]

Daran angelehnt formulieren Hoffmann et al. folgende Definition: „Gesundheitsmarketing (…) [beschreibt] die Gesamtheit aller Maßnahmen, mit denen gesundheitsförderliche Verhaltensweisen gesteigert und/oder gesundheitspositionierte Produkte und Dienstleistungen entwickelt, bepreist, vertrieben und kommuniziert werden, wobei bei der Entwicklung und Umsetzung dieser Maßnahmen bewusst gesundheitspsychologische Grundlagen, d. h. die Beweggründe für gesundheitsbewusstes Verhalten sowie gesundheitsökonomische Rahmenbedingungen, d. h. regulierende Maßnahmen des Staates auf dem Markt für gesundheitsbezogene Produkte und Dienstleistungen, Berücksichtigung finden."[36]

Mit dieser erweiterten Definition werden sowohl das Medizinmarketing als auch spezielle Aspekte des Social-Marketings einbezogen. Entsprechend sind die Zielgruppen eines ganzheitlichen Gesundheitsmarketings breit gefächert. So umfasst der Markt neben den klassischen oben bereits angesprochenen Akteuren auch kommerzielle und nicht-kommerzielle Akteure und deren Branchen, die nicht direkt mit dem Gesundheitssektor verknüpft sind, wie beispielsweise Fitness und Wellness, Tourismus und Ernährung (siehe Abbildung 2.1).

---

30 Vgl. Loss, J., Nahel, E. (2010), S. 54 ff.
31 Vgl. Meffert, H., Rohn, F. (2012), S. 30.
32 Vgl. Kotler, Ph., Zaltman, G. (1971), S. 3 f.
33 Vgl. Meffert, H., Rohn, F. (2012), S. 32.
34 Vgl. Zaltman, G., Vertinsky, I. (1971), S. 19 ff.
35 https://www.cdc.gov/healthcommunication/toolstemplates/WhatIsHM.html (abgerufen am 01.11.2017).
36 Mai, R., Schwarz, U., Hoffmann, S. (2012), S. 11.

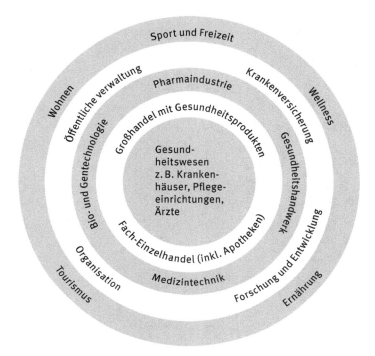

Abb. 2.1: Schichtenmodell der Gesundheitsbranche (Jurack, A., Karmann, A., Lukas, D., Werblow, A. (2012), S. 27).

Im Folgenden soll die Definition allerdings noch einmal etwas umformuliert werden, da der Begriff Marketing selber als marktorientierte Unternehmensführung definiert werden kann und die Orientierung am Kunden als Marktteilnehmer eine der ureigensten Aufgaben des Marketings ist. Damit wird Health-Marketing für den vorliegenden Aufsatz wie folgt definiert: *Health-Marketing ist die Ausrichtung des Unternehmens an den Kundenbedürfnissen unter der Berücksichtigung gesundheitspsychologischer und gesundheitsökonomischer Faktoren.*

Als Forschungsfeld im akademischen Sinne kann das Health-Marketing somit als Schnittstelle zwischen Marketing, Gesundheitspsychologie und Gesundheitsökonomie verstanden werden (siehe Abbildung 2.2). Dies ist eine grundsätzliche Besonderheit des Marketings, welches einerseits der ökonomischen Idee der möglichst optimalen Verteilung knapper Ressourcen verpflichtet ist und andererseits Aspekte der psychologischen Denkweise berücksichtigt, als es den Kunden und seine Verhaltensweisen im Fokus haben muss, damit es seiner eigentlichen Aufgabe gerecht werden kann. Die nähere Betrachtung dieses Spannungsfeldes wird in Abschnitt 2.3 eine zentrale Rolle spielen.

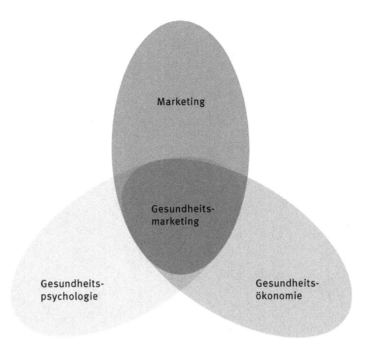

Abb. 2.2: Health-Marketing als interdisziplinäres Forschungsfeld (Mai, R., Schwarz, U., Hoff-mann, S. (2012), S. 10).

2.3 Ziele des Health-Marketings

Die Zielgruppe im Health-Marketing ist extrem heterogen, da es sich um einen Sammelbegriff für sehr unterschiedliche Branchen handelt und von Ärzten und Patienten über Fitnessstudios und deren Mitglieder bis zu den Krankenkassen und den angeschlossenen Krankenhäusern reicht.

Während bei rein privatwirtschaftlich orientierten Unternehmen das Formalziel den Sachzielen vorgelagert ist, muss gerade für öffentliche Unternehmen und ihrem öffentlichen Versorgungsauftrag konstatiert werden, dass diese eine umgekehrte Zielstruktur verfolgen müssen.[37]

Im Rahmen des Health-Marketings kann bei den Marketingzielen zwischen den ökonomischen und den vorökonomischen (psychologischen) Zielen unterschieden werden. Die ökonomischen Ziele zeichnen sich durch ihre Verknüpfung mit dem Leistungsübergangsprozess aus: Egal, ob es sich um Absatz, Umsatz, Gewinn oder Deckungsbeitrag handelt, alle Ziele können nur erfüllt werden, wenn es dem Unterneh-

---

37 Vgl. Raphael, H. (2012), S. 81. Unter Formalziele werden solche Ziele verstanden, die sich mit der grundsätzlichen Frage der Wirtschaftlichkeit eines Unternehmens beschäftigen, während die Sachziele eher instrumentelle Ziele darstellen und die konkrete Leistungserstellung betreffen.

men gelingt, seine Leistung zu verkaufen. Die vorökonomischen Ziele sind mit der Einstellungsbeeinflussung des (potenziellen) Kunden verbunden. Hier handelt es sich beispielhaft um das Image, den Bekanntheitsgrad oder die Zufriedenheit. Sie sind, dem Begriff entsprechend, den ökonomischen Zielen zeitlich vorgelagert, denn ohne beispielsweise ein Mindestmaß an Bekanntheit können keine Leistungen verkauft werden. Beiden Zielkategorien ist gemein, dass sie den SMART-Kriterien folgen sollten, also spezifisch, messbar, akzeptiert, realistisch und terminiert sind.

Mit *spezifisch* ist gemeint, dass die Ziele eindeutig definiert sein müssen (zum Beispiel 10 Prozent Umsatzsteigerung). *Messbar* bedeutet, dass die Einheit, in der das Ausmaß der Zielerreichung erfasst wird, überprüfbar sein muss. Gerade dieses Kriterium wird bei den vorökonomischen Kriterien in seiner Durchführbarkeit oft angezweifelt. Allerdings gilt auch hier, dass das Kriterium durch die erhebende Instanz festgelegt werden muss. Letztlich ist dies nichts anderes als es im Rahmen der ökonomischen Ziele mit Kennzahlen wie EBIT, EBITDA oder ähnlichen auch passiert. Der Bekanntheitsgrad kann beispielsweise in Prozent gemessen werden und das Image mit Hilfe eines semantischen Differentials. Dass dies den meisten Unternehmen schwieriger erscheint, liegt nur daran, dass sich die sehr komplexen Strukturen für die Ermittlung der ökonomischen Kennzahlen seit langem etabliert haben, während die Messung psychologischer Kennziffern bei den meisten Firmen kein alltägliches Geschäft darstellt. *Akzeptiert* bezieht sich auf die Verantwortlichen für die Erreichung des Ziels, die mit dem Ziel einverstanden sein müssen und *realistisch* auf die grundsätzliche Möglichkeit der Umsetzbarkeit. Schließlich meint *terminiert*, dass das Ziel für einen bestimmten Zeitraum festgelegt sein muss, damit im Rahmen eines Soll-Ist-Vergleichs überprüft werden kann, ob es erreicht worden ist oder nicht.

Die psychologischen Ziele sind den ökonomischen deswegen vorgelagert, weil sie die notwendige Bedingung formulieren, unter der die Erreichung letzterer möglich ist.[38] Auch wenn dies nicht zwingend bedeutet, dass die Ziele formuliert werden müssen, so muss aus ökonomischer Sicht eine möglichst effiziente Vorgehensweise präferiert werden. Werden die psychologischen Ziele nicht formuliert und nicht systematisch verfolgt, so werden sie dem Zufall überlassen. Dies ist weder in Bezug auf den Bekanntheitsgrad, noch das Image oder die Kundenzufriedenheit effizient, da die damit eintretende Beliebigkeit eine Kontrolle erschwert und ein stärkeres Nachjustieren erfordern kann, als dies bei entsprechender Vorabplanung notwendig wäre. Abbildung 2.3 zeigt ein beispielhaftes Zielsystem eines Krankenhauses. Neben den beschriebenen ökonomischen, krankenhausgerichteten Zielen wie Produktivität sind die angesprochenen psychologischen Ziele von Bedeutung, die in diesem Fall auf die Mitarbeiter und auf die Kunden gerichtet sind. Da Mitarbeiterzufriedenheit in hohem Maße für die Kundenzufriedenheit relevant ist, ergibt diese Betrachtung bei einem Dienstleister unmittelbar Sinn. Bei den kundengerichteten Zielen wird noch einmal

---

38 Vgl. Voeth, M., Herbst, U. (2013), S. 167.

zwischen der Patienten- und der Einweiserzufriedenheit unterschieden, die eine Besonderheit dieser Branche deutlich macht: die Nachfrage nach krankenhausbezogenen Dienstleistungen in Bezug auf ein bestimmtes Krankenhaus ist eine *abgeleitete* Nachfrage: Der Arzt dient als Schnittstelle zwischen Patient und Krankenhaus (sogenannte Absatzmittler).

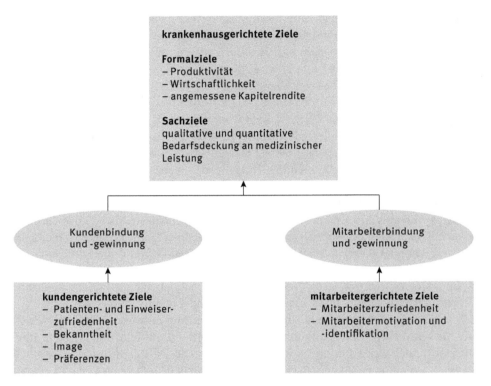

Abb. 2.3: Zielsystem eines Krankenhauses (Meffert, H., Rohn, F. (2012), S. 35).

2.4 Implikationen für das operative Marketing

2.4.1 Kundenorientierung

Wie in der Definition des Health-Marketings deutlich wurde, steht der Kunde im Mittelpunkt der Betrachtungen. Ähnlich wie in anderen Branchen, müssen auch hier deswegen psychologische Aspekte Berücksichtigung finden, damit, unter der Nebenbedingung ökonomischer Gegebenheiten, klar wird, welche Bedürfnisse beim Kunden vorliegen und wie diese Bedürfnisse durch die unternehmerische Leistung erfüllt werden können. Im vorliegenden Fall darf davon ausgegangen werden, dass Gesundheit das Ziel des Konsumenten ist,[39] sodass es im Rahmen der psychologischen Untersuchungen um die kognitiven Prozesse gehen muss, welche die gesundheitsbewusste Konsumentscheidung bestimmen. Eine aktuelle Umfrage der GfK zur Interpretation eines guten Lebens ergab, dass knapp 90 Prozent der Deutschen an erster Stelle gute Gesundheit angeben, erst danach kommen finanzielle Sicherheit (79 Prozent) und Freizeit (69 Prozent).[40] Anderseits sind, wie bereits erwähnt, über die Hälfte der Deutschen zu dick und Herz-Kreislauf-Erkrankungen zählen zu den häufigsten Todesursachen. Dies mag damit zusammenhängen, dass es einen Unterschied gibt zwischen dem Bedürfnis nach Gesundheit und der Motivation, die entsprechenden Voraussetzungen zu schaffen: In einer Umfrage der iic solutions im Jahr 2014 gaben immerhin 81 Prozent der Befragten an, dass ihnen die Gesundheit sehr wichtig ist, aber nur 7 Prozent gaben an, dafür auch genug zu tun.[41] Nur 35 Prozent der Befragten nehmen sich die Zeit für Sport und bei 40 Prozent mangelt es an der Motivation; entsprechend geht etwa die Hälfte nicht regelmäßig zum Sport und etwa 25 Prozent gar nicht.[42]

Zur Erklärung des Verhaltens von Konsumenten kann beispielsweise das sogenannte Stimulus-Organismus-Response-Modell (SOR-Modell) genutzt werden. Dieses Modell wird auch als neo-behavioristisches Modell bezeichnet, da es eine Erweiterung des sogenannten Stimulus-Response-Modells (SR-Modell) darstellt und der Forschungsrichtung des Behaviorismus, also der Verhaltensforschung, zugeordnet wird.[43] Das Modell geht davon aus, dass verschiedene Stimuli in einem Organismus (zum Beispiel einem Menschen) auf eine bestimmte Art wirken und eine zu beobachtende Reaktion auslösen. Damit wird die grundlegende Problematik der SR-Modelle auflöst, die eine direkte Beziehung zwischen Stimulus und Reaktion dargestellt haben und die nicht in der Lage waren zu erklären, wieso es zu der Reaktion kam. Mithin war der Mensch eine sogenannte Black Box. Die SOR-Modelle versuchten nun das beobachtbare Verhalten des Menschen (zum Beispiel das Gesundheitsverhalten) durch die dem Organismus zugeordneten nicht direkt beobachtbaren Konstrukte (zum Beispiel: Zufriedenheit oder Motive) als Reaktion auf die beobachtbaren Stimuli (zum Beispiel Marketingmix) zu erklären (siehe Abbildung 2.5). Beispielsweise kann die Festlegung eines bestimmten niedrigen Preises zu einer positiven Emotion führen, die, vor dem Hintergrund vorab gelernter höherer Preise, eine gesteigerte Nachfrage auslöst. Hier werden insbesondere durch die neuro-wissenschaftliche Forschung im Zusammen-

---

39 Vgl. Silbermann, A. (2015), S. 8. Es sei hier von chronischen Krankheiten abstrahiert, bei denen das Ziel darin besteht, möglichst lange ein möglichst schmerzreduziertes würdiges Leben führen zu können.

40 GfK (2017), S. 1.

41 Vgl. iic solutions (2014), S. 11.

42 Vgl. Wyrwa, I. (2016), S. 34.

43 Vgl. grundlegend Hull, C. L. (1943), S. 22. Es sei an dieser Stelle angemerkt, dass das SOR-Modell genau genommen das bestgeeignete Modell ist, um die Reaktion auf Stimuli zu erklären, nicht aber unbedingt in Bezug auf die Lücke zwischen Einstellung und Verhalten. Das ist die Theorie des geplanten Verhaltens (siehe hierzu auch Kapitel 2.5.2).

Stimulus (S)   Organismus (O)   Response (R)

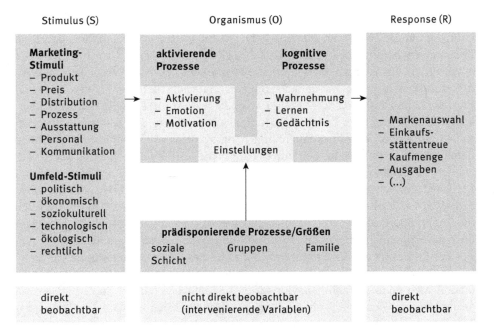

Marketing-Stimuli – Produkt – Preis – Distribution – Prozess – Ausstattung – Personal – Kommunikation	**aktivierende Prozesse** – Aktivierung – Emotion – Motivation	**kognitive Prozesse** – Wahrnehmung – Lernen – Gedächtnis

Einstellungen

Umfeld-Stimuli
– politisch
– ökonomisch
– soziokulturell
– technologisch
– ökologisch
– rechtlich

prädisponierende Prozesse/Größen
soziale Schicht   Gruppen   Familie

– Markenauswahl
– Einkaufsstättentreue
– Kaufmenge
– Ausgaben
– (…)

direkt beobachtbar   nicht direkt beobachtbar (intervenierende Variablen)   direkt beobachtbar

Abb. 2.4: SOR-Paradigma der Kaufverhaltensforschung (in Anlehnung an Foscht, T., Swoboda, B. (2011), S. 30).

hang mit dem Forschungsfeld der sogenannten Consumer Neuroscience noch einmal Erkenntnisse erzielt, die teilweise die bis dato vermuteten Zusammenhänge erklären: so ließ sich beispielsweise nachweisen, dass bei Preissenkungen das Belohnungszentrum im Gehirn aktiviert wird und dadurch eine Kaufabsicht ausgelöst werden kann. Es muss allerdings darauf hingewiesen werden, dass der oft zitierte Buy Button[44] im Kopf der Kunden nicht existiert. Zwischen der Kaufabsicht und dem tatsächlichen Kauf wirken noch einmal die in Abbildung 2.4 aufgeführten intervenierenden Variablen, die nicht nur als prädisponierende Variablen relevant sind, sondern auch situativ eine entscheidende Rolle in Bezug auf den Kauf spielen; gleiches gilt für die anderen aufgeführten Stimuli, wie beispielsweise das ökonomische Umfeld. Und selbst das Wetter kann, als sogenannter unerwarteter Einflussfaktor, in der Situation der Kaufabsicht eine Rolle spielen.

Die Messung der Zusammenhänge zwischen den einzelnen Variablen gestaltet sich sehr unterschiedlich und ist von der gewählten Methode abhängig. Es kann zwischen reflektiven und formativen Messmodellen unterschieden werden. Dabei wird angenommen, dass es eine nicht direkt beobachtbare Variable gibt (sogenannte latente Variable beziehungsweise Konstrukt), die in einem Zusammenhang steht zu di-

---

44 Blakeslee S. If you have a 'buy button' in your brain, what pushes it? N Y Times. 19.10.2004.

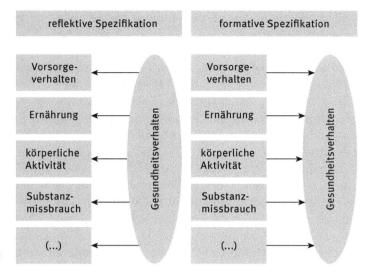

Abb. 2.5: Gesundheitsverhalten als reflektives oder formatives Konstrukt (Faselt, F., Hoffmann, S., Hoffmann, S. (2010), S. 20).

rekt beobachtbaren Variablen (sogenannte manifeste Indikatoren). Der Unterschied besteht in der Beziehungsrichtung und wird durch die Ausrichtung der Pfeilspitzen dargestellt (siehe Abbildung 2.5).

Gesundheitsverhalten als reflektives Konstrukt meint, dass sich beispielsweise Ernährung, körperliche Aktivität und Substanzmissbrauch verändern, wenn sich das Gesundheitsverhalten verändert. Das Konstrukt Gesundheitsverhalten zeigt sich also in den Indikatoren Ernährung etc. Dabei reicht es aus, wenn eine Veränderung bei einem der Indikatoren festgestellt werden kann, da davon ausgegangen wird, dass alle Indikatoren bekannt sind und sie hochgradig korrelieren, so dass sie für die Messung des Konstrukts beliebig austauschbar sind.[45]

Bei formativen Messmodellen dreht sich die Beziehungsrichtung um. Hier wird das Gesundheitsverhalten abhängig von den Einflussfaktoren.[46] Damit führt die Veränderung eines Einflussfaktors auch zur Veränderung der latenten Variable. Ob sich auch andere Einflussfaktoren ändern, hängt dann vom Ausmaß der Korrelation der Einflussfaktoren untereinander ab und entsprechend muss eine Veränderung der latenten Variable nicht eine Veränderung von mehr als einem Einflussfaktor bedeuten. So sind beispielsweise Bildung, Einkommen und Prestige zwar Bestandteile des Zielkonstrukts Beruf, sie müssen aber nicht notwendigerweise korrelieren.[47] Im vorliegen-

---

45 Vgl. Eberl, M. (2004), S. 3 f.
46 Die deshalb auch nicht mehr als Indikatoren bezeichnet werden, sondern als Einflussfaktoren.
47 Vgl. Eberl, M. (2004), S. 6.

den Fall würde die Ernährung zwar das Gesundheitsverhalten erklären, dies würde aber nicht zwingend bedeuten, dass eine gesunde Ernährung mit einem ausgeprägten Vorsorgeverhalten oder ausreichend körperlicher Aktivität einhergeht.

In Bezug auf das SOR-Modell können beide Messmodelle genutzt werden, wenn sich beispielsweise die Einstellung in einem veränderten Gesundheitsverhalten zeigt und andererseits von der körperlichen Aktivität auf das Gesundheitsverhalten geschlossen werden kann. Für das Marketing ist es wichtig, die latenten Motive zu kennen und darauf aufbauend, die Einstellungen des (potenziellen) Kunden so zu beeinflussen, dass er mit der angebotenen Leistung eine für ihn möglichst optimale Bedürfnisbefriedigung und damit, ökonomisch ausgedrückt, einen maximalen Nutzen erzielt. Mit Leistung können beispielsweise das Produkt oder die Dienstleistung des Unternehmens gemeint sein, der geforderte Marktpreis, die Ausstattung der Räumlichkeiten des Unternehmens oder andere, aus Kundensicht relevante, Eigenschaften (siehe Abbildung 2.4).

Die operativen Instrumente des Marketings (7 Ps) dienen der Umsetzung der vorab getroffenen strategischen Entscheidungen. Sie zeichnen sich unter anderem dadurch aus, dass sie eher routinemäßig ablaufen und das Tagesgeschäft bestimmen.[48] Die bei Dienstleistungen ergänzenden 3 Ps hängen mit den zugrundeliegenden Eigenschaften von Dienstleistungen zusammen, die sie von Sachgütern unterscheiden: Immaterialität, Uno-actu-Prinzip und Integration des externen Faktors. Die *Immaterialität* beschreibt dabei die Tatsache, dass sich Dienstleistungen nicht anfassen lassen, nicht sichtbar sind und damit auch nicht lagern lassen. Dies bedingt beim Kunden in der Regel wegen der fehlenden Möglichkeit der Überprüfbarkeit vor dem Kauf Unsicherheit, die im Marketing durch die sogenannte Ausstattungspolitik (Physical Evidence) abgemildert werden kann: der Kunde orientiert sich bei seiner Beurteilung der Dienstleistung beispielsweise an dem Gebäude oder der Inneneinrichtung des Dienstleistungserstellers, wie beispielsweise bei Krankenhäusern, Arztpraxen oder Fitness-Centern. Das *Uno-actu-Prinzip* beschreibt die Gleichzeitigkeit von Produktion der Dienstleistung und Konsum der Dienstleistung und folgt unmittelbar aus der Immaterialität: Da die Dienstleistung nicht lagerbar ist, muss sie im Moment der Erstellung konsumiert werden, zum Beispiel bei einer Augen-OP. Der Kunde kann genau diese Dienstleistung zu einem späteren Zeitpunkt nicht mehr abrufen. Dies bedeutet aber auch, dass der Kunde einen direkten Kontakt zum Dienstleistungsersteller hat, was aus marketingtechnischer Sicht spezielle Anforderungen an das Personal (Personnel = Personalpolitik) mitbringt. Schließlich bezieht sich die *Integration des externen Faktors* auf die Erstellung der Dienstleistung, die nur mit dem Kunden zusammen erfolgt und damit der Kunde in hohem Maße für die Produktion der Dienstleistung und insbesondere für das Ergebnis des Produktionsprozesses (Process = Prozesspolitik) mit verantwortlich ist. Aus diesem Grund muss das Unternehmen den Prozess der Dienstleistungserstellung so aufbauen, dass der Kunde möglichst

---

48 Vgl. hierzu die Ausführungen in Kapitel 1.

optimal integriert werden kann: der Zahnarzt muss in Abhängigkeit vom Patienten entscheiden, ob eine lokale Betäubung und ausführliche Erklärungen über die folgende Behandlung notwendig sind oder nicht.

Aus der Produktpolitik wird bei Dienstleistungen schließlich noch die Leistungspolitik, die eine geringfügig andere Struktur aufweist. Im folgenden Kapitel werden nun die 7 Ps im Health-Marketing dargestellt. Aufgrund der Vielfältigkeit der darunter subsumierten Branchen werden für die einzelnen Instrumente Beispiele aus unterschiedlichen Branchen gewählt.

2.4.2 Produkt-/Leistungspolitik

Die Produkt- beziehungsweise Leistungspolitik umfasst die Gesamtheit aller Entscheidungstatbestände, die sich auf die marktgerechte Gestaltung der vom Unternehmen im Absatzmarkt angebotenen Leistungen beziehen.[49] Die Produktpolitik lässt sich in die unten dargestellten Strukturen und deren Elemente unterteilen (siehe Abbildung 2.6).[50]

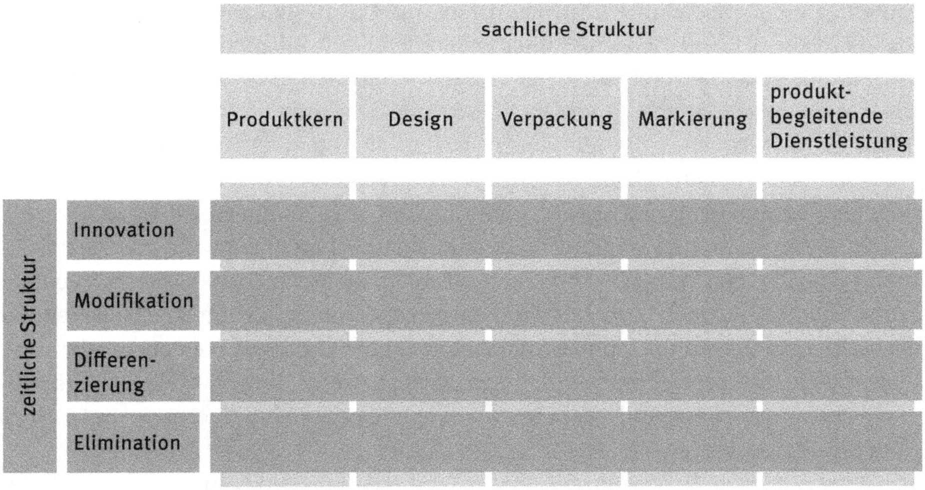

Abb. 2.6: Struktur der Produktpolitik (Kürble, P. (2015), S. 58).

---

[49] Um die Lesefreundlichkeit zu gewährleisten, wird im Folgenden nur auf die Leistungspolitik verwiesen, wenn sich Unterschiede zur Produktpolitik zeigen. Ansonsten gelten die Betrachtungen für beide Politikbereiche.

[50] Bei der Leistungspolitik wird auf das Design verzichtet, da dies für die eigentliche Dienstleistung aufgrund ihrer Immaterialität nicht in Frage kommt und aus den produktbegleitenden Dienstleistungen in der sachlichen Struktur werden ergänzende Dienstleistungen. Für eine vertiefende Betrachtung siehe Kürble (2015), S. 56 ff.

Es findet eine Unterscheidung zwischen der sachlichen und der zeitlichen Struktur statt. Während die sachliche Struktur die Elemente auflistet, die direkt mit dem Produkt oder der Leistung verbunden sind und aus denen sich beide zusammensetzen, beschreibt die *zeitliche Struktur* mögliche unternehmerische Aktivitäten im Zeitablauf. Diesem Zeitablauf liegt der sogenannte Produktlebenszyklus zugrunde, der im Wesentlichen beschreibt, dass ein Produkt, wenn es in den Markt eingeführt wird, im Zeitablauf Phasen durchläuft, die durch unterschiedliches Umsatzwachstum gekennzeichnet sind, so dass sie unterschiedliche Marketing-Aktivitäten implizieren können.[51] Die Einführung eines Produktes in den Markt wird als Innovation bezeichnet, die Entfernung als Elimination. Dazwischen stehen dem Unternehmen die Möglichkeit der Modifikation und der Differenzierung zur Verfügung. Ersteres beschreibt die Anpassung des Produktes an den Markt, zum Beispiel aufgrund eines sich ändernden Geschmacks, letzteres die Ergänzung des ursprünglichen Produktes um weitere Variationen, zum Beispiel für andere Zielgruppen.

Jede dieser vier Aktivitäten kann sich auf eines oder mehrere der Elemente der *sachlichen Struktur* und damit unmittelbar auf das Produkt beziehen. Der Produktkern beschreibt die Erwartungen, die Kunden in Bezug auf die angemessene Erfüllung der zugedachten Aufgabe haben.[52] Als Beispiel sei hier die Reduzierung von Kopfschmerzen durch ein Kopfschmerzmedikament genannt. Das Design bezieht sich auf die formal-ästhetische Ebene und sorgt unter anderem für eine möglichst optimale Nutzung des Produkts also beispielsweise die Größe und mögliche Teilbarkeit einer Tablette. Die Verpackung dient unter anderem dem Schutz des Produkts zum Beispiel vor Licht oder Temperatureinfluss. Die Markierung bezieht sich auf die Namensgebung des Produkts und die produktbegleitenden Dienstleistungen auf die Möglichkeiten des Unternehmens, neben dem Produkt auch Beratung und/oder Umtausch anzubieten.

Im Rahmen der Leistungspolitik bezieht sich die Verpackung auf die Dienstleistung ergänzenden Produkte. So können beispielsweise die Trinkflaschen in einem Fitnessstudio mit dem Logo des Studios versehen sein. Die produktbegleitenden Dienstleistungen werden dann als ergänzende Dienstleistungen oder auch Sekundärdienstleistungen bezeichnet und können beispielsweise darin bestehen, bei ärztlichen Untersuchungen Kinderbetreuung anzubieten oder eine Nachsorge nach einer Operation anzubieten.

Werden die sachliche und zeitliche Struktur miteinander kombiniert, so kann dies wie folgt aussehen: Eine Innovation kann darin bestehen, dass das Produkt, wie beispielsweise ein neues Medikament, einen anderen Produktkern aufweist, mithin eine bisher unheilbare Krankheit heilt. Eine Modifikation kann darin bestehen, dass das gleiche Medikament in einer verbesserten Rezeptur auf den Markt kommt, die we-

---

51 Der Verlauf dieser sich daraus ergebenen Kurve folgt oft einem glockenförmigen Verlauf, der sich in der Realität allerdings selten so darstellt, weswegen die Aussagekraft dieses Instruments deutlich angezweifelt werden kann.
52 Vgl. Nieschlag, R., Dichtl, E., Hörschgen, H. (2002), S. 666.

niger Nebenwirkungen aufweist, oder in einer veränderten Verpackungsgröße. Eine Differenzierung wäre schließlich die Ergänzung des Angebots um eine weitere Produktvariante, wie beispielsweise Kopfschmerzmittel, denen Vitamin C zugeführt wird oder in anderen Darreichungsformen auf den Markt kommen, die dann einen neuen Namen bekämen. Im Rahmen der Elimination könnten solche ergänzenden Elemente wieder entfernt werden oder das Produkt wird insgesamt aus dem Markt genommen.

Ein weiteres Beispiel im Rahmen der Produktpolitik im Health-Marketing ist die Nährwertkennzeichnung von Lebensmitteln und Nahrungsergänzungsmitteln, die seit Dezember 2016 in Europa verpflichtend ist[53] und die Angabe von Energiegehalt, Fetten, Gesättigten Fettsäuren, Kohlenhydraten, Zucker, Eiweiß und Salz umfasst. Die Art der Darstellung variiert in den Ländern: so wird in Großbritannien das sogenannte Ampelmodell[54] genutzt, in Schweden das Keyhole-Modell[55] und in Deutschland das GDA-Modell[56] (siehe Box *Lebensmittelkennzeichnung nach dem Ampelsystem*).

Lebensmittelkennzeichnung nach dem Ampelsystem

Aus Sicht der (deutschen) Verbraucher erfreut sich die Ampelkennzeichnung großer Beliebtheit. Dabei wird das sogenannte Multiple Traffic Light (MTL) viel diskutiert. Das MTL zeigt die Nährwertangaben von Fett, gesättigten Fettsäuren, Zucker, Salz und oft zusätzlich noch den Kaloriengehalt. Dieses Modell wurde von der britischen Lebensmittelbehörde Food Standard Agency (FSA) erarbeitet und soll helfen, die ungesunden von den gesunden Lebensmitteln auf einfache Weise direkt erkennen zu können. Die Farbe Rot weißt auf einen hohen Anteil an Fett, Salz oder Zucker hin, Gelb steht entsprechend für einen mittleren und Grün für einen niedrigen Nährstoffgehalt. Tabelle 2.2 zeigt ein Beispiel für die Grenzwerte bei Lebensmitteln.

Die Ampel wird nur für solche Produkte empfohlen, die zusammengesetzte Lebensmittel oder Fertiggerichte sind, da sie für Grundnahrungsmittel keinen Sinn ergibt; hierzu zählen unter anderem Pizza, Kuchen, Sandwiches, Fertigsalate oder Fleischzubereitungen. Die Darstellungsform der Ampel variiert zwischen den einzelnen Unternehmen, so stellen manche Firmen die Ampel senkrecht dar (zum Beispiel McCain), andere waagerecht (zum Beispiel Marks & Spencer) oder kreisförmig (zum Beispiel Sainsbury's).[57] Das Ampelmodell wird zur Zeit nur in Großbritannien angewandt und führte dort tatsächlich zu verändertem Konsumverhalten. Aus wissenschaftlicher Sicht wird das Ampelsystem auch von der Deutschen Gesellschaft für Ernährung e. V. (DGE) empfohlen, gleichzeitig wird aber auch darauf verwiesen, dass der Verbraucher immer genau hinsehen muss. Dies hängt unter anderem damit zusammen, das Produkte zwar einen niedrigen Zuckergehalt, aber einen hohen Fettgehalt aufweisen können und der Verbraucher dann individuell abwägen muss. Darüber hinaus stellt sich auch die Frage, ob verschiedene Fette nicht unterschiedlich bewertet werden müssten, wenn zum Beispiel hochwertiges Rapsöl verarbeitet wird. Ein anderes Beispiel wäre die Bewertung einer Diätcola, die nach dem Ampelmodell zwar vier grüne Punkte bekäme, aber angereichert ist mit künstlichen Zusatzstoffen. Aus diesem Grund werden modifizierte Ampel-

---

53 Vgl. EU-Lebensmittelinformationsverordnung (LMIV) Nr. 1169/2011.
54 Vgl. aid Informationsdienst Verbraucherschutz, Ernährung, Landwirtschaft (2008a).
55 Vgl. aid Informationsdienst Verbraucherschutz, Ernährung, Landwirtschaft (2008b).
56 Vgl. aid Informationsdienst Verbraucherschutz, Ernährung, Landwirtschaft (2008c).
57 Vgl. http://webarchive.nationalarchives.gov.uk/20081121150908/http://www.eatwell.gov.uk/fo odlabels/trafficlights/?view=textonly (abgerufen am 02.01.2018).

kennzeichnungen diskutiert, bei denen beispielweise auch die positiven Inhaltsstoffe (zum Beispiel Vitamine oder Mineralstoffe) erwähnt werden und dann eine Ampelklassifizierung anhand der relativen Nährstoffgehalts erfolgen könnte, anstatt des oben dargestellten absoluten Nährstoffgehalts.[58] Während der Verbraucherzentrale Bundesverband die Einführung der Ampelkennzeichnung befürwortet, lehnt der Spitzenverband der deutschen Lebensmittelwirtschaft die Ampel ab, da sie irreführend sei. Er sieht die Verantwortung eher beim Verbraucher, der mit genügend Aufklärung selber in der Lage sein soll, die richtigen Produkte auszuwählen.[59]

Tab. 2.2: Nährstoffgrenzen für die Kennzeichnung von Lebensmitteln (aid Informationsdienst Verbraucherschutz, Ernährung, Landwirtschaft (2008a), S. 2).

Inhaltsstoff	Grün	Gelb	Rot
Fett	maximal 3 g/100 g	mehr als 3 g und maximal 20 g/100 g	mehr als 20 g/100 g
gesättigte Fettsäuren	maximal 1,5 g/100 g	mehr als 1,5 g und maximal 5 g/100 g	mehr als 5 g/100 g
Zuckergehalt	Gesamtzuckergehalt maximal 5 g/100 g	Gesamtzuckergehalt mehr als 5 g und zugesetzter Zucker maximal 12,5 g/100 g	mehr als 12,5 g/100 g zugesetzter Zucker
Salz	maximal 0,3 g/100 g	mehr als 0,3 g und maximal 1,5 g/100 g	mehr als 1,5 g/100 g

2.4.3 Kontrahierungspolitik

Im Rahmen der Kontrahierungspolitik werden die vertraglichen Rahmenbedingungen einer Transaktion festgelegt. Dabei kann es sich um monetäre und nichtmonetäre Aspekte handeln, die beim Kunden Kosten verursachen. Zu den monetären zählen unter anderem die Preisfestsetzung, Rabatte-, Konditionen- und Kreditpolitik. Den nichtmonetären Kosten werden unter anderem die Opportunitätskosten, die psychischen und die physischen Kosten zugeordnet.[60] Die Opportunitätskosten oder Kosten des entgangenen Nutzens bezeichnen die vom Kunden empfundenen Kosten einer entgangenen Alternative. Wenn ein Patient beispielsweise zwischen einem stationären und einem ambulanten Aufenthalt in einer Klinik wählen kann, dann wird er abwägen, auf was er in dem einen oder anderen Fall verzichten muss und wie hoch er den Wert dieses Verzichts einschätzt. Die psychischen Kosten beschreiben den Stress beim Erwerb des

---

58 Vgl. Burggraf, C., Volkhardt, I., Meier, T. (2016), S. 2.
59 Vgl. aid Informationsdienst Verbraucherschutz, Ernährung, Landwirtschaft (2008a).
60 Vgl. Kürble, P. (2015), S. 94 ff.

Produktes, der unter anderem durch überfüllte Parkplätze, Warteschlangen, fehlende Beratung oder auch ein Zuviel an Auswahl (Stichwort: Konsumentenverwirrtheit) verursacht werden kann. Konkret kann ein Patient bei einem Arztbesuch dann psychische Kosten empfinden, wenn er in einem überfüllten Wartezimmer stundenlang warten muss. Die physischen Kosten bestehen in dem körperlichen Aufwand, den der Kunde erbringen muss, um das Produkt erwerben zu können oder zu einer Arztpraxis beziehungsweise einer Apotheke zu kommen. In den meisten Fällen werden die Kunden die Praxis oder Apotheke auswählen, die für sie am einfachsten, also mit den geringsten Kosten zu erreichen ist. Die erwähnten nichtmonetären Kosten sind in hohem Maße subjektiv und von Umfeldbedingungen abhängig, die das Unternehmen nur bedingt beeinflussen kann. Gleichzeitig bieten Sie aber eine herausragende Möglichkeit der Differenzierung von anderen Anbietern.

Insbesondere hinsichtlich der monetären Kosten ist der Gesundheitssektor sehr unterschiedlich zu betrachten. So zeichnen sich manche Branchen, wie beispielsweise Wellness, Sport oder Ernährung durch eine mehr oder weniger freie Preisfestsetzung durch das Unternehmen aus, die lediglich durch allgemeingültige rechtliche Rahmenbedingungen beeinflusst werden. Hierzu zählen unter anderem das Gesetz gegen Wettbewerbsbeschränkungen (GWB), welches beispielsweise marktbeherrschenden Unternehmen untersagt, zu Dumping-Preisen anzubieten oder das Gesetz gegen unlauteren Wettbewerb (UWG), in dem unter anderem das Verbot der Irreführung erfasst ist, wonach besonders niedrige Preise dann nicht erlaubt sind, wenn sie einen Kaufzwang erzeugen sollen. In anderen Branchen werden die preispolitischen Möglichkeiten durch politische Einflussnahme im Markt eingeschränkt. Diese behördliche Preisfestsetzung findet häufig vor dem Hintergrund der sozialen Gerechtigkeit für alle und des Grundsatzes der Gleichheit statt.[61] So erhalten Krankenhäuser und Ärzte Fallpauschalen entsprechend der Dignostic Related Groups (DRGs) beziehungsweise nach sogenannten Einheitlichen Bewertungsmaßstäben(EBM)-Ziffern (siehe Box *Individuelle Gesundheitsleistungen*).

Individuelle Gesundheitsleistungen
Seit 1998 bilden Individuelle Gesundheitsleistungen (IGeL) insofern eine Ausnahme, als sie vom Arzt zwar nach der Gebührenordnung für Ärzte (GOÄ) abgerechnet werden müssen, ihr Angebot aber frei zur Verfügung gestellt werden kann und mit dem Kunden in jedem Fall eine Privatbehandlung mit Selbstbezahlung vereinbart wird. Inzwischen werden mehrere hundert solcher Leistungen angeboten, deren Nutzen sich in vielen Fällen nicht eindeutig identifizieren lässt und teilweise, wie beispielsweise die Augeninnendruckmessung zur Glaukom-Früherkennung, als eher negativ beurteilt wird, da sich ein Glaukom durch diese Untersuchung nicht zuverlässig vorhersagen lässt oder diagnostiziert werden kann.[62] Selbst der Berufsverband der Augenärzte Deutschlands e. V. hält die Beurteilung alleine durch die Methode der Augeninnendruckmessung für unzureichend.[63]

---

61 Vgl. Busch, R., Dögl, R., Unger, F. (2001), S. 283.

Andere Möglichkeiten der Preisgestaltung bieten sich unter anderem bei den Gesetzliche Krankenversicherung (GKV)-unabhängigen Leistungsangeboten, die im Rahmen der sogenannten Selbstzahlermedizin nicht als Individuelle Gesundheitsleistungen (IGeL) erfasst werden und die beispielsweise sportmedizinische Check-up-Untersuchungen umfassen können[64] oder auch Zusatzleistungen in Krankenhäusern, wie beispielsweise Telefon oder Einzelbettzimmer. Hier bieten sich die in der Kontrahierungspolitik üblichen Möglichkeiten der Preisdifferenzierung an, die räumlich, zeitlich, abnehmer- oder mengenbezogen ausgestaltet sein können. Eine räumliche Preisdifferenzierung kann beispielsweise in unterschiedlichen Regionen sowohl innerhalb eines Landes oder auch länderübergreifend bei einer Krankenhauskette vorgenommen werden und sich an den unterschiedlichen Einkommensniveaus oder Preisniveaus orientieren. Eine zeitliche Preisdifferenzierung kann in Bezug auf unterschiedliche Tages- oder Wochenzeiten für die Inanspruchnahme vorgenommen werden. Die abnehmerbezogene Preisdifferenzierung findet sich beispielsweise oft bei Fitnessstudios, die Rabatte für Schüler und Studierende anbieten. Eine mengenbezogene Preisdifferenzierung wird unter anderem bei Nahrungsergänzungsmitteln genutzt, wo der Kunde entweder Rabatte beim einmaligen Bezug größeren Mengen erhält oder im Rahmen eines Abonnements über einen längeren Zeitraum in regelmäßigen Abständen immer wieder Ware zugesandt bekommt.

2.4.4 Distributionspolitik

Die Distributions- oder Vertriebspolitik „beinhaltet Entscheidungen zur Verteilung von Leistungen an den Abnehmer"[65]. Sie kann in eine logistische und eine akquisitorische Komponente unterteilt werden. Die logistische Komponente befasst sich mit dem Transport der Ware zum Kunden, während die akquisitorische Komponente die Ausgestaltung des Absatzkanals und damit insbesondere die Frage des direkten oder indirekten Absatzes problematisiert. Als direkter Absatz wird jene Form des Vertriebsweges bezeichnet, bei welcher der Leistungsersteller direkten Kontakt mit dem Leistungsempfänger hat, bei einem indirekten Absatz wird ein Absatzmittler zwischengeschaltet.

Hinsichtlich der logistischen Komponente muss zwischen drei Möglichkeiten unterschieden werden: entweder findet die Leistungserstellung beim Anbieter (zum Beispiel Krankenhaus, Arzt oder Fitnessstudio), beim Nachfrager (zum Beispiel häusliche Pflegedienste) oder an einem dritten Ort (zum Beispiel wenn der niedergelassene Arzt im Krankenhaus operiert) statt. Während die Herausforderung im ersten Fall aus

62 Vgl. https://www.igel-monitor.de/ueber-igel/kurz-und-buendig.html (abgerufen am 01.10.2017).
63 Vgl. http://cms.augeninfo.de/hauptmenu/gesunde-augen/gute-sicht-im-alter/glaukomvorsorge.html (abgerufen am 01.10.2017).
64 Vgl. Frodl, A. (2017), S. 290.
65 Meffert, H., Rohn, F. (2012), S. 60.

Sicht des Kunden in einer möglichst optimalen räumlichen Nähe zum Kunden liegt, besteht sie im zweiten Fall aus Sicht des Unternehmens in einer möglichst geringen Distanz der Leistungsersteller zum Kunden, um Zeit und damit Kosten zu sparen und im dritten Fall in einer möglichen Sicherstellung des Transports des Kunden und notwendiger Produktionsfaktoren zum Ort des Dienstleistungsvollzugs.

Da sich die Dienstleistungserstellung darüber hinaus in eine Situation vor dem Direktkontakt, während des Direktkontakts und nach dem Direktkontakt unterteilen lässt, gelten die genannten Herausforderungen je nach Dienstleistung in allen drei beschriebenen Kontaktsituationen. Der Rücktransport des Kunden und gegebenenfalls auch der anderen Produktionsfaktoren muss, je nach Vertragsumfang, nach der Dienstleistungserstellung koordiniert und organisiert werden.

In Bezug auf die *akquisitorische* Komponente wird noch einmal zwischen einer unmittelbaren und einer mittelbaren Direktdistribution unterschieden.[66] Die unmittelbare Distribution meint den sogenannten Eigenvertrieb, also die Erstellung der Leistung an einer zentralen Stelle durch den Leistungserbringer selber. Hierbei kann es sich um den Arzt in seiner Arztpraxis handeln oder um den Trainer im Fitnessstudio. Bei der mittelbaren Distribution kann zum Beispiel innerhalb eines Filialsystems ein Anbieter von Nahrungsergänzungsmitteln sein Angebot an verschiedenen Orten zur Verfügung stellen oder der Arzt seine Dienste in einer Filiale im Krankenhaus anbieten, wenn er seine Praxis räumlich getrennt vom Krankenhaus weiter betreibt. Darüber hinaus sind auch Franchise-Systeme möglich, wie sie unter anderem im Rahmen des Zentrums für Impf- und Reisemedizin (Z.I.R.M.) angeboten werden.

Die indirekte Distribution liegt beispielsweise im Rahmen des sogenannten Zuweisermarketings vor, wenn der Arzt als Absatzmittler verstanden wird, mit bestimmten Krankenhäusern kooperiert und seine Patienten diesen Krankenhäusern zuweist. Ähnliches gilt im Rahmen des Pharma-Marketings für Ärzte, die über sogenannte Physician-Only-Social-Networks (POSN) unter anderem Informationen von Pharma-Unternehmen zu den Produkten erhalten können, um als Absatzmittler Informationen an den Patienten weiter geben zu können oder die Nutzung der inzwischen auch in dieser Branche üblichen CRM-Systeme, mit denen zu Ärzten, Kliniken und Apotheken als klassischer Zielgruppe enge Kontakte gepflegt werden, um dort für den Absatz der eigenen Produkte sorgen zu können.[67]

Während das Angebot von Nahrungsergänzungsmitteln und Fitnesskursen im Internet inzwischen üblich ist, im Jahr 2016 gut 0,5 Millionen Nutzer in Deutschland in Online-Fitnessstudios registriert waren[68] und immerhin 44 Prozent der Befragten ihr Sport- und Fitnesszubehör bei einem Online-Händler kaufen[69], ist die Online-Nutzung

---

66 Vgl. Meffert, H., Rohn, F. (2012), S. 60.
67 Vgl. Jost, A. (2015), S. 148.
68 Vgl. https://www2.deloitte.com/de/de/pages/presse/contents/studie-2017-der-deutsche-fitness markt-2017.html (abgerufen am 23.09.2017).
69 Vgl. Statistisches Bundesamt (2017).

im Bereich der Telemedizin als Distributionskanal noch relativ schwach ausgeprägt. Unter Telemedizin werden solche Anwendungen subsummiert, die Informations- und Kommunikationstechnologien vernetzen, um räumliche und zeitliche Distanzen zwischen Teilnehmern im Gesundheitssystem zu überwinden.[70] Hierzu zählen beispielsweise die Diagnostik oder die medizinische Notfallversorgung.[71] Tatsächlich soll aber insbesondere in den ländlichen Gebieten diese Form der Versorgung gestärkt werden. Zur Zeit prüft der Bewertungsausschuss der Ärzte und Krankenkassen noch, welche Leistungen auch telemedizinisch erbracht werden können.[72]

2.4.5 Prozesspolitik

Die Prozesspolitik setzt sich mit dem Prozess der Leistungserstellung auseinander und wird in diesem Zusammenhang von drei Rahmenbedingungen begleitet: der anzustrebenden Qualität, dem Ausmaß der Flexibilität und der Notwendigkeit der Koordination:[73] Der Prozess muss so gestaltet sein, dass er in der gesamten Durchführungsphase und im Ergebnis den Qualitätsanforderungen des Kunden entsprechen kann. Dabei ist es notwendig, einerseits diese Qualitätsanforderungen zu ermitteln und andererseits betriebswirtschaftlich in der Lage zu sein, sie zu erfüllen. Dies ist deswegen beispielsweise bei Krankenhäusern schwierig, da der Kunde in der Regel nicht die medizinische Versorgung als eigene Dienstleistung interpretiert, sondern eher die Krankenhausqualität gesamtheitlich betrachtet. Damit werden sogenannte Hotelleistungen, wie beispielsweise die Speiseversorgung vom Kunden, in die Beurteilung der Gesamtqualität mit hineingenommen.[74] Darüber hinaus spielt die Wahrnehmung der Umgebung eine entscheidende Rolle: Patienten genesen rascher und gründlicher, wenn sie sich wohlfühlen. Hierzu gehört das Erscheinungsbild genauso wie der Geruch oder die Haptik.[75] Die Qualitätskriterien von Dienstleistungen können dem sogenannten SERVQUAL-Ansatz entnommen werden. Die Autoren des Ansatzes haben in einer Untersuchung zehn Erfolgskriterien identifiziert, die aus Sicht der Kunden für die wahrgenommene Qualität wichtig sind. Hierbei handelt es sich um:[76]
– Zuverlässigkeit
– Entgegenkommen

---

70 Vgl. Häckl, D., Lukas, D., Werblow, A. (2012), S. 242.
71 Vgl. Schmid, J. (2016), S. 12.
72 Vgl. https://www.bundesgesundheitsministerium.de/service/begriffe-von-a-z/t/telemedizin.html#c1024 (abgerufen am 01.10.2017).
73 Vgl. Kürble, P. (2015), S. 149 ff.
74 Vgl. Behar, B. I., Guth, C., Salfeld, R. (2016), S. 203.
75 Vgl. Jaeger, H. (2007), S. 179.
76 Vgl. Zeithaml, V. A., Parasuraman, A., Berry, L. L. (1992). Diese Aspekte zeigen die enge Verknüpfung der Prozesspolitik mit der Ausstattungs- und Personalpolitik.

- Kompetenz
- Zuvorkommenheit
- Vertrauenswürdigkeit
- Sicherheit
- Erreichbarkeit
- Kommunikation
- Kundenverständnis
- materielles Umfeld.

Die *Flexibilität* bezieht sich auf die Möglichkeit des Dienstleistungserstellers, sich den Fähigkeiten des Kunden anzupassen: Prozesse sollen in hohem Maße gleichförmig ablaufen, um annähernd gleiche Qualität im Ergebnis sicherstellen zu können. Unabhängig davon führt die für Dienstleistungen übliche Integration des externen Faktors dazu, dass die Kunden in den Ablauf integriert werden müssen. Dies bedeutet aber auch, dass der Ablauf zumindest insofern flexibel sein muss, als er sich den Möglichkeiten der Partizipation durch den Kunden anpassen muss. Dies gilt bei Krankenversicherungen genauso wie bei Fitnessstudios, Ärzten oder Krankenhäusern.[77] Je komplexer die Gesamtleistung ist, desto flexibler muss das System sein: eine Krankenhausleistung benötigt deutlich größere Flexibilität als ein Fitnessstudio. Bei Krankenhäusern werden diese Leistungen über den sogenannten Case-Manager ansatzweise gesteuert.[78]

Die *Koordination* bezieht sich auf die bei Dienstleistungen oft nicht vorhersehbare Auslastung. Anders als bei der Produktion von Nahrungsergänzungsmitteln ist die Produktion einer Dienstleistung, wie beispielsweise einer Blinddarm-OP nur möglich, wenn der Kunde beteiligt ist. Da nur sehr schlecht über Erfahrungswerte abgeschätzt werden kann, wann wie viele Kunden mit welchem Anliegen die Dienstleistung in Anspruch nehmen möchten (oder müssen), muss der Prozess so gestaltet sein, dass er in Spitzenzeiten ähnlich reibungslos verläuft wie in Zeiten, in denen sehr wenige Kunden als Nachfrager auftreten.[79] Auch hier kann unter Umständen die Telemedizin unterstützend tätig werden, da gegebenenfalls das Kundenaufkommen entzerrt wird, wenn beispielsweise ein Teil der ärztlichen Beratung online stattfindet oder die Überwachung von pflegebedürftigen Personen über entsprechende Meldesysteme stattfinden kann, ohne das der Pfleger eine persönliche Kontrolle vor Ort vornehmen muss. Eine andere Möglichkeit der Entzerrung bietet sich über die Verlagerung eines Teils der Verantwortung auf den Kunden, die im Sinne eines Outsourcings beispielsweise bedeuten kann, dass der Kunde Verantwortung für die Prävention während der Behandlung von Krankheiten oder während der Kostenverursachung übernimmt.[80]

---

77 Vgl. Behar, B. I., Guth, C., Salfeld, R. (2016), S. 170.
78 Vgl. ibid., S. 129.
79 Vgl. ibid., S. 136.
80 Vgl. Andelfinger, V. P. (2016), S. 26.

2.4.6 Ausstattungspolitik

Wie bereits angesprochen, liegt die besondere Bedeutung der Ausstattungspolitik in der Immaterialität der Dienstleistung begründet. Dabei kann zwischen verschiedenen Nutzungssituationen in Selbstbedienungsumgebung, Kontaktumgebung und Fernbetreuung unterschieden werden.[81] In der Gesundheitsbranche handelt es sich im Rahmen der dort betrachteten Dienstleistungen in erster Linie um die Kontaktumgebung, die eher komplexer Natur ist, wie beispielsweise im Krankenhaus. Lediglich im Rahmen der aktuell diskutierten Telemedizin würde eine Fernbetreuung vorliegen. Entsprechend der Nutzungssituation variiert die Bedeutung der Ausstattungspolitik, denn im Falle einer Fernbetreuung spielt sie lediglich im Hinblick auf die Ausstattung mit elektronischem Equipment und damit einer einwandfreien Übertragung eine Rolle. Die höchste Bedeutung erhält sie in der Nutzungssituation der Kontaktumgebung, wo der Kunde die Dienstleistung am Ort des Leistungserstellers in Anspruch nimmt. Hier ist insbesondere beim Erstkontakt der Einfluss der Ausstattung auf die Wahrnehmung und Interpretation der eigentlichen Dienstleistung nicht zu unterschätzen. Kunden interpretieren hier nicht anders als in Bezug auf ihnen unbekannte Personen und deren äußeren Erscheinungsbildes.

Grundsätzlich lassen sich der Ausstattungspolitik alle Aspekte zuordnen, die das unternehmensinterne und -externe Erscheinungsbild betreffen. Das *externe* Erscheinungsbild umfasst die Architektur des Gebäudes, die unmittelbare Umgebung (Außenanlagen, Parkplätze) als auch die weitere Umgebung, wie beispielsweise die Nachbarschaft, der Stadtteil und die Infrastruktur. Das *interne* Erscheinungsbild bezieht sich auf die gesamte Innenarchitektur, wie die Ausstattung der Geschäftsräume (Gestaltung der einzelnen Zimmer hinsichtlich Material und Form, Raumklima, Geruch, aber auch technischer Ausstattung, beispielsweise das Angebot von WLAN oder die Anzahl von Röntgengeräten) und das unternehmenseinheitliche Erscheinungsbild, beispielsweise die Beschilderung, aber auch die Rechnung und das Büromaterial.

Die Ausstattung kann, im Rahmen des SOR-Modells, als Stimulus interpretiert werden und es ist hinlänglich bekannt, dass diese Stimuli auf die Mitarbeiter und die Kunden hinsichtlich kognitiver, emotionaler und physiologischer Kriterien Einfluss nehmen (vergleiche Abbildung 2.7).[82] Diese Einflussnahme hat ihrerseits Auswirkungen auf das Verhalten beider Parteien in Bezug auf das Unternehmen (zum Beispiel in der möglichen Fluktuation der Mitarbeiter oder der Unzufriedenheit der Kunden), aber auch in der Interaktion untereinander.[83] Dabei hängt die optimale Lösung der

---

81 Vgl. Zeithaml, V. A., Bitner, M. J., Gremler, D. D. (2006), S. 321.
82 Vgl. ibid., S. 328.
83 Für den Einfluss von Duft siehe grundlegend Hehn, P. (2007).

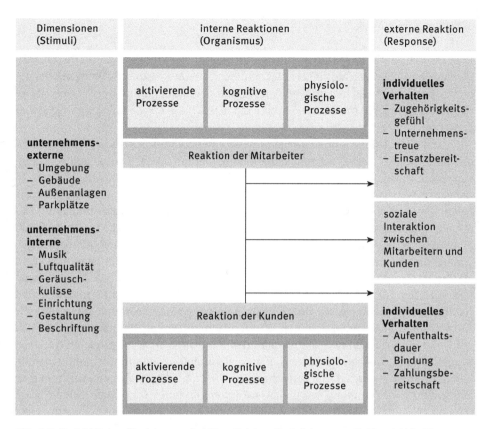

Abb. 2.7: Umfeld-Nutzer-Beziehungen bei Dienstleistern (in Anlehnung an Zeithaml, V A., Bitner, M. J., Gremler, D. D. (2006), S. 328).

Gestaltung und Ausstattung beispielsweise von Pflegestationen von der jeweiligen Situation und der Positionierung des Anbieters sowie dem Stand der Technik, Medizin und Ressourcenverfügbarkeit ab. Unter anderem reduziert sich in den Krankenhäusern die Anzahl der Betten pro Zimmer und auch die Bauform wird zunehmend in Richtung einer Kreuzform verändert, um Pflegestützpunkte mittig anordnen zu können und damit die Wege des Personals deutlich zu verkürzen. Sind diese Stationsstützpunkte offen gebaut, so fördern sie auch die Kommunikation und die Reaktionszeiten zwischen Patienten und Pflegepersonal.[84]

---

84 Vgl. Behar, B. I., Guth, C., Salfeld, R. (2016), S. 172 f.

2.4.7 Personalpolitik

Die Personalpolitik im Marketing unterscheidet sich von der Personalpolitik im Rahmen der betriebswirtschaftlichen Disziplin des Human-Ressource-Managements dadurch, dass der Fokus im vorliegenden Fall auf dem Kunden und der Frage liegt, inwieweit das Personal in der Lage ist, eine möglichst hohe Kundenzufriedenheit sicher zu stellen.

Ganz grundlegend sind deswegen quantitative und qualitative Aspekte relevant: die quantitativen deswegen, weil sichergestellt werden muss, dass ausreichend Personal vorhanden ist, um den Prozess im Ablauf zu gewährleisten und die qualitativen Aspekte zusätzlich, um dafür sorgen zu können, dass der Kunde die zu erwartende Leistung bekommt und in dem Mitarbeiter einen geeigneten Repräsentanten des Unternehmens sehen kann. Gerade in der Gesundheitsbranche sind die fachliche Qualifikation und die „Fähigkeit zur menschlichen Interaktion"[85] von großer Bedeutung.

Bei den quantitativen Aspekten gilt es außerdem zu berücksichtigen, dass nicht alle Mitarbeiter zu jeder Zeit zur Verfügung stehen, sondern wegen Urlaub oder Krankheit ausfallen. In Kombination mit den bei Dienstleistungen nicht vorhersehbaren Nachfrageschwankungen führt dies dazu, dass sichergestellt werden muss, dass die Anzahl der Beschäftigten in einem ökonomisch sinnvollen Rahmen gewährleistet wird und es gleichzeitig bei Spitzen in der Nachfrage nicht zu größeren Verzögerungen kommt. Die Nachfrageschwankungen können in zeitabhängig und naturabhängig unterteilt werden. Die zeitabhängige Nachfrageschwankung bezeichnet eine Schwankung im Zeitablauf beispielsweise innerhalb eines Tages oder einer Woche, die naturabhängige Nachfrageschwankung bezieht sich auf solche Schwankungen, die beispielsweise aufgrund unterschiedlicher Wetterlagen vorliegen. Während in Fitnessstudios die zeitabhängige Nachfrageschwankung herausragend ist, ist insbesondere bei Arztpraxen die naturabhängige relevant. Gleichzeitig wird am letzten Beispiel aber auch deutlich, dass beide Formen in gemischter Weise vorkommen können. So weiß ein Arzt, dass sowohl an bestimmten Wochentagen als auch zu bestimmten Jahreszeiten aufgrund des Wetters sein Wartezimmer tendenziell gefüllter ist als zu anderen Zeiten.

Bei den *qualitativen* Aspekten sind zum einen Know-How, äußere Erscheinung und Empathie relevante Faktoren. Darüber hinaus können sogenannte potenzialorientierte, prozessorientierte und ergebnisorientierte Anforderungen unterschieden werden. In den unterschiedlichen Phasen spielen die verschiedenen Faktoren in unterschiedlichem Maße eine Rolle. Auf jeden Fall ist der Mitarbeiter aber aus Sicht des Kunden ein Qualitätsindikator oder ein Qualitätsmerkmal. Ein Qualitäts*indikator* ist der Mitarbeiter vor der (ersten) Inanspruchnahme der Dienstleistung, da der Kunde die Qualität der eigentlichen Dienstleistung noch nicht abschätzen kann. Hier gilt

---

85 Vgl. Behar, B. I., Guth, C., Salfeld, R. (2016), S. 28.

somit das gleiche wie bei der Ausstattungspolitik, die diese Funktion (potenzialorientierte Anforderungen) ebenfalls insbesondere vor der ersten Inanspruchnahme erfüllt. Ein Qualitäts*merkmal* wird der Mitarbeiter in der Durchführung (prozessorientierte Anforderungen) und nach dem Abschluss der Dienstleistung (ergebnisorientierte Anforderungen). Bei den potenzialorientierten Anforderungen lassen sich beispielsweise die Belastbarkeit, die Stresstoleranz oder der äußere Eindruck unterscheiden: während Bankmitarbeiter in Anzug und Kostüm einen seriösen Beratungseindruck vermitteln, gilt ähnliches für den Arzt, wenn er seinen weißen Kittel und ein Stethoskop trägt. Im Dienstleistungsprozess spielen Empathie, Flexibilität und Kommunikationsfähigkeit eine wichtige Rolle und im Rahmen der ergebnisorientierten Anforderungen sind Zuverlässigkeit, Erreichbarkeit und Kritikfähigkeit gefragt.[86]

Es ist deutlich geworden, dass die Aufgaben des Marketings relativ komplex sind, da sie sich, zumindest im operativen Bereich auf sieben verschiedene Themengebiete erstrecken. Diese Themengebiete werden im sogenannten Marketingmix zusammengefasst, um eine optimale Ausrichtung auf den Kunden sicherstellen zu können. Der Begriff des Marketingmix soll dabei deutlich machen, dass dies nur gelingen kann, wenn alle Instrumente aufeinander abgestimmt sind und in der Außenwirkung ein stimmiges Bild erzeugen. Je nach Intention wird diese Komplexität im Health-Marketing noch einmal erweitert, da zwar aus betriebswirtschaftlicher Sicht eine getrennte Betrachtung der beteiligten Akteure sinnhaft sein kann, aus gesamtwirtschaftlicher Sicht ist eine Koordination der einzelnen Branchen im Gesundheitssektor jedoch deutlich zielführender. Eine branchen- oder aktivitätenübergreifende Darstellung liefert die sogenannte Wertschöpfungskette, die auch in anderen Märkten genutzt wird und in Form des Modells der Efficient Consumer Response (ECR) unter anderem zum Ziel hat, für alle Beteiligten, einschließlich des Kunden, eine optimale Lösung anzubieten. Konkret bedeutet dies eine möglichst hohe Kundenzufriedenheit bei gleichzeitig effektiver und effizienter Lösung für die Unternehmen, so dass gewinnoptimiert angeboten werden kann (siehe Box *Cluster Gesundheitswirtschaft in NRW*).

Cluster Gesundheitswirtschaft in NRW
Die Gesundheitswirtschaft in Nordrhein-Westfalen umfasst, neben den Kernbereichen wie ambulante Versorgung, Rehabilitation oder Arbeitsschutz, auch unterstützende Aktivitäten wie Wissenschaft und Forschung sowie Synergiebereiche wie beispielsweise Wellness und Gesunde Ernährung. Seit März 2009 ist jeder vierte neue Arbeitsplatz in Nordrhein-Westfalen in der Gesundheitswirtschaft entstanden. Dabei handelt es sich insbesondere um ambulante soziale Dienste und Positionen in Krankenhäusern. Das Landeszentrum Gesundheit Nordrhein-Westfalen gibt etwa 62.000 Unternehmen an, die in der Gesundheitswirtschaft tätig sind. Darunter sind 350 Krankenhäuser, 145 Rehabilitations- und Vorsorgeeinrichtungen, 2.500 Pflegeheime, 2.400 ambulante Pflegedienste und 4.400 Apotheken.

---

86 Vgl. Kürble, P. (2015), S. 162.

Aufgrund der Vielschichtigkeit der betroffenen Branchen ist die Vernetzung der Akteure ein wesentlicher Faktor für einen weiterführenden Erfolg. Aus diesem Grund ist ein Clustermanagement im Fachbereich Gesundheitswirtschaft entstanden, das nicht nur landesweit, sondern auch international als Ansprechpartner für Projekt- und Entwicklungsvorhaben fungiert und mit den sechs anerkannten Gesundheitswirtschaftsregionen des Landes Aachen, Köln/Bonn, Metropole Ruhr, Münsterland, OWL und Südwestfalen kooperiert.

Abbildung 2.8 zeigt die Wertschöpfungskette in der Gesundheitsbranche, welche die Akteure in dem Markt umfasst. Als *Zulieferindustrien* dienen die Medizintechnik, das Gesundheitshandwerk, die rote Biotechnologie, der Handel mit Gesundheitsprodukten und die Pharmaindustrie. Die rote Biotechnologie bezeichnet dabei die Bereiche der Biotechnologie, die sich mit der Entwicklung diagnostischer und therapeutischer Verfahren befassen (unter anderem der Gentheraphie). Als *Kernbereiche* werden die stationäre und ambulante medizinische und pflegerische Versorgung bezeichnet, zu der unter anderem die Prävention, Rehabilitation und die Apotheken zählen und deren Leistung um die sogenannten *Synergiebereiche*, wie gesunde Ernährung, Wellness und Sport ergänzt werden.[87] Aus Sicht des Clusters Gesundheitswirtschaft NRW liegt das Potenzial der Branche in einer „Optimierung und Aufrechterhaltung einer qualitativ hochwertigen medizinischen und pflegerischen Versorgung, insbesondere an den Schnittstellen und Übergängen zwischen den einzelnen Versorgungssektoren."[88] Gleichzeitig müssen aber den ethischen und sozialen Anforderungen der Kunden an die Sicherstellung der gesundheitlichen Versorgung Genüge getan werden, so dass, zumindest aus Sicht des Clusters Gesundheitswirtschaft NRW, die Gesundheitsbranche anders zu betrachten ist, als andere Branchen.

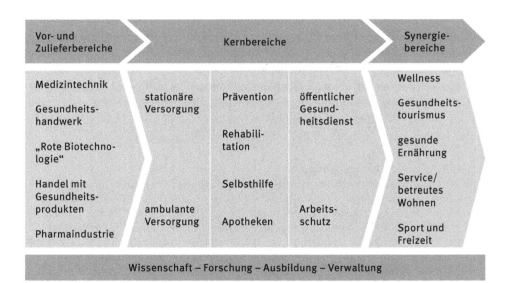

Abb. 2.8: Die Wertschöpfungskette der Gesundheitswirtschaft (in Anlehnung an https://www.lzg. nrw.de/ges_wirtsch/ges_wirtsch_nrw/index.html (abgerufen am: 02.12.2017)).

---

87 Vgl. http://laube-stiftung.de/front_content.php-idcat=31idart=28.html (abgerufen am 02.12.2017).
88 https://www.lzg.nrw.de/ges_wirtsch/ges_wirtsch_nrw/cluster/index.html (abgerufen am 02.12.2017).

2.5 Auswahl von Forschungsarbeiten

In diesem Kapitel sollen beispielhafte Forschungsansätze mit Bezug zur Gesundheitsbranche überblicksartig vorgestellt werden.

2.5.1 Das Problem mit der gesunden Ernährung, Teil 1

Ein Aufsatz von Rangel[89] beschäftigt sich mit der Frage, was den Prozess der Nah-
rungsauswahl von anderen Entscheidungsprozessen anderer Produkte unterscheidet
und warum es für viele Konsumenten so schwer ist, sich für gesunde Nahrung zu entscheiden und beispielsweise eine Diät erfolgreich durchzuführen. Der Hintergrund
dieser Fragestellung liegt einerseits in der zu beobachtenden Zunahme von übergewichtigen Personen als Anteil an der Gesamtbevölkerung in einer relativ kurzen Zeitspanne[90] und andererseits in den Auswirkungen von Umweltfaktoren wie beispielsweise die Zunahme von Selbstbedienungsangeboten im Cafeteria-Style, die zu einem
übermäßigen Nahrungskonsum führt. Rangel geht davon aus, dass diese Zunahme
der übergewichtigen Personen nicht nur auf die Veränderung der Umweltbedingungen zurückzuführen ist, sondern dass diese Umweltbedingungen in einer Form mit
dem Kreislauf der Nahrungsaufnahme gekoppelt ist, die diese Zunahme unterstützt.

Die Nahrungsaufnahme wird durch drei Mechanismen bestimmt: zum einen einem pawlowschen Kontrollmechanismus, zum zweiten einem habitualisierten Kontrollmechanismus und zum dritten einem zielorientierten Kontrollmechanismus.
Während die ersten beiden eher kurzfristig orientiert sind und hauptsächlich auf erlernten Erfahrungswerten beruhen, ist der zielorientierte Kontrollmechanismus an
der Wertigkeit zukünftiger Ergebnisse orientiert und muss nicht auf eigenen Erfahrungen beruhen.

Sowohl das Pawlowsche System als auch das Habitus-System können Reaktionen
bevorzugen, die nicht in Einklang mit zukünftigen Zielen stehen, da beispielsweise
die Nahrungsaufnahme süßer Speisen ein sehr starkes und unmittelbares hedonis-
tisches, also eher kurzfristiges, Genussgefühl verursacht. In Untersuchungen konnte
nachgewiesen werden, dass Personen, die gesunde Nahrungsmittel bevorzugen, bei
der Bewertung eines Eisbechers andere Produkteigenschaften in ihre Überlegungen
einbezogen, als solche, die eher ungesunde Nahrung konsumieren. Die kurzfristige
Information um die nachteiligen Nährstoffe führte aber auch bei letzteren Personen
zu einem Anstieg der Auswahl gesunder Nahrung.[91]

---

89 Vgl. Rangel, A. (2013).
90 2017 waren 59 Prozent der Männer und 37 Prozent der Frauen, laut einer Studie der Deutschen
Gesellschaft für Ernährung e. V. in Deutschland übergewichtig, https://www.dge.de/presse/pm/so-
dick-war-deutschland-noch-nie/ (abgerufen am: 02.12.2017).
91 Dies kann durchaus als Hinweis für eine Lebensmittelampel verstanden werden.

Eine erfolgreich durchgeführte Diät kann also nur gelingen, wenn es dem zielorientieren Kontrollsystem gelingt, den Gesamtwert einer Nahrung zu ermitteln und den Konflikt zu den kurzfristigen Befriedigungszielen aufzuzeigen und in eine Entscheidung mit einbringen zu können. Dies hängt aber unter anderem davon, ob dem Ziel der Gesundheit von Seiten des Konsumenten genug Aufmerksamkeit geschenkt wird.

Zusätzlich zu den drei Systemen kommt das homöostatische Gleichgewicht der Energiezunahme und des Energiebedarfs bei der Nahrungsaufnahme als Regulativ hinzu und steuert unter anderem die Insulinaufnahme.

Die Wahl einer Diät ist nun insgesamt aus sechs verschiedenen Gründen eine besondere Wahl und nur eingeschränkt mit der Auswahl von zum Beispiel Schuhen zu vergleichen. Erstens, wie im vorigen Absatz schon angedeutet, wird zwar auch die Nahrungsaufnahme von allen drei Systemen beeinflusst, das Pawlowsche und das Habitus-System sind allerdings von herausragender Bedeutung. Zweitens müssen Nahrungsentscheidungen sehr häufig getroffen werden, was die Möglichkeit eines schnellen Lerneffekts begünstigt und gleichzeitig das zielorientierte Kontrollsystem überfordert. Drittens wird die Nahrungsaufnahme von einem homöostatischen System reguliert. Viertens gibt es ernährungsspezifische Pawlowsche Mechanismen, die wahrscheinlich das Konsumverhalten steuern, wie etwa die Nahrungsaufnahme bei Hunger. Fünftens ist das ernährungsbezogene assoziative Lernen eingeschränkt: mit einem bestimmten Geschmack oder einer bestimmten Farbe ist oft nur eine bestimmte Assoziation verbunden, zum Beispiel bei der Verfärbung von Obst oder Gemüse. Sechstens aktivieren süße und fettreiche Produkte das hedonistische System in ungewöhnlich starker Weise, womit die Kontrolle unmittelbar auf das Pawlowsche und das hedonistische System übergeht.

Abbildung 2.9 zeigt die externen und internen Kreisläufe bei Übergewicht in der Art eines formativen Modells (siehe hierzu die Ausführungen in Kapitel 2.4.1). Die zunehmende Möglichkeit des Nahrungserwerbs und die Zunahme an ungesunder Nahrung führen dazu, dass das reizgesteuerte Pawlowsche System und das Habitus-System eine herausragende Rolle spielen. Aus diesem Grund wird der Konsum von ungesunder Nahrung verstärkt. Gleichzeitig nimmt die Kontrolle durch kognitive Reize, wie beispielsweise Preis oder Nährwertangaben, ab. Darüber hinaus lässt die Fähigkeit zu einem homöostatischen Gleichgewicht nach, da die zunehmende Aufnahme von ungesunder Nahrung die Fähigkeiten metabolischer und endokriner Faktoren beeinträchtigt wird.

Im Ergebnis heißt dies, dass das Verhalten insgesamt eher auf solche Signale reagiert, die dieses Verhalten unterstützen (zum Beispiel gewohnt große Portionen) und weniger auf solche, die aus kognitiver Sicht ratsam wären (zum Beispiel Gesundheitsziele). Hier zeigt sich die Bedeutung eines regulatorischen Eingriffs durch den Staat.

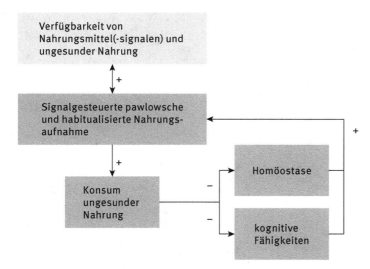

Abb. 2.9: Externe (hell) und interne (dunkel) Kreisläufe bei Übergewicht (in Anlehnung an Rangel, A. (2013), S. 1722).

2.5.2 Das Problem mit der gesunden Ernährung, Teil 2

Eine weitere Untersuchung beschäftigt sich mit der Frage der Erklärung des Bewusstseins für einen gesunden Konsum (siehe Abbildung 2.10).

Das Modell von Silbermann basiert auf einer Theorie von Ajzen und Fishbein (1991), die in ihrer Theorie des geplanten Handelns davon ausgehen, dass die Verhaltensabsicht (Intention) Einfluss auf das Verhalten (gesundheitsbewusster Konsum) nimmt. Aus diesem Grund ist es wichtig, die Faktoren zu kennen, welche die Verhaltensabsicht bestimmen. Nach dem Modell von Ajzen und Fishbein sind diese sogenannten Einflussfaktoren die Einstellung gegenüber dem Verhalten, die subjektive Norm und die wahrgenommene Verhaltenskontrolle. Die (eigene) Einstellung gegenüber dem Verhalten bezieht sich auf die Summe der eigenen Erwartungen und Bewertungen, die aus dem Verhalten resultieren. Die subjektive Norm bezeichnet den Einfluss des sozialen Umfelds auf das mögliche Verhalten. Wenn die Person das Verhalten sowohl aus den eigenen Erfahrungswerten als auch aus der Einschätzung des sozialen Umfelds heraus als positiv interpretiert, dann wird sie das Verhalten ausführen wollen und aus der Intention wird, sofern keine anderen unerwarteten Faktoren eine Rolle spielen, das geplante Verhalten. Das relative Gewicht beider Faktoren ist situationsabhängig, so dass in manchen Fällen die Bedeutung des sozialen Umfelds wichtiger ist als die eigene Einstellung oder umgekehrt. Die Wahrscheinlichkeit des Verhaltens steigt mit der Stärke der Intention. Als dritter Faktor kommt bei Ajzen und Fishbein noch die wahrgenommene Verhaltenskontrolle hinzu, welche die für die Kunden wahrgenommene Mühelosigkeit beschreibt, mit der das Verhalten durchge-

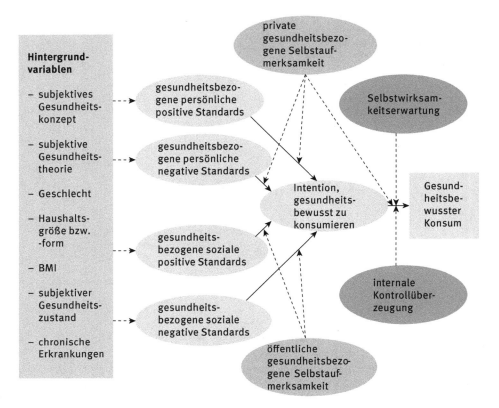

Abb. 2.10: Modell zum gesundheitsbewussten Konsumverhalten (in Anlehnung an Silbermann (2015), S. 91).

führt werden kann. Dies hängt von den Ressourcen und Verhaltensmöglichkeiten des Konsumenten ab: umso einfacher der Zugang zu gesunden Nahrungsmitteln ist, umso einfacher ist gesundheitsbewusster Konsum. Umso größer also die wahrgenommene Verhaltenskontrolle, umso eher findet das Verhalten statt.

Das vorliegende Modell von Silbermann adaptiert die zugrunde liegende Idee von Ajzen und Fishbein in Anlehnung an Bandura (1997) und zeigt in Abbildung 2.10 einen Zusammenhang zwischen den Verhaltensstandards, der Intention und dem gesundheitsbewussten Konsum. Dieser Zusammenhang wird moderiert durch die Selbstaufmerksamkeit und die Kontrollkonstrukte. Intention meint hier die Motivation einer Person, ein gesundheitsbewusstes Verhalten tatsächlich auch durchführen zu wollen.

Wie zu erkennen ist, beeinflussen die private und die öffentliche gesundheitsbezogene Selbstaufmerksamkeit die persönlichen und sozialen Standards, die ihrerseits die Intention beeinflussen. Ob diese nun letztlich das Verhalten wirklich beeinflusst, wird sowohl durch die Selbstaufmerksamkeit, als auch durch die Selbstwirksamkeitserwartung und die internale Kontrollüberzeugung beeinflusst. Daran zeigt sich, dass ein Konsument gesundheitsbewusstes Verhalten nur durchführt, wenn er zum einen sich selbst bewusst in die Entscheidung mit einbezieht (*ist der Konsum gut für mich?*), zum zweiten, wenn er davon überzeugt ist, dass er wahrgenommene Barrieren (Selbstwirksamkeitserwartung) überwinden kann und zum dritten, die Verhaltensausübung einen Zusammenhang mit dem gewünschten Ergebnis aufweist (internale Kontrollüberzeugung). Abbildung 2.10 zeigt auch, dass die Hintergrundvariablen, wie beispielsweise das Geschlecht oder der BMI nicht direkt verhaltensrelevant sind. So hängt ein gesundheitsbewusster Konsum nicht so sehr davon ab, ob jemand männlich oder weiblich ist, sondern vielmehr davon, welche Werte und Überzeugungen der Person wichtig sind, da diese die sozial-kognitiven Konstrukte Selbstaufmerksamkeit, Standards, Selbstwirksamkeitserwartung und internale Kontrollüberzeugung prägen.[92]

Literatur

aid Informationsdienst Verbraucherschutz, Ernährung, Landwirtschaft (2008a): Wissen in Bestform: Ampelkennzeichnung – Pro und Contra, Bonn.

aid Informationsdienst Verbraucherschutz, Ernährung, Landwirtschaft (2008b): Wissen in Bestform: Positivkennzeichnung in Schweden – das Keyhole-Modell, Bonn.

aid Informationsdienst Verbraucherschutz, Ernährung, Landwirtschaft (2008c): Wissen in Bestform: Die „Guidline Daily Amounts (GDA)", Bonn.

Ajzen, I. (1991): The theory of planned behavior, in: Organizational Behavior and Human Decision Processes, 50(), S. 179–211.

Andelfinger, V. P. (2016): eHealth: Grundlagen und Bedeutung für die Gesundheitssysteme heute und morgen, in: Andelfinger, V. P., Hänisch, T. (Hrsg.): eHealth. Wie Smartphones, Apps und Wearables die Gesundheitsversorgung verändern werden, Wiesbaden, S. 25–29.

Andelfinger, V. P., Hänisch, T. (Hrsg.) (2016): eHealth. Wie Smartphones, Apps und Wearables die Gesundheitsversorgung verändern werden, Wiesbaden.

Bandura, A. (1997): Self-efficacy: The exercise of control, New York.

Behar, B. I., Guth, C., Salfeld, R. (2016): Modernes Krankenhausmanagement, 3. Auflage, Wiesbaden.

Bundesministerium für Wirtschaft und Energie (2017): Gesundheitswirtschaft. Fakten & Zahlen, Ausgabe 2016, Berlin.

Burggraf, C., Volkhardt, I., Meier, T. (2016): Vorteile einer modifizierten Ampelkennzeichnung für Lebensmittel, in: IAMO Policy Brief, Oktober 2016, Nr. 28, S. 1–5.

Busch, R., Dögl, R. Unger, F. (2001): Integriertes Marketing. Strategien – Organisation – Instrumente, 3. Auflage, Wiesbaden.

Delbrück, H. (2006): Tertiäre Prävention, in: Schmoll, H.-J.; Höffken, K., Possinger, K. (Hrsg.): Kompendium Internistische Onkologie, Wiesbaden, S. 340–349.

Dreßler, W. (2002): Angebot und Nutzerstrukturen bei kommerziellen Fitnessstudios – eine soziologisch-empirische Untersuchung in Fitnessstudios und Sportvereinen in der Stadt Viersen, Düsseldorf (Dissertation).

---

92 Vgl. Silbermann, A. (2015), S. 92.

Eberl, M. (2004): Formative und reflektive Indikatoren im Forschungsprozess: Entscheidungsregeln und die Dominanz des reflektiven Modells, München.

Faselt, F., Hoffmann, S., Hoffmann, S. (2010): Theorie des Gesundheitsverhaltens, in: Hoffmann, S.; Müller, St. (Hrsg.): Gesundheitsmarketing: Gesundheitspsychologie und Prävention, Bern, S. 15–34.

Foscht, T., Swoboda, B. (2011): Käuferverhalten. Grundlagen–Perspektiven–Anwendungen, 4. Auflage, Wiesbaden.

Frodl, A. (2017): Gesundheitsbetriebslehre. Betriebswirtschaftslehre des Gesundheitswesens, 2. Auflage, Wiesbaden.

GfK (2017): Pressemitteilung: Gesundheit, finanzielle Sicherheit und Freizeit gehören für Deutsche zu einem guten Leben, Nürnberg.

Häckl, D., Lukas, D., Werblow, A. (2012): Telemedizin, in: Hoffmann, S., Schwarz, U., Mai, R. (Hrsg.): Angewandtes Gesundheitsmarketing, Wiesbaden, S. 239–252.

Healthcare Marketing (2014): Jahrbuch Healthcare Marketing 2014, Hamburg.

Hehn, P. (2007): Emotionale Markenführung mit Duft, Göttingen.

Hoffmann, St., Müller, St. (Hrsg.) (2010): Gesundheitsmarketing: Gesundheitspsychologie und Prävention, Bern.

Hoffmann, S., Schwarz, U., Mai, R. (Hrsg.)(2012): Angewandtes Gesundheitsmarketing, Wiesbaden.

Hull, C. L. (1943): Principles of behavior, New York.

Iic solutions (2014): Auszug: Umfrage „Bedeutung und Einschätzung des Lebensstils und seiner Auswirkung auf die Gesundheit, München.

Jaeger, H. (2007): Bedürfnisse von (potenziellen) Patienten, in: Jaeger, H., Bovelet, J. (Hrsg.): Krankenhaus ohne Angst: Befürchtungen, Bedürfnisse und Wünsche von (zukünftigen) Patienten, Angehörigen und Besuchern, Berlin, S. 177–186.

Jaeger, H., Bovelet, J. (Hrsg.) (2007): Krankenhaus ohne Angst: Befürchtungen, Bedürfnisse und Wünsche von (zukünftigen) Patienten, Angehörigen und Besuchern, Berlin.

Jost, A. (2015): Multi-Channel-CRM in der Pharma Industrie: Elemente – Trends – Erfolgsfaktoren, in: Trilling, T. (Hrsg.): Pharmamarketing. Ein Leitfaden für die tägliche Praxis, 3. Auflage, Wiesbaden, S. 143–174.

Jurack, A., Karmann, A. Lukas, D., Werblow, A. (2012): Gesundheitsökonomie: Nachfrage nach Gesundheitsleistungen, in: Hoffmann, S., Schwarz, U., Mai, R. (Hrsg.): Angewandtes Gesundheitsmarketing, Wiesbaden, S. 15–30.

Kotler, P., Zaltman, G. (1971): Social Marketing: An Apporach to Planned Social Changem in: Journal of Marketing, 35, July, S. 3–12.

Kürble, P. (2015): Operatives Marketing, Stuttgart.

Loss, J., Nahel, E. (2010): Social Marketing – Verführung zum gesundheitsbewussten Verhalten?, in: Das Gesundheitswesen 2010, 72(1), S. 54–62.

Magrath, A. J. (1986): When Marketing Services, 4 Ps are not enough, in: Business Horizons, Mai–Juni, S. 44–50.

Mai, R. Schwarz, U., Hoffmann, St. (2012): Gesundheitsmarketing: Schnittstelle von Marketing, Gesundheitsökonomie und Gesundheitspsychologie, in: Hoffmann, S., Schwarz, U., Mai, R. (Hrsg.): Angewandtes Gesundheitsmarketing, Wiesbaden, S. 3–14.

McCarthy, E. J. (1960): Basic Marketing. A Managerial Approach. Homewood.

Meffert, H., Rohn, F. (2012): Medizinmarketing – marktorientierte Führung im Gesundheitsbereich, in: Thielscher, C. (Hrsg.): Medizinökonomie, Band 2: Unternehmerische Praxis und Methodik, Wiesbaden, S. 29–73.

Moynihan, R. Heath, I. Henry, D. (2002): Selling Sickness: the pharmaceutical industry and disease mongering, in: BMJ, Band 324, 13.04.2002, S. 886–890.

Mozaffarian, D., Kamineni, A., Carnethon, M., Djoussé, L., Mukamal, K., Siscovick, D. (2009): Life-style risk factors and new-onset diabetes mellitus in older adults: the cardiovascular health study, in: Archives of Internal Medicine, 169(8), S. 798–807.

Nieschlag, R., Dichtl, E., Hörschgen, H. (2002): Marketing, 19. Auflage, Stuttgart.

Paul, N. W. (2012): Grundlagen der Medizin, in: Thielscher, C. (Hrsg.): Medizinökonomie, Band 1: Das System der medizinischen Versorgung, Wiesbaden, S. 29–52.

Rangel, A. (2013). Regulation of dietary choice by the decision-making circuitry, in: Nature neuro-science, 16(12), S. 1717–1724.

Raphael, H. (2012): Management, Unternehmensführung, Organisation und Planung im Kranken-haus, in: Thielscher, C. (Hrsg.): Medizinökonomie, Band 2: Unternehmerische Praxis und Me-thodik, Wiesbaden, S. 75–116.

Roelcke, V. (2005): Zivilisationskrankheit, in: Gerabek, W. E., Haage, B. D., Keil, G., Weg-ner, W. (Hrsg.): Enzyklopädie Medizingeschichte, Berlin und New York.

Schmid, J. (2016): Exkurs: Telemedizin–Chance für eine bessere Behandlung? in: Andelfinger, V. P., Hänisch, T. (Hrsg.): eHealth. Wie Smartphones, Apps und Wearables die Gesundheitsversor-gung verändern werden, Wiesbaden, S. 11–16.

Silbermann, A. (2015): Gesundheitsbewusstes Konsumentenverhalten. Empirische Analyse der Ein-flussfaktoren auf der Grundlage einer Systematisierung des Bewusstseins, Wiesbaden.

Stampfer, M., Hu, F., Manson, J., Rimm, E., Willett, W. (2000): Primary prevention of coronary heart disease in women through diet and lifestyle, in: The New England Journal of Medicine, 343(1), S. 16–22.

Statistisches Bundesamt (Hrsg.): Jährliche Gesundheitsausgaben in Deutschland in den Jahren von 1992 bis 2015 (in Millionen Euro), Statista, https://de.statista.com/statistik/daten/studie/5463/umfrage/gesundheitssystem-in-deutschland-ausgaben-seit-1992/ (abgerufen am: 30.11.2017).

Trilling, T. (Hrsg.) (2015): Pharmamarketing. Ein Leitfaden für die tägliche Praxis, 3. Auflage, Wiesba-den.

Voeth, M., Herbst, U. (2013): Marketing–Management, Stuttgart.

WHO (2013): Global Action Plan For The Prevention And Control Of Noncommunicable Diseases, Genf.

Wyrwa, I. (2016): Der Lebensstil der Deutschen: Eine quantitative Studie über die Bedeutung und Einschätzung des Lebensstils und seiner Auswirkungen auf die Gesundheit, in: Andelfin-ger, V. P., Hänisch, T. (Hrsg.): eHealth. Wie Smartphones, Apps und Wearables die Gesund-heitsversorgung verändern werden, Wiesbaden, S. 31–38.

Zaltman, G., Vertinsky, I. (1971): Health Service Marketing: A Suggested Model, in: Journal of Marke-ting, 35, July, S. 19–27.

Zeithaml, V. A., Bitner, M. J., Gremler, D. D. (2006): Services Marketing, 4. Auflage, Boston.

Zeithaml, V. A., Parasuraman, A., Berry, L. L. (1992): Qualitätsservice, Frankfurt/Main.

https://www.admin.ch/opc/de/classified-compilation/19460131/201405080000/0.810.1.pdf (ab-gerufen am 01.12.2017).

https://www.bundesgesundheitsministerium.de/service/begriffe-von-a-z/t/telemedizin.html#c1024 (abgerufen am 01.10.2017).

https://www.cdc.gov/healthcommunication/toolstemplates/WhatIsHM.html (abgerufen am 01.11.2017).

http://cms.augeninfo.de/hauptmenu/gesunde-augen/gute-sicht-im-alter/glaukomvorsorge.html (abgerufen am 01.10.2017).

https://www2.deloitte.com/de/de/pages/presse/contents/studie-2017-der-deutsche-fitnessmarkt-2017.html (abgerufen am 23.09.2017).

https://www.destatis.de/DE/ZahlenFakten/GesellschaftStaat/Gesundheit/
GesundheitszustandRelevantesVerhalten/Aktuell.html (abgerufen am 30.11.2017).

https://www.destatis.de/DE/ZahlenFakten/GesellschaftStaat/Todesursachen/Todesursachen.html
(abgerufen am: 20.09.2017).

https://www.dge.de/fileadmin/public/doc/fm/10-Regeln-der-DGE.pdf (abgerufen am 20.09.2017).

https://www.dge.de/presse/pm/so-dick-war-deutschland-noch-nie/ (abgerufen am: 02.12.2017).

https://www.dssv.de/statistik/#&gid=lightbox-group-2009&pid=1 (abgerufen am: 20.09.2017).

https://www.dssv.de/statistik/geschichte-des-fitnesstrainings/ (abgerufen am: 20.09.2017).

http://www.euro.who.int/__data/assets/pdf_file/0006/129534/Ottawa_Charter_G.pdf.ua=1 (abgerufen am 01.08.2017).

http://www.gbe-bund.de/gbe10/ergebnisse.prc_tab?fid=25135&suchstring=&query_id=&sprache=
D&fund_typ=TXT&methode=&vt=&verwandte=1&page_ret=0&seite=1&p_lfd_nr=2&p_
news=&p_sprachkz=D&p_uid=gast&p_aid=40930626&hlp_nr=2&p_janein=J (abgerufen
am 30.11.2017).

https://www.genesis.destatis.de/genesis/online;jsessionid=
394DFA1F4E578A4D95A8A0B3BDEC7338.tomcat_GO_1_3?operation=previous&levelindex=2&
levelid=1522745094776&step=2 (abgerufen am: 01.11.2017).

https://www.igel-monitor.de/ueber-igel/kurz-und-buendig.html (abgerufen am 01.10.2017).

http://laube-stiftung.de/front_content.php-idcat=31&idart=28.html (abgerufen am 02.12.2017).

https://www.lzg.nrw.de/ges_wirtsch/ges_wirtsch_nrw/cluster/index.html (abgerufen am
02.12.2017).

https://www.lzg.nrw.de/ges_wirtsch/ges_wirtsch_nrw/index.html (abgerufen am: 02.12.2017).

https://de.statista.com/statistik/daten/studie/182792/umfrage/werbeausgaben-der-branche-
gesundheit-und-pharmazie-seit-2000/ (abgerufen am 30.11.2017).

https://de.statista.com/statistik/studie/id/6326/dokument/fitnessbranche-statista-dossier/ (abgerufen am: 01.12.2017).

http://webarchive.nationalarchives.gov.uk/20081121150908/http://www.eatwell.gov.uk/
foodlabels/trafficlights/?view=textonly (abgerufen am: 02.01.2018).

http://www.who.int/healthpromotion/conferences/6gchp/BCHP_German_version.pdf (abgerufen
am 01.08.2017).

Helena M. Lischka und Markus Zechel

3 Digital Privacy – Privatheit im digitalen Kontext

3.1 Hintergrund

„Target knows before it shows."[1]

Ein Artikel des New York Times Magazine aus dem Februar 2012 machte Schlagzeilen: der US-Einzelhandelsriese Target sei in der Lage, eine bestehende Schwangerschaft sowie den voraussichtlichen Geburtstermin anhand von Veränderungen im Kaufverhalten seiner Kunden zu prognostizieren. Der Autor des Artikels schilderte anschaulich, wie ein wütender Mann eine Target-Filiale in der Gegend von Minneapolis aufsuchte und sich darüber beschwerte, dass seine Tochter – im Teenageralter und noch auf der Highschool – personalisierte Coupons für Babyartikel zugeschickt bekam. Der Vorwurf des besorgten Vaters begründete sich in der offenkundigen Ermunterung zur Schwangerschaft. Nachdem der Filialleiter die Anschrift überprüft hatte und keine Fehler feststellen konnte, entschuldigte er sich, rief sogar in den kommenden Tagen noch einmal bei der Familie an, um seine Entschuldigung zu wiederholen. Am Telefon jedoch erwiderte der Vater: ‚Ich habe mit meiner Tochter geredet. Es sieht so aus, als wäre ich nicht über alle Vorgänge in meinem Haus informiert. Sie ist im August ausgezählt. Ich bin es, der sich bei Ihnen entschuldigen muss.'[2]

Die korrekte Vorhersage der Schwangerschaft basierte auf dem von Target erfundenen Schwangerschafts-Vorhersage-Wert. Analysen der Target-Statistiker ergaben unter anderem, dass Schwangere ab einem bestimmten Zeitpunkt ihr Kaufverhalten ändern und vermehrt unparfümierte Lotionen, Nahrungsergänzungsmittel, Waschlappen und Handdesinfektionsmittel kaufen. In Kombination mit der Identifikationsnummer, die jeder Kunde erhält und die mit seinen Kreditkartendaten, Namen und Adressdaten verknüpft ist, kann Target diese Informationen für zielgerichtete Werbung nutzen.[3] Werdende Eltern brauchen zahlreiche Dinge, die sie vorher nicht brauchten und stehen dementsprechend am Beginn vieler noch nie durchlaufener Kaufentscheidungsprozesse. Durch die verbesserten Möglichkeiten zur Sammlung personenbezogener Daten und die stete Entwicklung zunehmend ausdifferenzierter Datenanalysetechnologien können Unternehmen heutzutage umfassende Erkennt-

---

1 https://www.forbes.com/consent/?toURL=https://www.forbes.com/sites/kashmirhill/2012/02/16/how-target-figured-out-a-teen-girl-was-pregnant-before-her-father-did/ (abgerufen am 12.10.2017).

2 Vgl. http://www.nytimes.com/2012/02/19/magazine/shopping-habits.html?pagewanted=6&_r=1&hp (abgerufen am 12.10.2017).

3 Vgl. Ibid.; http://www.zeit.de/digital/datenschutz/2014-04/big-data-schwangerschaft-verheimlichen (abgerufen am 12.10.2017).

https://doi.org/10.1515/9783110526097-003

nisse über (potenzielle) Kunden gewinnen.[4] Das Tracking von Online-Verhaltensweisen in Kombination mit der Kaufhistorie und demographischen sowie sozioökonomischen Daten ermöglicht es, personalisierte und entsprechend gezielte Werbung zu erstellen und damit den Werbeerfolg zu erhöhen.[5] Eine unverhältnismäßige oder intransparente Datensammlung kann auf Konsumentenseite jedoch zu einem Reaktanzverhalten gegenüber dem Anbieter führen – im Sinne sogenannter *Orwellian Concerns*[6]. Auch hinterlassen Meldungen wie das oben beschriebene Target-Beispiel, der Datentransfer von Whatsapp-Nutzerdaten zu Facebook im Rahmen der Übernahme oder der jüngste Facebook-Datenskandal im Kontext der Manipulationen im US-Wahlkampf und beim Brexit-Votum durch Cambridge Analytica bei Konsumenten das ungute Gefühl, nicht mehr selbst über ihre personenbezogenen Daten zu bestimmen. Studien zufolge hemmt der aus diesen Bedenken resultierende Verlust der Konsumentensouveränität den Umgang mit digitalen Technologien und Anwendungen und in der Folge u. a. das Wachstum des E-Commerce in Milliardenhöhe.[7] Gleichzeitig lässt sich jedoch beobachten, dass trotz bekundeter Bedenken um die eigene Privatsphäre und den Umgang personenbezogener Daten eine ungebrochene Bereitschaft zur Datenpreisgabe durch Konsumenten besteht. Dieser Widerspruch zwischen bekundeten Bedenken einerseits und dem fehlenden Transfer in entsprechend zurückhaltendes oder schützendes Verhalten wird in der Literatur als *Privacy Paradox*[8] bezeichnet. Die Frage, ob es sich dabei tatsächlich um ein Paradox handelt, oder ob ein solches Verhalten am Ende gar nicht so widersprüchlich ist, soll Gegenstand des vorliegenden Beitrags sein.

Nicht nur in Bezug auf das Konsumentenverhalten, auch hinsichtlich Veränderungen in der rechtlich-politischen Umwelt sehen sich Unternehmungen zunehmend mit den Themen Privatsphäre und Datenschutz konfrontiert. Vor diesem Hintergrund beschäftigt sich dieser Beitrag darüber hinaus ausführlich mit datenschutzrechtlichen Aspekten, die sich vor allem durch die neue europaweite Datenschutzgrundverordnung (DS-GVO) ergeben. Das hier vorliegende Verständnis von Digital Privacy umfasst daher sowohl den (differenzierten) Wunsch nach Privatsphäre im digitalen Kontext als auch die damit einhergehende rechtliche Verpflichtungen, die sich daraus für die Marketingpraxis ergeben.

---

4 Vgl. Acquisti, A., Taylor, C. R., Wagman, L. (2016), S. 481.
5 Vgl. Beales, H. (2010), S. 6 ff.
6 Smith, J. S. et al. (2014), S. 88.
7 Vgl. Xu, H. (2010), S. 161; https://www.trustarc.com/resources/privacy-research/ncsa-consumer-p rivacy-index-us/ (abgerufen am 14.07.2018).
8 Vgl. unter anderem Barnes, S. B. (2006).

3.2 Digital Privacy – eine Frage der Definition

3.2.1 Begriffliche Abgrenzung

Privatsphäre
Hinsichtlich des Bedürfnisses nach Privatsphäre beziehungsweise Privatheit zeigt sich die Literatur ambivalent. Einige Autoren bezeichnen Privatheit als ein Basisbedürfnis,[9] andere hingegen konstatieren, dass Privatheit kein Selbstzweck sei, sondern im Wesentlichen ein Instrument, um das Ziel der Selbstverwirklichung zu erreichen.[10] In westlichen Gesellschaften hat das Bedürfnis nach Privatsphäre seit dem Prozess der Industrialisierung und Modernisierung zugenommen. Habermas[11] zufolge hat erst die Herausbildung der privaten Sphäre in Abgrenzung zur öffentlichen Sphäre dazu geführt, dass sich Individualität entwickeln konnte. Theorien zu Privatheit befassen sich daher damit, wie Individuen ihr Selbst zwischen diesen beiden Sphären ausbalancieren. Folglich definiert Westin Privatheit als den freiwilligen und temporären physischen oder psychischen Rückzug einer Person von der Gesellschaft.[12] Ähnlich schlussfolgert Altman, dass Privatheit die selektive Kontrolle des Zugriffs auf das Selbst bedeutet.[13] Trotz dieser gesamtheitlichen Ansätze einer Definition stellt der Begriff Privatheit eher einen Sammelbegriff dar, der eine Vielzahl verschiedener Facetten von Privatheit umfasst, einschließlich
– dem Recht, in Ruhe gelassen zu werden,
– dem eingeschränkten Zugriff auf das Selbst,
– der Geheimhaltung,
– der Kontrolle über persönliche Informationen,
– der Persönlichkeit (Individualität, Würde, Autonomie etc.) und
– Intimität.[14]

Die Unterscheidung zwischen verschiedenen Facetten von Privatheit ist insofern relevant, als dass sich das Bedürfnis nach Privatheit aus jedem einzelnen dieser spezifischen Facetten zu unterschiedlichen Zeitpunkten in unterschiedlichem Ausmaß ableiten kann. Beispielsweise hat eine Person das Bedürfnis nach Geheimhaltung, wenn er oder sie eine Krankheit oder eine Behinderung verbergen will. In einem anderen Fall begehrt eine Person Intimität, um eine persönliche Beziehung aufzubauen und aufrechtzuerhalten. Das Bedürfnis nach Privatheit ist damit dynamisch, kontextabhängig und nichtmonoton, das heißt, Individuen können zu wenig, genug oder zu viel Privatheit haben.[15]

---

9 Vgl. Debatin (2011).
10 Vgl. Westin, A. F. (1967).
11 Vgl. Habermas, J. (1962).
12 Vgl. Westin, A. F. (1967), S. 7.
13 Vgl. Altman, I. (1975), S. 24.
14 Vgl. Solove, D. J. (2002).
15 Vgl. Westin, A. F. (1967); Altman, I. (1975).

Davon ausgehend, dass die digitale Transformation eine unaufhaltsame Tatsache ist, besteht die Frage weniger darin, ob Konsumenten bereit sind, ihre privaten Informationen preiszugeben. Sie tun dies längst, indem sie ihr Mobiltelefon mit sich tragen, mit Bank- oder Kreditkarte bezahlen, Navigationssysteme verwenden, Kundenkarten nutzen, sich in sozialen Netzwerken austauschen etc. Die Frage ist daher vielmehr, wie der Staat, Unternehmungen und andere private oder nicht-private Akteure mit diesen privaten Informationen umgehen und wie Konsumenten auf den Umgang dieser Akteure mit ihren privaten Informationen reagieren. Vor dem Hintergrund, dass private Informationen weitgehend verfügbar sind, hat sich das Verständnis von Privatheit im digitalen Kontext weiter in Richtung eines regelbasierten Managements entwickelt. Die Communication-Privacy-Management(CPM)-Theorie[16] deutet beispielsweise an, dass Individuen kontinuierlich den Level des gemeinsamen Besitzes privater Information mit Anderen regulieren und über diese Regulierung das optimale Ausmaß ihrer Privatheit zu erzielen suchen. Gemäß einer wichtigen Annahme der CPM-Theorie wird, in dem Moment, in dem der Konsument seine Information beispielsweise mit einer Unternehmung teilt, die Unternehmung in der Wahrnehmung des Konsumenten Miteigentümer der privaten Information. Daraus ergibt sich für die Unternehmung eine Mitverantwortung. Diese Mitverantwortung basiert auf Vertrauen und beinhaltet, dass mit der privaten Information in einer Weise umgegangen wird, die mit den impliziten (zum Beispiel Normen) oder expliziten (zum Beispiel Vereinbarungen) Regeln des Konsumenten vereinbar ist.[17] Diese Verantwortung umfasst auch den Schutz der Privatsphäre des Konsumenten im digitalen Kontext (Datenschutz).

Datenschutz

Der Begriff Datenschutz stellt ebenfalls einen Sammelbegriff dar, der sich unter Bezugnahme auf eine zunehmend automatisierte und digitalisierte Welt vor allem auf Rechtsnormen bezieht, die dem Schutz der Privatsphäre eines jeden Menschen dienen sollen. Dabei bezieht sich der Schutz auf unberechtigte Zugriffe von außen[18] und potenzielle schädliche Aktivitäten wie beispielsweise die

- Informationssammlung (zum Beispiel Überwachung, Abhören etc.),
- Informationsverarbeitung (zum Beispiel Aggregation, Identifikation, Zweitverwertung, Ausschluss etc.)
- Informationsweitergabe (zum Beispiel Verschwiegenheitsverletzung, Offenlegung, Preisgabe, erhöhte Zugänglichkeit, Erpressung etc.) oder
- Verletzung der Privatsphäre (zum Beispiel Eindringen, Beeinflussung).[19]

---

16 Vgl. Petronio, (2002).
17 Vgl. Margulis, S. T. (2011).
18 Vgl. http://wirtschaftslexikon.gabler.de/Definition/datenschutz.html (abgerufen am 26.02.2018).
19 Vgl. Solove, D. J. (2006).

Tab. 3.1: Unterschiedliche Datenkategorien (eigene Zusammenstellung in Anlehnung an Duda, D. (2017); DS-GVO, Art. 4 Abs. 1).

Begriff	Definition	Beispiel
personenbezogene Daten	alle Informationen, die sich auf eine identifizierte oder identifizierbare natürlichen Person beziehen.	Name, Adresse, Telefonnummer, sog. Klarnamen (z. B. in sozialen Medien), Fotos von dem Betroffenen, E-Mail- und Internet-Adresse, Einzelangaben zu etwaigen Titeln, Geschlecht, Größe, Haarfarbe etc.
Anonym (auch: Inkognito)	personenbezogene Daten, die derart abstrahiert wurden, dass diese nicht mehr einer Person zugeordnet werden können.	Wahlzettel, Bargeldzahlungen etc.
Pseudonym (auch: Alias)	personenbezogene Daten, die mit erheblichem Aufwand einer Person zugeordnet werden können.	Personalnummer, Matrikelnummer, Teilnehmerkennungen, IP-Adresse, Emailadressen wie nur_eine_borussia@... etc.

Diesbezüglich sollte auf die problematische Abgrenzung von *persönlichen Informationen*, die zu einer eindeutigen Identifizierung von Individuen führen, verwiesen werden. Als identifizierbar wird eine Person angesehen, die direkt oder indirekt, insbesondere mittels Zuordnung zu einer Kennung wie einem Namen, Standortdaten, Online-Kennung etc. identifiziert werden kann.[20] Doch selbst weniger spezifische Daten oder anonymisierte Daten ohne direkten Bezug auf bestimmte Personen (vergleiche Tabelle 3.1) können durch Aggregation und Kombination zu einer solch eindeutigen Identifizierung führen.[21] Als Konsequenz kann potenziell jede Datenkategorie persönlich identifizierend wirken.[22] Sogar die vermeintlich anonyme Blockchain-Währung Bitcoin lässt in begrenztem Umfang eine Rückverfolgbarkeit zu. So legen die Nutzer innerhalb der Blockchain ihre Kontonummern zwar völlig anonym an, aber die Beträge auf diesen Konten lassen sich insbesondere bei höheren Bitcoin-Summen nur schwer zurück in Euro oder Dollar umwandeln, ohne dabei Aufmerksamkeit zu erregen. Jede der Bewegungen auf den digitalen Konten ist jederzeit nachvollziehbar und kann daher solange verfolgt werden, bis an einem Punkt eine reale Auszahlung stattfindet.[23]

---

20 Vgl. DS-GVO, Art. 4 Abs. 1.

21 Vgl. Mathews-Hunt, K. (2016), S. 61 ff.; Martin, K. (2016), S. 54.

22 Vgl. Eastin, M. S. et al. (2016), S. 215.

23 Vgl. https://www.welt.de/finanzen/article171408831/Der-Bitcoin-ist-weniger-anonym-als-gedacht.html (abgerufen am 26.02.2018).

3.2.2 Ein Geben und Nehmen – Daten als Währung

Die Einschränkung der Privatheit, die von der beschriebenen Nachvollziehbarkeit ausgeht, wird insbesondere hinsichtlich der Unterscheidung zwischen der *instrumentellen* Bedeutung (= Mittel zum Zweck) und der *intrinsischen* Bedeutung (= Selbstzweck) von Privatheit deutlich. In instrumenteller Hinsicht kann die Einschränkung oder Aufgabe von Privatheit hingenommen werden, wenn im Gegenzug dafür zum Beispiel Wohlstandsgewinne erzielt werden (unter anderem durch wirkungsvollere Geschäftsmodelle). Bezogen auf den intrinsischen Wert von Privatsphäre dürfte diese jedoch nicht geopfert werden, weil sie einen Wert für sich gesehen besitzt. Ihr Bestehen kann als Voraussetzung für selbstbestimmtes Handeln, Selbstreflektion und Entwicklung der eigenen Identität angesehen werden. Beispielsweise werden Konsumenten, welche sich der Aufzeichnung ihres Online-Suchprotokolls bewusst sind, in ihrem Verhalten limitiert, etwa indem sie bestimmte Suchbegriffe vermeiden, um zu verhindern, dass Suchmaschinenanbieter oder dritte Parteien Rückschlüsse auf persönliche Präferenzen, Interessen oder Bedürfnisse ziehen können.[24] Aus der Feststellung des intrinsischen Werts von Privacy ergeben sich wesentliche Konsequenzen. So kann der Nachweis monetär bewertbarer Schäden in Folge des Verlusts von Privatheit nicht mehr als alleinige Voraussetzung für eine rechtliche Anspruchsgrundlage gerechtfertigt werden.[25] Schließlich handelt es sich bei der Verringerung des Kontrollvermögens beziehungsweise Beeinträchtigung der Entscheidungsfreiheit über persönliche Informationen bereits um einen beachtlichen, wenn auch nichtmonetären Schaden.

Ein Problem im Kontext von Privatheit und Datenschutz besteht jedoch darin, dass Konsumenten, um am sozialen und Marktgeschehen teilzunehmen, häufig ein gewisses Maß an Privatsphäre aufgeben müssen.[26] Gemäß der *Social-Exchange-Theorie*[27] sind Marktteilnehmer allerdings oftmals gewillt, dieses Maß an Privatsphäre zu opfern, wenn – aber auch nur dann – die Preisgabe von einem angemessenen Nutzen aufgewogen wird.[28] Ganz allgemein kann dieses Abwägen von Verlust auf der einen Seite und Nutzen auf der anderen Seite als *Loss Benefit Ratio*[29], im Kontext von Privacy konkret als *Privacy Calculus*[30], bezeichnet werden.

---

24 Vgl. Solove, D. J. (2006), S. 486; van Aaken, D., Ostermaier, A., Picot, A. (2014), S. 140 ff.; Picot, A., van Aaken, D., Ostermaier, A. (2017), S. 172 ff.
25 Vgl. Phelps, J., Nowak, G., Ferrell, E. (2000), S. 29 f.
26 Vgl. Milne, G. R. (2000), S. 4.
27 Vgl. White, T. B. (2004), S. 42.
28 Vgl. Culnan, M. J. (2000), S. 21.
29 Aufwand-Nutzen-Verhältnis; vgl. White, T. B. (2004), S. 42.
30 Vgl. Laufer & Wolfe (1977), S. 35; Culnan, M. J., Armstrong, P. K. (1999), S. 106; Culnan, M. J., Bies, R. J. (2003), S. 327.

Der Nutzen, als Ausgleich für die Preisgabe der Privatsphäre, könnte im digitalen Kontext beispielsweise darin bestehen, auf die eigenen Präferenzen zugeschnittene Werbung, Angebote und Leistungen zu erhalten. Dabei ist jedoch zu berücksichtigen, dass vom Kunden gesteuerte Personalisierungsprozesse (explizite Personalisierung) eine vorteilhaftere Loss Benefit Ratio aufweisen, als dies bei anbieterseitiger Personalisierung (implizite Personalisierung) der Fall ist.[31] Weitere Vorzüge aus der Preisgabe von Privatsphäre bestehen auch hinsichtlich des Faktors Zeit.[32] Personalisierte Werbung, Angebote und Leistungen verringern Suchkosten bei der Produktrecherche und senken damit zeitbezogene Opportunitätskosten.[33]

Der Abwägungsprozess erfolgt jedoch nicht nur auf Basis der empfundenen Höhe von Loss und Benefit, sondern auch in Abhängigkeit von der Intensität der Beziehung zwischen Kunde und Anbieter.[34] In diesem Zusammenhang wägen Konsumenten nicht nur das Relevanz-Argument, sondern auch das Reziprozitäts-Argument ab.[35] Im ersten Fall handelt es sich um die Relevanz des bereits erwähnten Nutzens für den Konsumenten (zum Beispiel: ‚Durch Personalisierung bekommen Sie die Inhalte und Werbung, die für Sie relevant und auf Ihre Interessen zugeschnitten sind‘), im letzteren um eine Gegenleistung, die erbracht wird, um die jeweilige Leistung in Anspruch nehmen zu dürfen (zum Beispiel ‚Deine Unterstützung ist gefragt. Unser Service kostet dich nichts – personalisierte Werbung macht es uns möglich, dir diesen Service anzubieten‘). Die Preisgabe erfolgt damit aufgrund einer gefühlten Verbindlichkeit im Sinne von *quid pro quo*. Schumann et. al. konnten in ihrer Studie zeigen, dass das Reziprozitätsargument die Preisgabe von Privatsphäre sogar stärker beeinflussen kann als das Relevanzargument.[36] Dies gilt umso mehr, wenn die Sensibilität der Daten verhältnismäßig hoch ist[37] (siehe Box *Datenflut in Internet of Things (IoT)*).

Datenflut in Internet of Things (IoT) – „There is no such thing as a free lunch" (Milton Friedman)
Das Internet of Things (Internet der Dinge), die Vernetzung zwischen intelligenten Gegenständen über das Internet, ermöglicht die Unterstützung in vielen verschiedenen Anwendungsbereichen[38] wie automatische Bestellungen, Warn- und Notfallfunktionen oder Smart-Energy-Systeme. Aus datenschutzrechtlicher Sicht ist das IoT jedoch nicht unproblematisch. Am Beispiel eines sogenannten Smart Meters (intelligentes Messsystem) zeigt sich, dass die erhobenen Nutzerdaten eine Qualität aufweisen, die deutlich über die Nutzerdaten des klassischen Internets hinausgehen: Die Nut-

---

31 Vgl. Burke, R. R. (2002), S. 426.
32 Vgl. Phelps, J., Nowak, G., Ferrell, E. (2000), S. 36.
33 Vgl. Backhaus, K., Schneider, H. (2009), S. 150 ff.
34 Vgl. White, T. B. (2004), S. 48.
35 Vgl. Schumann, J. H., von Wangenheim, F., Groene, N. (2014), S. 60 f.
36 Ibid., S. 69.
37 Vgl. Mothersbaugh, D. L. et al. (2012), S. 76 ff.
38 Vgl. https://wirtschaftslexikon.gabler.de/definition/internet-der-dinge-53187 (abgerufen am 30.03.2018).

zer eines Smart Meters profitieren von einer präzisen Visualisierung ihres Verbrauchsverhaltens (Strom, Wasser, Gas), was sie zu energiesparendem Verhalten motivieren kann. Darüber hinaus lassen sich Stromlieferverträge abschließen, die besser zu ihrem individuellen Verbrauchsverhalten passen und deshalb voraussichtlich günstiger sind. Zudem ist bei Smart Metern eine Vor-Ort-Ablesung hinfällig, was wiederum Zeit und Geld spart.[39] Um dies zu ermöglichen, werden so exakte Energieprofile erstellt, dass sich darüber genau ableiten ließe, ob jemand zu einem bestimmten Zeitpunkt zuhause ist und sogar, welches Gerät er benutzt. Die Genauigkeit der Daten mit dem starken Bezug zur analogen Lebenswelt der Nutzer könnte sehr schnell dazu führen, dass eine Akzeptanzgrenze überschritten wird. Neben der Regulierung des Umgangs mit Nutzerdaten und Standards für Datensicherung liegen auch in den Handlungsoptionen des Marketings Möglichkeiten, diese Akzeptanzbarrieren zu überwinden. Hierzu gehören unter anderem Kundenprogramme, die zum einen mittels Rabatten oder Bonuspunkten den wahrgenommenen Nutzen erhöhen und den Kunden für die Datenpreisgabe entschädigen.[40] Zum anderen lässt sich über Kundenbindungsprogramme neben dem Relevanzargument (Zeitersparnis, Energiekosten etc.) insbesondere das Reziprozitätsargument (Daten, um diesen Service anbieten zu können sowie zur Entwicklung besserer Technologien etc.) besser kommunizieren.

3.2.3 Das Privacy Paradox

Allgemein lässt sich feststellen, dass unter den Nutzern in Europa und ganz besonders in Deutschland Datenschutzbedenken relativ hoch ausgeprägt sind.[41] Datenschutzbedenken sind dabei zwar grundsätzlich altersgruppenübergreifend, doch sind diese bei Jüngeren (16–24 Jahre) deutlich geringer ausgeprägt als bei Älteren (60–64 Jahre). Gleiches gilt für unterschiedliche Bildungsniveaus: Personen mit höherer formaler Bildung äußern eher Datenschutzbedenken als Personen mit niedriger formaler Bildung.[42] Unterscheiden lässt sich zudem zwischen generellen und spezifischen Datenschutzbedenken. Dabei ist die inhaltliche Konkretisierung der spezifischen Datenschutzbedenken je nach Kontext unterschiedlich. Abbildung 3.1 stellt jeweils die fünf am stärksten ausgeprägten Datenschutzbedenken in vier exemplarischen Anwendungskontexten (zum Beispiel soziale Medien, Online-Werbung, Online Shopping, Smart Home) überblicksartig dar.

---

39 Vgl. https://www.bmwi.de/Redaktion/DE/FAQ/Intelligente-Messsysteme-Zaehler/faq-intelligen te-netze-intelligente-zaehler.html;jsessionid=1BD5726B643312CB0C78A3E1188CE8EC/ (abgerufen am 30.03.2018).

40 Vgl. Campillo-Lundbeck, S. (2016), S. 15.

41 Vgl. unter anderem https://germany.emc.com/campaign/privacy-index/global.htm (abgerufen am 30.03.2018); (http://www.markenartikel-magazin.de/no_cache/unternehmen-marken/artik el/details/10017693-bereitschaft-zur-weitergabe-persoenlicher-daten-im-web-steigt/, abgerufen am 30.03.2018); Symantec (2015), abgerufen am 30.03.2018.

42 Vgl. http://www.markenartikel-magazin.de/no_cache/unternehmen-marken/artikel/details/10 017693-bereitschaft-zur-weitergabe-persoenlicher-daten-im-web-steigt/ (abgerufen am 30.03.2018).

Soziale Netzwerke

Während der Nutzung sozialer Medien habe ich Bedenken bezüglich meiner Privatsphäre, ...

meine Handynummer anzugeben	6,53
meine Festnetznummer anzugeben	6,50
meinen Aufenthaltsort anzugeben	6,00
dass mein Account gehackt wird	5,81
Videos zu veröffentlichen, auf denen ich zu sehen bin	5,78

Online Werbung

Während des Surfens im Internet habe ich bei Online Werbung Bedenken bezüglich meiner Privatsphäre, ...

dass mein Aufenthaltsort erfasst wird	5,56
dass mein Wohnort erfasst wird	5,50
dass meine Finanzdaten erfasst werden	5,41
dass meine IP-Adresse erfasst wird	5,06
dass eine Erfassung meiner Verhaltensdaten Rückschluss auf meine Persönlichkeit zulässt	4,75

Online Shopping

Während des Einkaufens im Internet habe ich Bedenken bezüglich meiner Privatsphäre, ...

Meine Personalausweisnummer anzugeben	5,97
Meine Handynummer anzugeben	5,52
dass mein Standort erfasst wird	5,52
meine Kreditkarte anzugeben	5,48
meine Bankverbindung anzugeben	5,39

Smart Home

Während der Nutzung von Smart Home-Systemen habe ich Bedenken bezüglich meiner Privatsphäre, ...

dass Gesprochenes aufgezeichnet wird	5,85
dass meine An-und Abwesenheiten von Zuhause erfasst werden	5,82
dass mein Aufenthaltsort im Haus erfasst wird	5,61
dass Systeme meinen Gesprächen folgen, um Sprachsteuerungsbefehle annehmen zu können	5,58
dass Gesichter gespeichert werden	5,33

Abb. 3.1: Spezifische Privatsphärebedenken in verschiedenen Anwendungskontexten (1 = stimme überhaupt nicht zu, 7 = stimme voll und ganz zu; N = 141; 39,2 Prozent männlich; Ø Alter: 27,68 [SD: 7,344]) (Lischka, H. (2017), S. 178).

Ungeachtet der verhältnismäßig hohen Datenschutzbedenken unter deutschen Nutzern, ergreifen die wenigsten entsprechende Maßnahmen, zum Beispiel in Bezug auf restriktivere Datenpreisgabe, Schutzmaßnahmen etc. Dieses Phänomen ist jedoch nicht nur auf deutsche Nutzer beschränkt. So konnte beispielsweise in einer Studie von Acquisti und Gross[43] zwischen Datenschutzbedenken einerseits und der Nutzung

---

43 Vgl. Acquisti, A., Gross, R. (2006).

des Sozialen Netzwerks Facebook andererseits kein signifikanter Zusammenhang festgestellt werden. Entgegen ihrer geäußerten Datenschutzbedenken nutzten weiterhin knapp 90 Prozent aller Befragten das Netzwerk und zeigten sich zudem zufrieden mit der Sichtbarkeit ihres Profils. Dieses eingangs als *Privacy Paradox*[44] beschriebene Phänomen, dass sich geäußerte Datenschutzbedenken nicht im tatsächlichen Verhalten widerspiegeln, könnte Unternehmungen dazu verleiten lassen, Privatsphärebedenken eine untergeordnete Rolle zukommen zu lassen.

Die möglichen Gründe für das Privacy Paradox sind allerdings vielfältig und hängen in hohem Maße von dem jeweiligen Anwendungskontext ab. Analog zum Zielgruppenkonzept in der betrieblichen Marktforschung gilt zudem die Tatsache, dass es *den* Nutzer offenkundig genauso wenig gibt wie *den* Kunden. Die Erläuterung der folgenden Aspekte, deren Aufführung hier exemplarisch und nicht umfassend erfolgt, soll aufzeigen, warum die Vernachlässigung von Datenschutzbedenken problematisch sein könnte.

1. Sie verstehen den Datentransfer als Austauschprozess:
Auch wenn Nutzer die Preisgabe ihrer persönlichen Informationen nicht unproblematisch finden, verstehen sie den Datentransfer im Sinne eines Austauschprozesses. Obschon sie also Bedenken haben, entscheiden sie sich (mehr oder weniger) bewusst, ihre Daten im Tausch für eine Gegenleistung zu offenbaren. Dieser weiter oben als Privacy Calculus beschriebene Abwägungsprozess zeigt sich oft in Umfragen, in denen untersucht wird, für welche Zwecke Konsumenten ihre persönlichen Daten preisgeben würden (siehe Box *Datenpreisgabe – auf die Leistung kommt es an*).

> **Datenpreisgabe – auf die Leistung kommt es an**
> Dass Konsumenten sich in manchen Fällen durchaus über potenzielle Chancen und Risiken ihrer Datenpreisgabe bewusst sind zeigen die Ergebnisse einer repräsentativen forsa-Studie im Auftrag des Softwareherstellers SAS: 44 Prozent der Befragten würden ihre Fitnessdaten mit ihrem Arzt teilen, wenn sie dafür eine bessere Behandlung erwarten können. Hingegen liegt trotz zu erwartender Vorteile durch passgenaue Services mit Blick auf mögliche Konsequenzen bei den Mitgliedsbeiträgen die Bereitschaft gegenüber den Krankenkassen lediglich bei 29 Prozent.[45]

2. Sie haben wenig Wissen über die zugrunde liegenden Prozesse:
Viele Konsumenten haben nur unzureichende Kenntnisse über die Funktionsweisen, die den Algorithmen zugrunde liegenden Kriterien sowie den Umfang der Daten-

---

44 Vgl. Barnes, S. B. (2006); Norberg, P. A., Horne, D. R., Horne, D. A. (2007); Awad, N. F., Krishnan, M. S. (2006).

45 Vgl. https://www.sas.com/de_de/news/press-releases/2016/november/pm1611020.html (abgerufen am 04.03.2018).

sammlung und deren Verwertung. Dies gilt im Besonderen für Konsumenten mit niedrigeren formalen Bildungsabschlüssen und betrifft auch deren Wissen darüber, welche Rechte sie gegenüber den Unternehmen in Bezug auf ihre Daten haben.

Zu unterscheiden ist an dieser Stelle zwischen objektivem Wissen und subjektivem Wissen.[46] Während sich das objektive Wissen auf die tatsächliche Kenntnis der oben beschriebenen Prozesse bezieht, ist subjektives Wissen zu verstehen als Selbsteinschätzung beziehungsweise wahrgenommenes Wissen darüber, wie und in welchem Umfang persönliche Daten erhoben und verwertet werden. Ein höheres objektives Wissen steht in positivem Zusammenhang mit der aktiven Suche nach weiteren Informationen. Ein höheres subjektives Wissen hingegen erhöht die Wahrscheinlichkeit, sich auf bereits vorhandenes Wissen zu verlassen und darauf zu beschränken. Allerdings führt ein höheres subjektives Wissen zu einem höheren Gefühl von Selbstsicherheit und in der Folge zu höherer Konsumentensouveränität. Im Gegensatz dazu kann ein niedrigeres subjektives Wissen dazu führen, dass die Information als zu komplex oder missverständlich wahrgenommen wird. Dies bezieht sich beispielsweise auf Nutzungsbedingungen von Websites, die in der Regel nur ca. ein Drittel aller Nutzer lesen.[47] Leider zeigt sich in Umfragen, dass der Anteil derjenigen, die sich als unwissend wahrnehmen, tendenziell steigt. Mehr Transparenz könnte diese Wissenslücke schließen. Viele Nutzer wünschen sich, dass Unternehmen mehr und vor allem konkrete Informationen darüber bereitstellen, welche persönlichen Daten beim Besuch ihrer Website erfasst werden.[48]

3. Sie kennen den Wert ihrer Daten nicht:

Die Problematik dessen, dass Konsumenten ihre Daten im Rahmen eines Austauschprozesses quasi als Währung einsetzen, liegt vor allem in der Tatsache, dass der Wert der eigenen Daten aus Sicht der Konsumenten schwer zu bestimmen ist. Häufig lässt sich kaum abgrenzen, was persönliche Daten sind und was nicht. Solange Konsumenten nicht in der Lage sind, den institutionellen, sozialen und/oder ökonomischen Wert ihrer Daten abzuschätzen, ist eine fundierte Entscheidung, welche Daten sie vermarkten oder zurückhalten möchten, kaum möglich.[49] Zudem handelt es sich bei (persönlichen) Daten in der Regel um sogenannte Potenzialfaktoren, deren Nutzung und Wert sich im Zeitablauf verändern können. Hierdurch gelingt es Konsumenten kaum, die mit einer entsprechenden Entscheidung einhergehenden Konsequenzen zu beurteilen und sich dessen bewusst zu sein.

---

46 Vgl. Brucks, M. (1985); Flynn, L. R., Goldsmith, R. E. (1999).
47 Vgl. http://www.markenartikel-magazin.de/no_cache/unternehmen-marken/artikel/details/100 17693-bereitschaft-zur-weitergabe-persoenlicher-daten-im-web-steigt/ (abgerufen am 30.03.2018).
48 Vgl. ibid.
49 Vgl. SVRV (2016), S. 2.

4. Sie haben keine Wahl:

Doch selbst gut informierte Konsumenten, denen die Risiken der Informationspreisgabe bekannt sind – sowohl in Bezug auf das Ausmaß der negativen Konsequenzen als auch auf die Wahrscheinlichkeit ihres Eintretens – können oftmals nicht uneingeschränkt darüber entscheiden, ob sie bereit sind, ihre persönlichen Daten preiszugeben. Im Rahmen von sogenannten *Take-it-or-Leave-it*-Angeboten wird der Zugang zu bestimmten Online-Services häufig an die vollständige Zustimmung zu den vorgegebenen Privatsphärebedingungen geknüpft.[50] Insbesondere wenn alternative Angebote nicht verfügbar sind, haben Konsumenten keine Verhandlungsmacht über Privacy-Standards einer Website, insofern Sie nicht auf die Nutzung von Informationsdiensten, sozialen Netzwerken, Onlineshops oder anderen Services verzichten wollen.[51] Am Beispiel von sozialen Netzwerken und Messenger-Diensten (zum Beispiel Facebook, Whatsapp, Instagram etc.), die im Wesentlichen auf *Netzwerkeffekten* basieren[52], erfüllen diese vor allem dadurch ihren Zweck, dass eine Vielzahl von Nutzern über das System kommuniziert. Eine Nichtnutzung geht in der Folge mit einer sozialen Ausgrenzung einher. Dies gilt zumindest solange Kunden sich nicht organisieren und eine kritische Masse entsteht, die dann eine Massenabwanderung der Kunden zur Folge haben kann.

Eine weitere mögliche Erklärung für das Privacy Paradox erlaubt in diesem Zusammenhang auch der sogenannte *Saure-Trauben-Effekt*: Das was nicht erreichbar ist, wird abgewertet. In Situationen, in denen also erst gar keine Entscheidungsfreiheit in Bezug auf Privatsphäre zu erwarten ist, entsteht folglich auch kein Widerstand, wenn diese nicht geschützt wird.[53]

5. Sie vertrauen:

Vertrauen stellt ein zentrales Konstrukt im Austauschprozess zwischen Konsumenten und Anbietern dar. Da sich im Kontext von Privatsphäre das Verhalten eines Anbieters für die Konsumenten meist als intransparent darstellt, gehen Konsumenten Risiken ein, wenn sie dem Anbieter persönliche Daten zur Verfügung stellen. Die daraus resultierende Unsicherheit kann durch Vertrauen reduziert werden: Vertrauen beinhaltet den Glauben an die Verlässlichkeit und Integrität eines Anbieters.[54] Es spiegelt die Einstellung wider, dass der Anbieter bereit und fähig ist, die Erwartungen des Konsumenten zu erfüllen. Ein vertrauender Konsument erwartet folglich, dass er sich auf Versprechen und Aussagen des Anbieters verlassen kann.[55] Schätzt ein Konsument die Vertrauenswürdigkeit eines Anbieters als hoch ein, ist er trotz seiner Datenschutz-

---

50 Vgl. FTC (2012), S. 50–51; Mathews-Hunt, K. (2016), S. 68–69.
51 Vgl. FTC (2012), S. 50–51; Eastin, M. S. et al. 2016, S. 216.
52 Vgl. Katz, M. L., Shapiro, C. (1994).
53 Vgl. Lischka, H. (2017), S. 179.
54 Vgl. Morgan, R. M., Hunt, S. D. (1994), S. 23.
55 Vgl. Rotter, J. B. (1967), S. 651.

bedenken eher bereit, persönliche Daten preiszugeben.[56] Die Bereitschaft erhöht sich durch den Glauben, dass sich der Konsument in der Beziehung zu dem Anbieter sicher fühlen kann und seine persönlichen Daten angemessen behandelt werden.[57]

Zwischenfazit

Die aufgeführten möglichen Ursachen für das Phänomen des Privacy Paradox machen deutlich, dass es für Unternehmen nicht ratsam ist, Datenschutzbedenken ihrer (potenziellen) Kunden zu vernachlässigen. Auch wenn geäußerte Datenschutzbedenken nicht unbedingt mit den Verhaltensweisen der Nutzer korrespondieren, führt das steigende Gefährdungsgefühl der Nutzer zu einer Unsicherheit und Hemmung im Umgang mit digitalen Diensten[58] und damit unter anderem zu der eingangs erwähnten Problematik eines gehemmten Wachstum des E-Commerce in Milliardenhöhe. Geschäftsmodelle, die den Nutzern hingegen das Gefühl geben, ihre Wahlfreiheit wiederzuerlangen und selbstbestimmt als analoge Menschen auch in der digitalen Welt zu handeln, können sich gegenüber etablierten Anwendungen, die dies nicht tun, positiv abgrenzen. Vor dem Hintergrund ausgeprägter Datenschutzbedenken können Privatsphäre schützende Anwendungen von Anbietern digitaler Leistungen auch als nutzenstiftendes Differenzierungsmerkmal zur Positionierung verwendet werden.

3.3 Rechtliche Aspekte

3.3.1 Anwendungsbereich

Für die Verarbeitung von personenbezogenen Daten gilt es die gesetzlichen Regelungen zum Datenschutz zu beachten. Grundsätzlich ist der Geltungsbereich der Datenschutzgesetze immer dann eröffnet, wenn die personenbezogenen Daten unter Verwendung von Datenverarbeitungsanlagen verarbeitet werden. Zu den Datenverarbeitungsanlagen zählen die Rechner im Büro, aber auch Notebooks, Tablets, Smartphones, digitale Kopierer oder Scanner sowie Videoüberwachungsanlagen, Webcams oder Kameradrohnen. Auch Technologien, die zunehmend in den Alltag der Menschen einziehen, werden zu betrachten sein. Dazu gehören unter anderem Fitness-Tracker, Wearables, aber auch Datenverarbeitungssysteme in Fahrzeugen (SmartCar). Insbesondere das Internet of Things, also zum Beispiel intelligente Kühlschränke oder intelligente Beleuchtung, wird für den Datenschutz neue Aufgabenfelder mit sich bringen.

---

56 Vgl. Malhotra, N. K., Kim, S. S., Agarwal, J. (2004), S. 342 ff.
57 Vgl. Dinev, T., Hart, P. (2006), S. 67.
58 Vgl. https://www.sicher-im-netz.de/sites/default/files/download/2015_dsin_verbraucher-index -studie_web.pdf (abgerufen am 30.03.2018).

Die Regelungen zum Datenschutz gelten dann nicht, wenn die Verarbeitung ausschließlich zur Ausübung persönlicher oder familiärer Tätigkeiten dient. Als persönliche oder familiäre Tätigkeiten könnte das Führen eines Schriftverkehrs oder das Erstellen von Übersichten von Anschriften gelten. Geschäftlich hingegen ist jede wirtschaftliche Tätigkeit. Dabei ist es unerheblich, ob Geld gezahlt wird. Auch bei einem Austausch von Daten gegen eine Dienstleistung kann nicht von einer ausschließlich persönlichen oder familiären Tätigkeit gesprochen werden. Dies trifft ebenso wenig zu, wenn für den Austausch von Daten Sachwerte angeboten werden, beispielsweise bei Freundschafts- oder Prämienwerbung. Die Nutzung einer privaten Datensammlung (zum Beispiel Kontaktdaten auf dem Smartphone) für andere als persönliche Zwecke lässt demzufolge den privaten Zweck entfallen. Werden private und dienstliche Telefonnummern im Smartphone vermengt, wird der Bereich der ausschließlichen privaten Nutzung ebenfalls verlassen.

Räumlicher Geltungsbereich – Bundesdatenschutzgesetz und Europäische Datenschutzgrundverordnung

Im Rahmen der Gesetzgebung zum Datenschutz kann in Deutschland auf eine lange Tradition zurück geblickt werden. Das erste Bundesdatenschutzgesetz (BDSG)[59] ist am 01. Januar 1978 in Kraft getreten und regelt seitdem den Datenschutz in der Bundesrepublik Deutschland. Bereits im ersten Paragrafen wird formuliert, wobei es beim Datenschutz im Wesentlichen geht. Das BDSG wollte durch den Schutz personenbezogener Daten der Beeinträchtigung schutzwürdiger Belange von Betroffenen entgegenwirken. Damit wird deutlich, dass es dem Datenschutz nicht vorrangig um den Schutz der Daten geht, sondern um den Schutz der Persönlichkeitsrechte vor Beeinträchtigung.

Mit der Europäischen Datenschutzgrundverordnung (DS-GVO), die ab dem 25. Mai 2018 für eine Harmonisierung des Datenschutzrechts innerhalb der Europäischen Union sorgen will, wird es eine Veränderung im räumlichen Geltungsbereich des Datenschutzrechts geben. Grundsätzlich gilt die DS-GVO für Unternehmen in der Europäischen Union. Sobald aber ein Unternehmen außerhalb der EU den betroffenen Personen entgeltlich oder unentgeltlich in der EU Waren oder Dienstleistungen anbietet oder dass die Datenverarbeitung der Beobachtung des Verhaltens von Personen in der EU dient, gilt das Datenschutzrecht der EU (Marktort-Prinzip). Sollte also beispielsweise eine chinesische Handelsplattform Waren für europäische Bürger anbieten, dann muss der Betreiber der Plattform die datenschutzrechtlichen Bestimmungen der EU berücksichtigen. Der Anwendungsbereich der DS-GVO erstreckt sich somit auch auf außereuropäische Unternehmen, die auf dem europäischen Markt tätig sind.

---

59 Vgl. Gesetz zum Schutz vor Missbrauch personenbezogener Daten bei der Datenverarbeitung (Bundesdatenschutzgesetz-BDSG) vom 27. Januar 1977, in der Fassung der Bekanntmachung vom 1. Februar 1977 (BGBl. I Nr. 7, S. 201).

3.3.2 Grundrecht auf informationelle Selbstbestimmung

Das Bundesverfassungsgericht (BverfG) hat sich 1983 im Rahmen der Volkszählung[60] mit dem Thema Datenschutz beschäftigen dürfen. Dabei hat es einen wichtigen Begriff für den Datenschutz geprägt: das *Recht auf informationelle Selbstbestimmung*. In seinem Leitsatz hat das Bundesverfassungsgericht ausgeführt, dass zu diesem (Grund-) Recht auf informationelle Selbstbestimmung gehört, dass die Befugnis des Einzelnen über die Preisgabe und Verwendung seiner persönlichen Daten gewährleistet sein muss. Das Grundrecht und der daraus abgeleitete Schutz ergibt sich aus dem allgemeinen Persönlichkeitsrecht, welches das Grundgesetz in den ersten beiden Artikeln, Art. 2 Abs. 1 GG *Freie Entfaltung der Persönlichkeit* in Verbindung mit Art. 1 Abs. 1 GG *Menschenwürde* formuliert. Wie wichtig dieses Grundrecht ist, wird deutlich bei Betrachtung des folgenden Zitats aus dem Urteil des Bundesverfassungsgerichtes: „Wer nicht mit hinreichender Sicherheit überschauen kann, welche ihn betreffende Informationen in bestimmten Bereichen seiner sozialen Umwelt bekannt sind, und wer das Wissen möglicher Kommunikationspartner nicht einigermaßen abzuschätzen vermag, kann in seiner Freiheit wesentlich gehemmt werden, aus eigener Selbstbestimmung zu planen oder zu entscheiden."[61] Wer nicht mehr überschauen kann, wer was wann und bei welcher Gelegenheit über ihn weiß und wenn er unsicher ist, ob Verhaltensweisen, die von der Norm abweichen, jederzeit notiert und als Information dauerhaft gespeichert, verwendet oder weitergegeben werden, wird versuchen, nicht durch solche Verhaltensweisen aufzufallen. Gerade die individuellen Entfaltungschancen des Einzelnen sind auch für das Gemeinwohl wichtig, weil „Selbstbestimmung eine elementare Funktionsbedingung eines auf Handlungsfähigkeit und Mitwirkungsfähigkeit seiner Bürger begründeten freiheitlichen demokratischen Gemeinwesens ist."[62] Die *Charta der Grundrechte der Europäischen Union* hat den Datenschutz als eigenes Grundrecht aufgenommen. So heißt es unter Artikel 8: „Jede Person hat das Recht auf Schutz der sie betreffenden personenbezogenen Daten."[63]

3.3.3 Verbotsprinzip mit Erlaubnisvorbehalt

Im Datenschutzrecht gibt es einen wichtigen Grundsatz, der seit den 1970er Jahren fortgeführt wird und auch in den europäischen Regelungen zum Datenschutz, die ab dem 25. Mai 2018 in Kraft treten, Bestand hat: das Verbotsprinzip mit Erlaubnisvor-

---

60 Vgl. BVerfG Urteil vom 15. Dezember 1983 Az. 1 BvR 209/83, 1 BvR 484/83, 1 BvR 420/83, 1 BvR 362/83, 1 BvR 269/83, 1 BvR 440/83 (Volkszählungsurteil).

61 Ibid.

62 Ibid.

63 Vgl. Charta der Grundrechte der Europäischen Union (2000/C 364/01), Art. 8.

behalt. Grundsätzlich ist die Verarbeitung von personenbezogenen Daten verboten. Gemäß DS-GVO ist eine Verarbeitung nur zulässig, wenn eine der rechtlichen Grundlagen erfüllt ist (siehe Box *Online-Shopping, Angebote, Direktwerbung rechtliche Grundlagen zur Verarbeitung personenbezogener Daten*):

- rechtliche Verpflichtung,
- Vertragsdurchführung oder Durchführung vorvertraglicher Maßnahmen,
- Interessenabwägung,
- Einwilligung,
- Schutz lebenswichtiger Interessen der betroffenen Person.

Online-Shopping, Angebote, Direktwerbung – rechtliche Grundlagen zur Verarbeitung personenbezogener Daten

Die Verarbeitung personenbezogener Daten ist bei einem Online-Kauf legitimiert, da beispielsweise die Angabe der Kreditkartennummer oder der Lieferanschrift des Kunden zur Vertragsdurchführung erforderlich ist. Die Erfüllung vorvertraglicher Maßnahmen beinhaltet Aspekte wie die Bitte zur Abgabe eines Angebotes. Alle Daten, die dann sinnvoller Weise verarbeitet werden müssen, können auch genutzt werden. So sind für die Zusendung des Angebotes die Anschrift und der Ansprechpartner an den das Angebot gesendet werden soll sinnvoll. Soll das Angebot per E-Mail verschickt werden, ist zusätzlich die Erfassung der E-Mail-Adresse erforderlich.

Die Verarbeitung personenbezogener Daten zum Zwecke der Direktwerbung, also gezielte, durch Post zugestellte, schriftliche Werbung, kann als eine einem berechtigten Interesse dienende Verarbeitung betrachtet werden. Die Verarbeitung personenbezogener Daten für die Verhinderung von Betrug in unbedingt erforderlichem Umfang stellt ebenfalls ein berechtigtes Interesse des jeweiligen Verantwortlichen dar. Auf jeden Fall ist das Bestehen eines berechtigten Interesses besonders sorgfältig abzuwägen, wobei auch zu prüfen ist, ob eine betroffene Person zum Zeitpunkt der Erhebung der personenbezogenen Daten und angesichts der Umstände, unter denen sie erfolgt, absehen konnte, dass möglicherweise eine Verarbeitung für diesen Zweck erfolgen wird. Insbesondere dann, wenn personenbezogene Daten in Situationen verarbeitet werden, in denen eine betroffene Person unter Berücksichtigung der Umstände nicht mit einer weiteren Verarbeitung rechnen musste, könnten die Interessen und Grundrechte der betroffenen Person das Interesse des Verantwortlichen überwiegen.

Damit ist sozusagen jede Verarbeitung personenbezogener Daten verboten, die nicht ausdrücklich erlaubt ist. Die ausdrückliche Erlaubnis bezieht sich beispielsweise auf die Einwilligung. An die wirksame Einwilligung sind einige Anforderungen geknüpft:

- Sie muss freiwillig und für einen bestimmten Fall abgegeben werden.
- Die betroffene Person muss hinreichend informiert werden.
- Die Einwilligung muss eine unmissverständlich abgegebene Willensbekundung sein.

Die Einwilligung kann in Form einer Erklärung oder einer sonstigen eindeutigen bestätigenden Handlung abgegeben werden, mit der die betroffene Person zu verstehen gibt, dass sie mit der Verarbeitung der sie betreffenden personenbezogenen Daten einverstanden ist. Stillschweigen, bereits angekreuzte Kästchen oder Untätigkeit der betroffenen Person stellen keine Einwilligung dar.[64]

Die Einwilligung gilt nicht als freiwillig erteilt, wenn zu verschiedenen Verarbeitungsvorgängen von personenbezogenen Daten nicht gesondert eine Einwilligung erteilt werden kann, obwohl dies im Einzelfall angebracht ist. Dies ist auch der Fall, wenn die Erfüllung eines Vertrags, einschließlich der Erbringung einer Dienstleistung, von der Einwilligung abhängig ist, obwohl diese Einwilligung für die Erfüllung nicht erforderlich ist. Der Verantwortliche hat die Verpflichtung, das Vorliegen einer Einwilligung nachweisen zu können (Beweislast).

Die Einwilligung kann von der betroffenen Person jederzeit, mit Wirkung für die Zukunft, widerrufen werden. Die Verarbeitung, die bis zum Zeitpunkt des Widerrufs durch eine Einwilligung rechtmäßig erfolgt war, ist somit auch als rechtmäßig anzusehen. Der Widerruf der Einwilligung muss so einfach sein wie die Erteilung der Einwilligung (siehe Abbildung 3.2).

Abb. 3.2: Einwilligung und Widerruf der Einwilligung am Beispiel des Esprit-Newsletters (Esprit Europe GmbH (2018)).

So ist beispielsweise die Zusendung eines Newsletters unter allen Umständen unzulässig, wenn der Empfänger seine Einwilligung nicht erteilt hat oder der weiteren Nutzung der personenbezogenen Daten zu diesem Zweck widerrufen hat. Von der Rechtsgrundlage der Einwilligung sollte grundsätzlich erst dann Gebrauch gemacht werden, wenn die Prüfung der anderen Verarbeitungsgrundlagen nicht zu einem positiven Ergebnis geführt hat. Verzichtet der Verantwortliche beispielsweise darauf, die Verarbeitung auf die Rechtsgrundlage der Interessenabwägung zu stützen und bietet er die

---

64 Vgl. DS-GVO, Erwägungsgrund 32, Satz 3.

Einwilligung freiwillig an, kann er im Falle einer Nichterteilung der Einwilligung nicht auf die andere Rechtsgrundlage zurückfallen. Dies gilt auch dann, wenn die Einwilligung mit Wirkung für die Zukunft widerrufen wird.

Besondere Kategorien von personenbezogenen Daten

Die Datenschutzgrundverordnung (DS-GVO) macht in Artikel 9 noch einmal deutlich, dass die Verarbeitung, insbesondere von besonderen Kategorien von personenbezogenen Daten untersagt ist. Die Verarbeitung der *sensiblen Daten* wie zum Beispiel Gesundheitsdaten, religiöse oder weltanschauliche Überzeugungen oder die sexuelle Orientierung wird regelmäßig nur mit einer Einwilligung der betroffenen Person zulässig sein. Dabei muss sich die Einwilligung allerdings eindeutig auf die besonderen Kategorien von Daten beziehen. Die Daten können auch zum Zweck der medizinischen Behandlung durch Fachpersonal verarbeitet werden.

Beschäftigtendaten

Bezüglich der Verarbeitung von personenbezogenen Daten im Rahmen des Beschäftigungsverhältnisses gilt neben der DS-GVO auch das Bundesdatenschutzgesetz. Personenbezogene Daten von Beschäftigten dürfen nur verarbeitet werden soweit es zur Begründung, Durchführung oder Beendigung des Beschäftigungsverhältnisses erforderlich ist. Für die Prüfung, ob die Verarbeitung im Rahmen des Beschäftigungsverhältnisses erforderlich ist, sind die widerstreitenden Grundrechtspositionen abzuwägen, damit nicht eines der Grundrechte auf Kosten des anderen im Sinne einer vorschnellen Güterabwägung realisiert wird. Dabei sind die Interessen des Arbeitgebers an der Datenverarbeitung und das Persönlichkeitsrecht des Beschäftigten zu einem schonenden Ausgleich zu bringen, der beide Interessen möglichst weitgehend berücksichtigt.[65]

Eine Erfassung der vom Arbeitnehmer geleisteten Arbeitszeit kann als eine legitime Verarbeitung von personenbezogenen Daten im Rahmen des Beschäftigungsverhältnisses angesehen werden, wenn zum Beispiel die Erfassung als Grundlage für die Berechnung des Arbeitsentgeltes dient. Die Arbeitszeiterfassung gilt auch für flexible Arbeitszeitmodelle wie beispielsweise Gleitzeit oder Arbeitszeitkonten.[66] Das Recht des Beschäftigten am eigenen Bild muss zurückstehen, wenn Lichtbilder auf Werksausweisen die Identifikation der Mitarbeiter durch den Wachdienst erleichtern sollen.[67] Ebenfalls ist die Verarbeitung personenbezogener Daten zum Zweck des Beschäftigungsverhältnisses zulässig, wenn dies zur Ausübung oder Erfüllung der sich aus Gesetz oder Kollektivvereinbarung ergebenden Rechte und Pflichten der Interes-

---

65 Vgl. Gola DS-GVO, Schulz DS-GVO Art. 6 Rn. 45.
66 Vgl. Simitis, Bundesdatenschutzgesetz, BDSG aF § 32 Rn. 72.
67 Vgl. Gola, Schomerus, Gola, Klug, Körffer BDSG § 32 Rn. 19.

senvertretung der Beschäftigten erforderlich ist. Unter Kollektivvereinbarungen sind Tarifverträge, Betriebsvereinbarungen und Dienstvereinbarungen zu verstehen.[68]

3.3.4 Grundsätze für die Verarbeitung von personenbezogenen Daten

Die Verarbeitung von personenbezogenen Daten muss immer auf einer legitimen Grundlage und für festgelegte, eindeutige Zweck erfolgen. Die Datenschutzgrundverordnung formuliert weitere Verpflichtungen als Grundsätze für die Verarbeitung.

Treu und Glauben, Transparenz
Die Verarbeitung hat nach Treu und Glauben zu erfolgen. *Treu und Glauben* ist in der Rechtswissenschaft ein unbestimmter Rechtsbegriff und bezeichnet das Verhalten eines redlich und anständig handelnden Menschen. Im Datenschutzkontext wird der Grundsatz insbesondere erfordern, dass in bestimmten Verarbeitungssituationen auf die vernünftigen Erwartungen der betroffenen Person abzustellen ist.[69] Der Grundsatz der Transparenz setzt voraus, dass für die betroffene Person Klarheit dahingehend besteht, dass und welche sie betreffenden personenbezogenen Daten erhoben, verwendet, eingesehen oder anderweitig verarbeitet werden. Ebenso muss klar werden, in welchem Umfang die personenbezogenen Daten verarbeitet werden und künftig noch verarbeitet werden sollen.

Zweckbindung
Die Verarbeitung der Daten muss für festgelegte, eindeutige und legitime Zwecke erfolgen. Die Zwecke der Verarbeitung müssen bereits vor der Erhebung der Daten bestimmt sein. Da die Zwecke eindeutig festgelegt sein müssen, erfüllen unscharfe Formulierungen auf globale Zwecke wie zum Beispiel für geschäftsmäßige Verarbeitung oder für Marketing-Zwecke nicht die Anforderungen.[70] Die Verarbeitung der personenbezogenen Daten muss für den Zweck erforderlich sein. Erforderlich bedeutet in diesem Zusammenhang allerdings nicht, dass die Verarbeitung von personenbezogenen Daten aus technischen, wirtschaftlichen und organisatorischen oder sonstigen Gründen unverzichtbar wäre. Gemeint sind also Verwendungen, zu denen es keine objektiv zumutbare Alternative gibt.[71] Dabei genügt es, wenn die Wahl einer anderen Informationsmöglichkeit oder der Verzicht hierauf nicht sinnvoll oder unzumutbar wäre.[72] Eine Zweckänderung ist grundsätzlich unzulässig; personenbezogene Daten dürfen nur

---

68 Siehe Erwägungsgrund 155 der Verordnung (EU) 2016/679 (DS-GVO).
69 Vgl. Ehmann, Selmayr, Heberlein EU-DSGVO Art. 5 Rn. 10.
70 Vgl. ibid.
71 Vgl. Simitis BDSG § 28 Rn. 108.
72 Vgl. Gola, Schomerus, BDSG § 28 Rn. 14.

für die Zwecke weiterverarbeitet werden, für die sie erhoben wurden. Allerdings sieht die Datenschutzgrundverordnung Ausnahmen vor. Werden personenbezogene Daten im Rahmen der zulässigen Zweckänderung zu einem anderen als dem ursprünglichen Erhebungszweck verarbeitet, ist der oder die Betroffene hierüber vor der Weiterverarbeitung zu informieren.[73] Auch der neue Zweck muss konkret festgelegt sein.[74]

Datenminimierung

Personenbezogene Daten müssen dem Zweck angemessen, erheblich und auf das für die Zwecke der Verarbeitung notwendige Maß beschränkt sein (Datenminimierung). Das bedeutet, dass die Daten nicht nur qualitativ, sondern auch quantitativ begrenzt werden müssen. Nicht nur die Anzahl der verarbeiteten Daten, sondern auch die Anzahl der Nutzungen von Daten ist zu reduzieren.[75] Die Minimierung zielt also auf eine möglichst weitgehende Begrenzung ab.[76]

Richtigkeit

Zum Grundsatz der Richtigkeit gehört, dass die Daten sachlich richtig sind und gegebenenfalls auf dem aktuellen Stand sind. Somit hat der Verantwortliche die Aufgabe, aktiv die Richtigkeit der verarbeiteten Daten zu überprüfen.[77] Der Verantwortliche hat ebenfalls Maßnahmen zu treffen um sicherzustellen, dass unrichtige personenbezogene Daten berichtigt oder gelöscht werden können. Dem Grundsatz der Richtigkeit entspricht das Recht der betroffenen Person auf Berichtigung.

Speicherbegrenzung

Personenbezogene Daten dürfen nur solange gespeichert werden, wie es für die Zwecke zu denen sie verarbeitet werden erforderlich ist. Um sicherzustellen, dass die personenbezogenen Daten nicht länger als nötig gespeichert werden, sollte der Verantwortliche Fristen für ihre Löschung oder regelmäßige Überprüfung vorsehen. Der Grundsatz der Speicherbegrenzung korrespondiert mit dem Recht der Betroffenen auf Löschung (siehe unten: Recht auf Löschung).

Integrität und Vertraulichkeit

Der Grundsatz der Integrität und Vertraulichkeit fordert vom Verantwortlichen, die angemessene Sicherheit der personenbezogenen Daten zu gewährleisten. Dazu gehört der Schutz vor unbefugter oder unrechtmäßiger Verarbeitung. Zum Schutz vor

---

73 gem. Art. 13 Abs. 3, Art. 14 Abs. 4 DS-GVO.
74 Vgl. Gola DS-GVO, Pötters DS-GVO Art. 5 Rn. 18.
75 Vgl. Gola DS-GVO, Pötters DS-GVO Art. 5 Rn. 22.
76 Vgl. Paal, Pauly, Frenzel DS-GVO Art. 5 Rn. 34.
77 Vgl. Gola DS-GVO, Pötters DS-GVO Art. 5 Rn. 24.

unbeabsichtigtem Verlust oder vor unbeabsichtigter Zerstörung oder unbeabsichtig-ter Schädigung hat der Verantwortliche ebenso geeignete technische und organisato-rische Maßnahmen zu treffen. Hier greifen die Anforderungen an die Sicherheit der Verarbeitung nach Art. 32 DS-GVO.

Rechenschaftspflicht

Der Verantwortliche hat die Einhaltung der Grundsätze für die Verarbeitung perso-nenbezogener Daten nachzuweisen. Um die Einhaltung dieser Verordnung nachwei-sen zu können, sollte der Verantwortliche interne Strategien festlegen und Maßnah-men ergreifen. Die Rechenschaftspflicht wird in der Praxis dazu führen, dass der Ver-antwortliche umfangreiche zusätzlichen Dokumentationen und Nachweisdokumente erzeugt.

3.3.5 Pflichten des Verantwortlichen

Verzeichnis von Verarbeitungstätigkeiten

Jeder Verantwortliche ist verpflichtet, ein Verzeichnis der Verarbeitungstätigkeiten zu führen. Zu den Angaben[78] gehören unter anderem
– die Namen und Kontaktdaten des Verantwortlichen sowie eines etwaigen Daten-schutzbeauftragten,
– die Zwecke der Verarbeitung,
– eine Beschreibung der Kategorien betroffener Personen und der Kategorien per-sonenbezogener Daten und
– die Kategorien von Empfängern, denen die Daten offengelegt worden sind.

Es besteht die Verpflichtung für den Verantwortlichen, mit der Aufsichtsbehörde zu-sammenzuarbeiten und dieser auf Anfrage das Verzeichnis der Verarbeitungstätigkei-ten vorzulegen, damit die Verarbeitungsvorgänge anhand dieses Verzeichnisses kon-trolliert werden können.

Auftragsverarbeitung

Bindet der Verantwortliche einen Dienstleister in die Verarbeitung von personenbe-zogenen Daten ein und erfolgt die Verarbeitung aufgrund von Weisungen des Verant-wortlichen, so ist der Dienstleister Aufragnehmer. In einem solchen Fall wird von Auf-tragsverarbeitung gesprochen. Der Auftragnehmer ist aufgrund von Garantien auszu-wählen und mit dem Dienstleister ist eine schriftliche Vereinbarung abzuschließen.

---

78 Die detaillierten Angaben, die zu machen sind, gibt Art. 30 der DS-GVO vor.

Beispiele für die Einbindung von Dienstleistern, die den Anforderungen der Auftrags-
datenverarbeitung unterliegen, sind unter anderem

– die Einbindung eines Rechenzentrums,
– der Zugriff eines IT-Dienstleisters auf personenbezogene Daten bei der War-
tung der Kundendatenbank (zum Beispiel Customer-Relationship-Management
(CRM)),
– die Entgeltberechnung durch einen Steuerberater oder
– die Vernichtung von Akten mit personenbezogenen Daten durch einen Dienstleister für Aktenvernichtung.

Benachrichtigung bei Datenschutzverstößen
Der Verantwortliche muss die Aufsichtsbehörde binnen 72 Stunden informieren, sobald ihm eine Verletzung des Schutzes personenbezogener Daten bekannt wird. Hat
die Verletzung des Schutzes personenbezogener Daten voraussichtlich ein hohes Risiko für die persönlichen Rechte und Freiheiten natürlicher Personen zur Folge, so
benachrichtigt der Verantwortliche die betroffene Person unverzüglich von der Verletzung. Eine Verletzung des Schutzes personenbezogener Daten ist eine Verletzung der
Sicherheit, die zur Vernichtung, zum Verlust oder zur Veränderung, ob unbeabsich-
tigt oder unrechtmäßig, oder zur unbefugten Offenlegung von beziehungsweise zum
unbefugten Zugang zu personenbezogenen Daten führt, die übermittelt, gespeichert
oder auf sonstige Weise verarbeitet wurden (siehe Box *Verletzung des Schutzes personenbezogener Daten bei Rundmails*). Eine Verletzung des Schutzes personenbezogener
Daten kann einen physischen, materiellen oder immateriellen Schaden für natürliche
Personen nach sich ziehen, wie etwa Verlust der Kontrolle über ihre personenbezogenen Daten oder Einschränkung ihrer Rechte, Diskriminierung, Identitätsdiebstahl
oder -betrug, finanzielle Verluste, unbefugte Aufhebung der Pseudonymisierung, Ruf-
schädigung, Verlust der Vertraulichkeit von dem Berufsgeheimnis unterliegenden Daten oder andere erhebliche wirtschaftliche oder gesellschaftliche Nachteile für die betroffene natürliche Person. Die Meldung kann nur unterbleiben, wenn die Verletzung
des Schutzes personenbezogener Daten voraussichtlich nicht zu einem Risiko für die
Rechte und Freiheiten natürlicher Personen führt.[79]

> **Verletzung des Schutzes personenbezogener Daten bei Rundmails**
> Wird eine E-Mail mit einem umfangreichen Empfängerkreis, die nicht direkt miteinander in Kontakt
> stehen, nicht per bcc (blind carbon copy) sondern an cc (carbon copy) geschickt, kann das ein Fall
> für eine Verletzung des Schutzes personenbezogener Daten sein. Auch eine Liste mit personenbe-
> zogenen Daten auf einem Drucker zu vergessen, die durch einen unbefugten Mitarbeiter eingese-
> hen werden konnte, ist eine solche Verletzung des Schutzes personenbezogener Daten.

---

79 Den Inhalt der Meldung gibt Art. 33 DS-GVO vor.

Datenschutzfolgenabschätzung

Wenn die Art der Verarbeitung personenbezogener Daten vermutlich ein hohes Risiko für die persönlichen Rechte und Freiheiten mit sich bringt, muss der Verantwortliche bereits vorab eine Einschätzung über die Folgen für den Schutz personenbezogener Daten durchführen, wobei insbesondere die Ursache, Art, Besonderheit und Schwere dieses Risikos evaluiert werden sollen. Dies ist zum Beispiel der Fall bei Verwendung neuer Technologien oder aufgrund der Art, des Umfangs, der Umstände und der Zwecke der Verarbeitung. Zu den typischen Bereichen, in denen eine Datenschutzfolgenabschätzung durchgeführt werden wird, gehören

– Persönlichkeitstests,
– umfangreiche Verarbeitung von Gesundheitsdaten oder
– Videoüberwachung in Gebäuden.

Die Ergebnisse der Abschätzung sollen berücksichtigt werden, wenn darüber entschieden wird, welche geeigneten Maßnahmen ergriffen werden müssen, um nachzuweisen, dass die Verarbeitung der personenbezogenen Daten mit dieser Verordnung in Einklang steht. Geht aus einer Datenschutz-Folgenabschätzung hervor, dass Verarbeitungsvorgänge ein hohes Risiko bergen und dass der Verantwortliche das Risiko nicht durch geeignete Maßnahmen in Bezug auf verfügbare Technik und Implementierungskosten eindämmen kann, so sollte die Aufsichtsbehörde vor der Verarbeitung konsultiert werden.

Datenschutzbeauftragter

Ab zehn Personen, die sich mit der automatisierten Verarbeitung von personenbezogenen Daten beschäftigen, ist ein Datenschutzbeauftragter (DSB) zu benennen. Aufgaben des DSB sind unter anderem die Unterrichtung und Beratung des Verantwortlichen und der Beschäftigten und die Überwachung der Einhaltung der DS-GVO und anderer Datenschutzvorschriften. Die Kontaktdaten des DSB sind zu veröffentlichen und müssen mit dem Namen des DSB der Aufsichtsbehörde mitgeteilt werden. Das erforderliche Niveau des Fachwissens des Datenschutzbeauftragten wird sich insbesondere nach den durchgeführten Datenverarbeitungsvorgängen und dem erforderlichen Schutz für die von dem Verantwortlichen oder dem Auftragsverarbeiter verwendeten personenbezogenen Daten richten. Der Verantwortliche unterstützt den Datenschutzbeauftragten bei der Erfüllung seiner Aufgaben, indem er ihm die für die Erfüllung dieser Aufgaben erforderlichen Ressourcen und den Zugang zu personenbezogenen Daten und Verarbeitungsvorgängen sowie die zur Erhaltung seines Fachwissens erforderlichen Ressourcen zur Verfügung stellt. Datenschutzbeauftragte sollten unabhängig davon, ob es sich bei ihnen um Beschäftigte des Verantwortlichen handelt oder um Externe, ihre Pflichten und Aufgaben in vollständiger Unabhängigkeit ausüben können.

3.3.6 Betroffenenrechte

Neben den umfangreichen Pflichten, die dem Verantwortlichen durch die Datenschutzgrundverordnung auferlegt werden, hat die betroffene Person auch zahlreiche Rechte, die sie aktiv in Anspruch nehmen kann oder die ihr sogar unaufgefordert zustehen.

Informationspflicht

Obwohl Kapitel 3 mit *Rechte der betroffenen Person* beschrieben, wird im Kontext der Informationen, die der betroffenen Person mitgeteilt werden müssen, von Informationspflicht gesprochen. Das hängt nicht zuletzt damit zusammen, dass diese Informationen der betroffenen Person proaktiv zur Verfügung gestellt werden müssen. Der Grundsatz der Transparenz setzt voraus, dass eine für die betroffene Person oder die Öffentlichkeit bestimmte Information präzise, leicht zugänglich und verständlich sowie in klarer und einfacher Sprache abgefasst ist. Diese Informationen erfolgen schriftlich, können aber auch in elektronischer Form bereitgestellt werden, zum Beispiel auf einer Internetseite. Dies gilt insbesondere für Situationen, in denen die große Zahl der Beteiligten und die Komplexität der dazu benötigten Technik es der betroffenen Person schwer machen, zu erkennen und nachzuvollziehen, ob, von wem und zu welchem Zweck sie betreffende personenbezogene Daten erfasst werden, wie etwa bei der Werbung im Internet. Der Verantwortliche ist verpflichtet, die betroffene Person über die Existenz des Verarbeitungsvorgangs und seine Zwecke zu unterrichten. Die DS-GVO unterscheidet bei der Informationspflicht, ob die personenbezogenen Daten bei der betroffenen Person (Direkterhebung, Art. 13 DS-GVO) oder bei Dritten (Dritterhebung, Art. 14 DS-GVO) erhoben werden. Bei der Direkterhebung muss die Information zum Zeitpunkt der Erhebung erfolgen. Bei der Dritterhebung längstens innerhalb eines Monates. Die Inhalte der Informationspflichten ergeben sich aus Art. 13 bzw. aus Art. 14 der DS-GVO.

Auskunftsrecht

Die betroffene Person hat das Recht, von dem Verantwortlichen eine Bestätigung darüber zu verlangen, ob sie betreffende personenbezogene Daten verarbeitet werden, zum Beispiel im Rahmen der Kundenbindung. Die Auskunft hat unverzüglich zu erfolgen, in jedem Fall aber innerhalb eines Monats nach Eingang des Antrages. Diese Frist kann um weitere zwei Monate verlängert werden, wenn dies unter Berücksichtigung der Komplexität und der Anzahl von Anträgen erforderlich ist. Das Recht auf Auskunft bezieht sich auf die personenbezogenen Daten, die erhoben worden sind und weitere Informationen, wie zum Beispiel Empfänger, denen die Daten offengelegt worden sind, geplante Dauer der Speicherung, etc. (siehe Box *Facebook: 1200 Seiten Daten für eine Person*). Verarbeitet der Verantwortliche eine große Menge von Informationen über die betroffene Person, so kann er verlangen, dass die betroffene Person präzisiert, auf welche Information oder welche Verarbeitungsvorgänge sich ihr Auskunftsersuchen bezieht, bevor er dieser Auskunft erteilt.

> **Facebook: 1200 Seiten Daten für eine Person**
> Schlagzeilen machte 2011 der Fall eines österreichischen Studenten, der sich um seinen Datenschutz sorgte und bei Facebook alles anforderte, was man dort über ihn wusste. Die Daten kamen aus Kalifornien per Post: Ein Paketdienst stellte eine CD zu, auf der sich eine 496 MB große PDF-Datei befand. Als er das PDF öffnete, fand er eine 1222 Seiten lange Dokumentation persönlicher Daten. Dennoch zeigte sich der Student mit dem Umfang der Daten nicht zufrieden. Es fehlten Information wie solche über Videos, die er auf Facebook hochgeladen hatte sowie die Klicks auf Like-Buttons. Auf seine Nachfrage hin antwortete Facebook dem Studenten, es wäre nicht möglich alle Daten herausgeben – einige seien geistiges Eigentum oder Geschäftsgeheimnis des Unternehmens.[80]

Recht auf Berichtigung

Die betroffene Person hat das Recht auf Berichtigung und gegebenenfalls Vervollständigung der sie betreffenden personenbezogenen Daten. So soll sichergestellt sein, dass die personenbezogenen Daten einer Verarbeitung inhaltlich zutreffend sind. Das kann entscheidend sein, wenn Daten zum Beispiel zur Ermittlung der Kreditwürdigkeit durch Auskunfteien herangezogen werden. Gegebenenfalls können sich aus den falschen oder unvollständigen Daten Nachteile ergeben. Der Verantwortliche muss diese Korrektur und die Vervollständigung berücksichtigen.

Recht auf Löschung

Die betroffene Person hat das Recht, von dem Verantwortlichen zu verlangen, dass ihre personenbezogenen Daten unverzüglich gelöscht werden. Der Verantwortliche ist verpflichtet, personenbezogene Daten unverzüglich zu löschen, wenn beispielsweise Daten für die Zwecke, für die sie erhoben wurden, nicht mehr notwendig sind. Die entsprechenden Löschfristen sind zu identifizieren und in der Verfahrensdokumentation nach Art. 30 DS-GVO zu erfassen. Die betroffene Person hat ein Recht auf Löschung der sie betreffenden personenbezogenen Daten, wenn die Speicherung ihrer Daten gegen die DS-GVO verstößt. Um dem Recht auf Vergessenwerden (siehe Box Google: *Recht auf Vergessenwerden*) im Netz mehr Geltung zu verschaffen, wird das Recht auf Löschung ausgeweitet. Ein Verantwortlicher, der die personenbezogenen Daten öffentlich gemacht hat, wird verpflichtet, den Verantwortlichen, die diese personenbezogenen Daten verarbeiten, mitzuteilen, dass die betroffene Person verlangt hat, alle Links

---

80 Vgl. http://www.spiegel.de/netzwelt/web/facebook-kritiker-mein-gesicht-ist-nicht-deren-gesc haeftsgeheimnis-a-789124.html (abgerufen am 04.03.2018).

zu diesen personenbezogenen Daten oder Kopien oder Replikationen der personenbezogenen Daten zu löschen. Dabei sollte der Verantwortliche, unter Berücksichtigung der verfügbaren Technologien und der ihm zur Verfügung stehenden Mittel, angemessene Maßnahmen – auch technischer Art – treffen, um die Verantwortlichen, die diese personenbezogenen Daten verarbeiten, über den Antrag der betroffenen Person zu informieren.

Google: Recht auf Vergessenwerden

Seit etwas mehr als vier Jahren ist es möglich, mit dem Recht auf Vergessenwerden bei Suchmaschinen wie Google die Entfernung von Links zu beantragen. Laut einem kürzlich von Google hierzu veröffentlichten Bericht führte dies in Europa zu mehr als 650.000 Löschanträgen und der Entfernung von über 2,4 Millionen Links beziehungsweise URLs (Uniform Resource Locator), bei steigender Tendenz der Anträge. Dabei gingen die meisten Löschanträge in Frankreich ein, gefolgt von Deutschland. Während es in Frankreich und Deutschland vor allem um Verweise auf Inhalte von Verzeichnissen geht, bezieht sich in Großbritannien und in Italien ein Großteil der Anträge auf Links zu Nachrichtenseiten. Während die betroffenen Links zu sozialen Netzwerken primär selbst erstellte Texte betreffen, handelt es sich bei den Links zu Nachrichtenseiten in den meisten Fällen um berufliches Fehlverhalten oder berufliche Informationen sowie um Kriminalität.

Die Anträge zur Löschung von Links auf diese Webseiten richten sich vor allem an Suchmaschinen wie Google, da sie die erste Anlaufstelle sind, um im Internet Informationen über eine Person zu finden, indem der Name der Person als Suchbegriff eingegeben wird. Dem Recht auf Vergessenwerden zufolge dürfen Einzelpersonen bei Suchmaschinen beantragen, dass personenbezogene Daten unter bestimmten Umständen aus der Ergebnisliste gelöscht werden. In Deutschland gingen bis März 2018 109.588 Anträge zur Löschung von insgesamt 355.231 Links ein, von denen 169.798 (47,8 Prozent) gelöscht und 185.433 (52,2 Prozent) nicht gelöscht wurden. Die Kriterien, nach denen Google die Anträge zur Löschung prüft, sind vielfältig. Grundsätzlich müssen Links gelöscht werden, deren Inhalte, auf die sie verweisen, unangemessen, irrelevant, nicht mehr relevant oder übertrieben sind. Demgegenüber steht jedoch das öffentliche Interesse an der Information. Darüber hinaus müssen allerdings auch persönliche Fragen berücksichtigt werden, zum Beispiel ob die auffindbaren Ergebnisse das weitere Berufsleben der Person beeinflussen, ob die Person in der Vergangenheit eine Straftat begangen hat oder ob es um ein politisches Amt oder eine öffentliche Stellung geht.

Im seinem Transparenzreport verdeutlicht Google anhand ausgewählter Beispiele, wie bei verschiedenen Anträgen verfahren wurde. In Deutschland wurde beispielsweise ein Antrag auf Löschung eingereicht, das sich auf eine Regierungswebsite mit Akten zu einem Gerichtsverfahren bezog. Die betroffene Person war dort als minderjähriges Opfer sexuellen Missbrauchs und Menschenhandels aufgeführt. Google entfernte daraufhin alle Links, die auf diese Website verwiesen. Dieser Fall verdeutlicht, dass das Recht auf Vergessenwerden besonders Minderjährigen und Menschen, die in ihrer Vergangenheit Opfer von Gewalt oder Diskreditierung geworden sind, zugutekommt. In gleicher Weise verfuhr Google bei einem Antrag auf Löschung von Links, die auf Zeitungsartikel über einen Mord verwies. Die betroffene Person hatte ihre Strafe für den Mord an ihrem Mann abgebüßt und Google löschte die jeweiligen URLs. Nicht entfernt wurden hingegen Links über einen Wissenschaftler, der nach einer Geschlechtsänderung seinen Namen geändert hatte. Die Begründung gegen die Löschung lag in dem Interesse der Öffentlichkeit. Die betroffenen Artikel seien weiterhin relevant für dessen berufliches Leben und die Forschung.

An diesen Beispielen zeigt sich zum einen die Schwierigkeit der Abwägung eines Löschantrags. Dem Wunsch einer Person nach Schutz steht das Interesse der Öffentlichkeit nach Information entgegen, insbesondere bei Vorgängen, die für die Betroffenen zwar unangenehm, für die Gesellschaft aber von Bedeutung sind. Zum anderen verdeutlichen sie die wesentliche Frage, die das Recht auf Vergessenwerden aufwirft: Inwieweit sollen und dürfen Einzelpersonen und Suchmaschinen Informationen im Internet kontrollieren?[81]

Recht auf Einschränkung der Verarbeitung

Die betroffene Person hat das Recht, von dem Verantwortlichen die Einschränkung der Verarbeitung zu verlangen. Dieses Recht ist an verschiedene Voraussetzungen geknüpft, zum Beispiel wenn die Richtigkeit der personenbezogenen Daten von der betroffenen Person bestritten wird. Die betreffende Einschränkung hat für einen solchen Zeitraum zu erfolgen, der es dem Verantwortlichen ermöglicht, die Richtigkeit der personenbezogenen Daten zu überprüfen. Methoden zur Beschränkung der Verarbeitung können unter anderem darin bestehen, dass sie für die Nutzung gesperrt werden oder dass veröffentlichte Daten vorübergehend von einer Website entfernt werden.

Recht auf Datenübertragbarkeit

Um eine bessere Kontrolle über die eigenen Daten zu haben, ist die betroffene Person berechtigt, die sie betreffenden personenbezogenen Daten, die sie einem Verantwortlichen bereitgestellt hat, in einem strukturierten, gängigen, maschinenlesbaren und interoperablen Format zu erhalten und sie einem anderen Verantwortlichen zu übermitteln. Dieses Recht gilt dann, wenn die betroffene Person die personenbezogenen Daten mit ihrer Einwilligung zur Verfügung gestellt hat oder die Verarbeitung zur Erfüllung eines Vertrags erforderlich ist. Nutzer von beispielsweise sozialen Netzwerken, Streaming-Diensten, smarten Haushaltsgeräten oder Gesundheits- und Fitnesstrackern sollen so eine einfache Möglichkeit haben, zu einem anderen Anbieter wechseln zu können. Soweit technisch machbar, hat die betroffene Person das Recht zu erwirken, dass die personenbezogenen Daten direkt von einem Verantwortlichen einem anderen Verantwortlichen übermittelt werden.

Widerspruchsrecht

Die betroffene Person hat das Recht, gegen die Verarbeitung sie betreffender personenbezogener Daten Widerspruch einzulegen. Dies gilt insbesondere, wenn personenbezogene Daten verarbeitet werden, um Direktwerbung zu betreiben. Die betroffene Person muss bei der Direktwerbung ausdrücklich auf dieses Recht hingewiesen werden. Dieser Hinweis muss in einer verständlichen und von anderen Informationen getrennten Form erfolgen. Der Widerspruch gegen eine Verarbeitung sollte dabei jederzeit unentgeltlich möglich sein.

---

81 http://www.faz.net/aktuell/feuilleton/medien/das-recht-auf-vergessenwerden-was-bei-google-so-leicht-nicht-mehr-zu-finden-ist-15475662.html (abgerufen am 05.03.2018).

3.4 Anwendung und technische Umsetzung

3.4.1 Sicherheit der Verarbeitung

Der Verantwortliche muss geeignete technische und organisatorische Maßnahmen treffen, um die Vertraulichkeit, Integrität, Verfügbarkeit und Belastbarkeit der Systeme und Dienste im Zusammenhang mit der Verarbeitung auf Dauer sicherzustellen. Die Bewertung der Angemessenheit berücksichtigt die Eintrittswahrscheinlichkeit und Schwere des Risikos für die Rechte und Freiheiten natürlicher Personen. Eintrittswahrscheinlichkeit und Schwere des Risikos für die Rechte und Freiheiten der betroffenen Person sollten in Bezug auf die Art, den Umfang, die Umstände und die Zwecke der Verarbeitung bestimmt werden. Das Risiko sollte anhand einer objektiven Bewertung beurteilt werden, bei der festgestellt wird, ob die Datenverarbeitung ein Risiko oder ein hohes Risiko birgt.

Die getroffenen technischen und organisatorischen Maßnahmen schließen unter anderem Folgendes ein:
- die Pseudonymisierung und Verschlüsselung personenbezogener Daten,
- die Fähigkeit, die Vertraulichkeit, Integrität, Verfügbarkeit und Belastbarkeit der Systeme und Dienste im Zusammenhang mit der Verarbeitung auf Dauer sicherzustellen,
- die Fähigkeit, die Verfügbarkeit der personenbezogenen Daten und den Zugang zu ihnen bei einem physischen oder technischen Zwischenfall rasch wiederherzustellen sowie
- ein Verfahren zur regelmäßigen Überprüfung, Bewertung und Evaluierung der Wirksamkeit der technischen und organisatorischen Maßnahmen zur Gewährleistung der Sicherheit der Verarbeitung.

Zu den Maßnahmen zum Schutz der Vertraulichkeit, Verfügbarkeit und Integrität können Maßnahmen gehören wie
- die Vermeidung von unbefugten Zutritten zu Datenverarbeitungsanlagen (zum Beispiel durch Schlüssel, elektronische Zutrittskontrolle, Alarmanlagen, Videoüberwachungsanlagen, Besucherregelung, besetzter Empfang etc.),
- die Vermeidung unbefugter Nutzung von Systemen (zum Beispiel durch Passwörter, automatische Bildschirmsperren etc.),
- die Vermeidung von unbefugtem Lesen, Kopieren oder Löschen (zum Beispiel durch rollenbasierte Berechtigungskonzepte oder eingeschränkte Zugriffsrechte [Need-to-Know-Prinzip], Protokollierung von Zugriffen, Verschlüsselung, Virtual Private Networks [VPN]) und/oder
- die Vermeidung der Zerstörung von Daten (zum Beispiel durch Brandfrüherkennung und -bekämpfung, Notstrom, unterbrechungsfreie Stromversorgung, Firewalls, Virenschutz, Notfallpläne etc.).

3.4.2 Datenschutz-Management

Der Verantwortliche muss den Nachweis erbringen und sicherstellen, dass die Verarbeitung gemäß der Datenschutzgrundverordnung erfolgt. Dazu gehört auch, dass er geeignete technische und organisatorische Maßnahmen umsetzt, die sich an den Risiken für die Beeinträchtigung der Rechte und der Freiheiten natürlicher Personen orientieren. Diese Maßnahmen werden überprüft und aktualisiert. Auch im Rahmen der Prüfung einer Verletzung des Schutzes der personenbezogenen Daten soll festgestellt werden, ob alle geeigneten technischen Schutz- sowie organisatorischen Maßnahmen getroffen wurden.

Daneben gibt es weitere Prozesse, die für die Erfüllung der Anforderungen der Datenschutzgrundverordnung sinnvoll sind. So kann dem Recht auf Auskunft und den daran geknüpften Zeitvorgaben regelmäßig nur durch einen vorab definierten Ablauf entsprochen werden. Die identifizierten und etablierten Prozesse werden sinnvoll in einem Managementsystem für den Datenschutz zusammengefasst. Ein Managementsystem ist ein Gerüst von Richtlinien, Prozessen und Verfahren, die verwendet werden, um sicherzustellen, dass alle Aufgaben erfüllt werden, die zur Erreichung der Ziele erforderlich sind. Management-Systeme nutzen Optimierungsmodelle, um die eingebetteten Prozesse, aber auch das Managementsystem auf Wirksamkeit zu überwachen und zu entwickeln. Ein häufig vorkommendes (Prozess-) Optimierungsmodell ist das PDCA-Modell, das auch als Demingkreis bezeichet wird.[82] PDCA steht als Akronym für die Begriffe Plan-Do-Check-Act. Durch den regelmäßigen Durchlauf der vier Zyklen Plan – Planen, Do – Ausführen, Check – Messen und Act – Anpassen, soll eine kontinuierliche Verbesserung des Systems und der zugrundeliegenden Prozesse und Abläufe erreicht werden.

Ein Mittel, um die Erfüllung der Anforderungen aus den Datenschutzgesetzen zu überprüfen, ist ein Audit. Ein Audit ist ein systematischer, unabhängiger und dokumentierter Prozess zur Erlangung von Nachweisen (zum Beispiel Aufzeichnungen, Inaugenscheinnahme) und zu deren objektiver Auswertung, um zu ermitteln, inwieweit Kriterien beziehungsweise Vorgaben erfüllt sind. Durch die klaren Prinzipien bei der Prüfung und Auswertung im Rahmen von Datenschutzaudits wird der Prozess der Auditierung und der Bewertung transparent und vergleichbar. Durch die Empfehlung von konkreten Maßnahmen, die mögliche Abweichungen oder Feststellungen in einem Audit abstellen können, werden die Erfüllung der gesetzlichen Vorgaben und damit der Datenschutz insgesamt verbessert. Das Auditprogramm beinhaltet die Festlegungen im Hinblick auf den Prüfgegenstand für ein oder mehrere Audits, die für einen bestimmten Zeitraum geplant und auf einen spezifischen Zweck ausgerichtet sind.

---

[82] Vgl. W. E. Deming (1986).

3.5 Auswahl von Forschungsarbeiten

Der Mangel an Konsumentensouveränität in Bezug auf Privatheit im digitalen Kontext wurde eingangs als einer der wesentlichen Barrieren des E-Commerce-Wachstums genannt. Diesem Umstand geschuldet widmeten sich Malhotra, Kim und Agarwal im Rahmen ihrer im Jahr 2004 erschienenen Publikation[83] als eine der ersten Wissenschaftler dem systematischen Verständnis von Datenschutzbedenken im Kontext der Internetnutzung (Internet Users' Information Privacy Concerns, IUIPC). Im Rahmen der Entwicklung eines Messinstruments für IUIPC konnten sie zeigen, dass es sich hierbei um ein mehrdimensionales Konstrukt handelt und sich Datenschutzbedenken im Kontext der Internetnutzung in den drei Dimensionen Datensammlung (collection)[84], Datenkontrolle (control)[85] und Bewusstsein (awareness)[86] manifestieren. Darüber hinaus gelang es ihnen zu zeigen, dass sich IUIPC negativ auf das Vertrauen in einen Anbieter und positiv auf die Risikoüberzeugungen auswirkt. Dies bedeutet, dass je höher IUIPC ausgeprägt sind, desto geringer ist das Vertrauen in den Anbieter und desto höher werden mögliche Risiken eingeschätzt. Interessanterweise zeigte sich darüber hinaus, dass der Einfluss von Risikoüberzeugungen einen deutlich stärkeren Einfluss auf die Nutzungsabsicht (von Internetanwendungen) hatte als das Vertrauen in den Anbieter, allerdings – die Risikoüberzeugung wurde ebenfalls von dem Vertrauen in den Anbieter beeinflusst. Je höher also das Vertrauen in einen Anbieter war, desto niedriger zeigte sich die entsprechende Risikoüberzeugung (siehe Abbildung 3.3). Diese Erkenntnis erlaubt folgende Implikation für das Management: Auch wenn sich Kunden zunehmend um ihre Privatsphäre sorgen und Datenschutzbedenken hoch sind, so gelingt es dem Anbieter durch den Aufbau von Vertrauen, dass sich diese Datenschutzbedenken nicht oder nicht so stark negativ auf das Konsumentenverhalten auswirken. Durch den direkten Einfluss von Vertrauen auf das Kauf- und Nutzungsverhalten (Intention) sowie den indirekten Einfluss über die Reduzierung des wahrgenommenen Risikos ist Vertrauen im Kontext von Digital Privacy ein zentraler Stellhebel.

---

83 Vgl. Malhotra, N. K., Kim, S. S., Agarwal, J. (2004).

84 Datensammlung wird definiert als „the degree to which a person is concerned about the amount of individual-specific data possessed by others relative to the value of benefits received" (S. 338).

85 Datenkontrolle bezieht sich auf „whether the individual has control over personal information as manifested by the existence of voice (i.e., approval, modification) or exit (i.e., opt-out)" (S. 339).

86 Bewusstsein ist im Gegensatz zu Datenkontrolle eine eher passive Dimension und leitet sich ab aus dem „degree to which a consumer is concerned about his/her awareness of organizational information privacy practices" (S. 339).

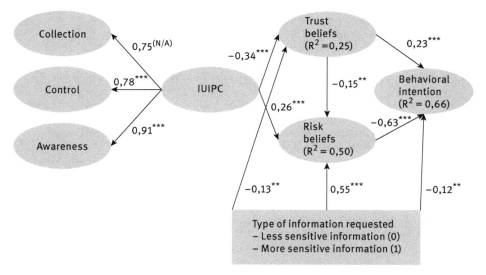

Abb. 3.3: Strukturmodell der Wirkungszusammenhänge von Digital Privacy im Kontext des E-Commerce (Malhotra, N. K., Kim, S. S., Agarwal, J. (2004), S. 347).

Literatur

Aaken, D., Ostermaier, A., Picot, A. (2014): Privacy and Freedom: An Economic (Re-) Evaluation of Privacy, in: Kyklos, 67(2), S. 133–155.

Acquisti, A., Gross, R. (2006): Imagined communities: Awareness, information sharing, and privacy on the Facebook, in: International workshop on privacy enhancing technologies, Berlin Heidelberg, S. 36–58.

Acquisti, A., Taylor, C. R., Wagman, L. (2016): The economics of privacy, in: Journal of Economic Literature, 54(2), S. 1–64.

Altman, I. (1975): The Environment and Social Behavior: Privacy, Personal Space, Territory, and Crowding, Monterey, Cal.

Beales, H. (2010): The value of behavioral targeting, in: Network Advertising Initiative, 1, S. 1–24.

Brucks, M. (1985): The effects of product class knowledge on information search behavior, in: Journal of consumer research, 12(1), S. 1–16.

Burke, R. R. (2002): Technology and the customer interface: what consumers want in the physical and virtual store, in: Journal of the academy of Marketing Science, 30(4), S. 411–432.

Campillo-Lundbeck, S. (2016): Leben im Programm, in: HORIZONT 50/2016, S. 14–15.

Culnan, M. J., Armstrong, P. K. (1999): Information privacy concerns, procedural fairness, and impersonal trust: An empirical investigation, in: Organization Science, 10(1), S. 104–115.

Culnan, M. J. (2000): Protecting privacy online: Is self-regulation working?, in: Journal of Public Policy & Marketing, 19(1), S. 20–26.

Culnan, M. J., Bies, R. J. (2003): Consumer privacy: Balancing economic and justice considerations, in: Journal of Social Issues, 59(2), S. 323–342.

Deming, W. E. (1986): Out of the crisis. Massachusetts Institute of Technology. Center for advanced engineering study, Cambridge, MA.

Dinev, T., Hart, P. (2006): An extended privacy calculus model for e-commerce transactions, in: Information Systems Research, 17(1), S. 61–80.

Duda, D. (2017): Anonym und pseudonym: Was ist eigentlich was?, in: W&V 17/2017, S. 28–29.

Eastin, M. S., Brinson, N. H., Doorey, A., Wilcox, G. (2016): Living in a big data world. Predicting mobile commerce activity through privacy concerns, in: Computers in Human Behavior, 58, S. 214–220.

Flynn, L. R., Goldsmith, R. E. (1999): A short, reliable measure of subjective knowledge, in: Journal of Business Research, 46(1), S. 57–66.

FTC (Federal Trade Comission) (2012): Protecting Consumer Privacy in an Era of Rapid Change – Recomendations for Business and Policy Makers – FTC Report.

Habermas, J. (1962): Strukturwandel der Öffentlichkeit. Untersuchungen zu einer Kategorie der bürgerlichen Gesellschaft, Darmstadt.

Katz, M. L., Shapiro, C. (1994): Systems competition and network effects. The Journal of Economic Perspectives, 8(2), S. 93–115.

Laufer, R. S., Wolfe, M. (1977): Privacy as a concept and a social issue: A multidimensional developmental theory, in: Journal of Social Issues, 33(3), S. 22–42.

Lischka, H. (2017): Digital User Privacy, in: Wolf, K.-D. (Hrsg.): Innosecure 2017 Conference Proceedings, Kongress mit Ausstellung für Innovationen in den Sicherheitstechnologien, 31. Mai–1. June 2017, Düsseldorf, S. 175–180.

Malhotra, N. K., Kim, S. S., Agarwal, J. (2004): Internet Users' Information Privacy Concerns (IUIPC): The Construct, the Scale, and a Causal Model, in: Information Systems Research, 15(4), S. 336–355.

Margulis, S. T. (2011): Three Theories of Privacy: An Overview, in: Trepte, S., Reinecke, L. (Hrsg.) Privacy Online, Berlin S. 9–17.

Mathews-Hunt, K. (2016): CookieConsumer: Tracking online behavioural advertising in Australia, in: Computer Law & Security Review, 32(1), S. 55–90.

Milne, G. R. (2000): Privacy and ethical issues in database/interactive marketing and public policy: A research framework and overview of the special issue, in: Journal of Public Policy & Marketing, 19(1), S. 1–6.

Morgan, R. M., Hunt, S. D. (1994): The commitment-trust theory of relationship marketing, in: The Journal of Marketing, 58(3), S. 20–38.

Mothersbaugh, D. L., Foxx, W. K. II, Beatty, S. E., Wang, S. (2012): Disclosure Antecedents in an Online Service Context: The Role of Sensitivity of Information, in: Journal of Service Research, 15(1), S. 76–98.

Phelps, J., Nowak, G., Ferrell, E. (2000): Privacy concerns and consumer willingness to provide personal information, in: Journal of Public Policy & Marketing, 19(1), S. 27–41.

Picot, A., van Aaken, D., Ostermaier, A. (2017): Privatheit als Freiheit. In: Friedewald, M., Lamla, J., Roßnagel, A. (Hrsg.): Informationelle Selbstbestimmung im digitalen Wandel, Wiesbaden, S. 169–180.

Rotter, J. B. (1967): A new scale for the measurement of interpersonal trust, in: Journal of personality, 35(4), S. 651–665.

Schumann, J. H., von Wangenheim, F., Groene, N. (2014): Targeted online advertising: Using reciprocity appeals to increase acceptance among users of free web services, in: Journal of Marketing, 78(1), S. 59–75.

Smith, J. S., Gleim, M. R., Robinson, S. G., Kettinger, W. J., Park, S. H. S. (2014): Using an old dog for new tricks: A regulatory focus perspective on consumer acceptance of RFID applications, in: Journal of Service Research, 17(1), S. 85–101.

Solove, D. J. (2002): Conceptualizing privacy, in: California Law Review, 90(4), S. 1087–1155.

Solove, D. J. (2006): A taxonomy of privacy, in: University of Pennsylvania Law Review, Vol. 154, S. 477–563.

Symantec (2015): State of Privacy Report 2015.

Westin, A. F. (1967): Privacy and freedom, New York.

White, T. B. (2004): Consumer disclosure and disclosure avoidance: A motivational framework. Journal of Consumer Psychology, 14(1–2), S. 41–51.

Xu, H. (2010): Consumer responses to the introduction of privacy protection measures: an exploratory research framework. E-Business Applications for Product Development and Competitive Growth: Emerging Technologies: Emerging Technologies, S. 161–185.

https://www.bmwi.de/Redaktion/DE/FAQ/Intelligente-Messsysteme-Zaehler/faq-intelligente-netze-intelligente-zaehler.html;jsessionid=1BD5726B643312CB0C78A3E1188CE8EC/ (abgerufen am 30.03.2018).

http://www.faz.net/aktuell/feuilleton/medien/das-recht-auf-vergessenwerden-was-bei-google-so-leicht-nicht-mehr-zu-finden-ist-15475662.html (abgerufen am 05.03.2018).

https://www.forbes.com/consent/?toURL=https://www.forbes.com/sites/kashmirhill/2012/02/16/how-target-figured-out-a-teen-girl-was-pregnant-before-her-father-did/ (abgerufen am 12.10.2017).

https://germany.emc.com/campaign/privacy-index/global.htm, (abgerufen am 30.03.2018).

http://www.markenartikel-magazin.de/no_cache/unternehmen-marken/artikel/details/10017693-bereitschaft-zur-weitergabe-persoenlicher-daten-im-web-steigt/ (abgerufen am 30.03.2018).

http://www.nytimes.com/2012/02/19/magazine/shopping-habits.html?pagewanted=6&_r=1&hp (abgerufen am 12.10.2017).

https://www.sas.com/de_de/news/press-releases/2016/november/pm1611020.html (abgerufen am 04.03.2018).

https://www.sicher-im-netz.de/sites/default/files/download/2015_dsin_verbraucher-index-studie_web.pdf (abgerufen am 30.03.2018).

http://www.spiegel.de/netzwelt/web/facebook-kritiker-mein-gesicht-ist-nicht-deren-geschaeftsgeheimnis-a-789124.html (abgerufen am 04.03.2018).

https://www.trustarc.com/resources/privacy-research/ncsa-consumer-privacy-index-us/ (abgerufen am 14.07.2018).

https://www.welt.de/finanzen/article171408831/Der-Bitcoin-ist-weniger-anonym-als-gedacht.html (abgerufen am 26.02.2018).

http://wirtschaftslexikon.gabler.de/Definition/datenschutz.html (abgerufen am 26.02.2018).

https://wirtschaftslexikon.gabler.de/definition/internet-der-dinge-53187 (abgerufen am 30.03.2018).

http://www.zeit.de/digital/datenschutz/2014-04/big-data-schwangerschaft-verheimlichen (abgerufen am 12.10.2017).

Helena M. Lischka

4 Sustainable-Marketing

4.1 Hintergrund

Es ist kein Geheimnis, dass Produktionsbedingungen und unbedachter Konsum maßgeblich die Umweltverschmutzung, den Klimawandel und die Verteilungsungerechtigkeiten in der Welt mitverantworten. Stand 2016 würde die Menschheit 3,1 Erden benötigen, wenn die gesamte Weltbevölkerung wie die Bevölkerung der Bundesrepublik Deutschland leben würde.[1] Unternehmen und Konsumenten sind unterdessen gleichsam sensibilisiert für das Thema Nachhaltigkeit. So ist auf *Konsumentenseite* nicht nur dessen Bekanntheitsgrad in den letzten Jahren deutlich gestiegen: Im Jahr 2016 äußerten sich knapp die Hälfte aller Befragten einer Umfrage der GfK Marktforschung, den Begriff gut zu kennen (2012: 32 Prozent).[2] Im Hinblick auf Nachhaltigkeits*aspekte* sind ähnliche Entwicklungen zu beobachten. So gaben in einer EU-weiten Studie im Jahr 2017 94 Prozent aller Befragten an, dass ihnen Umweltschutz persönlich ziemlich oder sehr wichtig sei.[3] Unterschiede bestanden dabei vor allem zwischen einzelnen Ländern, weniger zwischen sozio-demographischen Milieus. Das Interesse für Umweltschutz scheint jedoch auch mit dem Gefühl persönlicher Betroffenheit verknüpft zu sein. Die Mehrheit der Befragten äußerte sich, besorgt zu sein hinsichtlich des möglichen Einflusses von Umweltfaktoren auf ihr tägliches Leben und ihre Gesundheit.[4]

Trotz bekundetem Interesse und geäußerten Bedenken übersetzen Konsumenten ihre Einstellungen jedoch selten in reales Konsumverhalten. So wächst der Marktanteil nachhaltiger Produkte und Dienstleistungen in Deutschland nur langsam und ist in absoluten Zahlen gemessen gering.[5] Und entgegen der beispiellosen Ernsthaftigkeit, mit der in deutschen Haushalten Abfalltrennung betrieben wird, produzierten Menschen in Deutschland mit 618 Kilogramm pro Kopf im Jahr 2014 mehr Müll als die meisten europäischen Nachbarn.[6] Vor dem Hintergrund dieses scheinbar paradoxen Verhaltens stellt sich daher die Frage, welche Rolle Nachhaltigkeit tatsächlich für Kon-

---

1 Vgl. https://www.overshootday.org/content/uploads/2016/06/How-many-planets-v3-900.jpg (abgerufen am 07.02.2018). Der ökologische Fußabdruck von Australien beträgt sogar 5,4 Erden. Damit hält Australien den traurigen Rekord – sogar noch vor den USA mit 4,8 Erden.
2 Vgl. http://www.gfk-verein.org/compact/fokusthemen/nachhaltigkeit-mehr-als-eine-worthuelse (abgerufen am 08.02.2018).
3 Vgl Europäische Kommission (2017); n = 27.881, Bürger der 28 EU-Mitgliedstaaten.
4 Vgl. ibid.
5 Vgl. Thorun, C. et al. (2016), S. 18; BMUB und Umweltbundesamt (2015); Umweltbundesamt (2015).
6 Vgl. Lischka, H. (2017), S. 54; https://www.destatis.de/Europa/DE/Thema/UmweltEnergie/Abfall aufkommen.html (abgerufen am 08.02.2018).

https://doi.org/10.1515/9783110526097-004

sumenten spielt und inwiefern soziale und ökologische Themen bei der persönlichen Kaufentscheidung überhaupt Berücksichtigung finden. Das vorherrschende Bewusstsein für Umweltschutz und soziale Nachhaltigkeit *in der Theorie* und die Datenlage zum tatsächlichen Verhalten *in der Realität* scheinen ganz offensichtlich auseinanderzuklaffen.

Doch auch die *Unternehmensseite* wird dem Anschein nach zunehmend in die Pflicht genommen oder zumindest mit ihrer Verantwortung konfrontiert. Zwar haben deutsche Unternehmen, darunter besonders mittelständische Unternehmen, in der jüngeren Vergangenheit bereits viel für den Umweltschutz getan und sich stark gesellschaftlich engagiert. Allerdings beschränkt sich solches Engagement bisher oftmals auf lokale Aktivitäten. Vor dem Hintergrund globaler Supply Chains reicht eine lokale Perspektive jedoch nicht mehr aus. Durch die Verlagerung von Wertschöpfungsaktivitäten in Schwellen- und Entwicklungsländer werden auch negative Effekte auf Umwelt und soziale Verhältnisse weitergegeben. Um diese Effekte zu vermeiden oder zumindest zu verringern, müssen deutsche beziehungsweise europäische Unternehmen im Ausland die gleichen Standards für Umweltschutz und Soziales geltend machen wie sie diese an allen anderen regionalen Standorten anwenden – anstatt sie zu umgehen.

Darüber hinaus haben Forderungen von Stakeholdern[7] nach mehr Informationen zum nachhaltigen Verhalten der Unternehmen in den letzten Jahrzehnten zugenommen, insbesondere von Seiten der Konsumenten.[8] Als Ergebnis dieses Drucks durch Stakeholder sind durchaus ernstgemeinte Verhaltensänderungen zu beobachten, begleitet allerdings von dem Phänomen, dass viele Unternehmen den Erfolg ihrer Nachhaltigkeitsaktivitäten nicht in der Aktivität als solcher sehen, sondern in deren erfolgreicher Kommunikation. Dem ökonomischen Prinzip folgend wird dieser Erfolg (zum Beispiel in Bezug auf das Nachhaltigkeitsimage des Unternehmens) mit dem geringstmöglichen Mitteleinsatz für nachhaltige Aktivitäten (Minimalprinzip) beziehungsweise mit einem bestimmten Mitteleinsatz der größtmögliche Erfolg (Maximalprinzip) angestrebt.

Dabei handeln Unternehmen durchaus im eigenen Interesse, wenn sie verantwortungsvoll und nachhaltig wirtschaften. Zum einen vermeiden sie hierdurch den Eingriff des Staates, der erforderlich wird, wenn die Konsequenzen aus der Übernutzung von Ressourcen durch die vielen Einzelnen (*Tragik der Allmende*[9]) absehbar sind. Zum anderen können Umwelt und Soziales über die Zukunftsfähigkeit von Geschäftsmodellen und Unternehmungen entscheiden. Unternehmen werden sich zunehmend

---

7 Mit dem Begriff Stakeholder werden alle internen (z. B. Mitarbeiter, Eigentümer) und externen (z. B. Lieferanten, Kunden, Gesellschaft) Anspruchsgruppen einer Unternehmung bezeichnet. Anspruchsgruppen haben ein Interesse an den Aktivitäten eines Unternehmens, da sie gegenwärtig oder zukünftig von diesen Aktivitäten direkt oder indirekt betroffen sind.
8 Vgl. Öberseder, M., Schlegelmilch, B., Gruber, V. (2011), S. 449.
9 (Ökonomisches) Dilemma, gemäß der frei verfügbare Ressourcen durch rivalisierende Nutzung ausgebeutet und in der Folge drohen zerstört zu werden.

damit auseinandersetzen müssen, wie sie dem Einfluss von Klimawandel (Bekämpfung und Anpassung), Ressourcenknappheit (fossile Energieträger, Wasser, Metalle, Boden), Konsequenzen der bestehenden sozialen Ungleichheiten (Streiks, Aufruhr, Bevölkerungswanderungen) und sich verändernden Konsummustern (Veganismus, Vegetarismus, Bio, Purismus) begegnen.[10] Für das Marketingmanagement ist es daher wichtig abschätzen zu können, welche neuen Herausforderungen entstehen, wenn Unternehmungen sich im Zeitverlauf zunehmend mit sozialen und ökologischen Herausforderungen konfrontiert sehen.

4.2 Definition und begriffliche Abgrenzung

In weitgehender Übereinstimmung der Literatur[11] geht der Begriff *Nachhaltigkeit* im Deutschen auf das 1713 entstandene Werk *Sylvicultura Oeconomica – Haußwirthliche Nachricht und Naturmäßige Anweisung zur Wilden Baum-Zucht* von Hannß Carl von Carlowitz zurück. Carlowitz beschreibt darin ein *nachhaltendes* Vorgehen bei der Forstwirtschaft: Damit der Wald langfristig genutzt werden kann, ist dieser so zu bewirtschaften, dass nur in der Menge Holz geschlagen wird, wie auch wieder nachwachsen kann. Diese Anweisung ist als Reaktion auf die verheerenden Waldzerstörungen zu Beginn des 18. Jahrhunderts in der deutschen Forstwirtschaft zu verstehen. Es wurde erkannt, dass es Grundsätze für das nachhaltige Wirtschaften geben sollte, die es verbieten, vorhandene Ressourcen zu überbeanspruchen. Die Verwendung des Begriffs fand in der forstwirtschaftlichen Fachsprache Verbreitung und wurde schließlich ins Englische und Französische übersetzt.[12]

Die Entwicklung hin zu einer neuen Verwendung des Begriffs vollzog sich im Laufe des 20. Jahrhunderts, in der sich die Weltgemeinschaft zunehmend mit den Problemen der Umweltverschmutzung, den Folgen von Überbevölkerung und dem schonungslosen Umgang mit Ressourcen beschäftigte. Zu Beginn des Jahrhunderts fanden erste internationale Konferenzen zum Thema Naturschutz statt und bereits kurz nach dem Zweiten Weltkrieg wurden die ersten entsprechenden Übereinkommen getroffen und internationale Naturschutzverbände gegründet.[13] Den wesentlichen Anstoß für das wachsende und heute beinahe allgegenwärtige Bewusstsein der Bevölkerung über die Wichtigkeit einer nachhaltigen Entwicklung gab die 1972 veröffentlichte Studie *Grenzen des Wachstums*.[14] Sie läutete den Beginn des wissenschaftlichen und öffentlichen Diskurses ein, der 1987 in der Formulierung eines Leitbildes im sogenann-

---

10 Vgl. https://www.nachhaltigkeit.info/artikel/mega_herausforderungen_fuer_unternehmen_nachhalti_1496.htm?sid=hlaor4s511uqjpcfvjvid94rs5 (abgerufen am 08.02.2018).

11 Vgl. unter anderem Kenning, P. (2014), S. 7.

12 Vgl. https://www.nachhaltigkeit.info/artikel/geschichte_748.htm (abgerufen am 14.02.2018).

13 Vgl. ibid. (abgerufen am 14.02.2018).

14 Vgl. Meadows, D. L., Meadows, D. H., Milling, P., Zahn, E. (1972).

ten Brundtland-Report[15] mündete. Aus dem Brundtlandt-Report leitet sich auch das gegenwärtige Verständnis einer nachhaltigen Entwicklung ab, nämlich *der Befriedigung von Bedürfnissen heutiger Generationen ohne die Einschränkung der Bedürfnisse zukünftiger Generationen.* Von zentraler Bedeutung ist dabei das im weiteren Fortgang der Diskussion entwickelte sogenannte *Dreisäulenmodell* (Triple Bottom Line),[16] bestehend aus den gleichrangigen Dimensionen *ökonomisch, ökologisch und sozial.*[17] Gemäß dieser drei Dimensionen können sowohl auf Unternehmens- als auch auf Konsumentenseite verschiedene Ansätze unterschieden werden (siehe Tabelle 4.1).

Tab. 4.1: Die drei Dimensionen des Nachhaltigkeitskonzeptes und Ansatzpunkte aus Angebots- und Nachfrageperspektive (in Anlehnung an Thorun, C., Zimmer, A. (2017)).

Dimension	Unternehmen (Angebot)	Konsumenten (Nachfrage)
Ökonomie	Ökonomisch nachhaltiges Wirtschaften (zum Beispiel nachhaltiges ökonomisches Wachstum, Steigerung des Wohlstands etc.)	Ökonomisch nachhaltiger Konsum (zum Beispiel maßvoller Konsum, Sharing, Reparatur etc.)
Soziales	Sozialbewusstes Wirtschaften (zum Beispiel Schaffen und Erhalten von Arbeitsplätzen, Arbeitsbedingungen, soziale Integration etc.)	Sozialbewusster Konsum (zum Beispiel Fair Trade Produkte etc.)
Ökologie	Umweltverträgliches Wirtschaften (zum Beispiel Vermeidung von Ressourcenverschwendung, Abfallvermeidung, klimaverträgliche Produktion etc.)	Umweltverträglicher Konsum (zum Beispiel Kauf von ressourcenschonenderen, klimaverträglicheren und/oder abfallvermeidenden Produkte, gemäßigter Konsum etc.)

Ausgehend vom forstwirtschaftlichen Kontext entwickelte sich der Nachhaltigkeitsbegriff zu einem Konzept, das nahezu sämtliche Bereiche der Wirtschaft und Gesellschaft betrifft. Damit ist der Begriff nicht nur überaus flexibel, sondern auch komplex, vage und unscharf.[18] Besonders junge Konsumenten scheinen durch die Komplexität des Nachhaltigkeitsbegriffes verwirrt zu sein. Gleichwohl zeigen Umfragen, dass sich das Begriffsverständnis überwiegend auf Umweltschutz und damit die ökologische Dimension der Nachhaltigkeit beschränkt.[19] Konsumenten assoziieren beim Begriff Nachhaltigkeit vornehmlich umweltbewusstes Handeln sowie das Sparen von Ressourcen und nachwachsenden Rohstoffen. Hingegen denken nur wenige dabei kon-

---

15 Vgl. Brundtland, G. H. (1987).
16 Vgl. Elkington, J. (1997).
17 Vgl. Kenning, P. (2014), S. 7.
18 Vgl. ibid., S. 9.
19 Vgl. Deutschlandsiegel (2016), S. 1.

kret an nächste Generationen und kaum jemandem fallen zu Nachhaltigkeit Stichworte wie beispielsweise faire Handelsbedingungen oder eine gerechte Bezahlung ein.[20]

Im Kontext des Sustainable-Marketings lässt sich indes beobachten, dass die Bedürfnisse der Konsumenten durchaus komplexer und vielfältiger geworden sind. So erwarten Kunden nicht allein die Bereitstellung von Wirtschaftsgütern zur Befriedigung ökonomischer Bedürfnisse, sondern darüber hinaus auch die Berücksichtigung sozialer und ökologischer Faktoren.[21] Aus diesen Forderungen ergibt sich das Verständnis von Sustainable-Marketing als *„Führungskonzeption, die durch Schaffung von Kundennutzen und Wettbewerbsvorteilen unter Beachtung von Nachhaltigkeitsanforderungen* einen *wichtigen Beitrag zum geplanten Wandel* leisten soll. (...) Zielsetzung des Sustainable-Marketing ist es, *Lösungsoptionen zur Begegnung von ökologischen und sozialen Problemstellungen* unter Generierung eines Kunden- und Wettbewerbsvorteils zu betrachten.“*[22]

Die Forderung nach einer nachhaltigen Unternehmensführung scheint nahezu omnipräsent, wird aber häufig mit anderen ähnlichen Begriffen und Entwicklungen vermischt. Aus der Notwendigkeit des Marketingmanagements, die oben beschriebenen Entwicklungen zu analysieren, zu verstehen und auf der Basis Ziele zu definieren, Strategien zu entwickeln, Maßnahmen zu ergreifen, deren Erfolg zu kontrollieren und daraus zu lernen, leitet sich der Bedarf ab, wichtige ähnliche und verwandte Konzepte vom Sustainable-Marketing zu unterscheiden. Diesem Bedarf folgend grenzt Kenning verschiedene ähnliche beziehungsweise verwandte Konzepte vom Begriff des Sustainable-Marketings ab (siehe Tabelle 4.2).[23]

Das wesentliche Abgrenzungsmerkmal des Sustainable- beziehungsweise Nachhaltigkeitsmarketings gegenüber ähnlichen Konzepten besteht demzufolge in dem *intergenerationalen* Aspekt, der in dem Nachhaltigkeitsbegriff verankert ist. Zudem ist beim Sustainable-Marketing entscheidend, dass die Zielerreichung aller drei Dimensionen – ökonomisch, sozial, ökologisch – nicht im Konflikt zueinander steht, sondern in einer komplementären Mittel-Zweck-Beziehung oder dass die drei Dimensionen als gleichrangige, autonome Unternehmensziele definiert werden.[24] Ein Beispiel für eine solche komplementäre Zielbeziehung ist die Photovoltaik-Strategie von ALDI Süd. ALDI Süd gibt den in zahlreichen Filialen auf den Marktdächern selbst erzeugten Strom kostenlos an ihre Kunden zum Tanken von Elektrofahrzeugen weiter (siehe Box *Projekt Sonne tanken: Aldi Süd verschenkt Strom*) und stiftet dabei zusätzlichen Kundennutzen ohne eine Restriktion ihres Gewinnziels in Kauf nehmen zu müssen.

---

20 Vgl. http://www.gfk-verein.org/compact/fokusthemen/nachhaltigkeit-mehr-als-eine-worthuelse (abgerufen am 08.02.2018).
21 Vgl. Balderjahn, I. et al. (2013), S. 181–192.
22 Meffert, H., Kenning, P. Kirchgeorg, M. (2014), S. IX; Hervorhebungen in kursiv durch die Autoren.
23 Vgl. Kenning, P. (2014), S. 4–6.
24 Vgl. Meffert, H., Rauch, C. (2014), S. 164.

Tab. 4.2: Abgrenzung des Sustainable-Marketings von verwandten Konzepten (eigene Zusammenfassung und Ergänzung nach Kenning, P. (2014), S. 10–16).

Begriff	Definition	Abgrenzung zum Sustainable-Marketing
Öko- beziehungsweise Umweltmarketing	„eine Ausprägung des Societal Marketings mit dem Ziel, bei der Planung, Koordination, Durchsetzung und Kontrolle aller marktgerichteten Transaktionen eine Vermeidung und Verringerung von Umweltbelastungen zu bewirken, um über eine dauerhafte Befriedigung der Bedürfnisse aktueller und potenzieller Kunden unter Ausnutzung von Wettbewerbsvorteilen und bei Sicherung der gesellschaftlichen Legitimität die angestrebten Unternehmensziele zu erreichen. Das Ökomarketing kann als Vertiefung (Deepening) des kommerziellen Marketings angesehen werden, bei der neben der Abnehmer- und Wettbewerbsorientierung ökologische und ethische Entscheidungskriterien ergänzend Berücksichtigung finden" (http://wirtschaftslexikon.gabler.de/Definition/oekomarketing.html, abgerufen am 14.02.2018).	Gegenwärtiger Bezug (Öko- beziehungsweise Umweltmarketing) vs. intertemporaler Bezug, Generationen (Sustainable-Marketing) Fokussierung der Vermeidung und Verringerung von Umweltbelastungen, defensive Haltung (Stichwort: Ende des Wachstums) (Öko- beziehungsweise Umweltmarketing) vs. Vereinbarkeit von Wachstum und Nachhaltigkeit durch offensive und interaktive Entwicklung innovativer Produkte, Dienstleistungen oder Geschäftsmodelle (Sustainable-Marketing) Fokus auf den ökologischen Bereich (Öko- beziehungsweise Umweltmarketing) vs. Dreisäulenkonzept (Sustainable-Marketing)
Corporate Societal Marketing	„markt- und gesellschaftsorientiertes Konzept zur Führung eines Unternehmens, das systematisch die Ideen des gesellschaftsorientierten Marketings (...) integriert" (Daub, H. (2008), S. 19). „encompass marketing initiatives that have at least one non-economic objective related to social welfare and use the resources of the company and/or one of its partners" (Drumwright, M., Murphy, P. E. (2001), S. 164)	Fokus auf den gesellschaftlichen Bereich (Societal-Marketing) vs. Dreisäulenkonzept (Sustainable-Marketing)

Tab. 4.2: (Fortsetzung)

Begriff	Definition	Abgrenzung zum Sustainable-Marketing
Corporate Social Responsibility	„Konzept, das den Unternehmen als Grundlage dient, auf freiwilliger Basis soziale Belange und Umweltbelange in ihre Unternehmenstätigkeit und in die Wechselbeziehungen mit den Stakeholdern zu integrieren" (Europäische Kommission 2001, S. 7).	Zieldefinition und -größen auf gesellschaftlicher Ebene (CSR) vs. Beibehaltung ökonomischer Ziele als zentrale Erfolgsgröße (Sustainable-Marketing) Zeitliche Perspektive: Bedürfnisse heutiger Gesellschaften (CSR) vs. generationenübergreifender Aspekt (Sustainable-Marketing) Primäre Betrachtung der Mittelverwendung (CSR) vs. betriebliche Mittelentstehung (Sustainable-Marketing)
Suffizienz (*Ende des Wachstums*)	„Die Suffizienz Strategie fordert ökologie- und sozialverträgliche Obergrenzen für die Ökonomie beziehungsweise das Wirtschaftswachstum, um die ökologischen Belastungsgrenzen der ökologischen Systeme einhalten zu können. (…) Ansatzpunkte hierfür sind ein entsprechender Bewusstseinswandel der Menschen und die sich daraus begründende Veränderung der Lebensführung." (https://www.nachhaltigkeit.info/artikel/suffizienz_2034.htm, abgerufen am 14.02.2018)	Fokus primär auf den ökologischen Bereich (Suffizienz) vs. Dreisäulenkonzept (Sustainable-Marketing) Forderungen basieren auf ökologischen Analysen (Suffizienz) vs. auf intra- und intergenerativer Verteilungsgerechtigkeit (Sustainable-Marketing) Ökonomie und Ökologie als Gegensätze (Suffizienz) vs. deren Vereinbarkeit (Sustainable-Marketing)
Greenwashing	Greenwashing „bezeichnet den Versuch von Unternehmen, durch Marketing- und PR-Maßnahmen ein „grünes Image" zu erlangen, ohne allerdings entsprechende Maßnahmen im Rahmen der Wertschöpfung zu implementieren. Bezog sich der Begriff ursprünglich auf eine suggerierte Umweltfreundlichkeit, findet dieser mittlerweile auch für suggerierte Unternehmensverantwortung Verwendung" (http://wirtschaftslexikon.gabler.de/Definition/greenwashing.html, abgerufen am 14.02.2018). „Greenwash is used to describe the practice of companies over claiming the environmental functionality of their products that cannot be substantiated" (Chen, Y. S. & Chang, C. H. (2013), S. 490).	Operative, kommunikationspolitische Betrachtung (Greenwashing) vs. strategisches Führungskonzept (Sustainable-Marketing) Erhöhung der Reputation durch *grünes Image* (Greenwashing) vs. Senkung des Reputationsrisikos (Sustainable-Marketing)

Projekt Sonne tanken: Aldi Süd verschenkt Strom
Bereits über 50 Elektrotankstellen hat der Lebensmitteldiscounter aufgebaut, an denen Aldi-Kunden kostenlos ihre E-Autos und E-Bikes aufladen können. Der Strom speist sich aus den Photovoltaikanlagen auf den Dächern der jeweiligen Filialen. Über 1.200 Filialen sind unterdessen mit solchen Anlagen ausgestattet. Nach eigenen Angaben habe eine mögliche höhere Kauffrequenz bei der Entscheidung für die Elektrotankstellen keine Rolle gespielt, da die Anzahl der derzeit zugelassenen Elektroautos (zum Zeitpunkt der Einführung ca. 25.000) zu gering sei. Dennoch steigere das Angebot natürlich ganz grundsätzlich die Attraktivität einer Einkaufsstätte. Damit spricht Aldi Süd vornehmlich eine zahlungskräftige Zielgruppe an, die sich die Anschaffung eines E-Autos oder E-Bikes überhaupt leisten kann. Doch während sich E-Autos derzeit kaum durchzusetzen scheinen, steigt vor allem die Nachfrage nach E-Bikes. Im Jahr 2017 wurden rund 680.000 solcher Bikes in Deutschland verkauft. In 2010 waren es noch 200.000. Dieser Zielgruppe gegenüber kann sich Aldi Süd nun von der Konkurrenz abheben.[25]

Im Wesentlichen geht es im Sustainable-Marketing also darum, konkrete, inhaltlich präzise Nachhaltigkeitsziele zu verankern und konventionelle Steuerungsgrößen durch ökonomische, ökologische und soziale Indikatoren zu erweitern.[26]

4.3 Implikationen für das Marketing

4.3.1 Nachhaltige Produkte und Leistungen

Nachhaltigkeit sollte auf operativer Ebene in allen Bereichen des Marketingmix und auf allen Ebenen der Wertschöpfungskette Berücksichtigung finden. Gemäß der folgenden Ausführungen am Beispiel der Produktpolitik betrifft dies nicht nur die Produktion und Leistungserstellung (zum Beispiel Nutzung erneuerbarer Energien und Recyclingmaßnahmen), sondern auch den Einkauf (zum Beispiel Standards für Zulieferbetriebe) und im Besonderen den Bereich Forschung und Entwicklung. Im Sinne des Sustainable-Marketings gilt es, umwelt- und sozialverträgliche Problemlösungen zu entwickeln, die eine Erhöhung des Individualnutzens mit einer Erhöhung des gesellschaftlichen Nutzens kombinieren.[27] Beispiele hierfür sind die Leistungen der GLS Bank oder die Reinigungsprodukte der Marke Frosch.

Problematisch ist in diesem Zusammenhang die häufig inflationäre Verwendung des Begriffes Nachhaltigkeit in Marketingkontexten: Der Pro Carton ECMA Award ist

---

25 Vgl. Horizont (2015), S. 8; Lebensmittelzeitung (2015a), S. 53; https://unternehmen.aldi-sued.de/de/verantwortung/umwelt/energie/ (abgerufen am 09.02.2018); ZIV (2013, 2017).

26 Vgl. Meffert, H., Kenning, P., Kirchgeorg, M. (2014), S. XI; Hervorhebungen in kursiv durch die Autoren.

27 Meffert, H., Rausch, C. (2014), S. 164.

der bedeutendste europäische Verpackungspreis. Im Jahr 2016 wurde bei der Verleihung ganz besonders der Nachhaltigkeitsaspekt betont. An Absurdität schwer zu überbieten sind daher der Gewinner der Kategorie Food und der Finalist der Kategorie Volume Markets (siehe Abbildung 4.1)[28]: Praktisch, schön und nachhaltig sei die Faltschachtel von Amann Kaffee – deren Inhalt: Kaffeekapseln.

Abb. 4.1: *Nachhaltiger* Sieger und Finalist des ECMA Verpackungsawards (https://www.procarton.com/awards/pro-carton-ecma-award/2016/categories/food/?lang=de (abgerufen am 24.08.2018)).

Auch Aussagen wie ‚durch den Druck der Broschüre auf Altpapier retten wir X Bäume' sollten hinterfragt werden. Wird der Logik gefolgt, dass durch den Druck von Broschüren Bäume gerettet werden, entsteht der Eindruck, dass durch den Druck der doppelten Menge von Broschüren auch doppelt so viele Bäume gerettet werden.[29] In diesem Zusammenhang wird auch der sogenannte Bumerang- beziehungsweise Rebound-Effekt[30] häufig diskutiert: Vermeintlich umweltschonende Maßnahmen können zu einer höheren Belastung der ökologischen Systeme führen statt zu einer niedrigeren. Als Beispiel sei das vermeintlich *papierlose Büro* genannt, als Ort des größten Papierverbrauchs aller Zeiten.[31]

---

28 Vgl. Absatzwirtschaft Kompakt (2017), S. 10 f.

29 Vgl. https://www.cicero.de/wirtschaft/nachhaltigkeit-und-innovation-die-energiewende-laeuft-komplett-gegen-die-wand/59282 (abgerufen am 15.02.2018).

30 Vgl. Greening, L. A., Greene, D. L., Difiglio, C. (2000).

31 Vgl. Herlyn, E., Radermacher, F. J. (2014), S. 438.

Nachhaltigkeitsinnovationen

Wie eingangs bereits erwähnt, kommt dem Bereich der Forschung und Entwicklung nachhaltiger Produkte und Leistungen eine besondere Bedeutung zu. Einer konsequenten Marktorientierung folgend haben Innovationen das Potenzial, Nachhaltigkeitsvorteile beispielsweise in Form von umweltgerechteren Produkten beziehungsweise Leistungen in Wettbewerbsvorteile zu überführen.[32] Trotz unterdessen zahlreicher nachhaltiger Alternativen und trotz des allgemein hohen bekundeten Interesses und der Sensibilisierung der Gesellschaft können nachhaltige Produkt und Leistungen jedoch noch immer als Nischenprodukte bezeichnet werden.[33] Unternehmen fällt es vielfach schwer, eine breite Akzeptanz für nachhaltige Produkte und Leistungen zu erlangen, wenn diese nicht mit weiteren Nutzenkomponenten verbunden sind.[34] Die Diskrepanz zwischen der oft positiven Einstellung der Konsumenten gegenüber nachhaltigem Konsum einerseits und ihrem tatsächlichen Kaufverhalten andererseits wird auch als *Attitude-Behavior-Gap* bezeichnet[35]. Eine positive Einstellung gegenüber nachhaltigen Produkten scheint demnach nicht auszureichen, um das Kaufverhalten positiv zu beeinflussen. Folglich scheinen andere Faktoren die Kaufentscheidung zu dominieren. Deutsche Konsumenten schätzen an Produkten im Wesentlichen deren Funktionalität, Qualität, Effizienz, Preis sowie Zusatzfunktionen. Wenngleich Nachhaltigkeit als Kaufkriterium bei vielen Konsumenten einen hohen Stellenwert hat, haben diese Kriterien Priorität.[36] Für den Erfolg einer Nachhaltigkeitsinnovation sollte sich daher für ein Unternehmen zunächst die Frage stellen, wie bedeutsam der Nachhaltigkeitsaspekt für die (potenziellen) Kunden(-gruppen) ist. Obschon dies nur durch eine empirische Marktanalyse zu beantworten ist, lassen sich analytisch drei grundsätzliche Fälle unterscheiden (siehe Abbildung 4.2).[37]

Im ersten Fall ist der Nachhaltigkeitsaspekt für den Kunden nicht bedeutsam und stiftet keinen zusätzlichen Nutzen. Häufig lässt sich feststellen, dass nachhaltige Komponenten weniger den Grundnutzen eines Produkts beziehungsweise einer Leistung darstellen als vielmehr einen Zusatznutzen. Wenn, wie im ersten Fall, der Zusatznutzen gegenüber Wettbewerber W zulasten des Grundnutzen geht, entsteht aus Kundensicht ein Wettbewerbsnachteil. So ist beispielsweise die Reichweite von E-Autos momentan noch geringer als bei Benzinern, weswegen der Grundnutzen

---

32 Meffert, H., Hensemann, J. (2014), S. 27.
33 Vgl. http://www.umweltbundesamt.de/daten/private-haushalte-konsum/gruene-produkte-marktzahlen (abgerufen am 22.02.2018).
34 Vgl. Meffert, H., Kenning, P., Kirchgeorg, M. (2014), S. X.
35 Vgl. Young, W. et al. (2010), S. 20.
36 Vgl. https://de.statista.com/statistik/daten/studie/204710/umfrage/bedeutung-verschiedener-faktoren-bei-der-kaufentscheidung-nach-produktgruppen/ (abgerufen am 07.02.2018).
37 Vgl. Backhaus, K., Schneider, H. (2009), S. 156–158.

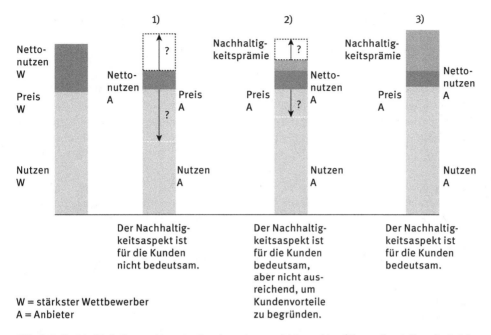

Abb. 4.2: Nachhaltigkeitsaspekte unter Kundennutzengesichtspunkten (Eigene Darstellung in Anlehnung an Backhaus, K., Schneider, H. (2009). S. 157).

,Distanz überwinden' bei einem E-Auto schlechter erfüllt wird. Das Unternehmen müsste diesen Nachteil kompensieren, indem es andere Nutzenvorteile wie beispielsweise Design aufweist oder durch die Innovation niedrigere Kosten an die Kunden in Form niedrigerer Preise weitergeben kann. Zu berücksichtigen sind neben dem Preis jedoch auch möglicherweise höhere oder niedrigere Transaktions- und Gebrauchskosten.[38] Ist keinerlei Relevanz des Nachhaltigkeitsaspekts bei den Kunden(-gruppen) zu verorten, stellt sich für das Unternehmen die Frage, ob die Notwendigkeit besteht, Nachhaltigkeit in der marktgerichteten Leistung zu verankern.[39]

Im zweiten Fall ist es möglich, dass für (potenzielle) Kunden der Nachhaltigkeitsaspekt kaufverhaltensrelevant ist, jedoch nicht in dem Maße ausreichend, um einen relativen Nettonutzenvorteil zu realisieren. Damit ist der Nachhaltigkeitsaspekt unter Berücksichtigung der sonstigen Nutzenkomponenten nicht hoch genug, als dass sich hierdurch eine Vorteilsposition für das Unternehmen ergäbe.

---

38 Vgl. Belz, F.-M., Schrader, U. (2012), S. 205.
39 Vgl. Meffert, H., Rauch, C. (2014), S. 165.

Im letzteren, dritten Fall haben Nachhaltigkeitsaspekte beispielsweise aufgrund von Gesundheitsaspekten (zum Beispiel Babynahrung) oder ökologischen Lebensweisen (zum Beispiel LOHAS[40]) eine so hohe Bedeutsamkeit für die (potenziellen) Kunden, dass sie einen Kundenvorteil (Nettonutzenvorteil) begründet.

Wie an den Beispielen deutlich wird, gelingt die Überführung von Nachhaltigkeitsvorteilen nur in den Fällen, in denen das Leistungsangebot für die (potenziellen) Kunden wahrnehmbare Nutzen- und/oder Preisvorteile aufweist.[41] Hierfür gibt es zahlreiche Beispiele erfolgreicher Einführungen, wenn auch meist in Nischenmärkten, in denen dies durchaus funktioniert (siehe beispielhaft Box *Mayo Wars*).

Mayo Wars

Ein anschauliches Beispiel für marktorientiertes, innovatives versus reaktives Verhalten stellt die folgende Anekdote dar: Unilever lieferte sich im Jahr 2014 einen heftigen Rechtsstreit mit der Firma Hampton Creek – um Mayonnaise. Die Firma Hampton Creek verarbeitet in ihrer Mayonnaise kein Ei, sondern einen Ersatzstoff, unter anderem aus der kanadischen gelben Erbse gewonnen. Mit ihrer ,Just Mayo', die bei großen Einzelhandelsriesen wie Walmart, Whole Foods und Cosco gelistet ist, machte Hampton Creek Unilever Marktanteile streitig. In der Folge wehrte sich Unilever mit einer Klage wegen Verbrauchertäuschung und es entbrannte ein heftiger Streit darüber, wann sich eine Mayonnaise Mayonnaise nennen darf. Erst nachdem eine Petition, in der Unilever aufgefordert wurde, sich um eine bessere Welt zu bemühen anstatt andere davon abzuhalten, über 100.000 Unterstützer fand, lenkte das Unternehmen ein. Man investiere selbst seit langer Zeit intensiv in Forschung und Entwicklung und beschäftige sich dabei auch mit pflanzlichen Ersatzstoffen. Insofern verfolge man ganz ähnliche Ziele wie Hampton Creek. Hampton Creek indessen proklamieren, nicht bloß Ersatzstoffe herzustellen. Gründer Joshua Tetrick sieht seine Unternehmung als Technologieführer im Lebensmittelbereich. Hierzu analysiert er gemeinsam mit Technologiefirmen und Universitäten alle bekannten Pflanzenarten der Welt auf ihre Verarbeitbarkeit in der Lebensmittelproduktion. Die Vision: Lebensmittel fundamental besser, billiger, leckerer und für alle zugänglich zu machen.[42]

Um Erfolgsfaktoren und Barrieren der Akzeptanz von Nachhaltigkeitsinnovationen zu identifizieren, bietet es sich für Unternehmen an, potenzielle Nutzer frühzeitig in die Innovationsprozesse zu integrieren. Als ein mögliches Instrument hierfür eignen sich Innovationsworkshops, in denen potenzielle Nutzer die Gelegenheit haben, ihre Bedürfnisse und Wünsche zu äußern und eigene Ideen und Vorstellungen aktiv einzubringen. Hieraus entstehen im Idealfall umwelt- und sozialverträgliche Problemlösungen, die einen höheren Nutzen erfüllen.[43]

---

40 LOHAS (Lifestyle Of Health And Sustainability) bezeichnet eine Personengruppe, die sich und ihren Lebensstil wie folgt beschreibt: „Ausrichtung der Lebensweise auf Gesundheit und Nachhaltigkeit (…) eine Umkehr der Lebensweise nach Selbstbekenntnis, nach Stressfreiheit und Entschleunigung, Gesundheit, Nachhaltigkeit und Beständigkeit. Dies alles mündet in eine Nachfrage von wirtschaftlich, gesundheitlich und ökonomisch sinnvollen Produkten und Dienstleistungen." http://www.lohas-magazin.de/about-2.html?jjj=1531600827183 (abgerufen am 14.07.2018).
41 Vgl. Meffert, H., Hensemann, J. (2014), S. 27.
42 Vgl. Lebensmittelzeitung (2015b). 29.
43 Vgl. Belz, F.-M., Schrader, U. (2012), S. 206.

Nachhaltige Marken

Eine Marke kann definiert werden als ein charakteristischer beziehungsweise auszeichnender Name oder ein Symbol, zum Beispiel ein Logo oder ein bestimmtes Design, das der Identifizierung von Produkten oder Leistungen sowie ihrer Differenzierung von wettbewerblichen Produkten oder Leistungen dient.[44] Mit einer Marke können zudem immaterielle symbolische oder emotionale Werte verbunden werden.[45] Nachhaltigkeit stellt eine dieser Wertedimensionen dar. Zudem sind Marken, die auch als „Signale für Orientierung und Vertrauen sowie Träger von Reputation und Vermögenswerten"[46] dienen, von den in der Einleitung beschriebenen, möglichen Entwicklungen besonders betroffen. So lässt sich beobachten, dass beispielweise VW, die anhaltenden Vorwürfen rund um den Abgasskandal ausgesetzt sind, in Bezug auf ihr Nachhaltigkeitsimage unterdessen schlechter bewertet werden[47] und signifikant an Vertrauen verlieren[48].

Sustainable Branding gewinnt vor dem Hintergrund dieser Entwicklungen einen besonderen Stellenwert zur Erlangung und zum Ausbau von Wettbewerbsvorteilen. Dabei ist Sustainable Branding kein grundlegend neues Konzept des Markenmanagements, sondern eine Ausdifferenzierung der identitätsorientierten Markenführung.[49] Damit ist *Sustainable Branding* als *Planung, Steuerung und Kontrolle sämtlicher Maßnahmen zum Aufbau und Erhalt einer Marke* zu verstehen, in der *nachhaltige Markenwerte* in den Komponenten der *Markenidentität* verankert sind.[50]

Dem Konzept der identitätsorientierten Markenführung zufolge stellt die Marke ein Nutzenbündel spezifischer, differenzierender Merkmale dar. Von diesem Nutzenbündel ausgehende Signale werden von dem Individuum wahrgenommen und zu einer Einstellung verdichtet. Während die Markenidentität dem Selbstbild der Marke entspricht, bezeichnet das Markenimage das Fremdbild der Marke aus Sicht der Stakeholder.[51] Eine nachhaltige Markenidentität ist damit die notwendige Voraussetzung einer Markenführung, die die Marke als nachhaltige Marke glaubwürdig erscheinen lässt und eine auf Nachhaltigkeit basierende Differenzierung vom Wettbewerb ermöglicht. Die Markenidentität umfasst dabei die wesensprägenden Merkmale einer Marke, die sich aus unterschiedlichen konstitutiven Identitätskomponenten (Herkunft, Kompetenz, Leistung, Vision, Werte, Persönlichkeit) zusammensetzt (siehe Tabelle 4.3).[52]

---

44 Vgl. Aaker, D. A. (1991), S. 7.
45 Vgl. Keller, K. L. (2008), S. 5.
46 Meffert, H., Rauch, C. (2014), S. 160.
47 Vgl. http://www.serviceplan.com/de/presse-detail/sustainability_image_score_2017.html (abgerufen am 18.02.2018).
48 Vgl. http://sasserathmunzingerplus.com/leistungen/studien/vertrauen/brand-experience-trust-monitor-2016/marken-in-der-vertrauenskrise/ (abgerufen am 18.02.2018).
49 Vgl. Burmann, C., Meffert, H. (2005).
50 Vgl. Meffert, H., Rauch, C. (2014), S. 161.
51 Vgl. Burmann, C., Meffert, H. (2005), S. 52 ff.
52 Vgl. Meffert, H., Rauch, C. (2014), S. 161.

Tab. 4.3: Komponenten der Markenidentität im Sustainable Branding (eigene Zusammenfassung basierend auf Meffert, H., Rauch, C. (2014), S. 161–163).

Komponenten der Markenidentität	Bedeutung für das Sustainable Branding	Beispiel
Markenherkunft	**Institutionelle Markenherkunft:** verdichtet die Markenhistorie und fördert im Falle langjähriger nachhaltiger Werte und nachhaltigen Handelns die Glaubwürdigkeit und Authentizität von (markenbezogenen) Nachhaltigkeitsaktivitäten.	Die Marke Frosch hat sich seit vielen Jahrzehnten als Ökopionier unter den Haushaltsreinigern positioniert und kann dieses traditionell gewachsene Vorstellungsbild nun mittels Brand Extension auf neue Produktmarken übertragen.
	Geografische und kulturelle Markenherkunft: definiert den Ursprung einer Marke und ermöglicht Assoziationen mit bestimmten Kompetenzen. Marken können in diesem Zusammenhang von Glaubwürdigkeitsvorteilen profitieren.	Der Erfolg einer ökologischen Automarke hängt zu einem nicht geringen Teil von ihrer geografischen Herkunft ab. Vermutlich wurde deutschen Automarken in diesem Zusammenhang eine größere Kompetenz zugeschrieben als US-amerikanischen Marken, zumindest bis VW und Co. begannen, dieses Image durch den seit 2015 anhaltenden Abgasskandal systematisch zu verspielen.
Markenkompetenz	Ausdruck der organisationalen Fähigkeiten eines Unternehmens zur marktgerechten Kombination von Ressourcen, d. h. eine sowohl ökologisch, ökonomisch als auch sozialgerechte Leistungserstellung entlang der Wertschöpfungskette.	Die Marke alverde wurde 2009 im Rahmen des Deutschen Nachhaltigkeitspreises zur Top 3 der nachhaltigsten Marken gewählt und gilt als führend in der Herstellung von Naturkosmetik. Diese Kernkompetenz macht alverde zur meistverkauften, zertifizierten Naturkosmetikmarke Deutschlands.
Markenleistung	Funktionaler und symbolischer Nutzen einer Marke. Im Hinblick auf ein identitätsbasiertes Sustainable Branding muss festgelegt werden, in welcher Form Nachhaltigkeitsaspekte in die Markenleistungen integriert und somit für den Nachfrager nutzbar werden sollen.	Die Markenpositionierung *Efficient Dynamics* von BMW verbindet Freude am Fahren und ökologische Effizienz: funktionaler Nutzen durch kraftstoffsparende und dennoch sportliche Fahrzeuge.

Tab. 4.3: (Fortsetzung)

Komponenten der Marken-identität	Bedeutung für das Sustainable Branding	Beispiel
Markenvision	Generelle Leitorientierung einer Marke und Übernahme einer Koordinationsfunktion für deren langfristige Entwicklungsrichtung. Die Integration von Nachhaltigkeit in die Markenvision kann so der internen Motivation und Identifikation der Mitarbeiter dienen und ein entsprechendes Markenverhalten bei den Mitarbeitern fördern.	Mit dem Zukunftsprogramm *TOGETHER – Strategie 2025* hat Volkswagen den größten Veränderungsprozess seiner Geschichte eingeleitet. Die übergeordnete Vision lautet, zu einem weltweit führenden Anbieter nachhaltiger Mobilität zu werden.[a]
Markenwerte	Gegenstand dessen, woran die Marke und ihre Repräsentanten glauben. Derartige nachhaltige Aspekte erhöhen die Authentizität eines nachhaltigen Markenversprechens, wobei im Rahmen einer Neupositionierung darauf zu achten ist, dass diese Werte nicht im Widerspruch zu den bestehenden Kernwerten stehen. Für ein authentisches Sustainable Branding sollten Nachhaltigkeitsaspekte zudem nicht nur in den Markenwerten formal verankert sein, sondern von den Markenrepräsentanten tatsächlich *gelebt* werden.	Als Bestandteil der Unternehmenskultur beziehen sich die von Henkel definierten Werte auf Kunden und Konsumenten, Mitarbeiter, wirtschaftlichen Erfolg, Nachhaltigkeit und das Familienunternehmen. Henkel bekennt sich dazu, eine Balance zwischen den Ansprüchen der Gesellschaft, der Verantwortung für die Umwelt und wirtschaftlichem Erfolg anzustreben, dabei alle Aspekte nachhaltigen Handelns mit einem langfristigen und unternehmerischen Ansatz zu verfolgen und nicht nur bestehende Standards einzuhalten, sondern auch neue zu setzen.[b]
Markenpersönlichkeit	Gesamtheit aller relevanten Persönlichkeitsmerkmale, die mit der Marke verbunden werden können. Sie ermöglicht das Ausschöpfen emotionaler Nutzenpotenziale beim Konsumenten und steht im engen Zusammenhang mit dem markenspezifischen Kommunikations- und Werbestil.	Die Persönlichkeit der Marke Hipp Babynahrung, gestützt durch die Auftritte des Unternehmensinhabers Claus Hipp in der TV-Werbung, wird als aufrichtig und glaubwürdig wahrgenommen. Die Marke vermittelt den Konsumenten, persönlich für biologischen Landbau, das Eintreten für den Schutz der Artenvielfalt etc. einzustehen.[c]

[a] Vgl. https://www.volkswagenag.com/de/group/strategy.html (abgerufen am 23.02.2018).
[b] Vgl. https://www.henkel.de/unternehmen/unternehmenskultur#Tab-724234_4 (abgerufen am 23.02.2018).
[c] http://www.horizont.net/marketing/nachrichten/Claus-Hipp-im-Interview-Die-Verbraucher-haben-kein-Problem-sich-an-ein-neues-Gesicht-zu-gewoehnen-164952 (abgerufen am 24.02.2018).

Sustainable Branding strebt eine Übereinstimmung zwischen Markenidentität und Markenimage an, die durch eine entsprechende Nachhaltigkeitskommunikation realisiert werden soll. Da das Image einer Marke über einen längeren Zeitraum hinweg gebildet beziehungsweise *gelernt* wird, ist eine Beeinflussung nur langfristig möglich. Ob sich ein nachhaltiges Image für die Unternehmen jedoch überhaupt lohnt, ist entscheidend bei der Frage, ob Nachhaltigkeit im Konstrukt der Markenidentität eine zentrale, flankierende oder keine Rolle einnehmen soll. Nur wenn eine Positionierung auf Basis von Nachhaltigkeitsaspekten von den Anspruchsgruppen honoriert wird, ist – wie in den Ausführungen zu Abbildung 4.2 deutlich wurde – ein investitionsintensiver Markenaufbau betriebswirtschaftlich gerechtfertigt. Insgesamt lassen sich in Abhängigkeit der Nachhaltigkeitsrelevanz bei den (potenziellen) Kunden(-gruppen) und weiteren Stakeholdern fünf Entscheidungssituationen in der Umsetzung von Sustainable Branding unterscheiden (siehe Abbildung 4.3).[53]

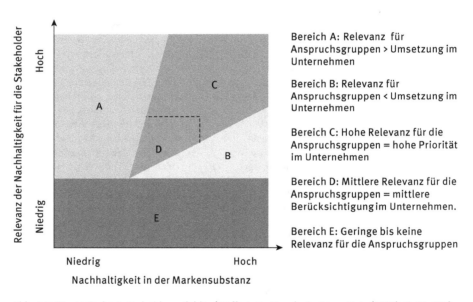

Abb. 4.3: Strategische Entscheidungsfelder (Meffert, H., Rauch, C., Lepp, H. L. (2010), S. 31; Meffert, H., Rauch, C. (2014), S. 166).

Der Bereich A beschreibt eine Situation, in der die Relevanz der Nachhaltigkeit für die Anspruchsgruppen höher ist als die Umsetzung der Nachhaltigkeit in der Markensubstanz. Das Risiko, dass die Kunden ihre Erwartungen hinsichtlich der gesellschaftlichen Verantwortung der Unternehmung nicht erfüllt sehen, steigt mit zunehmender Berichterstattung und Sensibilität der Kunden und führt im schlimmsten Falle zu ei-

---

53 Vgl. Meffert, H., Rauch, C. (2014), S. 163 ff.

nem Imageschaden.[54] Wird Nachhaltigkeit dennoch flankierend oder dominant kommuniziert, besteht zudem die Gefahr des Greenwashings und Glaubwürdigkeitsverlusts. Der Fokus sollte auf der Einbettung und konkreten Umsetzung von Nachhaltigkeit in der Markensubstanz liegen.

Der Bereich B hingegen stellt den umgekehrten Fall dar – die Umsetzung von Nachhaltigkeit in der Markensubstanz ist höher als die Relevanz für die Anspruchsgruppen. Vor diesem Hintergrund dürfen Unternehmen nicht unreflektiert auf eine dominante Nachhaltigkeitskommunikation setzen, da nachhaltige Leistungen nicht ausreichend gewürdigt werden und eine Sustainable Brand-Strategie voraussichtlich keinen Beitrag zum Aufbau beziehungsweise zur Pflege einer positiven Reputation und/oder zur Verhaltensbeeinflussung leisten kann. Dies bedeutet nicht, dass Unternehmungen in diesem Fall Nachhaltigkeitsaspekte vernachlässigen sollten, wohl aber dass Nachhaltigkeit maximal flankierend in die Markenkommunikation eingehen sollte.

Im Bereich C stimmen Relevanz und Priorität im Unternehmen überein. Da nachhaltige Merkmale in der Markenidentität für die Anspruchsgruppen sowohl wahrnehmbar als auch relevant sind, tragen diese zur Differenzierung der Marke im Wettbewerb bei, weshalb Nachhaltigkeit dominant in das Markenversprechen integriert werden sollte. Nachhaltigkeitskommunikation ist damit ein *Must-Have*, bei der es zu berücksichtigen gilt, dass Nachhaltigkeit eine Vertrauenseigenschaft darstellt. Vertrauenseigenschaften können durch den Nachfrager kaum objektiv verifiziert werden. Stattdessen ist zusätzliche, oft mit Aufwand verbundene Information notwendig, um Vertrauenseigenschaften auch nach dem Kauf zu bewerten. Die Wahrnehmung von Eigenschaften wie Nachhaltigkeit hängt daher in hohem Maße von der Glaubwürdigkeit der Anbieter ab, die vor allem durch Transparenz der Leistungsbeweise hergestellt werden kann. Dazu gehört, dass ökologische und soziale Aspekte die essenziellen Merkmale ihrer Identität darstellen, die *gelebt* werden, den Markenkern beschreiben und grundsätzlich nicht verändert werden sollten.

Der Bereich D illustriert ebenfalls die Übereinstimmung zwischen Relevanz für die Anspruchsgruppen und Berücksichtigung – beides liegt im mittleren Bereich. Nachhaltigkeit sollte das Markenversprechen daher eher flankierend unterstützen. Als flankierendes Merkmal ist Nachhaltigkeit dabei weniger wesensbestimmend und kann folglich kurzfristiger an Veränderungen des Marktes oder der Positionierung angepasst werden. Nachhaltigkeitskommunikation entspricht in diesem Fall einem *Nice-to-Have* und kann neben persönlichen Werten auch die Gewissensentlastung der (potenziellen) Kunden adressieren.

Schließlich stellt Bereich E den Fall dar, in dem Nachhaltigkeit geringe bis keine Relevanz für die Anspruchsgruppen hat. Im Rahmen eines Sustainable Branding wären keine oder nur vergleichsweise geringe, unmittelbare ökonomische Verhaltenswirkungen (beispielsweise Kauf- und Preisbereitschaft) zu erwarten. Vor dem Hin-

---

54 Vgl. Lischka, H., Kenning, P. (2017), S. 71.

tergrund der betriebswirtschaftlichen Diskussion um Input-/Output-Relationen und Implikationen für die marktorientierte Unternehmensführung und das Sustainable Branding ist die Frage der Relevanz für die Anspruchsgruppen immanent. Nichtsdestotrotz zeigt sich, dass gerade für Dienstleistungsunternehmen ein Sustainable Branding im Sinne einer Licence-to-Operate einen Beitrag für das Reputationsmanagement leistet und dazu beiträgt das Risiko von Regulierungen, Einschränkungen und negativer Brand Publicity zu reduzieren. Damit dient ein Sustainable Branding in dem Bereich E beschriebenen Fall eher der Vermeidung von Wettbewerbsnachteilen als der Schaffung von Wettbewerbsvorteilen (*Spannungsfeld von Wertsteigerung und Risikoreduktion*). Berücksichtigt werden sollte zudem, dass sich die Relevanz von Nachhaltigkeit bei den Anspruchsgruppen vor dem Hintergrund der zu beobachtenden Entwicklungen im Zeitverlauf ändern könnte und Unternehmungen, die Nachhaltigkeit nicht in der Markensubstanz verankert haben, dann in eine Nachteilsposition (Bereich A) gelangen würden.

Angesichts der globalen ökologischen und sozialen Herausforderungen stellt sich für die meisten Unternehmen weniger die Frage *ob*, sondern *wie* Nachhaltigkeit in die Markenführung einzubeziehen ist. Meffert und Rauch[55] halten zusammenfassend die folgenden Aspekte fest, die sich als relevant für ein erfolgreiches Sustainable Branding gezeigt haben:

- Die Markenführung ist eng mit den normativen und strategischen Aufgaben der Unternehmensführung verbunden. Nachhaltigkeit muss Chefsache sein und im Leitbild sowie den strategischen Stoßrichtungen der Unternehmung verankert sein.
- Die Nutzenerwartungen der Anspruchsgruppen sind grundlegend für die Entscheidung, ob Nachhaltigkeitsaspekte dominant oder flankierend in die Markenpositionierung einzubeziehen sind.
- Mit der Einbeziehung von Nachhaltigkeitsaspekten in die Markenpositionierung wächst die Komplexität der Markenführung. Nutzenvorstellungen, deren Würdigung und dementsprechend die Wirkungen des Sustainable Branding sind bei den Anspruchsgruppen unterschiedlich.
- Die Markenkommunikation muss der Markensubstanz folgen. Emotionale Aktivierungen sind im Hinblick auf Timing (wann?), Inhalt (was?) und Zielgruppenorientierung (wem?) mit Leistungsbeweisen zu verbinden.
- Glaubwürdigkeit ist der Schlüsselfaktor für erfolgreiches Sustainable Branding. Da objektivierte Messkonzepte für nachhaltige Leistungen fehlen, fungiert die Marke als Signal für Orientierung und Vertrauen.
- Sustainable Branding weitet die Referenz der Marke auf die gesamten Unternehmensaktivitäten aus (Supply Chains, ethisch handelndes Management etc.) und führt zu Anpassungen in der gesamten Markenstrategie und der Markenarchitektur.

---

55 Vgl. Meffert, H., Rauch, C. (2014), S. 171 f.

4.3.2 Förderung nachhaltiger Lebens- und Konsumstile

Die relativ geringe Bedeutung, die Konsumenten der Nachhaltigkeit in Konsumentscheidungen beimessen, ist irritierend vor dem Hintergrund der steigenden Bekanntheit des Themas. Bemerkenswert sind vor diesem Hintergrund Studienergebnisse, die zeigen, dass die Bekanntheit zwar spürbar gestiegen ist, der Anteil der Haushalte, für die wichtig ist, dass Waren und Dienstleistungen das Prädikat *nachhaltig* tragen sich nur minimal verändert hat.[56] Es gibt demnach eine Diskrepanz zwischen der (medialen) Präsenz, der Bekanntheit des Themas und den Einstellungen der Konsumenten. Weitere Diskrepanzen sind zwischen Einstellung und Verhalten und zwischen Absichten und dem tatsächlichen Verhalten feststellbar. Zwar steigen die Ausgaben beziehungsweise Marktanteile für nachhaltige Produkte, sie bleiben jedoch weiterhin auf eher geringem Niveau und hinter der geäußerten Kaufabsicht zurück.[57] Während beispielsweise fast jeder deutsche Haushalt im Jahr 2016 einmal zu einem Erzeugnis aus ökologischem Landbau (Bio) griff, reduziert sich dieser Wert auf ein Drittel der Haushalte, die wenigstens zweimal pro Monat ein Bioprodukt kaufen.[58] Und der Marktanteil für fair gehandelten Kaffee liegt im selben Jahr bei gerade einmal 3,8 Prozent.[59] Auch in Bezug auf eine höhere Zahlungsbereitschaft für nachhaltige Produkte zeigt sich meist, dass Nachhaltigkeit für Konsumenten zwar eine Rolle spielt, die Bereitschaft einen Preisaufschlag zu zahlen allerdings bei nur etwa der Hälfte gegeben ist. In einer Befragung des Markt- und Marktforschungsinstituts YouGov schlossen rund ein Viertel der älteren Befragten (45 Jahre und älter) einen höheren Preis sogar kategorisch aus.[60]

Ein möglicher Grund für diese Diskrepanzen liegt in der Tatsache begründet, dass Nachhaltigkeit in der Regel eine Vertrauenseigenschaft darstellt, die sich als solche weder durch Inspektion vor dem Kauf noch durch eigene Konsumerfahrung objektiv bewerten lässt. Der soziale und ökologische Mehrwert von Produkten und Leistungen wird erst durch Kommunikation darüber für Konsumenten erkennbar. Vertrauen lässt sich auch über Dritte herstellen, beispielsweise durch Siegel. Interessanterweise ist dabei primär wichtig, wie bekannt dieses Siegel ist und nicht etwa, was konkret zertifiziert wurde. So wurde in einer Untersuchung dem staatlichen Bio-Siegel ein größeres

---

56 Vgl. http://www.gfk-verein.org/compact/fokusthemen/nachhaltigkeit-mehr-als-eine-worthuelse (abgerufen am 08.02.2018).

57 Vgl. https://www.conpolicy.de/aktuell/mit-sanften-stupsern-zu-einem-nachhaltigen-konsum/ (abgerufen am 22.02.2018); http://www.gfk-verein.org/compact/fokusthemen/nachhaltig-konsum ieren-nur-ein-lippenbekenntnis (abgerufen am 08.02.2018).

58 Vgl. http://www.gfk-verein.org/compact/fokusthemen/bio-logisch-eine-nische-wachstumspote nzial (abgerufen am 08.02.2018).

59 Vgl. https://www.fairtrade-deutschland.de/service/presse/details/12-milliarden-umsatz-mit-fai rtrade-produkten-1951.html (abgerufen am 14.07.2018).

60 Vgl. https://www.we-worldwide.de/blog/posts/kaufentscheidungen-nachhaltigkeit (abgerufen am 07.02.2018).

Vertrauen entgegengebracht als den privaten, aber eigentlich anspruchsvolleren Siegeln der ökologischen Anbauverbände Bioland und Demeter.[61] Ein weiteres Beispiel stellt das bekannte, unterdessen aber teilweise stark in der Kritik stehende MSC-Siegel für nachhaltige Fischerei dar, das zwar bestimmte Standards für nachhaltige Fischerei festlegt, aber unter anderem den Meeresboden zerstörenden Fang mit Schleppnetzen erlaubt.[62]

Ein weiterer Grund wird in den erst langfristig und nicht direkt nachvollziehbaren Folgen des Konsumentenverhaltens gesehen. Da die Auswirkungen nicht unmittelbar sind, bleiben sie abstrakt und nicht greifbar. So ist nicht der Einzelne direkt schuld an dem Leid eines in Massentierhaltung gehaltenen Tieres, an den Arbeitsbedingungen in indischen Textilfabriken oder an dem Plastikmüllstrudel im Pazifischen Ozean, der in der Fläche viermal die Größe Deutschlands umfasst.[63]

Dennoch zeigte sich in einer Längsschnittstudie des Umweltbundesamtes, dass der Anteil der Konsumenten, die denken, dass sich die Umweltprobleme ohne eigenes Zutun und ohne eine Veränderung der Lebensweise in den Griff bekommen lassen, wesentlich gesunken ist (von 51 Prozent in 2008 auf 38 Prozent in 2014). Die Studie verdeutlicht, dass eine Bereitschaft erkennbar wird, das eigene Handeln im Hinblick auf die Umweltauswirkungen zu überprüfen.[64] Eine Auswirkung hiervon ist auch der zu beobachtende Trend der vegetarischen und veganen Ernährungsweise. Hierzulande ernähren sich schätzungsweise 5,7 Millionen Menschen vegetarisch,[65] ungefähr 56 Prozent essen bewusst seltener Fleisch und gehören somit zu den sogenannten Flexitariern.[66] Vollständig auf tierische Erzeugnisse verzichten in Deutschland inzwischen 1,3 Millionen Menschen[67] und folgen damit der veganen Ernährungsweise. Die große Mehrheit der deutschen Bevölkerung betrachtet Veganismus zwar weiterhin zurückhaltend, dennoch haben Marktforschungsunternehmen ein Potenzial von knapp 10 Millionen Menschen ermittelt, die mit dem Gedanken spielen, zukünftig auf tierische Produkte zu verzichten. Als Hürden für dieses Vorhaben werden Bequemlichkeit, Schwierigkeiten beim Essen (gehen), Kosten, Angst vor Nährstoffmangel und Verzicht genannt. Demgegenüber steht das Motiv des Tierschutzes, aber auch die gesunde Ernährung, Klimaschutz und Welternäh-

---

61 Vgl. Fricke, V., Schrader, U. (2014), S. 207 ff.

62 https://www.tagesschau.de/inland/bio-fisch-guetesiegel-101.html (abgerufen am 14.07.2018).

63 Vgl. http://www.spiegel.de/wissenschaft/natur/muellstrudel-im-pazifik-ist-mehr-als-viermal-g roesser-als-deutschland-a-1199383.html (abgerufen am 16.07.2018).

64 Vgl. Umweltbundesamt (2015).

65 Vgl. https://de.statista.com/statistik/daten/studie/173636/umfrage/lebenseinstellung---anzahl-vegetarier/ (abgerufen am 08.02.2018).

66 Vgl. https://vebu.de/veggie-fakten/entwicklung-in-zahlen/anzahl-veganer-und-vegetarier-in-deutschland/ (abgerufen am 08.02.2018).

67 Vgl. https://www.skopos.de/news/13-millionen-deutsche-leben-vegan.html (abgerufen am 08.02.2018).

rung.[68] Anstatt solche Ernährungstrends zu belächeln, sind Unternehmen nicht nur vor dem Hintergrund ihrer sozialen und ökologischen Verantwortung gut darin beraten, die Motive der Konsumenten zu verstehen und sie in der Veränderung ihrer Lebensweise zu begleiten und zu unterstützen.

Konsumenteninformation und -beratung

Die Nutzung der Unternehmenskommunikation als Instrument zur Förderung des nachhaltigen Konsums ist einer von möglichen Ansätzen im Rahmen eines Sustainable-Marketing-Managements. Hierbei kommunizieren Unternehmen neben der Nachhaltigkeit ihrer Produkte sowie dem gesellschaftlichen Unternehmensengagement (Corporate Social Responsibility) auch die Verantwortung von Konsumenten (Consumers' Social Responsibility) für einen nachhaltigen Konsum. Diese informierende und beratende Form der Kommunikation adressiert die gesellschaftliche Verantwortung von Konsumenten und stimuliert eine Reflexion des Kauf-, Nutzungs- und Entsorgungsverhalten unter Berücksichtigung ökologischer und sozialer Aspekte. Durch beispielsweise Handlungstipps werden Konsumenten befähigt, gesellschaftliche Verantwortung zu übernehmen, die über die Kaufentscheidung von ökologisch und sozial verträglichen Produkten und Dienstleistungen hinausgeht.[69] So bietet Staples als Anbieter für Bürobedarf auf seiner Internetseite ausführliche Tipps für mehr Nachhaltigkeit im Büro.[70] Mit dieser Form der Kommunikation wird somit ein Aspekt thematisiert, der nur in begrenztem Umfang im Handlungsradius der Unternehmen liegt und auf den ersten Blick nicht unbedingt mit deren Primärinteressen vereinbar ist. Insbesondere vor diesem Hintergrund muss diese informierende und beratende Kommunikation von Konsumenten als glaubwürdig und legitim wahrgenommen werden. Keinesfalls darf der Eindruck der Verantwortungsverschiebung von Unternehmen zu Konsumenten oder einer Doppelmoral entstehen oder die Kommunikation als belehrend empfunden werden. Die Schwierigkeit besteht damit darin, glaubhaft darzustellen, dass es dem Unternehmen um eine gemeinsam geteilte Verantwortung geht, die durch das Zusammenspiel aller gesellschaftlichen Akteure eine Verbesserung der Lebenssituation und der Erreichung einer nachhaltigen Entwicklung zum Ziel hat.[71]

Eine weitere Herausforderung der Marketingkommunikation in der Förderung nachhaltiger Lebens- und Konsumstile – möglichst ohne Verschlechterung der Wohl-

---

68 Vgl. https://www.skopos.de/news/13-millionen-deutsche-leben-vegan.html (abgerufen am 08.02.2018); FAO (2018), S. 5.

69 Vgl. Fricke, V., Schrader, U. (2016), S. 206 ff.

70 Vgl. https://www.staplesadvantage.de/inspiration/nachhaltigkeit/15-tipps-fuer-mehr-nachhaltigkeit-im-buero/ (abgerufen am 24.02.2018).

71 Vgl. Fricke, V., Schrader, U. (2016), S. 213. Siehe hierzu auch die Ausführungen zum Content-Marketing in diesem Buch.

standssituation – liegt in der Frage, wer eigentlich festlegt, welches Maß an Bedürfnisbefriedigung nachhaltig ist und wann das Konsumverhalten vor dem Hintergrund ökologischer und sozialer Verträglichkeit akzeptabel ist. Wer legt die akzeptable Grenze von Bedürfnissen fest? Wem steht es beispielsweise zu, zu bestimmen, ob Menschen SUVs brauchen oder Reisen in ferne Länder nötig haben? Außerdem – lässt sich schlechtes Verhalten mit gutem Verhalten aufwiegen (Stichwort *Moral Licensing*)? Kann der modebewusste Pelzjackenträger sein Gewissen erleichtern, indem er den ÖPNV nutzt und der Sportwagenfahrer, indem er sich vegetarisch ernährt? Kann eine Unternehmung die Ausbeutung von Zulieferbetrieben durch gesellschaftliches Engagement an anderer Stelle ausgleichen?

Auf der einen Seite also: Niemand ist perfekt. Auf der anderen Seite: Eine allzu leichtfertige Toleranz ist vor dem Hintergrund der Entwicklungen und der zunehmenden Entfernung von einer nachhaltigen Entwicklung nicht geboten. Die Probleme müssen angegangen werden, von Konsumenten- und Unternehmensseite. Wo die Grenzen nachhaltiger und akzeptabler Bedürfnisse liegen, kann nicht abschließend beantwortet werden und ist und wird weiterhin Gegenstand des gesellschaftlichen Diskurses sein. Unternehmungen sind von der Entwicklung dieses Diskurses unmittelbar betroffen und sollten ihren Beitrag hierzu leisten.

Sharing

Eng verbunden mit einem nachhaltigen Lebens- und Konsumstil sind sogenannte disruptive Konzepte wie das der *Sharing Economy*. Vor allem in der Wahrnehmung vieler Konsumenten entsprechen Sharing-Angebote den Vorstellungen eines nachhaltigen Umgangs mit Ressourcen.[72] Sharing wird dabei als „eine Möglichkeit gesehen, weniger Ressourcen zu verbrauchen, Produkt-Lebenszyklen durch Weitergabe zu verlängern oder die Nutzung eines Produkts durch häufigeren Gebrauch zu intensivieren"[73]. Der Vorteil von Angeboten der Sharing Economy begründet sich jedoch meist in anderen Nutzenkomponenten als dem Nachhaltigkeitsaspekt (vergleiche Abbildung 4.2): Konsumenten greifen auf Carsharing oder Mitfahrzentralen zurück, um ohne die Anschaffung eines eigenen Autos ihr Bedürfnis nach Mobilität zu erfüllen. Sie nutzen Community-Plattformen zur Buchung ausgefallener oder günstiger Unterkünfte für private oder berufliche Reisen. Sie kaufen, verkaufen und tauschen gebrauchte Kleidung und Gegenstände auf Secondhand-Plattformen. Auch vor dem Hintergrund der oben erwähnten Rebound-Effekte kann der Sharing Economy nicht grundsätzlich ein nachhaltigeres Wirtschaften zugesprochen werden.[74] Rebound-Effekte resultieren

---

[72] In einer Umfrage des Verbraucherzentrale Bundesverbands (2015) gaben 45 Prozent der Befragten an, sie würden leihen statt kaufen, weil es die Umwelt schont, hingegen nur 40 Prozent weil es billiger sei.

[73] Schreiner, N., Kenning, P. (2018), S. 361.

[74] Vgl. ibid., S. 361 f.

daraus, dass Konsumenten die Einsparungen durch Sharing-Angebote hinsichtlich Geld und/oder Zeit reinvestieren, um schließlich mehr zu tun und mehr zu konsumieren.[75] Das schließt beispielsweise ein, dass Carsharing-Nutzer zum Teil vorher auf umweltfreundlichere ÖPNV zurückgriffen, nun aber häufiger das Auto vorziehen.

Nudging

Vor dem Hintergrund der Auswirkungen privaten Konsums und der Erkenntnis, dass nachhaltige Problemlösungen (Produkte und Leistungen, Technologien, Sharing etc.) alleine keine nachhaltige Entwicklung ermöglichen, gewinnen innovative Maßnahmen zur Förderung nachhaltiger Lebens- und Konsumstile wie das *Nudging*[76] an Bedeutung. Im Gegensatz zu klassischen Kommunikationsmitteln (Information, Beratung etc.) liegen dem Nudging verhaltenswissenschaftliche Annahmen zugrunde: Konsumenten agieren nicht als rationale Individuen, die ihre (nachhaltigen) Präferenzen konsequent in Handeln umsetzen, sondern sind unterschiedlichen inneren und äußeren Einflüssen ausgesetzt: Situative Faktoren und gegebene Handlungs- und Auswahloptionen sowie Verhaltensfehler (Heuristiken und Biases) spielen eine ganz wesentliche Rolle bei der Entscheidung für oder gegen nachhaltigere Konsumoptionen. Die Herausforderung besteht demnach insbesondere darin, Verbrauchern einen nachhaltigen Konsum so einfach wie möglich zu machen und Verhaltensroutinen zu verändern. Nudges stellen in diesem Zusammenhang *kleine Anstupser* dar, die durch Veränderungen der Wahlarchitektur einen nachhaltigen Konsum vereinfachen und Verhaltensroutinen verändern.[77] Beispiele hierfür sind Verbrauchfeedbacks durch Heizenergiesparkonten, mit Verbrauchsanzeigen in der Dusche den Warmwasserkonsum sichtbar machen, mit kostenlosen Probetickets den ÖPNV Zugang erleichtern, durch unterteilte Einkaufswagen nachhaltiges Einkaufen fördern, die Wahlarchitektur an Buffets beziehungsweise in Mensen verändern etc.[78]

4.3.3 Vermeidung vs. Anpassung

Die verschiedenen beschriebenen Ansätze in Kapitel 4.3.1 und 4.3.2 haben in der Sache eine wesentliche Gemeinsamkeit: Sie alle basieren auf der Annahme, dass das Erreichen einer nachhaltigen Entwicklung gelingen kann und Belastungsgrenzen des sozialen und ökologischen Systems nicht dauerhaft überschritten werden. Die aus dieser Annahme abgeleiteten Strategien setzen daher auf Vermeidung oder Redukti-

---

75 Vgl. Buhl, J., Echternacht, L., Geibler, J. V. (2015), S. 1.
76 Vgl. Thaler, R., Sunstein, C. (2008).
77 Vgl. Thorun, C. et al. (2016), S. 18.
78 Vgl. https://www.conpolicy.de/aktuell/mit-sanften-stupsern-zu-einem-nachhaltigen-konsum/ (abgerufen am 22.02.2018).

on. Was allerdings, wenn es nicht mehr gelingt, die Übernutzung des ökologischen Systems oder das Zunehmen gesellschaftlicher Dysfunktionalitäten zu verhindern? Was, wenn Wetterextreme, Waldsterben, Rückgang der Artenvielfalt, Verschmutzung der Meere, Verteilungsungerechtigkeiten, Kriege und Zuwanderungsströme zunehmen und wahrscheinlicher werden? Vor dem Hintergrund einer umfassenden Umweltanalyse (vergleiche Beitrag 1) sind solche Szenarien und deren Implikationen zu berücksichtigen. Trotz der Verfolgung des Ziels einer nachhaltigen Entwicklung darf die möglicherweise notwendige Anpassung an ein verändertes soziales und ökologisches Gleichgewicht nicht vernachlässigt werden. Dabei nehmen entsprechende Anpassungsprozesse Einfluss auf sämtliche Entscheidungsstufen eines Marketingprozesses.[79]

Bereits jetzt spüren Unternehmungen Anzeichen der Einwirkungen des ökologischen Systems auf das sozioökonomische System. So verläuft der Trend der Schadensereignisse von 1980 bis 2016 progressiv steigend, wobei insbesondere die Anzahl sogenannter hydrologischer Ereignisse (Flussüberschwemmungen, Sturzfluten, Massenbewegungen) gestiegen ist. Diese Ereignisse verursachen besonders Versicherern weltweit hohe Kosten, betreffen jedoch auch zum Teil unversicherte Firmenwerte. Für das Jahr 2016 ergab sich gar eine Versicherungslücke von 125 Milliarden US-Dollar, das entspricht einem Anteil von 71,5 Prozent an der Gesamtschadensumme.[80] Unternehmungen in trockenen Regionen müssen in Extremsituationen aufgrund von Süßwasserknappheit ganze Betriebstätten schließen und Tausende von Menschen entlassen. Zudem verursachen Ressourcenknappheit und Spekulation volatile Beschaffungspreise und Lieferengpässe insbesondere bei Rohstoffen. Dies führt nicht nur zu durch Konsumenten spürbare Auswirkungen auf das Produkt- und Leistungsangebot (siehe Box: *Fruchtbranche im Klimastress)*, sondern in einigen Regionen auch zu Spannungen und kriegerischen Konflikten um Rohstoffe, deren Tendenz ebenfalls als zunehmend eingeschätzt wird.[81] Aufgrund der geringen kurzfristigen Beeinflussbarkeit des ökologischen und sozialen Globalsystems erlangen Anpassungsstrategien für die Sicherung der Überlebensfähigkeit von Wirtschaft und Gesellschaft an Relevanz. Der Begriff *Sustainability Myopia* beschreibt in diesem Zusammenhang das mit der Hoffnung, alles werde sich schon zum Besten entwickeln und irgendwie gutgehen, verbundene Beschränken auf Vermeidungs- und Reduktionsstrategien.[82]

79 Vgl. Kirchgeorg, M. (2014), S. 37 ff.
80 Vgl. https://www.munichre.com/topics-online/de/2017/topics-geo/overview-natural-catastrophe-2016 (abgerufen am 24.02.2018).
81 Vgl. https://www.nachhaltigkeit.info/artikel/mega_herausforderungen_fuer_unternehmen_nachhalti_1496.htm?sid=hlaor4s511uqjpcfvjvid94rs5 (abgerufen am 08.02.2018).
82 Vgl. Kirchgeorg, M. (2014), S. 40 f.; Winn, M., Kirchgeorg, M. (2005).

Fruchtbranche im Klimastress
Für Unternehmen der Fruchtbranche zeigen sich bereits die Auswirkungen des Klimawandels. Naturkatastrophen wie unerwarteter Frost in Argentinien während der Fruchtblüte oder ungewöhnlich starke Regenfälle in Indien sind bereits Realität und machen der Landwirtschaft weltweit zu schaffen. Zudem ist davon auszugehen, dass sich solche Phänomene, die bereits mehrfach zu Ernteausfällen geführt haben, in Zukunft häufen werden. Trotz der Tatsache, dass die weltweite Fruchtproduktion derzeit kontinuierlich steigt, ist diese Entwicklung zu beobachten. Dies gilt umso mehr für den deutschen Markt, dessen Selbstversorgungsgrad bei Obst lediglich 21 Prozent beträgt. Zudem ist der deutsche Markt bislang verwöhnt von einem niedrigen Preisniveau.[83]
Katastrophal für Bauern, Zwischenerzeuger und Handel war auch die Haselnusskrise: An der türkischen Schwarzmeerküste werden 76 Prozent der weltweiten Haselnussernte produziert. Im Frühjahr 2014 vernichteten Frost und ein Hagelsturm in einer einzigen Nacht mehr als die Hälfte der reifenden Früchte.[84] Die Erhöhung des durchschnittlichen Kilopreises für Haselnüsse nahm beispielsweise Ritter Sport zum Anlass, neben der nun erforderlichen Preiserhöhung das Sortiment umzustellen und sechs Sorten in der Nuss-Klasse zusammenzufassen. Die Nuss-Klasse ist um 20 Cent teurer als Sorten der Bunten Vielfalt.[85]

Auch auf Konsumentenseite ist abzusehen, dass sich die Wahrnehmung und Einstellung gegenüber der Bedrohung durch insbesondere ökologische Entwicklungen wie den Klimawandel verändert. Je intensiver die persönliche Betroffenheit eingeschätzt wird, desto eher ist ein Wandel in Werten, Einstellungen und Verhalten zu erwarten. Der Übergang von Vermeidung und Reduzierung im Konsumentenverhalten (zum Beispiel energiesparsame Häuser, Erschließung alternativer Energiequellen, Elektromobilität etc.) zu Anpassung (zum Beispiel Abschluss einer Versicherung gegen Unwetterereignisse etc.) wird dadurch gefördert, dass Anpassungsstrategien mit einem höheren zu erwartenden Nutzen verbunden werden als Vermeidungsstrategien (Allmendegut). Wird angenommen, dass der Trend nicht zugunsten einer nachhaltigen Entwicklung verläuft und das Eintreten negativer Ereignisse wahrscheinlicher wird, ist der individuelle Erwartungswert einer Alternative, die eine Absicherung für solche Ereignisse vorsieht, höher als der Erwartungswert einer Alternative, der sich bestenfalls langfristig realisiert. Wird weiterhin unterstellt, dass das Einkommen der Konsumenten begrenzt ist, so ist es nicht unwahrscheinlich, dass Investitionen für die Anpassung an den Klimawandel zu Lasten der Investitionen für Umweltschutzprodukte gehen[86] – aus „Investitionen für den Umweltschutz werden Investitionen für den *Schutz vor der Umwelt*."[87]

---

83 Vgl. Lebensmittelzeitung (2015b): Klimawandel stresst die Fruchtbranche, Lebensmittelzeitung vom 5. Juni 2015, S. 18.

84 Vgl. http://www.fr.de/panorama/haselnussernte-in-der-tuerkei-die-haselnusskrise-a-560601 (abgerufen am 08.02.2018).

85 Vgl. https://www.ritter-sport.de/blog/2016/03/07/das-neue-ritter-sport-sortiment/ (abgerufen am 08.02.2018).

86 Vgl. Kirchgeorg, M. (2014), S. 45 ff.

87 Kirchgeorg, M. (2014), S. 49.

Die Implikationen für das Marketing sind vielfältiger Natur und erfordern eine lebenszyklusorientierte Betrachtung sämtlicher Wertschöpfungsaktivitäten entlang der Supply Chain. Sowohl die Betroffenheit von Zulieferern als auch Kunden haben Auswirkungen auf die unternehmenseigene Wertschöpfung. Aus den Anpassungsbedürfnissen der Kunden können sich beispielsweise Ansatzpunkte für die Entwicklung neuer Produkte und Dienstleistungen ergeben. Darüber hinaus sind Veränderungen in Präferenzstrukturen und Zahlungsbereitschaften rechtzeitig zu erkennen, die auch eine Erweiterung von Segmentierungsansätzen einschließen. Zudem ist davon auszugehen, dass eine mangelnde Anpassung an Extremereignisse im Ereignisfall erheblichen Einfluss auf Kundenzufriedenheit und -loyalität nehmen kann. Dies gilt insbesondere für Branchen mit hoher Betroffenheitswahrscheinlichkeit (zum Beispiel Tourismus, Versicherungen, Wasser- und Energieversorgung). Weiterhin ist das Risikomanagement auszubauen und neue Strategien der Vermeidung und Verminderung von Risiken (zum Beispiel veränderte Bauweisen, Verlagerung von Produktionsstätten und sogar Absatzmärkten) oder eine Übertragung der Risiken durch beispielsweise Versicherungen zu prüfen. Insgesamt ist zu erwarten, dass vor dem Hintergrund der derzeit nicht absehbaren Erreichung einer nachhaltigen Entwicklung der Zusammenhang zwischen Risiko- und Marketingmanagement eine größere Bedeutung zukommt.[88]

Zusammenfassend lässt sich festhalten, dass die momentane Entwicklung das Risiko trägt, dass Vermeidungs- und Verminderungsstrategien und damit Maßnahmen für eine nachhaltige Entwicklung gegenüber Anpassungsstrategien an Bedeutung verlieren könnten. Eine besondere Herausforderung für Wirtschaft, Gesellschaft und Politik liegt daher darin, eine Balance zwischen einem hinreichenden Maß an Vermeidung und Verminderung und einem notwendigen Maß an Anpassung herzustellen.

4.4 Auswahl von Forschungsarbeiten

4.4.1 Der Einfluss von Herkunftsland und Biozertifizierung auf die Produktauswahl

Thøgersen, Pedersen und Aschemann-Witzel[89] untersuchten in ihrer aktuellen empirischen Studie die Zusammenhänge zwischen Herkunftsland und Konsumentenkaufentscheidung im Kontext von biozertifizierten Lebensmitteln. Hierzu führten sie eine Choice-Based-Conjoint-Analyse durch, an der insgesamt 1.000 Konsumenten aus Deutschland, Frankreich, China und Thailand teilnahmen. Die Teilnehmer mussten sich dabei in mehreren Runden jeweils zwischen identischen Produkten entscheiden, die sich allerdings hinsichtlich Herkunftsland, Preis (niedrig, mittel, hoch) und der

---

88 Vgl. Kirchgeorg, M. (2014), S. 50 ff.
89 Thøgersen, J., Pedersen, S., Aschemann-Witzel, J. (2018).

Zertifizierung mit einem Bio-Siegel (kein Siegel, das offizielle nationale Siegel, das EU-Siegel) unterschieden. Das Herkunftsland wurde variiert aus vier Ausprägungen, dem Heimatland, zwei geografisch näheren Ländern und einem geografisch entfernteren Land. Die Ergebnisse der Studie zeigen eine grundsätzliche Tendenz, Produkte von ökonomisch entwickelteren Ländern (Deutschland, Frankreich) gegenüber Produkten von weniger entwickelten Ländern (China, Thailand) zu bevorzugen. Dabei hängen diese Präferenzen stärker von der ökonomischen Entwicklung eines Herkunftslandes ab als von deren kultureller und geografischer Nähe. Darüber hinaus berichten die Forscher, dass die den Präferenzen zugrunde liegenden Motive sich zwischen den untersuchten Ländern unterscheiden. Teilnehmer aus China entschieden sich beispielsweise im Wesentlichen aufgrund hohen Misstrauens gegen Produkte aus ihrem eigenen Land. Gründe für den Kauf biozertifizierter Produkte stellen bei Ihnen dabei primär Gesundheitsaspekte als ökologische beziehungsweise Umweltschutzaspekte dar.

4.4.2 Entwicklung eines Befragungsinstrumentes zur Messung des Konsumentenbewusstseins für Nachhaltigkeit

Das Dreisäulenmodell oder im Englischen Triple-Bottom-Line-Concept (Planet, People, and Profit) stellt ein bedeutendes Leitbild für die nachhaltige, zukunftsorientierte Entwicklung von Gesellschaften und das Verhalten aller Mitglieder dieser Gesellschaften dar. Für Institutionen, die gesellschaftlichen Wechsel propagieren sowie für Unternehmen, die sich mit steigenden Erwartungen konfrontiert sehen, ihren Beitrag zur nachhaltigen Entwicklung zu leisten, ist es von enormer Wichtigkeit zu wissen ob und in welchem Ausmaß Konsumenten das Konzept der Nachhaltigkeit internalisiert haben. Vor dem Hintergrund einer bis dahin bestehenden Forschungslücke hinsichtlich eines umfassenden Instruments zur Messung des Bewusstseins für nachhaltigen Konsum, entwickelten Balderjahn et al.[90] eine entsprechende Skala (Messinstrument für eine Fragebogenstudie). Nachhaltiges Bewusstsein wurde operationalisiert durch die Gewichtung von persönlichen Überzeugungen, das heißt mit der Bedeutung beziehungsweise Wichtigkeit, die Konsumenten den jeweiligen Nachhaltigkeitsdimensionen beimessen. Die Consciousness-for-Sustainable-Consumption(CSC)-Skala vereint die ökologische, soziale und ökonomische Dimension und ermöglicht somit die Messung des ganzheitlichen Verständnisses von Nachhaltigkeit. Das Messinstrument eignet sich damit nicht nur für Nachhaltigkeitsforschung und Gesellschaftstrends, sondern dient auch dem Marketingmanagement, wenn es herausfinden möchte, wie relevant Nachhaltigkeitsaspekte für die eigenen (potenziellen) Kundengruppen sind (siehe Kapitel 4.3.1).

---

90 Balderjahn, I. et al. (2013).

Literatur

Aaker, D. A. (1991): Managing brand equity: Capitalizing on the value of a brand name, 1. Aufl., New York.

Absatzwirtschaft Kompakt (2017): Preisgekrönt verpackt, 03/2017, S. 10–11

Balderjahn, I., Buerke, A., Kirchgeorg, M., Peyer, M., Seegebarth, B., Wiedmann, K. P. (2013): Consciousness for sustainable consumption: scale development and new insights in the economic dimension of consumers' sustainability, in: AMS review, 3(4), S. 181–192.

Belz, F.-M., Schrader, U. (2012): Nachhaltigkeitsinnovationen durch Nutzerintegration?, in: Beck, G., Kropp, C. (Hrsg.): Gesellschaft innovativ, VS Verlag für Sozialwissenschaften, S. 205–216.

BMUB und Umweltbundesamt (2015): Umweltbewusstsein in Deutschland 2014.

Brundtland, G. H. (1987): Our common future, Report of the World Commission on environment and development, United Nations.

Buhl, J., Echternacht, L., Geibler, J. v. (2015): Rebound-Effekte – Ursachen, Gegenmaßnahmen und Implikationen für die Living Lab-Forschung. Wuppertal Institut für Klima, Umwelt, Energie, Wuppertal, Arbeitspaket 1 (AP1.2a) des INNOLAB Projekts.

Burmann, C., Meffert, H. (2005): Theoretisches Grundkonzept der identitätsorientierten Markenführung, in: Meffert, H., Burmann, C., Koers, M. (Hrsg.): Markenmanagement. Identitätsorientierte Markenführung und praktische Umsetzung, Wiesbaden, S. 37–72.

Chen, Y. S., Chang, C. H. (2013): Greenwash and green trust: The mediation effects of green consumer confusion and green perceived risk, Journal of Business Ethics, 114(3), S. 489–500.

Daub, C. H. (2008): Nachhaltige Unternehmen unter Innovationsdruck. Marketing Review St. Gallen, 25(4), S. 18–22.

Deutschlandsiegel (2016), zitiert nach Thorun, C., Zimmer, A. (2017): Nachhaltiger Konsum in Deutschland. Kenntnisse, Einstellungen und Verhalten der Verbraucher, Faktenblatt 29. März 2017, ConPolicy Institut für Verbraucherpolitik.

Drumwright, M., Murphy, P. E. (2001): Corporate Societal Marketing, in: Handbook of Marketing and Society, Bloom, P. N., Gundlach, G. T. (Hrsg.), Thousand Oaks, CA, S. 162–83.

Elkington, J. (1997): Cannibals with forks: The triple bottom line of 21st century business, London.

Europäische Kommission (Hrsg.) (2001): Grünbuch Europäische Rahmenbedingungen für die soziale Verantwortung von Unternehmen.

Europäische Kommission (2017): Special Eurobarometer 468. Attitudes of European citizens towards the environment.

FAO (2018): Food Outlook. BIANNUAL REPORT ON GLOBAL FOOD MARKETS, Food and Agriculture Organization of the United Nations.

Greening, L. A., Greene, D. L., Difiglio, C. (2000): Energy efficiency and consumption – the rebound effect – a survey, in: Energy Policy, 28(6–7), S. 389–401.

Hansen, U., Schrader, U. (2001): Nachhaltiger Konsum – Leerformel oder Leitprinzip, in: Schrader, U., Hansen, U. (Hrsg.): Nachhaltiger Konsum. Forschung und Praxis im Dialog, Frankfurt a. M., S. 17–48.

Horizont (2015): Aldi Süd verschenkt Strom, Horizont 23/2015, S. 8.

Keller, K. L. (2008): Strategic brand management – Building, measuring, and managing brand equity, 3. Auflage, New Jersey.

Kirchgeorg, M. (2014): Sustainable Marketing bei zunehmenden ökologischen Diskontinuitäten, in: Meffert, H., Kenning, P., Kirchgeorg, M. (Hrsg.): Sustainable Marketing Management. Grundlagen und Cases, Wiesbaden, S. 37–54.

Lebensmittelzeitung (2015a): Ökostrom-Sprit vom Discounter zum Nulltarif, Lebensmittelzeitung vom 5. Juni 2015, S. 53.

Lebensmittelzeitung (2015b): Klimawandel stresst die Fruchtbranche, Lebensmittelzeitung vom 5. Juni 2015, S. 18.

Lebensmittelzeitung (2015c): Hirse statt Huhn, Lebensmittelzeitung vom 23. Januar 2015, S. 28–29.

Lischka, H. (2017): „Ich habe ja was gegen die Wegwerfkultur, aber ... " – Eine empirische Analyse der Einflussfaktoren auf die Diskrepanz zwischen Einstellung und Verhalten am Beispiel von Konsumgütern, Beiträge zur Verbraucherforschung, Band 6, Verbraucherzentrale NRW.

Lischka, H., Kenning, P. (2017): Corporate Social Responsibility aus Kundensicht – Können sich Unternehmen ein gutes Image kaufen? in: Stehr, C. (Hrsg.): Corporate Social Responsibility und Marketing, Wiesbaden.

Meadows, D. L., Meadows, D. H., Milling, P., Zahn, E. (1972): Die Grenzen des Wachstums: Bericht des Club of Rome zur Lage der Menschheit, Stuttgart.

Meffert, H., Rauch, C., Lepp, H. L. (2010): Sustainable Branding – mehr als ein neues Schlagwort!?, Marketing Review St. Gallen 27, S. 28–35.

Meffert, H., Kenning, P., Kirchgeorg, M. (2014): Sustainable Marketing Management. Grundlagen und Cases, Wiesbaden.

Schreiner, N., Kenning, P. (2018): Teilen statt Besitzen: Disruption im Rahmen der Sharing Economy, in: Keuper, F., Schomann, M., Sikora, L. I., Wassef, R. (Hrsg.): Disruption und Transformation Management, Wiesbaden, S. 355–379.

Thøgersen, J., Pedersen, S., Aschemann-Witzel, J. (2018): Impact of Country of Origin and Organic Certification on Consumer Food Choices in Developed and Emerging Economies, EMAC Glasgow 2018.

Thorun, C., Diels, J., Vetter, M., Reisch, L., Bernauer, M., Micklitz, H.-W., Rosenow, J., Forster, D. (2016): Nudge-Ansätze beim nachhaltigen Konsum: Ermittlung und Entwicklung von Maßnahmen zum „Anstoßen" nachhaltiger Konsummuster, Abschlussbericht für den Umweltforschungsplan des Bundesministeriums für Umwelt, Naturschutz, Bau und Reaktorsicherheit, Berlin.

Umweltbundesamt (2015): Umweltbewusstsein in Deutschland 2014. Ergebnisse einer repräsentativen Bevölkerungsumfrage, Berlin.

Verbraucherzentrale Bundesverband (2015): Sharing economy, Stand 2015, Berlin.

Winn, M., Kirchgeorg, M. (2005): The Siesta is over: a rude awakening from sustainability Myopia, in: Sharma, S. (Hrsg.): New perspective in research in corporate sustainability, 3, Cheltenham, S. 232–258.

Young, W., Hwang, K., McDonald, S., Oates, C. J. (2010): Sustainable consumption: green consumer behaviour when purchasing products, in: Sustainable Development, 18(1), S. 20–31.

ZIV (2013): Zahlen-Daten-Fakten zum Fahrradmarkt in Deutschland, Berlin.

ZIV (2017): Zahlen-Daten-Fakten zum Fahrradmarkt in Deutschland. 1. Halbjahr 2014–2017, Berlin.

https://www.cicero.de/wirtschaft/nachhaltigkeit-und-innovation-die-energiewende-laeuft-komplett-gegen-die-wand/59282 (abgerufen am 15.02.2018).

https://www.conpolicy.de/aktuell/mit-sanften-stupsern-zu-einem-nachhaltigen-konsum/ (abgerufen am 22.02.2018).

https://www.destatis.de/Europa/DE/Thema/UmweltEnergie/Abfallaufkommen.html (abgerufen am 08.02.2018).

https://www.fairtrade-deutschland.de/service/presse/details/12-milliarden-umsatz-mit-fairtrade-produkten-1951.html (abgerufen am 14.07.2018).

http://www.fr.de/panorama/haselnussernte-in-der-tuerkei-die-haselnusskrise-a-560601 (abgerufen am 08.02.2018).

http://www.gfk-verein.org/compact/fokusthemen/bio-logisch-eine-nische-wachstumspotenzial (abgerufen am 08.02.2018).

http://www.gfk-verein.org/compact/fokusthemen/nachhaltig-konsumieren-nur-ein-lippenbekenntnis (abgerufen am 08.02.2018).

http://www.gfk-verein.org/compact/fokusthemen/nachhaltigkeit-mehr-als-eine-worthuelse (abgerufen am 08.02.2018).

https://www.henkel.de/unternehmen/unternehmenskultur#Tab-724234_4 (abgerufen am 23.02.2018).

http://www.horizont.net/marketing/nachrichten/Claus-Hipp-im-Interview-Die-Verbraucher-haben-kein-Problem-sich-an-ein-neues-Gesicht-zu-gewoehnen-164952 (abgerufen am 24.02.2018).

https://www.munichre.com/topics-online/de/2017/topics-geo/overview-natural-catastrophe-2016 (abgerufen am 24.02.2018).

https://www.nachhaltigkeit.info/artikel/forum_nachhaltige_entwicklung_627.htm?sid=hlaor4s511uqjpcfvjvid94rs5 (abgerufen am 08.02.2018).

https://www.nachhaltigkeit.info/artikel/geschichte_748.htm (abgerufen am 14.02.2018).

https://www.nachhaltigkeit.info/artikel/mega_herausforderungen_fuer_unternehmen_nachhalti_1496.htm?sid=hlaor4s511uqjpcfvjvid94rs5 (abgerufen am 08.02.2018).

https://www.nachhaltigkeit.info/artikel/suffizienz_2034.htm (abgerufen am 14.02.2018)

https://www.overshootday.org/content/uploads/2016/06/How-many-planets-v3-900.jpg (abgerufen am 07.02.2018).

https://www.ritter-sport.de/blog/2016/03/07/das-neue-ritter-sport-sortiment/ (abgerufen am 08.02.2018).

http://sasserathmunzingerplus.com/leistungen/studien/vertrauen/brand-experience-trust-monitor-2016/marken-in-der-vertrauenskrise/ (abgerufen am 18.02.2018).

http://www.serviceplan.com/de/presse-detail/sustainability_image_score_2017.html (abgerufen am 18.02.2018).

https://www.skopos.de/news/13-millionen-deutsche-leben-vegan.html (abgerufen am 08.02.2018).

http://www.spiegel.de/wissenschaft/natur/muellstrudel-im-pazifik-ist-mehr-als-viermal-groesser-als-deutschland-a-1199383.html (abgerufen am 16.07.2018).

https://www.staplesadvantage.de/inspiration/nachhaltigkeit/15-tipps-fuer-mehr-nachhaltigkeit-im-buero/ (abgerufen am 24.02.2018).

https://de.statista.com/statistik/daten/studie/173636/umfrage/lebenseinstellung---anzahl-vegetarier/ (abgerufen am 08.02.2018).

https://de.statista.com/statistik/daten/studie/204710/umfrage/bedeutung-verschiedener-faktoren-bei-der-kaufentscheidung-nach-produktgruppen/ (abgerufen am 07.02.2018).

https://www.tagesschau.de/inland/bio-fisch-guetesiegel-101.html (abgerufen am 14.07.2018).

http://www.umweltbundesamt.de/daten/private-haushalte-konsum/gruene-produkte-marktzahlen (abgerufen am 22.02.2018).

https://unternehmen.aldi-sued.de/de/verantwortung/umwelt/energie/ (abgerufen am 09.02.2018).

https://vebu.de/veggie-fakten/entwicklung-in-zahlen/anzahl-veganer-und-vegetarier-in-deutschland/ (abgerufen am 08.02.2018).

https://www.volkswagenag.com/de/group/strategy.html (abgerufen am 23.02.2018).

https://www.we-worldwide.de/blog/posts/kaufentscheidungen-nachhaltigkeit (abgerufen am 07.02.2018).

http://wirtschaftslexikon.gabler.de/Definition/greenwashing.html (abgerufen am 14.02.2018).

http://wirtschaftslexikon.gabler.de/Definition/oekomarketing.html (abgerufen am 14.02.2018).

Peter Kürble

5 Mass Customization

5.1 Hintergrund

In den (westlichen) Industrienationen ist es gelungen, den (meisten) Menschen eine Situation zu ermöglichen, in der sie sich keine Sorgen um die Erfüllung ihrer grundlegenden physiologischen Bedürfnisse machen müssen. Bei diesen physiologischen Bedürfnissen handelt es sich, nach Maslow, um die Bedürfnisse Hunger, Durst, Essen, Schlaf und Sexualverhalten. Neben dem darüber liegenden Bedürfnis nach Sicherheit und den folgenden sozialen Bedürfnissen finden sich in seiner *Bedürfnispyramide* auch die sogenannten Individualbedürfnisse. Bei diesen Individualbedürfnissen handelt es sich unter anderem um den Wunsch nach Unabhängigkeit und Freiheit, Ansehen und Prestige, Wertschätzung und Achtung. Es zeigt sich heute, dass die Individualbedürfnisse und die sozialen Bedürfnisse in ihrer Bedeutung für den Menschen nahezu gleich gewichtet werden, denn neben dem Wunsch nach Wertschätzung und Achtung eben durch soziale Gruppen, besteht das Bedürfnis nach Abgrenzung im Sinne von Freiheit und Selbstbestimmung auch innerhalb der Gruppe.[1] Das Zukunftsinstitut formuliert dies so: „Die neue Individualität etabliert eine Kultur der Wahl, die manche überfordert. Individualismus hat viele Spielarten: Er kann rebellisch, hedonistisch, extremistisch, sensibel oder empfindsam sein. In Zukunft ist Individualität nicht egoistisch, sondern immer mehr achtsam. Der Megatrend geht in die Rekursion, macht also eine Schleife – Individualisten suchen Gemeinschaft und schaffen sie sich neu. Das entwickelte Ich und das neue Wir sind in Zukunft zwei Seiten derselben Medaille."[2]

Die kognitive Orientierung in Richtung einer gruppenkonformen Individualisierung in westlichen Industrienationen beruht unter anderem auf einem Wertewandel, der grundlegend durch die sogenannte Modernization Theory[3] erklärt werden kann, wonach das Individuum wichtiger wird und Familie oder Gemeinschaft als fundamentales Einheit der Gesellschaft ersetzt. Dabei beschreibt Individualisierung „die Entwicklung hin zur Fokussierung persönlicher Interessen und Lebensentscheidungen der einzelnen Person."[4]

---

1 Vgl. Maslow, A. H. (1943), S. 373 Aus diesem Grund versteht Maslow die Pyramide auch nicht im Sinne eines Prozessmodells, sondern lediglich eines Inhaltsmodells, siehe Maslow, A. H. (1943), S. 388 f. und Maslow, A. H. (1971), S. 379 ff.
2 https://www.zukunftsinstitut.de/dossier/megatrend-individualisierung/ (abgerufen am 29.05.2017).
3 Vgl. Przeworski, A.; Limongi, F. (1997), S. 155 ff.
4 Kunze (2011), zitiert nach: Stangel-Meseke, M., Hahn, P., Steuer, L. (2015), S. 1.

https://doi.org/10.1515/9783110526097-005

Das Forschungsinstitut Trendone beschreibt darüber hinaus verschiedene Makrotrends der Individualisierung: „Globalisierung, die digitale Vernetzung und nicht zuletzt der Wohlstandszuwachs der letzten Jahrzehnte haben die Optionen zur Selbstentfaltung vervielfacht. Es herrscht eine Gleichzeitigkeit aller Möglichkeiten. Die Macro-Trends der Individualisation: Gravitational Content, Lifestyle Diversity, Personal Brand, Personal Design, Self-Tracking, Sexuality and Gender Identities."[5]

Piller (2008) beschreibt diese gruppenkonforme Individualität als eine Änderung in der kognitiven Orientierung.[6] Zusätzlich geht er von einer Zunahme der Abnehmermacht[7] aus. Beide Faktoren sorgen für eine Veränderung der Wettbewerbsbedingungen als Kontextfaktoren für Unternehmen hin zur Mass Customization im Sinne einer notwendigen (kostengünstigen) Massenfertigung und einer durch die Individualisierung wünschenswerten (Produkt-)Differenzierung.

Ursächlich für den Wertewandel sind unter anderem soziodemographische Änderungen: Höhere Einkommen, mehr Freizeit und ein höheres Bildungsniveau erlauben den Wunsch nach teureren und individualisierten Produkten: Der Maßanzug vom Schneider ist teurer als der Anzug von der Stange. Dadurch, dass die Generation der Babyboomer in einer Phase des Lebens angekommen ist, die, in den meisten Fällen, mit einem hohen Einkommen verbunden ist, die Kinder oft aus dem Haus sind und damit finanzielle Mittel frei werden, besteht insbesondere bei dieser Generation der Wunsch, die eigene Persönlichkeit durch die Produktwahl deutlich werden zu lassen. Die zunehmende Bedeutung des Internets und die sich darin widerspiegelnden ökonomischen Gegebenheiten sorgen darüber hinaus dafür, dass eine unbegrenzte Anzahl von Nischenmärkten entsteht und der Massenmarkt nicht mehr die Bedeutung spielt, die er früher besaß.[8] Die wahrzunehmenden Online-Individualisierungsmöglichkeiten erzeugen Begehrlichkeiten auch in der Offline-Welt und dies nicht in erster Linie für die erwähnten Babyboomer, sondern insbesondere für die sogenannten Digital Natives und die Millennials, also Generationen, die mit dem Internet aufgewachsen sind. Schließlich kommt auch noch eine stärkere Erlebnis-, Freizeit- und Designorientierung hinzu, die ein zunehmendes Qualitäts- und Funktionalitätsbewusstsein mit sich bringt. Klassische Massenmarktstrategien funktionieren bei solchen Bedingungen immer seltener.

Der zweite von Piller beschriebene Aspekt der Zunahme der Abnehmermacht resultiert zum einen aus der in den 1950er Jahren beginnenden Wandlung vom Verkäufer- zum Käufermarkt. Zum anderen wird oft vom Empowerment der Abnehmer[9]

---

5 Vgl. https://www.trendone.com/trends/mega-trends/mega-trend-detail/?tx_t1trendcontext_trend context[megatrend]=31cHash=710c328044fe2ed4d5b64b825c828afd (abgerufen am 29.05.2017).

6 Vgl. Piller, F. T. (2008), S. 43 ff.

7 Vgl. ibid., S. 47 ff.

8 Dieses Phänomen wird in der sogenannten Theorie des Long Tail zum ersten Mal 2007 von Anderson beschrieben.

9 Vgl. MacDonald, J., Tobin, J. (1998), S. 202.

gesprochen, da die zunehmende Verfügbarkeit von Information den Abnehmer vom Informationslieferanten Unternehmen emanzipiert. Der Preis als Qualitätsindikator verliert an Bedeutung und die Kunden erwarten auch bei günstigen Preisen hohe Qualität, Service, Varietät und Funktionalität. Viele Produktleistungen, die vor Kurzem noch als Neuerung oder zur Differenzierung dem Kernprodukt hinzugefügt wurden, werden aus Kundensicht zu einer Art Hygienefaktor oder Basisleistung. Entsprechend des Kano-Modells kann zwischen den Muss-Anforderungen (Basisleistungen/ Hygienefaktoren), den Soll-Anforderungen (Standardleistungen/Leistungsfaktoren) und den Kann-Anforderungen (Begeisterungsleistungen/Begeisterungsfaktoren) unterschieden werden. Die Basisleistungen sind dabei solche, deren Nichterfüllung zu deutlicher Unzufriedenheit führt und die als selbstverständlich wahrgenommen werden, wie beispielsweise die Kommunikationsmöglichkeit mit einem Smartphone. Die Standardleistungen sind solche, deren Erfüllungen vom Kunden ausdrücklich gefordert werden und die zu einer moderaten Zufriedenheit führen. Bei Übererfüllung kann die Zufriedenheit bis zu einer bestimmten Sättigungsgrenze noch gesteigert werden (wenn beispielsweise die Übertragungsrate der Daten bei einem Smartphone außergewöhnlich hoch ist). Die Begeisterungsleistungen sind solche, die vom Kunden nicht erwartet und nicht gefordert werden. Sie machen das Angebot für den Kunden aber wertvoller und steigern seine Zufriedenheit bis hin zur Begeisterung. Aus den Kunden werden Fans. Die Problematik liegt im Gewöhnungseffekt: Werden Begeisterungsanforderungen dauerhaft erbracht, werden sie zu Muss-Anforderungen, wie beispielsweise die Kamera bei einem Smartphone: Kameras in Handys waren ursprünglich nicht erwartet und auch nicht gefordert. Heutzutage ist eine gute Kamera Teil der Grundausstattung.[10] Diese Muss-Anforderungen müssen dann auch zwangsweise von anderen Anbietern erbracht werden.

Damit steigen die Anforderungen an die Differenzierungsmöglichkeiten von Angeboten immer mehr und sie sind in der klassischen Variante immer weniger erfolgreich. Gleichzeitig folgt daraus, dass das Potenzial von Mass Customization begrenzt ist: Wenn es um Individualität und Abgrenzung geht, dann bedient dies in erster Linie den Zusatznutzen, also den Nutzen, der sich auf ein ästhetisches Bedürfnis (Erbauungsnutzen: das Smartphone gefällt dem Käufer wegen seines Designs) oder ein soziales Bedürfnis (Geltungsnutzen: das Smartphone demonstriert nach Außen einen Sinn für Design oder Innovationen) bezieht. Nur in diesen beiden Fällen spielt die Individualisierung eine wichtige Rolle.[11] Bei solchen Produkten, für die dieser Zusatznutzen nicht vorhanden oder untergeordnet ist, reicht entweder eine begrenzte Form der Modularisierung aus oder das standardisierte Produkt befriedigt den Kundennutzen in ausreichendem Maße.

---

10 Vgl. Kano, N., Seracu, N., Takahashi, F. Tsuji, S. (1984), S. 39 ff.
11 Vgl. Giebelhausen, M., Lawson, S. (2010), S. 226.

5.2 Definition und begriffliche Abgrenzung

Der Begriff *Mass Customization* ist ein sogenanntes Oxymoron aus den beiden Begrif-fen *Mass Production* und *Customizing* und wurde zum ersten Mal von Davis (1987) beschrieben und bezeichnete die Möglichkeit, Angebote aufgrund der modernen Informationstechnologie(IT)- und Telekommunikations-Strukturen so zu gestalten, dass sie auf die individuellen Bedürfnisse des einzelnen Kunden angepasst wer-den können: „Mass Customization of markets means that the same large number of customers can be reached as in mass markets of the industrial economy, and simulta-neously they can be treated individually as in the customized marktes of pre-industrial economies."[12] Im Deutschen wird der Begriff mit *kundenindividueller Massenproduk-tion* übersetzt und unter anderem von Piller noch etwas umfassender definiert: „Mass Customization bezeichnet die Produktion von Gütern und Leistungen, welche die unterschiedlichen Bedürfnisse jedes einzelnen Nachfragers dieser Produkte treffen, mit der Effizienz einer vergleichbaren Massen- beziehungsweise Serienproduktion. Grundlage des Wertschöpfungsprozesses ist dabei ein *Co-Design-Prozess* zur Definiti-on der individuellen Leistung in *Interaktion* zwischen Anbieter und Nutzer."[13] Es wird sehr deutlich, dass diese Definition einen prozessualen Fokus hat und die Interaktion betont. Damit greift sie eine Idee auf, die unter dem Begriff der *Open Innovation* bei Produktinnovationen ebenfalls diskutiert wird.[14]

Aus Marketingsicht kann Mass Customization noch einmal eher im strategischen Sinne von Segmentierung verstanden werden. Danach ist Mass Customization ein „Sammelbegriff für die Orientierung an kleinen Kundengruppen mit homogenen An-sprüchen oder gar die Orientierung an jedem einzelnen Kunden (...) – sofern hierbei gleichzeitig der Forderung nach effizientem Marketing Genüge getan wird."[15] Wird dieses Verständnis zugrunde gelegt, dann handelt es sich um eine Variante der Seg-mentierung. Kundenindividuelle Massenproduktion muss sich damit nicht zwingend auf das Produkt an sich beziehen, auch wenn dies der Fokus der Betrachtungen dar-stellt. Es gibt sie durchaus auch in Bezug auf die Preispolitik, die Distributionspolitik oder die Kommunikationspolitik, wie im folgenden noch zu zeigen sein wird. Findet eine Individualisierung im Rahmen der Produktion selber statt, also beispielsweise bei der Konfigurierung des individuellen Müslis, so wird auch von *Hard Customization* gesprochen. Eine Individualisierung auf einer der Produktion nachgelagerten Ebene, wie beispielsweise bei der Lieferung oder der Beratung, wird als *Soft Customization* bezeichnet.

---

12 Davis, S. M. (1987), S. 169.
13 Piller, F. T. (2006), S. 161, Hervorhebung im Original.
14 Siehe hierzu Reichwald, R., Piller, F. T. (2006), S. 96.
15 Reiß, M., Beck, T. (1995), zitiert nach Piller, F. T. (2006), S. 160. Dieses Verständnis des Mass Cus-tomization bis hin zum einzelnen Kunden findet sich auch bei Davis, S. T. (1989), S. 20.

5.3 Ziele und Formen hybrider Wettbewerbsstrategien

Die Ziele der kundenindividuellen Massenproduktion sind, unter den oben beschriebenen Annahmen über die Bedürfnisse des Kunden, zweierlei: Zum einen gilt es, die Bedürfnisse möglichst optimal zu erfüllen, zum anderen muss es darum gehen, dies möglichst effizient zu gestalten. Die Bedürfnisse des Kunden möglichst optimal zu erfüllen, setzt voraus, dass es gelingt, den höchsten Nettonutzen aus Sicht des Kunden zu generieren. Vorausgesetzt, dass der Nutzen als das Ausmaß an Bedürfnisbefriedigung definiert werden kann, stellt der Nettonutzen die Differenz zwischen dem Bruttonutzen und den Kosten dar, die aus Kundensicht für den Erwerb eines neuen Produktes oder einer neuen Dienstleistung entstehen. Diese Kosten setzen sich nun nicht nur aus dem Preis zusammen, den der Kunde, in welcher Form der Zahlungsvereinbarung auch immer, zahlen muss, sondern auch aus den oft eher indirekten Kosten, die unter den Begriffen der Opportunitätskosten, der Transaktionskosten, der psychischen und der physischen Kosten zusammengefasst werden können (siehe hierzu die Ausführungen in Beitrag 2 dieses Buches).

Für den Kunden ist entscheidend, wie hoch der Nettonutzen des Produktes ist und, im Vergleich mit anderen Unternehmen, inwieweit dieser Nettonutzen der höchst mögliche ist. Das Unternehmen hat damit zwei Anknüpfungspunkte: zum einen die Kosten und zum anderen den empfundenen Nutzen. Während die klassische Idee der Massenproduktion ursprünglich darin besteht, die Kosten und damit den Preis für das Produkt möglichst niedrig zu halten, also möglichst effizient zu produzieren, besteht die Idee einer Individualisierung darin, den Nutzen für das Produkt möglichst hoch anzusetzen. Die Massenproduktion folgt der Strategie der umfassenden Kostenführerschaft, die eine der drei generischen Wettbewerbsstrategien von Porter ist. Die Produktion zu möglichst niedrigen Kosten kann im Wettbewerb mit anderen Unternehmen entweder zu einer höheren Marge und damit zu einem höheren Gewinn führen oder darauf aufbauend zu einem niedrigeren Angebotspreis. Die Differenzierungsstrategie, als zweite der generischen Wettbewerbsstrategien hat als Wettbewerbsvorteil die Andersartigkeit in Form der Abgrenzung des Angebots von den Angeboten des Wettbewerbs zum Ziel, zum Beispiel aufgrund eines besonderen Designs, eines besonderen Kundenservices oder eines besonderen Images. Hier findet sich also kundenseitig der Wunsch nach Individualisierung wieder, der die Basis für die Segmentierung darstellt. Schließlich unterscheidet Porter auch noch den Umfang des Angebots hinsichtlich des Marktes: Die beiden Strategiealternativen können entweder im Gesamtmarkt oder auf einem Teilmarkt angestrebt werden. Die Wahl eines Teilmarktes bezeichnet Porter, unabhängig von der gewählten Ausprägung (Kostenführerschaft oder Differenzierung) als Nischenstrategie.[16]

---

[16] Damit handelt es sich, genau genommen, um vier Strategien. Zur Kostenführerschaft und Differenzierung als Wettbewerbsstrategien siehe grundlegend: Porter, M. E. (2013), S. 73 ff.

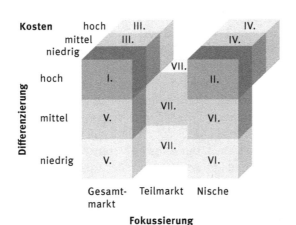

I. **Differenzierung und Kostenführerschaft im Gesamtmarkt (Hybridstrategie)**

II. Differenzierung und Kostenführerschaft in der Nische (Hybrid-Fokus)

III. Differenzierung

IV. Differenzierungsfokus

V. Kostenführerschaft

VI. Kostenfokus

VII. Zwischen den Stühlen

Abb. 5.1: Erweiterung der Porterschen Konzeption (Miller, A., Dess, G. G. (1993), S. 565).

Die Unterscheidung der Wettbewerbsstrategien bei Porter basiert auf den Ergebnissen der sogenannten Profit-Impact-of-Market-Strategies(PIMS)-Studie, die in den 1960er Jahren begann und unter anderem zum Ergebnis hatte, dass der Zusammenhang zwischen relativem Marktanteil und Return-on-Investment einen u-förmigen Verlauf aufwies.[17] Inzwischen konnte vielfach belegt werden, dass der dort angedeutete Nachteil einer gemischten Strategie (sog. *stuck in the middle*) nur bedingt existiert und eine gemischte Strategie unter bestimmten Voraussetzungen durchaus erfolgreich sein kann.[18]

Das weiter oben angesprochene Ziel einer möglichst effizienten Produktion bei gleichzeitiger Individualisierung und damit einer Optimierung des Nettonutzens für den Kunden führt zur sogenannten hybriden Wettbewerbsstrategie.[19] Abbildung 5.1 zeigt die Ergebnisse einer Untersuchung von Miller und Dess (1993), die deutlich machen, dass der Alternativhypothese und Unvereinbarkeitsvermutung von Porter eine Simultaneitätshypothese entgegengesetzt werden kann, die in der Realität ihre Berechtigung hat. Miller und Dess legten ebenfalls die PIMS-Datenbank zugrunde und überprüften 715 Geschäftseinheiten. Im Ergebnis kamen sie auf acht Strategiekombinationen. Es zeigte sich bei der Untersuchung, dass die erfolgreichste Strategie in Bezug auf den Return on Investment (ROI) die Hybridstrategie (I.) war; in Bezug auf das reale Umsatzwachstum war es der Hybrid-Fokus (II.).

---

17 Vgl. Porter, M. E. (2013), S. 82 f.
18 Vgl. unter anderem: Fleck, A. (1995), S. 15 ff.
19 Vgl. Kaluza, B. (1996a), S. 6 f.

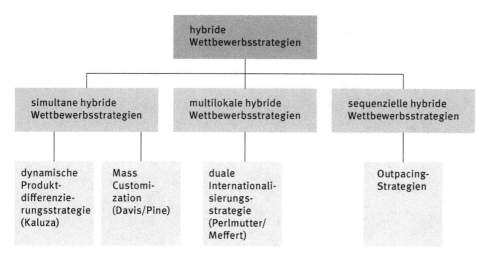

Abb. 5.2: Hybride Wettbewerbsstrategien (Winkler, H., Slamanig, M. (2009), S. 548).

Die hybride Wettbewerbsstrategie (I.) lässt sich ihrerseits in sequentielle hybride Wettbewerbsstrategien, multilokale hybride Wettbewerbsstrategien und simultane hybride Wettbewerbsstrategien unterscheiden (siehe Abbildung 5.2).

Die *sequentiell hybride Wettbewerbsstrategie* beschreibt die Abfolge von Kostenführerschaft und Differenzierung im Zeitablauf. Dabei wird die Strategie in Abhängigkeit von der Wettbewerbssituation beziehungsweise der Phase des Produktlebenszyklus gewählt und auch als Outpacing-Strategie bezeichnet. Im Gegensatz zu Porter, der eine statische Sichtweise bei der Beschreibung seiner Wettbewerbsstrategien verwendet, beschreibt das Outpacing eine dynamische Variante der Wettbewerbsstrategien (siehe Abbildung 5.3). Es kann unterschieden werden zwischen einem Innovator, der mit einer Differenzierungsstrategie beginnt und daran anschließend versucht, Wettbewerbsvorteile durch eine Kostenreduktion zu halten beziehungsweise zu erreichen und einem Folger, der zum Beispiel im Rahmen sogenannter Me-too-Produkte zuerst zu möglichst niedrigen Kosten produziert, um anschließend den gestiegenen Anforderungen an die Produkte gerecht zu werden und die Produkte zu modifizieren beziehungsweise zu differenzieren, wie dies beispielsweise Rügenwalder Mühle mit dem ergänzenden Angebot vegetarischer Wurst praktiziert. Die erste Variante bezeichnen Gilbert und Strebel als Standardization und die zweite als Rejuvenation.[20] Genau genommen handelt es sich am Ende des Prozesses um eine hybride Wettbewerbssituation, während im laufenden Prozess beide Strategien getrennt voneinander durchgeführt werden. Damit ist der Begriff der hybriden Wettbewerbsstrategie im engeren Sinne nicht korrekt.

---

20 Vgl. Gilbert, X., Strebel, P. (1987), S. 28 f.

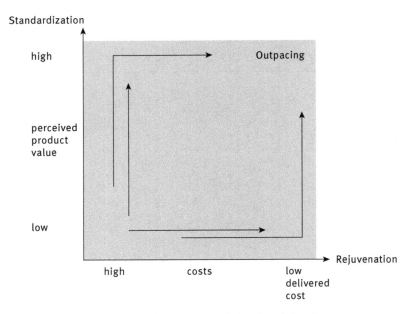

Abb. 5.3: Outpacing-Strategien (Gilbert, X., Strebel, P. (1987), S. 32).

Die *multilokale hybride Wettbewerbsstrategie* geht auf Perlmutter und Meffert zurück.[21] Hierbei wurde, im Rahmen von grenzüberschreitenden Tätigkeiten, die Dichotomie von Standardisierung und Differenzierung genauer beleuchtet, um Entscheidungen für die Produktpolitik in die eine und/oder andere Richtung treffen zu können. Grenzüberschreitende Standardisierung führt zu Kostenvorteilen aufgrund zunehmender Skalen- und Synergieeffekte. Dies ist insbesondere bei homogenen weltweiten Märkten sinnvoll umzusetzen. Die Sinnhaftigkeit ist dann in Frage zu stellen, wenn die Konsumentenbedürfnisse nicht homogen sind und es damit notwendig wird, auf Unterschiede Rücksicht zu nehmen. In diesem Fall wird von einem lokalen Strategieansatz im Sinne einer lokalen Differenzierung gesprochen. Aufgrund der vergleichsweise besseren Erfüllung der Konsumentenbedürfnisse wird davon ausgegangen, dass sich auch ein höherer Preis durchsetzen lässt. In der Realität hat sich gezeigt, dass auch diese Trennung in Standardisierung einerseits und Differenzierung andererseits nicht notwendigerweise sinnvoll ist, sondern Kombinationen beider Strategien möglich sind. Nach Meffert lassen sich vier Strategietypen unterscheiden (siehe Abbildung 5.4). Die *internationale Strategie* beschreibt eine Situation, in der die heimischen Produkte auf dem ausländischen Markt unverändert angeboten werden (auch als ethnozentrische Orientierung beschrieben). Die *Globalisierungsstrategie* beschreibt eine länderübergreifende Standardisierung der Produkte, so dass eine Orientierung am kleinsten gemeinsamen Nenner aller beteiligten Länder

---

21 Vgl. Perlmutter, H. V.; Heenan, D. A. (1986), S. 136 ff. und Meffert (1989), S. 445 ff.

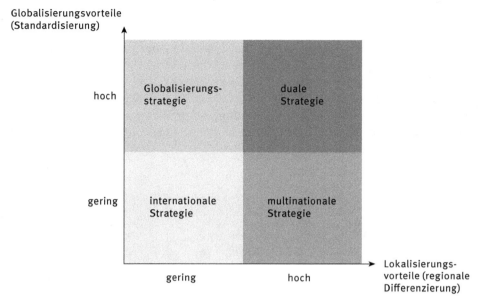

Abb. 5.4: Formen von Internationalisierungsstrategien (Meffert, H. (1989), S. 450).

stattfindet (geozentrische Orientierung). Die *multinationale Strategie* beschreibt eine regionale Anpassung der Produkte, zum Beispiel für den europäischen, amerikanischen oder DACH-Markt (sogenannte regiozentrische Orientierung). Die *duale Strategie* oder multilokale-hybride Wettbewerbsstrategie besteht hingegen darin, sowohl Globalisierungs- als auch Lokalisierungsvorteile so weit wie möglich zu realisieren (polyzentrische Orientierung). Hierbei müssten also Standardisierungsmöglichkeiten beispielsweise für das Produkt ausgeschöpft werden, um vor Ort Differenzierungen unter anderem im Vertrieb durchzuführen. Auch in diesem Fall ist lediglich diese letzte Strategie als eigentliche hybride Strategie zu identifizieren.

Die *simultanen hybriden Wettbewerbsstrategien* lassen sich in die dynamische Differenzierungsstrategie[22] und das Mass Customization nach Pine und Davis unterscheiden.[23] Die *dynamische Differenzierungsstrategie* ist an die Differenzierungsstrategie von Porter angelehnt, die aber, wie weiter oben schon beschrieben, statischer Natur ist. In einer dynamischen Form meint sie die Veränderungen im Rahmen der Differenzierungsmöglichkeiten entlang einer durch Umfeldeinflüsse auftretenden Notwendig-

---

22 Eine dynamische Produktdifferenzierungsstrategie, wie Kaluza sie benennt, existiert im eigentlichen Sinne nicht. Produktdifferenzierung ist eine operative Maßnahme im Rahmen der Produktpolitik, die Differenzierungsstrategie eine Wettbewerbsstrategie nach Porter, vgl. auch Kotler, P. (1989), S. 11. Aus diesem Grund soll im Folgenden von einer *dynamischen Differenzierungsstrategie* gesprochen werden. Dies umso mehr, als Differenzierung nicht alleine an das Produkt gebunden ist, sondern auch über den Vertrieb, das Image oder die Kundenbindung erreicht werden kann.
23 Pine, B. J., Davis, S. (1993).

keit, sei es durch die Veränderungen der Kundenbedürfnisse im Zeitablauf hinsichtlich des Produktdesigns, der Funktionalität oder anderer Faktoren bei gleichzeitiger
Beachtung möglichst niedriger Kosten. Die Reduzierung der Kosten soll dabei durch
die entsprechenden Technologien in der Produktion und der IT sowie die Planung von
Erzeugniswechseln erreicht werden.[24] Die Strategie der *Mass Customization* wurde,
wie oben beschrieben, von Davis und Pine entwickelt. Ob die Individualisierung bis
zur Bedienung einzelner Bedürfnisse ausdifferenziert werden muss, ist fraglich. Das
Ziel der Mass Customization liegt letztlich in der Nutzung von Skaleneffekten durch
das zugrundeliegende Standardprodukt. Abbildung 5.5 zeigt die Logik der Mass Customization.

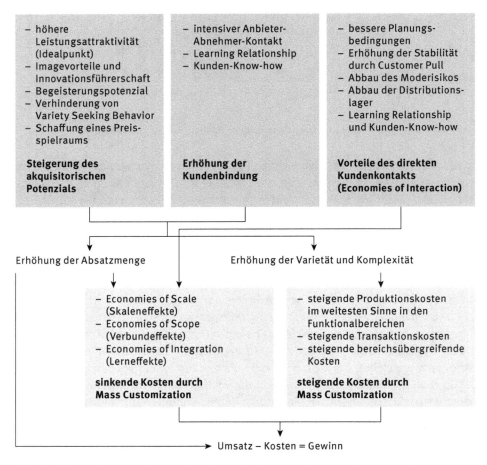

Abb. 5.5: Differenzierungsoption der Mass Customization: Individuelle Leistungserstellung
(Piller, F. T. (2006), S. 215).

---

24 Vgl. Kaluza, B. (1989), S. 30.

Die Logik ist hier dargestellt anhand der Auswirkungen der Mass Customization auf Umsatz und Kosten und damit auf den Gewinn. Umsatzsteigerungen lassen sich ceteris paribus durch die Steigerung des akquisitorischen Potenzials und durch die Erhöhung der Kundenbindung erreichen. Dabei spielt in beiden Fällen ein intensiver Kundenkontakt eine wichtige Rolle, da die Interaktion zu individuellen Kundenspezifikationen führen kann, die dem Kunden einen höchsten Nettonutzen bringen und damit die Wahrscheinlichkeit des Anbieterwechsels sinkt. Daraus folgt eine höhere Absatzmenge. Gleichzeitig kann das Ergebnis einer Orientierung an den Kundenbedürfnissen in einer Erhöhung der Varietät und Komplexität und damit in zusätzlichen Kosten liegen. Darüber hinaus führt der Kundenkontakt durch den besseren Informationsfluss unter anderem zu einer besseren Planbarkeit und damit zu sinkenden Kosten. Differenzierungsvorteile durch größtmögliche Varietät und eine relativ gute Kostenposition ordnen die Mass Customization damit den *simultanen hybriden Wettbewerbsstrategien* zu. Abbildung 5.6 beschreibt die beiden möglichen Entwicklungspfade, entweder vom Massenfertiger zum Mass Customizer (linke Seite der Abbildung) oder vom Einzelfertiger zum Mass Customizer (rechte Seite der Abbildung).

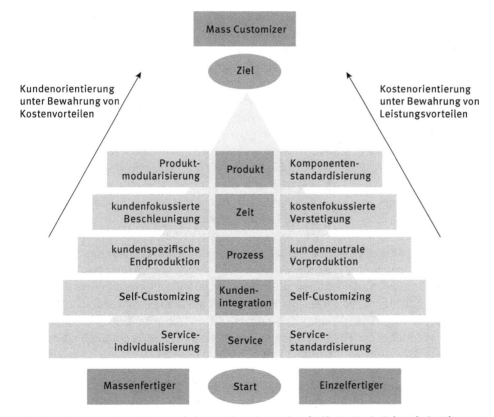

Abb. 5.6: Alternative Entwicklungspfade zum Mass Customizer (Reiß, M., Beck, T. (1995), S. 29).

Die Anknüpfungspunkte (Umsatz und Kosten) sind, unabhängig vom gemeinsamen Ergebnis der Mass Customization, identisch, da in beiden Fällen die gleichen betriebswirtschaftlichen Aspekte eine Rolle spielen. Allerdings unterscheiden sich die Orientierungspunkte: Während sich der Massenfertiger verstärkt am Kunden orientieren muss, muss sich der Einzelfertiger verstärkt an den Kosten orientieren. Aus diesem Grund findet beispielsweise im Rahmen der Produktpolitik entweder eine Modularisierung statt, die eine individuellere Bedürfnisbefriedigung ermöglicht, oder eine stärkere Standardisierung einzelner Komponenten. Der Veränderungsprozess kann entweder im Sinne einer schrittweisen Anpassung des Unternehmens stattfinden oder es besteht die Möglichkeit das Unternehmen radikal umzugestalten. Schließlich wäre eine dritte Variante, ein neues Unternehmen beziehungsweise einen neuen Geschäftsbereich zu schaffen.

Ein besonderes Augenmerk ist auf das *Self-Customizing* im Sinne einer stärkeren oder schwächeren Kundenintegration, je nach verfolgtem Pfad, zu richten. Die hohe Penetration des Internets in die privaten Haushalte und die damit einhergehende hohe Durchdringung sozialer Netzwerke aller Art erleichtert auch im privaten Sektor eine Integration des Kunden in den Produktionsprozess. Nun ist die Idee der Kundenintegration auch bei Massengütern nicht neu, die Automobilindustrie kennt die dafür notwendige Modulbauweise schon seit gut 30 Jahren und selbst bei Möbeln ist der Kunde seit der Eröffnung der ersten IKEA-Verkaufsstätten in den Leistungserstellungsprozess insofern integriert, als er einen Teil der Leistungserstellung am Ende der Wertschöpfungskette übernimmt, indem er die Möbel selber zusammenbaut. Mass Customization setzt aber eigentlich früher an und ist damit eher mit dem Ansatz der Open Innovation zu vergleichen, bei dem der Kunde möglichst frühzeitig in den Entwicklungsprozess eines Produktes integriert ist und damit die Erfolgswahrscheinlichkeit der Innovation erhöht. Während es bei Open Innovation aber nicht zwingend um individualisierte Produkte geht, besteht darin eben der Unterschied zur Mass Customization. Aufbauend auf der Modulbauweise kann der Kunde in den Produktionsprozess auch integriert werden, indem er die Komponenten des Produktes nach seinen Wünschen selber zusammenstellt und sogenannte Konfiguratoren benutzt, wie sie heutzutage insbesondere im Internet in fast jeder Branche zum Einsatz kommen. Es muss also darum gehen, so viel Effizienz wie möglich durch Standardisierung zu erzielen und gleichzeitig die Individualisierung so stark auszubauen, dass eine Differenzierung gelingt und der Kunde möglichst optimal zufriedengestellt wird. Die Form der Individualisierung von Massenprodukten über Modularisierung soll abschließend diskutiert werden. Die Betrachtung baut zum Teil auf die vorangegangenen Ausführungen auf, wobei der Fokus hier auf einer prozessuralen Betrachtung liegt, welche alle der in Abbildung 5.7 angesprochenen Faktoren berührt.

Die Wertkette wird in Anlehnung an Porter in zwei verschiedene Aktivitäten unterteilt: Die oberen Aktivitäten werden als Sekundäraktivitäten bezeichnet und beschreiben die Vorgänge im Unternehmen, die unabhängig vom eigentlichen Produk-

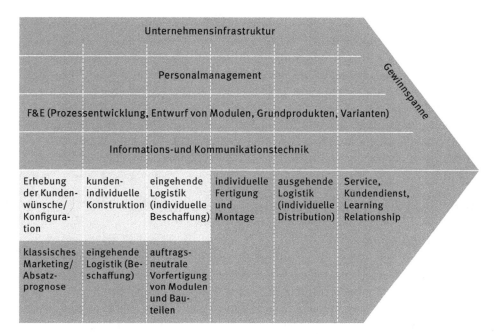

Unternehmensinfrastruktur					
Personalmanagement					
F&E (Prozessentwicklung, Entwurf von Modulen, Grundprodukten, Varianten)					
Informations-und Kommunikationstechnik					
Erhebung der Kundenwünsche/ Konfiguration	kundenindividuelle Konstruktion	eingehende Logistik (individuelle Beschaffung)	individuelle Fertigung und Montage	ausgehende Logistik (individuelle Distribution)	Service, Kundendienst, Learning Relationship
klassisches Marketing/ Absatzprognose	eingehende Logistik (Beschaffung)	auftragsneutrale Vorfertigung von Modulen und Bauteilen			

Abb. 5.7: Massenproduktion mit Modulen zur Individualisierung (Piller, F. T. (2006), S. 175).

tionsprozess stattfinden und unterstützenden Charakter haben. Im vorliegenden Fall ist die Forschungs- und Entwicklungsabteilung dafür zuständig, die Grundprodukte und mögliche Varianten zu entwerfen, die das Unternehmen als Auswahl zur Verfügung stellt. Dabei handelt es sich um solche Varianten, die in Modulform vorliegen und es ermöglichen, das Grundprodukt an die Kundenwünsche anzupassen. Die unteren Aktivitäten sind die Primäraktivitäten, also solche Aktivitäten, die unmittelbar mit dem Produktionsprozess verknüpft sind. Damit die richtigen Varianten angeboten werden, ist es zwingend notwendig, dass in einem ersten Schritt vor der eigentlichen Produktion die Kundenwünsche erhoben werden. Parallel dazu läuft der für Massengüter übliche Prozess der klassischen Absatzprognose, der Eingangslogistik und der Vorfertigung der angesprochenen Module und Bauteile ab. Diese werden dann entweder entsprechend der Kundenwünsche konfiguriert oder es findet parallel noch eine individuelle Beschaffung etwaiger abweichender Sonderwünsche des Kunden statt. Bei der Erhebung der Kundenwünsche und der Konfiguration ist es wichtig, dass der Kunde nicht überfordert wird. Die Möglichkeiten, die sich technisch inzwischen insbesondere im Internet realisieren lassen, dürfen einerseits nicht zu komplex werden, um die Abbruchquote während der Nutzung des Konfigurators durch den Kunden möglichst gering zu halten und andererseits die Kosten aufgrund der zu großen Varietät nicht zu hoch zu treiben.

Die Kombination aus individueller Beschaffung und auftragsneutraler Vorfertigung erfolgt in der individuellen Fertigung und Montage des Produktes. Abschließend kann auch die Distribution einen Individualisierungsgrad aufweisen, der für den Kunden einen erhöhten Nettonutzen verspricht. Der Vertrieb über das Internet verringert unter Umständen die psychischen und physischen Kosten des Kunden, da er sich weder dem Stress von Warteschlangen noch dem Laufweg durch ein Warenhaus aussetzen muss. Im Idealfall besteht durch produktbegleitende Dienstleistungen, wie beispielsweise eine Betreuung nach dem Kauf, die Möglichkeit, weitere Kundeninformationen zu erhalten und zum Aufbau einer Kundenbindung zu nutzen.

5.4 Implikationen für das operative Marketing

5.4.1 Produktpolitik

Wie oben deutlich wurde, konzentriert sich ein Großteil der Betrachtungen zur Mass Customization auf den Produktionsprozess von Produkten und deren möglichst individuellen Anpassung an individualisierte Kundenbedürfnisse. Die Stategie des Mass Customization geht damit einher mit dem der Produktpolitik zugeordneten Instrument der Produktdifferenzierung. Die Produktdifferenzierung meint die Entwicklung neuer Produkte, deren Produktkern mit einem bestehenden Produkt identisch ist und die entweder für bestehende Kunden als Ergänzung oder Substitut zu verstehen sind oder aber auch für neue Kunden einen Anreiz zum Kauf bieten sollen. Damit vereint die Produktdifferenzierung den Wunsch nach auftragsneutraler Vorfertigung und einem wie auch immer gearteten Ausmaß an Individualisierung. Im Rahmen der Produktpolitik können Veränderungen den Produktkern, das Design, die Verpackung, die Markierung oder die produktbegleitenden Dienstleistungen betreffen. Der Produktkern ist mit den oben angesprochenen Basisleistungen oder Muss-Anforderungen identisch, das Design meint die formal-ästhetische Ebene, welche die produktumgangsbezogene, die wahrnehmungsbezogene und die sozial-semantische Dimension umfasst. Die Verpackung dient zum Schutz und als Kommunikator der Produkteigenschaften, mit Markierung ist die Namensgebung gemeint und die produktbegleitenden Dienstleistungen umfassen alle Dienstleistungen, die vor, während oder nach dem Kauf des Produkts dem Kunden angeboten werden; hierunter fallen also Kaufberatung, Vertragsabwicklung und Nachkaufbetreuung.[25]

Im Rahmen von E-Customization, welches beschrieben werden kann als „focus(ing) on consumers' use of advanced infromation technology to design and create a one-of-a-kind products for themselves"[26], geht es im Wesentlichen um eine (in-

25 Vgl. Kürble, P. (2015), S. 56.
26 Jian, P., Balasubramanian, S. K., Lambert, Z. V. (2014), S. 54.

formations-)technische Form der Unterstützung im Auswahlprozess. Dabei ist noch einmal deutlich zu machen, dass für Kunden der Nutzen dieser Auswahlmöglichkeiten die dadurch generierten Kosten übersteigen muss.[27] Die Bestandteile einer internet-basierten Lösung werden in Abbildung 5.8 überblicksartig aufgezeigt.

Abb. 5.8: Bestandteile einer Web-Lösung für Mass Customization (Piller, F. T. (2006), S. 263).

Den Ausgangspunkt bildet die Homepage des Unternehmens, auf der in der Regel ein Shop-System integriert ist. Die Homepage dient, sofern der Kunde nicht auf anderen Wegen, zum Beispiel über einen Affiliate direkt auf die Seite des Shops gelangt, zur Präsentation des Anbieters und dessen individueller Leistung. Hier geht es im Wesentlichen um die Vermittlung beziehungsweise Bestätigung von Kompetenz (siehe Box *Dürmeister*).

---

27 Vgl. schon sehr früh dazu: Bettman, J. R., Johnson, E. J., Payne, J. W. (1988).

⚡ **Dürmeister**

Abbildung 5.9 zeigt das Beispiel der Firma Dürmeister, die individualisierte Luxusuhren herstellt, die mit Hilfe eines Konfigurators vom Kunden zusammengestellt werden können.

Die Konfigurierung kann nach Neukunden und Stammkunden unterschieden werden. Während die Neukunden eine ausführliche Anleitung erhalten können und gegebenenfalls eine Hilfestellung bei der Erfassung der notwendigen Informationen oder eine Erläuterung genutzter Begrifflichkeiten, können Stammkunden auf der Basis ihrer vorangegangenen Bestellungen einen vereinfachten Prozess durchlaufen.[28] Die dazu notwendige Personalisierung kann entweder durch den Kunden erfolgen, indem er seine Vorlieben oder einige sozio-ökonomische Daten angibt oder sie wird vom Unternehmen durch sogenannte Session-Tracking durchgeführt. Während des laufenden Prozesses der Konfiguration ist es von großer Bedeutung, dem Kunden sowohl die Möglichkeit zu bieten, das bis zu diesem Schritt konfigurierte Produkte sehen zu können (im Idealfall dreidimensional und mit einer 360-Grad-Ansicht) sowie Schritte wieder rückgängig machen zu können. Darüber hinaus dürfen die Schritte nicht zu komplex und zu zahlreich sein, um die oben angesprochene Konsumentenverwirrtheit zu vermeiden.[29] Im Falle von Dürmeister handelt es sich deswegen um elf Schritte, innerhalb derer die eigene Uhr erstellt werden kann (siehe Abbildung 5.10). In vielen Fällen bietet es sich auch an, den Kunden zur Vaborientierung beispielhafte Produkte von vorherigen Kunden vorzustellen oder eine Art Ranking der Beliebtheit von bestimmten Konfigurationen zu präsentieren. Bei Dürmeister geschieht dies durch die sogenannten Meisteruhren, die alternativ fertig konfiguriert sind.

Abschließend erfolgt die Erfassung der Kundendaten, wobei bei Stammkunden Änderungsmöglichkeiten geboten werden sollten. Der Konfiguration folgt dann die Bestellung. Gerade der Schritt vom Warenkorb zur tatsächlichen Bestellung ist einer der kritischsten Schritte, da Kunden dazu neigen, die Bestellung nicht abzuschließen. Hier können die angebotenen Zahlungsmöglichkeiten eine wichtige Rolle spielen. Insbesondere dann, wenn beispielsweise bei Überweisungen das aktive Aufrufen und Einloggen in einer neuen Webseite notwendig wird. Hier leisten Zahlungsdienste wie Paypal, die oft automatisiert verknüpft sind, oder die Möglichkeit der automatisierten Abbuchung nach der Eingabe der Kontodaten sinnvolle Dienste. Die Produktdaten werden dann in unternehmensinternen Systemen, wie beispielsweise dem PPS-System (Produktionsplanungs- und Steuerungssystem) verarbeitet.

In den meisten Fällen bieten Onlineshops auch die Möglichkeit des Ordertrackings, also der elektronischen Verfolgung der Produktion und der Lieferung des Produktes. In der Nachkaufphase ist ein weiterer Dialog mit dem Kunden ein wichtiges Instrument zum Austausch von Produkterfahrungen oder Informationen über neue Produkte. Auch hier muss allerdings das richtige Maß gefunden werden, um den Kunden nicht durch eine zu häufige und zu standardisierte Kontaktaufnahme zu verärgern.

Die vorab beschriebene Variante der Individualisierung wäre im Rahmen der Produktpolitik eine Veränderung des Produktkerns und/oder des Produktdesigns insofern, als dass hier eine Anpassung von Qualität, Funktionalität und optischem Erscheinungsbild stattfindet.[30] Darüber hinaus könnte die Anpassung der Verpackung und des Namens angeboten werden, wie dies beispielsweise bei Süßigkeiten, wie Kinderschokolade oder Nutella von Ferrero oder bei Tee, wie 5cups geschieht.

---

28 Vgl. Matzler, K., Stiegler, D., Füller, J. (2011), S. 243.
29 Vgl. Thomke, J., von Hippel, E. (2002), S. 5 ff.
30 Vgl. Kürble, P. (2015), S. 58 f.

DÜRMEISTER INDIVIDUAL ist eine deutsche Uhrenmarke. Unser Uhrmachermeister Reinhold Flüthe und seine Uhrmacher fertigen in der 6. Familiengeneration Uhren, seit 1859.

Jede Uhr wird individuell und exklusiv für Sie gefertigt. Das Basisuhrwerk stammt aus der Schweiz und wird von unseren Uhrmachern zerlegt und veredelt. Jedes andere Bauteil wird in Deutschland gefertigt.

Abb. 5.9: Homepage der Firma Dürmeister (www.duermeister.de (abgerufen am 10.11.2017)).

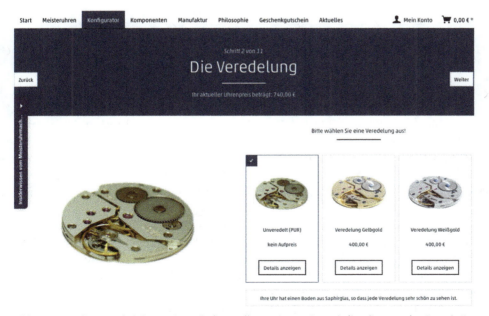

Abb. 5.10: Konfigurator bei duermeister.de (https://www.duermeister.de/konfigurator/meine-uhr# (abgerufen am 11.11.2017)).

5.4.2 Preispolitik

Individualisierte Produkte erfordern in ähnlichem Maße individualisierte Zahlungs-möglichkeiten und preisliche Zusammensetzungen. Abbildung 5.11 zeigt die verschie-denen Varianten der Preisfestsetzung in Abhängigkeit von Individualisierungsgrad und Dynamik bei Onlineshops.

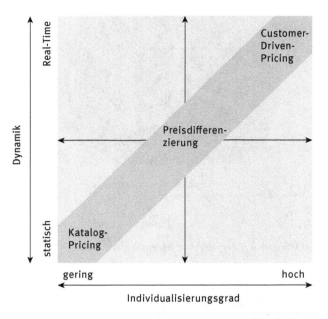

Abb. 5.11: Formen der Preisfestsetzung (Kollmann, T. (2016), S. 284).

Es kann zwischen der Preisfestsetzung durch das Unternehmen (Katalog-Pricing), der Preisfindung in Form von Preisdifferenzierung und Customer-Driven-Pricing unter-schieden werden. Das *Katalog-Pricing* entspricht der aus den Offline-Katalogen be-kannten Preisfestsetzung. Die einzige Möglichkeit der Individualisierung besteht in der nachfrageseitigen Festlegung von Zahlungsbereitschaften und Preislimits. Ent-sprechend ist der Individualisierungsgrad gering und es liegt keine Form der Dynamik vor.

Sowohl die Preisdifferenzierung, also auch das Customer-Driven-Pricing sind aus den Offline-Märkten hinreichend bekannt, finden aber im Online-Markt, aufgrund der besseren individuellen Zuordnung des Kunden und der besseren Individualisierung von Produkten eine noch stärkere Aufmerksamkeit. Beide Varianten wurden von Pi-gou in den 1920er Jahren bereits beschrieben: Pigou (1929) unterteilte die Typen der Preisdifferenzierung in eine Preisdifferenzierung 1. Grades, bei der es sich um das *Customer-Driven-Pricing* handelt und mit den der personalisierte Preis durch individuelle Preisverhandlungen beziehungsweise Auktionen gemeint sind (siehe hierzu Abbildung 5.12). Hier sind nicht die Produkte individualisiert, allerdings die Preisfestlegung, die der Zahlungsbereitschaft des einzelnen Kunden entspricht und sie durch den Bietungsprozess offenlegt. Das Unternehmen könnte im Nachgang hierzu dem Kunden, so er nicht zum Zug gekommen ist und überboten wurde, eine Produktvariante anbieten, die seiner Zahlungsbereitschaft entspricht.[31]

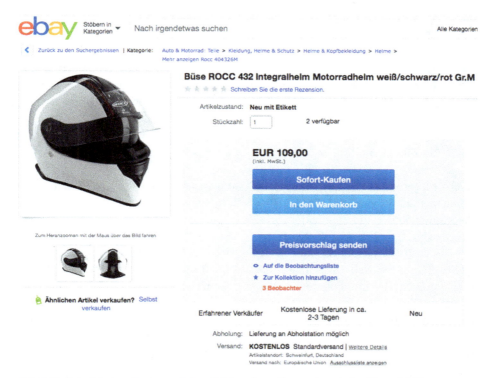

Abb. 5.12: Beispiel eines Customer-Driven-Pricings (http://www.ebay.de/itm/Buse-ROCC-432-Integralhelm-Motorradhelm-weis-schwarz-rot-Gr-M/112536101817?epid=1550159293&hash=item1a33aca3b9:g:6tIAAOSwX99ZnAOD (abgerufen am 14.11.2017)).

Die Preisfindung in Form der *Preisdifferenzierung* lässt sich unterteilen in eine Preisdifferenzierung mit Selbstselektion und ohne Selbstselektion. Auch diese Formen der Preisdifferenzierungen sind aus dem Offline-Markt hinreichend bekannt.

Die Preisdifferenzierung 2. Grades nach Pigou beschreibt die Preisdifferenzierung mit Selbstselektion. Der Kunde kann zwischen verschiedenen Varianten und damit auch zwischen verschiedenen Preisen hinsichtlich Mengen und Leistung wählen. So

---

31 Siehe hierzu ausführlich den Beitrag Dynamic Pricing in diesem Buch.

werden beispielsweise Smartphones in unterschiedlichen Ausstattungen hinsichtlich Speicherplatz, Arbeitsspeicher, Größe oder Farbe angeboten, die entsprechend unterschiedlich bepreist sind. Diese Form der Preisdifferenzierung entspricht am ehesten einer Form der Preispolitik, die der Mass Customization zugeordnet werden kann, da der Kunde mit Hilfe eines Konfigurators die Produktvariante aussuchen kann, die seinen Bedürfnissen entweder hinsichtlich Zahlungsbereitschaft oder Produktausstattung am ehesten entspricht. Die Produkte werden dann, entsprechend des in Abbildung 5.8 dargestellten Ablaufes, produziert und versandt.

Die Preisdifferenzierung 3. Grades bezieht sich auf die Preisdifferenzierung ohne Selbstselektion. Hier differenziert das Unternehmen zum Beispiel hinsichtlich der Region (zum Beispiel unterschiedliche Länder mit unterschiedlichen Zahlungsbereitschaften), der Personengruppe (zum Beispiel Schüler und Studenten, Renter oder Arbeitslose) oder der Zeit (zum Beispiel Jahreszeiten, Wochentagen oder Uhrzeiten).

5.4.3 Distributionspolitik

Auch und gerade durch die digitale Entwicklung insbesondere der letzten 25 Jahre ergeben sich im Rahmen der Distributionspolitik Möglichkeiten von Synergieeffekten, Verbundeffekten und Lerneffekten, wie sie im Rahmen der Mass Customization notwendig sind.

Die Distributionspolitik oder auch Vertriebspolitik beschreibt als sogenannter Multi-Channel-Vertrieb „eine abgestimmte organisatorische und technische Steuerung von Vertriebs- und Kommunikationskanälen. Dabei ist strikt zwischen organisatorischen Einheiten, die sich die Verantwortung für den Markterfolg in einem Kanal teilen, und den Kommunikationsmitteln, die in einem Kanal zum Einsatz kommen, zu unterscheiden. Kanalmanagement bedeutet, dass eine definierte Kanaleinheit (zum Beispiel ein externes Call-Center) mit Hilfe bestimmter Kommunikationsmittel (zum Beispiel Telefon und Fax) bestimmte Aufgaben (zum Beispiel Verkauf von Flugkarten) übernimmt und sich mit definierten Kanalpartnern abzustimmen hat."[32] Abbildung 5.13 stellt die verschiedenen Vertriebskanäle überblicksartig dar.

Um die Möglichkeiten in Gänze auszunutzen ist eine Integration der Kanalstufen und -prozesse notwendig. Dabei kann zwischen kombiniertem und integriertem Multikanalvertrieb unterschieden werden. Im *kombinierten Multikanalvertrieb* werden die Kanäle parziell miteinander vernetzt und der Wettbewerb zwischen den Kanälen geregelt. Dabei kommt es zu einem kanalübergreifenden Branding und Pricing. Bei einem *integrierten Multikanalvertrieb* werden die Kanäle miteinander verknüpft. Dem liegt ein CRM-System zugrunde, welches die Daten über den Kunden synchronisiert und

---

32 Vgl. Winkelmann P. (2012), S. 636.

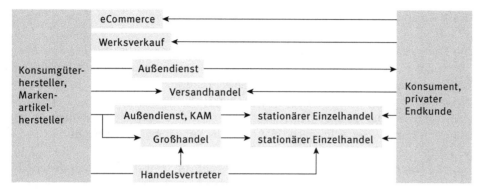

Abb. 5.13: Vertriebskanäle (in Anlehnung an Winkelmann, P. (2012), S. 637).

in der gewünschten Form kombiniert. Hier wäre im Idealfall eine Kundenansprache im Sinne eines One-Face-to-the-Customer möglich und damit ein kanalübergreifendes Cross-Selling (siehe auch Beitrag 9). Dem Kunden möglichst viele Wege anzubieten bedeutet im Ergebnis nicht zwingend, dass er auch alle Wege nutzt. Vielmehr wird es zu einer Konzentration auf die Kanäle oder den Kanal kommen, die oder den der Kunde bevorzugt.[33] Auch dies wäre im Sinne eines Mass Customization und der Ausnutzung möglichst großer Synergie- und Verbundeffekte bei gleichzeitiger Nutzensteigerung beim Kunden. Es zeigt sich aber auch, dass Kunden, denen sowohl eine Offline- als auch eine Onlinevariante angeboten wird, oft eine höhere Kundenwertigkeit haben.[34]

Insbesondere die klassischen Kataloghändler haben inzwischen in den meisten Fällen eine Ergänzung um einen Onlineshop aufgebaut, um neue Zielgruppen zu erreichen, aber auch, um den Bestandskunden neue, bequemere Möglichkeiten des Einkaufs anzubieten. In vielen Fällen findet eine Ergänzung um den Handel mit Gebrauchtwaren statt, so wie dies beispielsweise bei Amazon der Fall ist. Gerade dieses Beispiel zeigt auf, dass verstärkt der umgekehrte Weg vom Online-Händler zum stationären Händler gegangen wird.[35] Wie schon im Rahmen der Produktpolitik angesprochen, muss ein Onlineshop, um erfolgreich vertreiben zu können, bestimmte Grundsätze beachten, zu denen unter anderem der Vertrauensaufbau hinsichtlich des Unternehmens, die Beantwortung von Fragen zum Produkt und die einfache Suchmöglichkeit gehören, so dass die Informations- und Suchkosten den zusätzlich empfundenen Nutzen nicht übersteigen.[36]

---

33 Vgl. Winkelmann, P. (2012), S. 641 f.; Lammenett, E. (2015), S. 291 ff.

34 Vgl. Kreutzer, R. T. (2014), S. 489.

35 Vgl. https://www.heise.de/newsticker/meldung/Amazon-Go-Amazon-eroeffnet-kassenloses-Lebensmittelgeschaeft-3559328.html (abgerufen am 20.11.2017).

36 Vgl. hierzu ausführlicher: Kreutzer, R. T. (2014), S. 492 ff.

5.4.4 Kommunikationspolitik

Mit Kommunikationspolitik wird der „Einsatz derjenigen Instrumente des Marketing (bezeichnet), die als Träger der Information eingesetzt werden können, die sich an die Interessengruppen richten."[37] Dabei ist es grundsätzlich unerheblich, welche Interessengruppe gemeint ist. Hier kann es sich um (potenzielle) Kunden, Lieferanten oder Wettbewerber genauso handeln, wie um Berater, Banken oder Politiker. Im Fokus der folgenden Betrachtungen sollen aber die Kunden liegen, da sie die wichtigste Zielgruppe jeder kommunikativen Aktivität sein sollten.

Die Kommunikationspolitik hat eine Vielzahl von Instrumenten, mit denen das vorrangige Ziel der Einflussnahme auf die Einstellungen der Interessengruppen verfolgt werden kann. Vor diesem Hintergrund ist es auch noch einmal wichtig zu betonen, dass Kommunikationspolitik in erster Linie psychologische Ziele verfolgt, die als Grundlage für das Erreichen ökonomischer Ziele verstanden werden können. Die folgenden Betrachtungen richten sich auf die klassische Werbung als eines der Instrumente und hier auch in erster Linie auf die Konsumenten; klassische Werbung deswegen, weil es sich bei diesem Instrument um das einzige im Rahmen der Kommunikationspolitik handelt, welches alle Möglichkeiten der Massenkommunikation umfasst, wie unter anderem Internetwerbung, Zeitungswerbung, Fernseh- und Radiowerbung oder Plakatwerbung. Damit kommt die klassische Werbung der oben beschriebenen Idee der Synergie-, Verbund- und Lerneffekte am nächsten. Gleichzeitig ist es, unter Zuhilfenahme der neueren technologischen digitalen Entwicklungen möglich, die Massenkommunikation so weit zu individualisieren, dass bis auf die Ebene des einzelnen Kunden hinunter individualisierte Kommunikation möglich ist.

Die zielgruppengerechte Einspielung von Werbung im Internet kann verschiedene Formen annehmen:

Das *Targeted Advertising*, also die zielgerichtete Werbung, kommt dem Gedanken der Mass Customization am nächsten, da es darum geht, Werbeeinblendungen am Inhalt von Zielseiten und an bestimmten Zielgruppen festzumachen. Targeted Advertising kann unter anderem auf Seiten von sozialen Netzwerken, Suchmaschinen oder E-Mail-Konten stattfinden. Grundsätzlich findet eine Orientierung für das Targeted Advertising an den folgenden Kriterien statt:

– Sprache,
– Technische Parameter,
– Soziodemografika und
– Verhalten.

Die Orientierung an der Sprache wird auch *kontextuelles oder semantisches Targeting* genannt: Die Werbeeinblendung orientiert sich am thematischen Inhalt der Web-Sei-

---

37 Kürble, P. (2015), S. 165.

te. In der einfachsten Form wird die Werbung dann eingeblendet, wenn mehrere Begrifflichkeiten auf der Webseite den Schlagwörtern entsprechen, die der Werbetreibende definiert hat.

Bei der Nutzung technischer Parameter oder soziodemografischer Daten, wird vom sogenannten *Geotargeting* gesprochen: Die Werbung orientiert sich an der IP-Adresse, die genutzt wird, um die Region abzuschätzen, in der der Nutzer wohnt. Regionale Anbieter können damit ihre Streuverluste minimieren.

Verhaltensorientierte Werbung wird auch als *behavioural targeting* bezeichnet und meint, dass die digitale Werbung am Nutzerverhalten festmacht, beispielsweise am gesamten Browsing-Verhalten. Damit ist die Werbung, anders als beim kontextuellen Targeting, unabhängig von der aktuell besuchten Webseite.

5.5 Auswahl von Forschungsarbeiten

5.5.1 Unsicherheitsvermeidung und Konfiguratoren

Die Forschungsarbeit von Bellis et al. zu Mass Customization setzt sich mit der Frage auseinander, inwieweit das Ausmaß von Unsicherheitsvermeidung Einfluss auf die Nutzung von Konfiguratoren bei Produkten nimmt, die in Form des Mass Customization angeboten werden.[38] Es wurde in Kapitel 5.4.1 bereits angesprochen, dass die Möglichkeit der Differenzierung durch eine höhere Leistungsattraktivität und ein größeres Begeisterungspotenzial dazu führen kann, dass der Kunde den Nutzen eines individualisierten Produktes höher einschätzt als eines standardisierten. Diesem höheren Nutzen stehen höhere Kosten in Form von höheren Transaktionskosten wegen der zunehmenden Varietät und Komplexität entgegen. Unsicherheitsvermeidung ist ein kulturprägendes Merkmal nach Hofstede, welches definiert ist als „The Uncertainty Avoidance dimension expresses the degree to which the members of a society feel uncomfortable with uncertainty and ambiguity. The fundamental issue here is how a society deals with the fact that the future can never be known: should we try to control the future or just let it happen? Countries exhibiting strong UAI maintain rigid codes of belief and behaviour, and are intolerant of unorthodox behaviour and ideas. Weak UAI societies maintain a more relaxed attitude in which practice counts more than principles."[39] Die Autoren der Studie haben im asiatischen Raum Länder mit einem hohen Maß an Unsicherheitsvermeidung (uncertainty avoidance, UAI) verglichen mit Ländern mit einem niedrigen Maß an Unsicherheitsvermeidung. Abbildung 5.14 zeigt das Ergebnis: Mitglieder in Ländern mit einer hohen UAI brauchen für den Konfigurationsprozess länger als Mitglieder in Ländern mit niedriger UAI. In solchen Ländern, in denen das Maß an UAI hoch ist, ist die Wahrscheinlichkeit, dass sie die Konfigura-

---

38 Bellis, E., Hildebrand, C., Ito, K., Herrmann, A. (2015).
39 Vgl. https://www.hofstede-insights.com/models/national-culture/ (abgerufen am 10.12.2017).

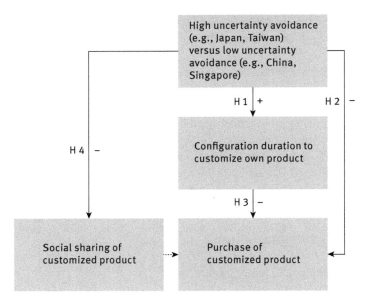

Abb. 5.14: Zusammenhang zwischen Unsicherheitsvermeidung, Konfiguration und Kauf (Bellis, E., Hildebrand, C., Ito, K., Herrmann, A. (2015), S. 314).

tion auch abschließen niedriger als in solchen Ländern, in denen das Ausmaß an UAI niedrig ist. Für beide Gruppen gilt, dass die Länge des Konfigurationsprozesses die Kaufwahrscheinlichkeit negativ beeinflusst. Schließlich gilt auch, dass, zumindest in dem hier untersuchten Fall des Autokaufs, die Autokäufer mit einer hohen UAI ihr konfiguriertes Auto weniger mit anderen diskutieren als in Ländern mit niedriger UAI.

5.5.2 Konsumentenverwirrtheit und Mass Customization

Eine weitere Forschungsarbeit beschäftigt sich mit der Thematik der Konsumenten-verwirrtheit durch Mass Customization. Abbildung 5.15 stellt den Zusammenhang in Form eines sogenannten *Conceptual Model* dar.

Die Autoren definieren die Konsumentenverwirrtheit in Zusammenhang mit Mass Customization (Mass Customization Confusion, MCC) als: „a dysfunctional state of customer's mind, when he/she is overloaded and overwhelmed during the configu-ration activities. This diminishes the propability to choose options according to their own needs and wants, resulting in a product configuration that does not match ex-pectations."[40] Die Ursachen für MCC liegen in der Informationsüberlastung und einer produkt- und prozessbezogenen Unsicherheit. Das Ergebnis ist dann der Abbruch des

---

40 Matzler, K., Stieger, D., Füller, J. (2011), S. 233.

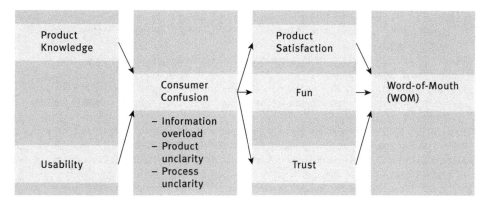

Abb. 5.15: Conceputal Model der Einflussfaktoren und Folgen von Konsumentenverwirrtheit (Matzler, K., Stieger, D., Füller, J. (2011), S. 235).

Vergleichs von Produktvarianten und einer eher impulsiven oder habitualisierten Produktwahl, so dass das schließlich erworbene Produkt nicht wirklich nutzenmaximierend ist.

Die Ergebnisse der Studie zeigen, dass sowohl die Zufriedenheit mit dem Produkt, der Spaß am Konfigurationsprozess sowie das Vertrauen in den Anbieter die Weiterempfehlung (WOM) beeinflussen. Insbesondere betont die Studie aber sowohl die Produktkenntnis beim Kunden als auch die Nutzerfreundlichkeit (Usability) als wesentliche Erfolgsfaktoren. Ersteres führt zu der Empfehlung, den Konfigurator in Abhängigkeit von den Kenntnissen des Kunden unterschiedlich zu gestalten. Zweites betont die Bedeutung der sogenannten *Toolkits*, also der möglichst einfache Umgang mit der Konfiguration durch eine entsprechende nachvollziehbare Bedienerführung.[41]

Literatur

Anderson, C. (2007): The Long Tail, München.

Bettman, J. R., Johnson, E. J., Payne, J. W. (1988): A Componential Analysis of Cognitive Effort in Choice, Durham.

Davis, S. M. (1987): Future Perfect, New York.

Davis, S. M. (1989): From "future perfect": Mass customizing, in: Planning Review, 17(2), S. 16–21.

De Bellis, E., Hildebrand, C., Ito, K., Herrmann, A. (2015): Cross-national differences in uncertainty avoidance predict the effectiveness of mass customization across East Asia: a large-scale field investigation, in: Marketing Letters, 26(3), 309–320.

Fleck, A. (1995): Hybride Wettbewerbsstrategien. Zur Synthese von Kosten- und Differenzierungsvorteilen, Wiesbaden.

---

41 Vgl. Matzler, K., Stieger, D., Füller, J. (2011), S. 243.

Giebelhausen, M., Lawson, S. (2010): Sneakerheads and Custom Kicks: Insights into Symbolic Mass Customization, in: Tseng, M. M., Piller, F. T. (2010): Handbook of Research in Mass Customization and Personalization, Singapur.

Gilbert, X., Strebel, P. (1987): Strategies to outpace the competition, in: Journal of Business Strategy, Vol. 8, Nr. 1, S. 28–36.

Jian, P., Balasubramanian, S. K., Lambert, Z. V. (2014): Consumers' value perception of e-customization – a model incorporating information framing and product type, in: Journal of Consumer Marketing, 31(1), S. 54–67.

Kaluza, B. (1989): Erzeugniswechsel als unternehmenspolitische Aufgabe. Integrative Lösungen aus betriebswirtschaftlicher und ingenieurwissenschaftlicher Sicht, Berlin.

Kaluza, B. (1996)a: Dynamische Produktdifferenzierungsstrategie und moderne Produktionskonzepte, Duisburg.

Kaluza, B. (1996)b: Dynamische Produktdifferenzierungsstrategie und moderne Produktionssysteme, in: Wildemann, H. (Hrsg.): Produktions- und Zuliefernetzwerke, S. 193–238.

Kano, N., Seracu, N., Takahashi, F., Tsuji, S. (1984): Attractive quality and must-be quality, in: Hinshitsu: The Journal of Japanese Society for Quality Control, 14, S. 39–48.

Kollmann, T. (2016): E-Business: Grundlagen elektronischer Geschäftsprozesse in der Digitalen Wirtschaft, Wiesbaden.

Kotler, P. (1989): From Mass Marketing to Mass Customization, in: Planning Review, 17(5), S. 10–47.

Kreutzer, R. T. (2014): Praxisorientiertes Online-Marketing, 2. Auflage, Wiesbaden.

Kürble, P. (2015): Operatives Marketing, Stuttgart.

Lammenett, E. (2015): Praxiswissen Online-Marketing, 5. Auflage, Wiesbaden.

MacDonald, J., Tobin, J. (1998): Customer eompowerment in the digital economy, in: Don Tabscott, D. (1998): Blueprint to the digital economy, New York, S. 202–220.

Maslow, A. H. (1943): A Theory of Human Motivation, in: Psychological Review, 50(4), S. 370–396.

Maslow, A. H. (1971): The Farther Reaches of Human Nature, New York.

Matzler, K., Stieger, D., Füller, J. (2011): Consumer Confusion in Internet-Based Mass Customization: Testing a Network of Antecedents and Consequences, in: Journal of Consumer Policy, 34, S. 231–247.

Meffert, H. (1989): Globalisierungsstrategien und ihre Umsetzung im internationalen Wettbewerb, in: Die Betriebswirtschaft, 49, S. 445–463.

Michelis, D., Schildhauer, T. (2015): Social Media Handbuch. Theorien, Methoden, Modelle und Praxis, 3. aktualisierte und erweiterte Auflage, Baden-Baden.

Miller, A., Dess, G. G. (1993): Assessing Porter's model in terms of its generalizability, accuracy and simplicity, in: Journal of Management Studies, 30(4), S. 553–585.

Pauli, K. (2012): Massenware nach Maß, http://www.faz.net/aktuell/wirtschaft/unternehmen/mass-customization-massenware-nach-mass-11900853.html (abgerufen am 17.05.2017).

Perlmutter, H. V., Heenan, D. A. (1986): Cooperate to compete globally, in: Harvard Business Review, Vol. 64, März–April, S. 136–152.

Pigou, A. C. (1952): The Economics of Welfare, 4. Auflage, London.

Piller, F. T. (2006): Mass Customization, 4. Auflage, Wiesbaden.

Pine, B. J., Davis, S. (1993): Mass Customization. The New Frontier in Business Competition, Boston.

Porter, M. E. (2013): Wettbewerbsstrategie, 12. Auflage, Frankfurt am Main.

Przeworski, A., Limongi, F. (1997): Modernization: Theories and facts. World politics, 49(2), S. 155–183.

Reichwald, R., Piller, F. T. (2009): Interaktive Wertschöpfung, 2. vollständig überarbeitete und erweiterte Auflage, Wiesbaden.

Reiß, M., Beck, T. (1995): Performance_Marketing durch Mass Customization, in: Marktforschung & Management, 39(2), S. 62–67.

Stangel-Meseke, M, Hahn, P., Steuer, L. (2015): Diversity Management und Individualisierung, Wiesbaden 2015.

Smith, W. R. (1956): Product Differenziation and Market Segmentation as Alternative Marketing Strategies, in: Journal of Marketing, 21(1), S. 3–8.

Ternès, A., Towers I., Jerusel, M. (2015): Konsumentenverhalten im Zeitalter der Mass Customization, Wiesbaden.

Thomke, S., von Hippel, E. (2002): Customers as innovators: A new way to create value, in: Harvard Business Review, 80, S. 5–11.

Winkelmann, P. (2012): Vertriebskonzeption und Vertriebssteuerung, 5. Auflage, München.

Winkler, H., Slamanig, M. (2009): Generische und hybride Wettbewerbsstrategien im Überblick, in: WiSt, 11, S. 546–552.

https://www.5cups.de/de/tee-selber-mischen/ (abgerufen am 13.11.2017).

http://www.duermeister.de (abgerufen am 10.11.2017).

https://www.duermeister.de/konfigurator/meine-uhr# (abgerufen am 11.11.2017).

http://www.ebay.de/itm/Buse-ROCC-432-Integralhelm-Motorradhelm-weis-schwarz-rot-Gr-M/112536101817?epid=1550159293&hash=item1a33aca3b9:g:6tIAAOSwX99ZnAOD (abgerufen am 14.11.2017).

https://www.heise.de/newsticker/meldung/Amazon-Go-Amazon-eroeffnet-kassenloses-Lebensmittelgeschaeft-3559328.html (abgerufen am 20.11.2017).

https://www.hofstede-insights.com/models/national-culture/ (abgerufen am 10.12.2017).

https://www.trendone.com/trends/mega-trends/mega-trend-detail/?tx_t1trendcontext_trendcontext[megatrend]=31cHash=710c328044fe2ed4d5b64b825c828afd (abgerufen am 29.05.2017).

https://www.zukunftsinstitut.de/dossier/megatrend-individualisierung/ (abgerufen am 29.05.2017).

Helena M. Lischka und Maximilian C. Pohst
6 Dynamic Pricing

6.1 Hintergrund

Die Bedeutung, die der Preispolitik im Marketingmix beigemessen wird, hängt mit der meist besonderen Bedeutung des Preises für den Kunden, der schnellen Reaktion der Konkurrenz auf Preisänderungsmaßnahmen sowie der schnellen Umsetzbarkeit preispolitischer Entscheidungen zusammen. Im Hinblick auf das preispolitische Instrumentarium, das dem Ziel der Festlegung des optimalen Preises folgt, spielen vor allem Konzepte wie Preisabsatzfunktion, Preiselastizität und Preisdifferenzierung eine wesentliche Rolle. Der optimale Verkaufspreis ist hierbei zu verstehen als der Preis, der zur Erfüllung der unternehmens- oder geschäftsbereichsbezogenen Ziele dient, die üblicherweise in der Gewinn-, Umsatz- und/oder Absatzmengenmaximierung beziehungsweise Marktanteilssteigerung bestehen. Die Festlegung dieses optimalen Preises erfordert wiederum die Ermittlung von Preisabsatzfunktion und Preiselastizität. Mit der Preisdifferenzierung wird schließlich die Heterogenität der Nachfrager bezüglich ihrer Preisbereitschaft berücksichtigt, indem für dasselbe Produkt oder für Varianten desselben Produktes unterschiedliche Preise angeboten werden.[1] Der preispolitische Ansatz des *Dynamic Pricing* im Kontext digitaler Technologien bezeichnet die Festlegung des jeweils optimalen Verkaufspreises für Produkte oder Dienstleistungen basierend auf einer automatisierten Auswertung sich ändernder Bedingungen in einem zeitlichen Verlauf.[2]

Dynamische Preise hingegen existieren schon seit Anbeginn des Handels selbst und finden sich in ihrer ursprünglichen Form auch heute noch, beispielsweise auf Wochenmärkten. Dort richten sich dynamische Preise nach Abnahmemenge, Verhandlungsgeschick des Käufers, Uhrzeit oder auch der Verderblichkeit der Ware. Die Erscheinung fester (statischer) Preise, bei denen keine Verhandlung zwischen Käufer und Verkäufer notwendig ist, findet erst verstärkt seit dem 20. Jahrhundert mit der Einführung von Warenhäusern und Selbstbedienungsläden statt.[3]

Während dynamische Preise damit kein gänzlich neues Phänomen sind, hat durch die Digitalisierung weiter Bereiche der Wirtschaft deren Bedeutung erheblich zugenommen.[4] So finden neben Tankstellen, die schon lange die tageszeitabhängige Preisgestaltung für Kraftfahrtstoffe einsetzen, dynamische Preise zunehmend Ver-

---

1 Vgl. Simon, H., Fassnacht, M. (2016), S. 8 ff., S. 101 ff.
2 Vgl. Kenning, P., Pohst, M. (2016), S. 1125.
3 Vgl. Genth, S. (2016), S. 863.
4 Vgl. Kenning, P., Pohst, M. (2016), S. 1125.

https://doi.org/10.1515/9783110526097-006

breitung im stationären Handel durch die Verwendung elektronischer Preisschilder (Electronic Shelf Labels). Einzelhandelsketten, wie beispielsweise der Elektronikhändler Media-Saturn, haben sukzessive ihre Filialen auf elektronische Preisschilder umgestellt, mit denen sich Produkte flexibel – ohne den aufwändigen Austausch von Preisetiketten per Hand – neu bepreisen lassen.[5] Im E-Commerce ist Dynamic Pricing durch die vernachlässigbar niedrigen Kosten für Preisänderungen nahezu zum Standard geworden (insbesondere bei Hotelübernachtungen und Flügen).[6] Bekannt sind in diesem Zusammenhang Studien über die Preisänderungshäufigkeit und -höhe auf der Handelsplattform Amazon. So wurde beispielsweise festgestellt, dass sich der Preis einer Canon-Kamera innerhalb von 72 Stunden 275 Mal änderte, was im Schnitt fast vier Mal pro Stunde entspricht. Weiterhin wurde beobachtet, dass der Preis einer Kamera (Nikon) binnen 72 Stunden zwischen 700 Euro und 1,687 Euro schwankte – eine Preisspanne von nahezu 1,000 Euro. Dabei fanden die meisten Preisänderungen morgens zwischen 8:00 und 12:00 Uhr und am Abend statt.[7] Der Preis einer Kaffeemaschine sank im Tagesverlauf von 106,41 Euro morgens um 9:00 Uhr auf 80,99 Euro um 14:00 Uhr und stieg dann wieder auf 94,89 Euro abends um 22:45 Uhr.[8] Bei Reisen hingegen zahlen Kunden abends deutlich mehr als morgens, einfach deshalb, weil unterstellt wird, dass sie abends in der Regel mehr Zeit haben, eine Reise zu planen.[9]

Die Besonderheit des Dynamic Pricing geht im Wesentlichen auf die Digitalisierung der betrieblichen Preispolitik zurück: Aufgrund gesunkener Preisänderungskosten, den Möglichkeiten der Auslesung und Auswertung von Wettbewerbspreisen sowie Technologien, mittels derer eine sekundenschnelle Anpassung der Preise möglich ist, können Preise in kürzeren Abständen und viel häufiger verändert werden als bei gewöhnlicher Preisdifferenzierung.[10] Über die Möglichkeiten und Folgen einer stärkeren Preisdifferenzierung hat in der jüngsten Vergangenheit eine intensivere öffentliche und sehr kritische Diskussion stattgefunden und vor allem der individualisierten Preissetzung wird große Skepsis entgegengebracht. Insbesondere Verbraucherschützer äußern sich häufig ablehnend zu dem Thema und fokussieren die Notwendigkeit der Transparenz von Preisänderungsmechanismen. Grundsätzlich lässt sich feststellen, dass Dynamic Pricing in vielen Kontexten von Verbrauchern als *unfair* empfunden

---

5 Vgl. http://www.handelsblatt.com/unternehmen/handel-konsumgueter/digitale-preisschilder-gibt-es-bald-tankstellenpreise-im-supermarkt/12786146.html (abgerufen am 13.04.2018).

6 Vgl. Uflacker, M., Schlosser, R., Meinel, C. (2017), S. 185.

7 Vgl. Minderest (2015); http://www.rp-online.de/nrw/staedte/duesseldorf/preis-fuer-kamera-wech selte-275-mal-aid-1.7342189 (abgerufen am 13.04.2018).

8 Vgl. Stern (2015).

9 Vgl. http://www.rp-online.de/nrw/staedte/duesseldorf/preis-fuer-kamera-wechselte-275-mal-ai d-1.7342189 (abgerufen am 13.04.2018).

10 Vgl. Schleusener, M. (2016), S. 868.

wird und auf Reaktanz stößt.[11] Vor diesem Hintergrund stellt sich für das Marketing die Frage, ob Dynamic und Individual Pricing anstelle von statischen und Einheitspreisen einem Unternehmen letztlich mehr schaden als nützen. Die Beantwortung dieser Frage soll Gegenstand der folgenden Ausführungen sein.

6.2 Grundlagen des Dynamic Pricing und begriffliche Abgrenzung

6.2.1 Preisdifferenzierung

Abschöpfen von Zahlungsbereitschaften

Beim Dynamic Pricing werden die optimalen Verkaufspreise für Produkte und Dienstleistungen mithilfe digitaler Technologien automatisch festgelegt. Der Grundgedanke dieser Festlegung, unabhängig davon, welches konkrete preisabsatzpolitische Ziel verfolgt wird, liegt in der Annahme unterschiedlicher Preiselastizitäten der Nachfrage beziehungsweise Zahlungsbereitschaften der (potenziellen) Kunden. Diese unterschiedlichen Zahlungsbereitschaften werden in aggregierter Form durch die Nachfragekurve dargestellt. In Bezug auf das Ziel der Umsatzmaximierung ist die Bedeutung des Dynamic Pricing demnach darauf zurückzuführen, dass sich bei unterschiedlichen Zahlungsbereitschaften durch differenzierte Preissetzung höhere Umsätze erzielen lassen (siehe Abbildung 6.1 und Box *Abschöpfung zusätzlicher Konsumentenrente durch Preisdifferenzierung*). Der Umsatz erhöht sich durch die Kumulation weiterer Produkte aus unterschiedlichen Preis-Mengen-Kombinationen und damit durch die Abschöpfung entgangener Konsumentenrente.[12]

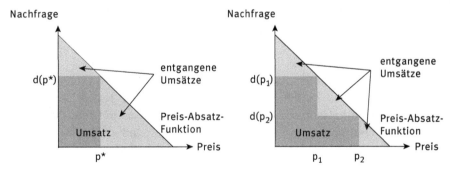

Abb. 6.1: Umsatzsteigerung durch Preisdifferenzierung (Kenning, P., Pohst, M. (2016), S. 1126).

---

11 Vgl. Genth, S. (2016), S. 865; Reinartz, W., Haucap, J, Wiegand, N. (2017), S. 100.
12 Vgl. Meffert, H., Burmann, C., Kirchgeorg, M. (2015), S. 444 ff.; Kenning, P., Pohst, M. (2016), S. 1125.

> **⚡ Abschöpfung zusätzlicher Konsumentenrente durch Preisdifferenzierung:**
> Beispiel: Zu einem Preis p_1 von 50 Euro werden 100.000 Artikel nachgefragt. Ohne Preisdifferenzierung betrüge der mögliche Umsatz entsprechend 5.000.000 Euro. Zu einem Preis p_2 von 100 Euro werden nur 45.000 Artikel nachgefragt. Dies entspräche einem Umsatz in Höhe von 4.500.000. Durch eine Preisdifferenzierung ließe sich ein höherer Umsatz erzielen, wenn zunächst die höhere Zahlungsbereitschaft abgeschöpft wird und im Anschluss die geringere Zahlungsbereitschaft:
> $100 \cdot 45.000 + 50 \cdot |100.000 - 45.000| = 7.250.000$ Euro

Neben der Umsatzmaximierung durch die Abschöpfung andernfalls entgangener Konsumentenrente kann die Preisdifferenzierung im Vergleich zu Einheitspreisen auch in Wohlfahrtseffekten zugunsten der Konsumenten resultieren. Dies ist darauf zurückzuführen, dass ein Einheitspreis in der Regel über der maximalen Zahlungsbereitschaft vieler Konsumenten liegen würde. Diese Kundengruppe wäre damit vom Markttausch ausgeschlossen. Durch niedrigere Preise kann die Preisdifferenzierung vor allem für Konsumenten mit geringerer Zahlungsbereitschaft beziehungsweise Kaufkraft positive Wohlfahrtseffekte realisieren.

Trotz dieser potenziell wünschenswerten Effekte herrschen massive Vorbehalte gegen Preisdifferenzierungsmaßnahmen. Diese Vorbehalte sind unter anderem auf eine oftmals vom Kunden als unfair wahrgenommene Bepreisung zurückzuführen. Mangelnde wahrgenommene Fairness hingegen kann sich negativ auf die Kundenzufriedenheit, -loyalität und das Markenimage auswirken. Vor diesem Hintergrund müssen Unternehmen verstehen, welche Formen der Preisdifferenzierung als (besonders) fair oder unfair empfunden werden.[13] Eine weitere Herausforderung der Preisdifferenzierung besteht in einer möglichen Kannibalisierung der eigenen Verkaufskanäle: Insbesondere im Internet lassen sich Preise aufgrund erhöhter Transparenz (zum Beispiel durch Preisvergleichsportale etc.) vereinfacht vergleichen. Um unterschiedliche Preise durchzusetzen, müssen unterschiedliche Marktsegmente mit verschiedenen Preiselastizitäten gebildet werden.[14]

Klassische Arten der Preisdifferenzierung

Die Möglichkeiten der dynamischen Preisgestaltung sind vielfältig und können sich auf unterschiedliche Preisdifferenzierungsdimensionen beziehen. Grundsätzlich ist bei der Preisdifferenzierung zwischen eindimensionaler und mehrdimensionaler Preisgestaltung zu unterscheiden. Bei der *eindimensionalen Preisgestaltung* stellt der Preis eines Gutes die Anzahl der Geldeinheiten dar, die ein Nachfrager für den Markttausch erbringen muss. Bei der *multidimensionalen Preisgestaltung* werden zudem weitere Preisparameter wie Boni, Rabatte, Sonderkonditionen, Preisbündelung, etc.

---

13 Vgl. Reinartz, W., Haucap, J., Wiegand, N. (2017), S. 101.
14 Vgl. Kenning, P., Pohst, M. (2016), S. 1126.

einbezogen. Je höher dabei die Anzahl der zu gestaltenden Preisparameter ausfällt, desto vielfältiger sind auch die Möglichkeiten der Preisdifferenzierung.[15] Die Frage, wie die Marktsegmente voneinander separiert und unterschiedliche Preise in den jeweiligen Segmenten durchgesetzt werden können, hängt wesentlich von der Form und den Bedingungen der Preisdifferenzierung ab. Nach Pigou[16] wird die Preisdifferenzierung in drei Grade unterteilt (siehe Abbildung 6.2).

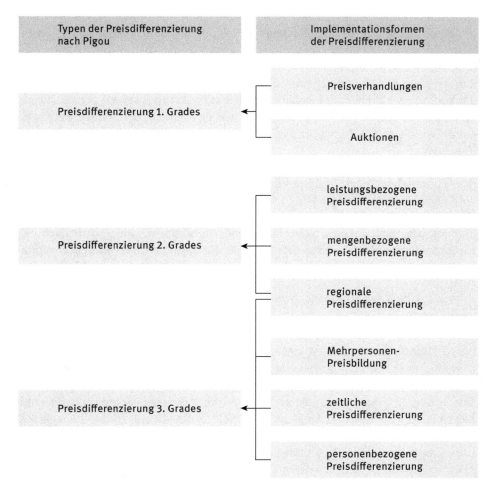

Abb. 6.2: Typen und Implementationsformen der Preisdifferenzierung (Simon, H., Fassnacht, M. (2016), S. 244).

---

15 Vgl. Simon, H., Fassnacht, M. (2016), S. 6.
16 Vgl. Pigou, A. C. (1932); Simon, H., Fassnacht, M. (2016). S. 244 ff.

Gemäß der *Preisdifferenzierung ersten Grades* streben Anbieter an, von jedem Kunden den Preis zu erhalten, der seiner individuellen maximalen Zahlungsbereitschaft entspricht. Dabei würde die gesamte Konsumentenrente abgeschöpft, weshalb die Preisdifferenzierung ersten Grades auch als *perfekte Preisdifferenzierung* bezeichnet wird. Voraussetzung hierfür ist allerdings, dass die maximalen Zahlungsbereitschaften jeweils bekannt sind, was in der Realität häufig nicht gegeben, durch die Möglichkeiten des Internets jedoch zunehmend erleichtert wird. Mittels moderner Klassifikationsverfahren wird versucht, Faktoren zu identifizieren, aus denen sich der maximale Preis, den ein Kunde in einer bestimmten Situation zu zahlen bereit ist (Reservationspreis) bestimmen lässt.[17] Im Online-Kontext findet die Analyse individueller Zahlungsbereitschaften beispielsweise durch die Sicherung von Cookies und damit dem Surfverhalten der Nachfrager statt. In Kombination mit demografischen Daten und der Kaufhistorie können im Ergebnis – zumindest näherungsweise – personalisierte Preise abgeleitet werden.[18] Die Preisdifferenzierung ersten Grades findet in der Praxis jedoch vor allem Anwendung in Preisverhandlungen und Auktionen (zum Beispiel über Ebay).

Bei der *Preisdifferenzierung zweiten Grades* findet eine Unterteilung in Segmente mit unterschiedlichen Zahlungsbereitschaften statt. Sie setzt eine Selbstselektion der Kunden beispielsweise in Form leistungs- (zum Beispiel durch die Buchung eines Flugtickets in der Business vs. Economy Class oder durch die Teilnahme an Kundenbindungsprogrammen) oder mengenbezogener Preisdifferenzierung sowie nach Vertriebskanälen voraus. So weisen beispielsweise Kunden, die ein Preisvergleichsportal nutzen, eine höhere Preiselastizität auf als Kunden, die den Onlineshop direkt besuchen.

Bei der *Preisdifferenzierung dritten Grades* findet keine Selbstselektion der Kunden statt. Stattdessen erfolgt die Einordnung in das jeweilige Segment gemäß eines oder mehrerer Kundenmerkmale, die wiederrum in Verbindung mit unterschiedlichen Zahlungsbereitschaften stehen. Bei der Preisdifferenzierung dritten Grades können vier Formen der Anwendung unterschieden werden: die personenbezogene (zum Beispiel Senioren- oder Studierendenrabatte), zeitliche (zum Beispiel nach Saison oder Wochentagen), regionale sowie die Mehrpersonenpreisbildung (zum Beispiel Gruppentickets für Museumsbesuche). Anzumerken ist, dass die *regionale Preisdifferenzierung* sowohl der Preisdifferenzierung zweiten als auch dritten Grades zugeordnet werden kann. In Abhängigkeit von der Entfernung können Kunden auf regionale Preisunterschiede reagieren, indem sie die regionale Grenze überwinden und das Produkt woanders zu einem günstigeren Preis kaufen. Dies ist beispielsweise der Fall bei Einkäufen in der Nähe von Landesgrenzen (zum Beispiel Deutschland – Dänemark). Wenn die Überwindung der regionalen Grenzen nicht möglich ist, liegt eine

---

17 Vgl. Reinartz, W., Haucap, J., Wiegand, N. (2017), S. 100.
18 Vgl. Zander-Hayat, H., Reisch, L. A., Steffen, C. (2016), S. 403 f.

Preisdifferenzierung dritten Grades vor.[19] Diese kann beispielsweise dadurch erreicht werden, dass der Preis an die nationale Adresse gekoppelt ist.

Unter der *zeitlichen Preisdifferenzierung*, die häufig mit dem Dynamic Pricing gleichgesetzt wird, ist die Forderung im Zeitverlauf variierender Preise für ein Produkt beziehungsweise für Varianten eines Produkts zu verstehen, die sich hinsichtlich der räumlichen, leistungs- und mengenbezogenen Dimension nicht unterscheiden. Zeitlich bedingte Preisanpassungen sind wie eingangs beschrieben insbesondere im Onlinehandel zu beobachten. Auf der Internetseite des kostenlosen Services CamelCamelCamel.com können solche Preisanpassungen zu allen Produkten des Onlinehändlers Amazon relativ einfach nachvollzogen werden. Durch die Eingabe eines Amazon-Links oder eines Produkts in das Suchfenster lassen sich alle Informationen zum Preis einschließlich eines Preisverlaufsdiagramms (siehe Abbildung 6.3) anzeigen. Jede Produktseite enthält darüber hinaus Angaben zu den Preisen der Angebote auf Amazon Marketplace (neu und gebraucht) sowie den jeweils höchsten, mittleren und niedrigsten Preis.

Abb. 6.3: Preisverlauf eines Produktes (https://de.camelcamelcamel.com/Bresser-Spiegelteleskop-Pluto-Smartphone-Adapter/product/B000LJSL88?context=tracker (abgerufen am 20.11.2017)).

Die *Mehrpersonenpreisbildung* bezeichnet die Anpassung von Preisen auf Basis der Anzahl an Personen. Manche Anbieter bieten günstigere Gruppen- oder Familientarife an, so dass mehrere Personen die Leistung gemeinsam nutzen können. Ein Familienabo des Musikstreaminganbieters Spotify (Spotify Premium Family) kostet bei-

---

19 Vgl. Simon, H., Fassnacht, M. (2016), S. 245.

spielsweise 14,99 Euro im Monat für bis zu fünf Nutzer. Ein Premium-Einzelabo kostet demgegenüber 9,99 Euro pro Monat.[20] Die Mehrpersonenpreisbildung ähnelt damit dem Konzept der Preisbündelung.

Die *personenbezogene Preisdifferenzierung* basiert auf einer Segmentierung nach Kundenmerkmalen. Personenbezogene Preisanpassungen werden meist als *unfair* wahrgenommen, vor allem wenn der Anbieter die Preise auf Basis von Merkmalen wie Wohnort, verwendetem Betriebssystem oder Endgerät anpasst.[21] Ebenso können Preise als unfair wahrgenommen werden, wenn der Konsument den Eindruck gewinnt, dass andere Kunden nicht nachvollziehbar günstigere Preise erhalten.

Am fairsten wird eine Bevorteilung innerhalb von Kundenbindungsprogrammen (zum Beispiel Kundenkarten) wahrgenommen. Die Mitgliedschaft in Kundenbindungsprogrammen entspricht der Selbstselektion und somit der Preisdifferenzierung zweiten Grades: Kunden entscheiden also selbst, ob sie am Programm teilnehmen und dadurch gegebenenfalls Vorteile in Anspruch nehmen möchten – oder nicht.[22]

6.2.2 Moderne Arten der Preisdifferenzierung

Skimming und Penetration Pricing

Da das Ziel von Unternehmen in dem lang-, nicht kurzfristigen Unternehmenserfolg besteht, ergibt es Sinn, alle Determinanten des optimalen Preises zu dynamisieren. Hierzu zählen auch die sich verändernden Wettbewerbsverhältnisse entlang des Markt- oder Produktlebenszyklus. In der Unterscheidung nach einzelnen Phasen des Produktlebenszyklus stellen Skimming (Abschöpfen) und Penetration (Durchdringung) Pricing zwei Formen der Preissetzung dar, die Determinanten der langfristigen Preisoptimierung berücksichtigen. Bei Skimming und Penetration Pricing handelt es sich jeweils um Formen der Preisdifferenzierung im Rahmen der Einführung eines neuen Produktes. Während beim Skimming Pricing das Produkt mit anfänglich hohen, über dem kurzfristig gewinnmaximalen Preis liegenden und später sukzessiv verringerten Preisen eingeführt wird (zum Beispiel beim iPhone), ist es beim Penetration Pricing anders herum. Ein niedriger Preis, der bei Einführung unter dem kurzfristig gewinnmaximalen Preis liegt, kann es dem Unternehmen erleichtern, mit dem neuen Produkt in den Markt einzudringen, Aufmerksamkeit zu erhalten und im weiteren Verlauf Erfahrungswerte und Wertschätzung zu erlangen (zum Beispiel bei Toyotas Einführung der Premiummarke Lexus in den USA).[23] Der Preis kann dann entweder sukzessive steigen, auf dem Niveau verbleiben oder sogar weiter in Relation zum Marktpreis sinken.

---

20 Vgl. https://www.spotify.com/de/family/ (abgerufen am 25.04.2018).
21 Vgl. Schleusener, M., Kenning, P. (2017), S. 86.
22 Vgl. Reinartz, W., Haucap, J., Wiegand, N. (2018), S. 101.
23 Vgl. Simon, H., Fassnacht, M. (2016), S. 285, S. 303 ff.

Trotz zahlreicher Empfehlungen in der Literatur für den Einsatz von Skimming und Penetration Pricing, gehen Unternehmen zurückhaltend damit um. In der Praxis überwiegt das Setzen von Marktpreisen bei Einführung. So stellen Spann et al.[24] in ihrer Untersuchung fest, dass die meisten Unternehmen (59 Prozent) ihre Einführungspreise an Wettbewerbspreisen ausrichten. Beim Penetration Pricing (21 Prozent) lagen die Einführungspreise teilweise bei 18 Prozentpunkten unter den Marktpreisen und sanken dann im Verlauf weiter. Beim Einsatz von Skimming (20 Prozent) lagen die Einführungspreise im Schnitt 16 Prozentpunkte über den Marktpreisen, bevor sie in Relation zu diesen zunächst weiter erhöht und dann im Zeitverlauf sukzessive nach unten angepasst wurden. Die Ergebnisse von Spann et al. zeigen weiterhin, dass die Anwendung von Skimming in Zusammenhang mit Markenreputation steht. Etablierte Marken scheinen ihren Reputationsvorteil zu nutzen und wenden mit höherer Wahrscheinlichkeit Skimming Pricing an als weniger etablierte Marken. Weiterhin scheint der Einsatz von Skimming wahrscheinlicher zu sein in weniger wettbewerbsintensiven Marktlebenszyklusphasen sowie bei Innovatoren und Frühen Folgern.

Pay what you want

Unter pay what you want (PWYW) ist ein partizipativer Preismechanismus zu verstehen, der sich dadurch auszeichnet, dass Kunden die volle Kontrolle über den zu zahlenden Preis erhalten. Im Gegensatz zum name-your-own-price-Konzept kann der Verkäufer den vom Kunden bestimmten Transaktionspreis nicht ablehnen.[25] Dabei kann der Transaktionspreis, ausgehend vom Preis Null (kostenlos) grundsätzlich jeden beliebig hohen Wert annehmen.

Das Ziel einer Anwendung von PWYW liegt darin, das Unternehmen von seinen Wettbewerbern abzugrenzen. Die Partizipation der Kunden im Rahmen des Preisfindungsprozesses ist eher unkonventionell und verleiht dem Unternehmen einen innovativen Charakter. Zugleich wird durch den individuellen Preis den unterschiedlichen Zahlungsbereitschaften der Kunden Rechnung getragen. Da jeder Kunde seinen individuellen Preis angeben kann, entstehen automatisch differenzierte Preise. Hierdurch haben Anbieter die Möglichkeit, durch den Einsatz von PWYW einen größeren Markt zu bedienen. Obwohl das offensichtliche Risiko besteht, dass die Kunden Preise zahlen, die weit unter dem Einheitspreis liegen, haben Beispiele aus der Praxis die erfolgreiche Umsetzung dieses Konzepts der Preisdelegation zeigen können.[26] Nicht immer schaffen es Anbieter, mittels PWYW ihre Kosten zu decken. Doch in manchen Hotels, Restaurants, Kinos oder Open Source Software-Entwicklung funktioniert das Konzept seit Jahren erfolgreich, denn die wenigsten Kunden

---

24 Vgl. Spann, M., Fischer, M., Tellis, G. J. (2014), S. 235–249.
25 Vgl. Simon, H., Fassnacht, M. (2016), S. 581.
26 Vgl. Kim, J. Y., Natter, M., Spann, M. (2010), S. 147 f.

entscheiden sich dafür, die in Anspruch genommene Leistung gar nicht zu entlohnen. Wenn Kunden einen Anbieter mögen, sind sie unter PWYW eher bereit, einen Preis zu zahlen, der sich richtig anfühlt als einen möglichst niedrigen Preis. Warum jemand für etwas zahlt, was er auch umsonst haben könnte, liegt zum einen am Sozialdruck von außen, zum anderen am inneren Bestreben, ein positives Selbstbild aufrechtzuerhalten. Zu berücksichtigen ist allerdings, dass unter bestimmten Umständen mehr Menschen zugreifen, wenn ein Angebot einen günstigen Festpreis hat, als wenn sie den Preis selbst bestimmen dürfen. Besonders ausgeprägt ist dieser Effekt, wenn die potenziellen Kunden das Gefühl haben, ein Angebot ist relativ wertvoll, sie aber nicht bereit sind, viel Geld auszugeben. In diesem Fall verzichten sie eher auf den Kauf, als einen ihnen unfair erscheinenden geringen Preis dafür zu zahlen.[27]

6.2.3 Abgrenzung von verwandten Konzepten

Dynamic Pricing vs. Revenue- oder Yield-Management
Beim Revenue- beziehungsweise Yield-Management handelt es sich um einen Ansatz der simultanen und dynamischen Preis- und Kapazitätssteuerung unter Berücksichtigung von unterschiedlichen Preiselastizitäten, um die vorgehaltene, zumeist fixe Kapazität auf gewinnmaximale Weise auszuschöpfen. Hierbei werden unterschiedlichen Preisen zu bestimmten Zeitpunkten oder unter bestimmten Bedingungen Kapazitäten zugeordnet.

Aufgrund von bei bestimmten Dienstleistungen niedrigen variablen Kosten, die häufig nahe Null liegen, ist das Ziel des Revenue- oder Yield-Managements in der Regel die Umsatzmaximierung, die im Falle von Null-Grenzkosten der Gewinnmaximierung entspricht. Der Unterschied zum Revenue- beziehungsweise Yield-Management besteht demnach insbesondere darin, dass Dynamic Pricing zwar die Festlegung des optimalen Verkaufspreises zum Ziel hat, der optimale Verkaufspreis jedoch neben der Gewinnmaximierung auch über zum Beispiel die Absatzmengenmaximierung definiert sein kann. Zudem ist das Revenue- oder Yield-Management eng verbunden mit der kapazitätsbezogenen Deckungsbeitragsplanung, beispielsweise bei der Passagierbeförderung, Luftfracht, Autovermietung oder bei Hotels.[28] Das Revenue- oder Yield-Management dient damit vor allem der Steuerung und Lenkung der vorhandenen Nachfrage zur optimalen Ausnutzung der bestehenden Kapazitäten und weniger dem Schaffen zusätzlicher Nachfrage. Somit werden im Revenue -beziehungsweise

---

27 Vgl. Gneezy, A., Gneezy, U., Riener, G., Nelson, L. D. (2012); https://idw-online.de/de/news474463 (abgerufen am 23.04.2018).
28 Vgl. Simon, H., Fassnacht, M. (2016), S. 505 ff..

Yield-Management Ansätze und Methoden des Dynamic Pricing verwendet, aber das Dynamic Pricing geht über die Anwendungsbereiche des Revenue- beziehungsweise Yield-Managements hinaus.

Dynamic Pricing vs. Personalisiertes Pricing

Im Zuge von Dynamic Pricing werden regelmäßig auch personalisierte beziehungsweise individuelle Preisanpassungen thematisiert, bei denen jeder Kunde einen persönlich für ihn generierten Preis erhält. Die personalisierte Preisgestaltung kann dabei als Spezialfall des Dynamic Pricing angesehen werden, da die der dynamischen und personalisierten Preisanpassung zugrunde liegenden Algorithmen ähnlich funktionieren. Zur Erstellung von personalisierten Preisen werden neben allgemeinen Daten (Abverkaufszahlen, Restbestände etc.) auch kundenbezogene Daten (Alter, Geschlecht, Kaufhistorie etc.) genutzt.

Während personalisierte Preisanpassungen einen Ansatz darstellen, der einer Preisdifferenzierung erster Ordnung entspricht, ist das klassische Dynamic Pricing eher der Preisdifferenzierung dritter Ordnung zuzuordnen. Dynamic Pricing und personalisierte Preisanpassungen unterscheiden sich jedoch oftmals vor allem in der Intention ihres Einsatzes. Während beim Dynamic Pricing die schnelle Reaktion auf sich ändernde Marktbedingungen verbunden mit der Berechnung der Zahlungsbereitschaften von Kundensegmenten steht, wird bei der personalisierten Preisgestaltung die individuelle Zahlungsbereitschaft des einzelnen Kunden berechnet.[29]

Diese perfekte Preisdifferenzierung im personalisierten Pricing, kann im Online-Kontext über Rückschlüsse von Endgerät, Standort und Surfverhalten (Seitenaufrufe, Verweilzeiten, Suchanfragen, Klickraten etc.) auf die Zahlungsbereitschaft realisiert werden (siehe Kapitel 6.2.1).[30]

Im stationären Handel lassen sich diese kundenbezogenen Daten nur schwerlich erfassen. Jedoch bestehen erste vielversprechende Ansätze in der Form von elektronischen Rabattsystemen, wie sie beispielsweise von dem Payback-System oder der Penny-Sparkarte her bekannt sind. Dies ist auch der Fall beim Einsatz der sogenannten Beacon-Technologie (siehe Box *Beacons als Möglichkeit des Tracking und Targeting*). Diese Systeme legen im Hintergrund, dem sogenannten Backend, Kundenaccounts an. Hierdurch können ebenfalls Kaufhistorien genutzt werden, um Prognosen über Zahlungsbereitschaften zu erstellen. Der Kunde empfindet den Einsatz dieser Systeme für gewöhnlich als unbedenklich, da es ihm obliegt, die Rabatte einzulösen oder nicht.

---

29 Vgl. Zander-Hayat, H., Reisch, L. A., Steffen, C. (2016), S. 404 f.

30 Vor diesem Hintergrund kann es aus Kundensicht sinnvoll sein, zunächst anonymisiert einen Webshop zu betreten, da bei einem Neukunden zunächst eine besonders niedrige Zahlungsbereitschaft erwartet wird. Browser wie der Internet Explorer, Mozilla Firefox oder Google Chrome stellen hierzu eine sogenannte Incognito-Funktion bereit.

Beacons als Möglichkeit des Tracking und Targeting
Beacons (aus dem Englischen übersetzt mit Leuchtfeuer) sind kleine auf der Bluetooth Low Energy-Technologie basierende kleine Sender, die mit Geräten in deren unmittelbarer Nähe (in der Regel bis zu 50 Meter) kommunizieren. Hierzu muss der Empfänger auf seinem Endgerät, in der Regel das Smartphone, die Bluetooth-Schnittstelle aktiviert und der Zusendung von Nachrichten des Senders im Vorfeld zugestimmt haben. Im Einzelhandel können Beacons unter anderem dazu eingesetzt werden, über sogenannte Push-Nachrichten individuelle Coupons zu versenden. Angebracht an zum Beispiel Regalen oder Türen, werden dem Beacon in einem automatisierten Prozess alle relevanten und im Vorfeld personalisierten Informationen über das Smartphone übermittelt, um einen auf den Empfänger zugeschnittenen Coupon zu generieren und zu senden.[31]

Jedoch verfolgen Händler mit dem Einsatz dieser personalisierten Rabattsysteme mehrere Ziele. So wird dem Kunden zum einen ein Wohlwollen des Händlers suggeriert, da er aufgrund der Nutzung der Karte besondere Rabatte erhält, die andere Kunden nicht erhalten. Ferner soll die Neugier des Kunden gefördert werden, welchen Rabatt er beim nächsten Einkauf erhält, wodurch die Häufigkeit des Einkaufes gesteigert werden soll. Der jedoch wahrscheinlich wichtigste Punkt aus Händlersicht bilden das Cross- und Up-Selling (siehe Box *Upselling*): Anhand der Kaufhistorie wird analysiert, welche Produkte der Kunde zu welchen Preisen kauft. Darauf aufbauend werden Prognosen gebildet, welche Produkte zu dem Einkaufsverhalten ergänzend passen würden und welche der Kunde bis dato wahrscheinlich bei einem anderen Händler kauft. So darf beispielsweise vermutet werden, dass Personen, die regelmäßig Tonic Water kaufen, eventuell auch Gin kaufen werden. Zudem kann der Kunde ermutigt werden, in höheren Preissegmenten zu kaufen. Darüber hinaus ermöglicht personalisiertes Pricing, dass nur noch in geringerem Umfang Rabatte vergeben werden für Produkte, die die Kunden ohnehin zu dem ursprünglichen Preis kaufen würden. Hierdurch wird vermieden, dass die eigene Marge durch standardisierte Rabatte unnötig geschmälert wird.

Upselling
Beispiel: Ein Kunde kauft für gewöhnlich Wein zu einem Preis in Höhe von 5,00 Euro. Dieser kann vielleicht durch die Gewährung eines Rabattes in Höhe von 15 Prozent auf höherpreisige Weine dazu bewogen werden, einen Wein im Wert von 8,00 Euro zu kaufen. Wird davon ausgandan, dass der Händler bei beiden Weinen 50 Prozent Marge besitzt, so würde der Händler in dem Beispiel 30 Cent mehr einnehmen, wenn der Kunde den Rabatt nutzt. Ferner bestünde die Chance, dass der Kunde Gefallen an dem Produkt findet und dauerhaft teurere Weine kauft.

---

31 Vgl. Inman, J. J., Nikolova, H. (2017), S. 7–28.

6.3 Anwendung

6.3.1 Dynamic Pricing im Konsumalltag –
Exkurs: mögliche rechtliche Einschränkungen

Verbunden mit der automatisierten Erfassung und Verarbeitung von verbraucherbezogenen Daten ergibt sich regelmäßig die Frage, inwieweit der Einsatz von Dynamic Pricing vereinbar mit hiesigen Gesetzen ist. Daher ist zu prüfen, ob bereits die regelmäßige Anpassung eines Preises an sich gegen geltende Gesetze verstoßen könnte.

Aus juristischer Sicht muss zunächst die Art der Preisanpassung unterschieden werden. Preisanpassungen, die aufgrund sich ändernder Marktbedingungen (zum Beispiel Wettbewerbspreise, Wetter, Saison-, Wochen- oder Tageszeiten, Trends etc.) ergeben, werden lediglich als *Preisänderungen* betrachtet. Preisänderungen sind daher in der Regel die Konsequenz für ein verändertes Angebot oder eine variierte Nachfrage und werden auf Basis von zeitlichen oder räumlichen Merkmalen vorgenommen. Die Durchsetzung von Preisänderungen zeigt somit aus ökonomischer Sicht ein Funktionieren des Marktes, weshalb aus juristischer Sicht kein regulatorischer Bedarf bei Preisänderungen besteht.[32] Den Preisänderungen stehen die *Preisdiskriminierungen* gegenüber. Preisdiskriminierungen erlauben es Händlern, Personen(-gruppen) zu unterscheiden und so heterogene Zahlungsbereitschaften zu bedienen.[33] Dies kann von Vorteil beispielsweise für Kunden mit schwachen Einkommen sein, zugleich können jedoch Preisdiskriminierungen auch zu Missbrauch gegenüber den Kunden führen. Daher werden im Folgenden verschiedene Gesetzesbereiche überblicksartig dargestellt, die im Rahmen von Dynamic Pricing flankiert werden und gegebenenfalls unerlaubte Handlungen darstellen könnten.

Grundsätzlich können Unternehmer ihre Preise frei gestalten und müssen über die zugrunde gelegten Parameter keine Rechenschaft ablegen. Jedoch sind gemäß § 5 UWG irreführende geschäftliche Handlungen untersagt. Dies bedeutet konkret, dass gemäß § 5 Abs. 1 S. 2 Nr. 2 UWG beworbene Preise dem tatsächlichen Verkaufspreis entsprechen müssen beziehungsweise keine Benachteiligung für den Kunden darstellen dürfen.[34] Diese sehr naheliegende Vorschrift schränkt die Möglichkeiten des Einsatzes von Dynamic Pricing im stationären Einzelhandel stark ein. Während Online-Händler ihre Produkte oder Dienstleistungen in der Regel mittels digitaler Medien bewerben, die eine Synchronisation von beworbenen und tatsächlich abgerechnetem Preis erlauben, bewerben stationäre Händler ihre Güter meist mittels Printmedien. Gemäß § 5 Abs. 1 S. 2 Nr. 2 UWG sind die gedruckten Angebotspreise verbindlich und es darf durch den Einsatz von Dynamic Pricing den Kunden nur ein Vorteil gewährt werden.

---

32 Vgl. Hofmann, F. (2016), S. 1076.
33 Vgl. Simon, H., Fassnacht, M. (2016), S. 244 ff.
34 Vgl. Hofmann, F. (2016), S. 1077.

Bei der Formulierung von Angeboten sind daher insbesondere der Zeitraum, die Höhe des Preises beziehungsweise des Preisnachlasses, das Ausmaß sowie der Grund ausdrücklich zu nennen, da ansonsten die Gefahr der Irreführung des Verbrauchers besteht. Ferner stehen stationäre Händler vor der Herausforderung, dass sie dafür Sorge tragen müssen, dass der Kunde den ausgezeichneten Preis für ein Produkt auch an der Kasse zahlen muss. Es darf dem Kunden kein Nachteil dadurch entstehen, dass zwischen der Entnahme des Produktes aus dem Regal und dem Bezahlvorgang an der Kasse eine Preisänderung stattgefunden hat.[35] So nutzt beispielsweise Kaufland bei Obst und Gemüse elektronische Preisschilder tagsüber nur für Preissenkungen.[36] Diese Sicherstellung des zu zahlenden Preises verdeutlicht die juristischen Hürden, die der stationäre Handel gegenüber dem Online-Handel zu überwinden hat.

Ein weiterer wichtiger Aspekt bei der gesetzlichen Betrachtung von dynamischen Preisanpassungen besteht in der möglichen Diskriminierung von Personen(-gruppen). Ein allgemeines Gleichbehandlungsgebot, das eine Preisdifferenzierungen nach personenbezogenen Merkmalen untersagt, existiert nicht.[37] Hinsichtlich einer möglichen Diskriminierung ist jedoch insbesondere das allgemeine Gleichbehandlungsgesetz (AGG) von hoher Relevanz. So darf gemäß § 19 Abs. 1 AGG keine (Preis-)Diskriminierung aufgrund der Rasse oder ethnischen Herkunft, des Geschlechts, der Religion, einer Behinderung, des Alters oder der sexuellen Identität stattfinden. § 20 AGG nennt einige Einschränkungen des § 19 AGG, jedoch finden diese nur in Ausnahmefällen wie beispielsweise *Ladies Nights* Anwendung, bei denen Herren einen höheren Preis für einen Clubbesuch zahlen müssen.[38] Grundsätzlich kann festgehalten werden, dass dynamische Preisanpassungsverfahren zwar regelmäßig verschiedene Gesetze flankieren, ohne jedoch dabei grundlegend eingeschränkt zu werden.

6.3.2 Dynamische Auktionsmodelle

Dynamic Pricing findet nicht nur im bisher angesprochenen B2C-Kontext statt, sondern auch im B2B. Jedoch ist im B2B die Anzahl der potenziellen Kunden regelmäßig geringer als im B2C und das Beziehungsverhältnis zwischen den Unternehmen ausgeprägter als zwischen Kunden und Händlern. Daher unterscheiden sich die vorherrschenden dynamischen Preisanpassungsmodelle gänzlich. Ein auch im B2B-Kontext weit verbreiteter Ansatz zur dynamischen Preisbestimmung findet sich in sogenannten Auktionsmodellen. Diese bilden eine Preisdifferenzierung erster oder zweiter Ordnung, da die Bieter selbst entscheiden können, welche Mengen beziehungsweise zu welchen Preisen sie kaufen wollen. Die Preisermittlung durch Auktionen ist seit der

---

35 Vgl. Genth, S. (2016), S. 863.
36 Vgl. Giuri, M. (2017), S. 4.
37 Vgl. Köhler, H., Bornkamm, J., Feddersen, J. (2016), § 5 Rdn. 7.14.
38 Vgl. Hofmann, F. (2016), S. 1079.

Antike bekannt. Allen gemein ist, dass es in der Regel drei Parteien gibt – erstens die Partei, die ein Gut versteigern möchte, zweitens die Partei, die das entsprechende Gut ersteigern möchte, sowie drittens eine neutrale Partei, der Auktionator, die die Versteigerung leitet. Die Rolle des Auktionators wird dabei im Zeitalter der Digitalisierung zunehmend durch Programme ersetzt. Im Folgenden werden vier bekannte Auktionsmodelle vorgestellt.

Aufwärtsversteigerungen

Bei Auktionen, die mit einem Mindestgebot beginnen und der Auktionspreis schrittweise steigt, wird von Aufwärtsversteigerungen gesprochen. Zu diesen zählen:

– *Die englische Auktion:* Die englische Auktion stellt wohl die bekannteste Form unter den Auktionen dar. Bei ihr gibt ein Auktionator ein Mindestgebot vor, welches von einem Bieter geboten werden muss. Nach dem ein Bieter dieses Mindestgebot abgegeben hat, können weitere Personen beziehungsweise Institutionen dieses Gebot wiederum überbieten. Die Auktion endet sobald ein Gebot innerhalb eines Zeitrahmens nicht überboten wird. Das zuletzt abgegebene Gebot bildet somit das Höchstgebot und der Bieter erhält den Zuschlag.

– *Die japanische Auktion (auch Samurai-Auktion):* Japanische Auktionen werden genutzt, wenn sehr große Mengen eines Gutes verkauft werden sollen. Es lassen sich dabei mehrere Varianten unterscheiden. In der einfachsten Variante wird ein niedriger Grundpreis angesetzt und stetig erhöht. Anders als bei der englischen Auktion wird jedoch davon ausgegangen, dass alle Bieter zu diesem Grundpreis das Gut erwerben möchten. Der Bieter muss daher aktiv signalisieren, dass er aus der Auktion aussteigt (Dies geschieht beispielsweise durch das Loslassen eines Knopfes). Der Preis wird kontinuierlich oder rundenbasiert erhöht, bis nur noch ein Bieter in der Auktion verbleibt. In einer modifizierten Form können die Bieter zusätzlich Mengen angeben, die sie zu dem aktuellen Gebotspreis erwerben möchten. Der Preis wird dann rundenbasiert solange erhöht, bis die nachgefragte Menge aller Bieter unter der verfügbaren Menge liegt. In diesem Fall können auch mehrere Bieter das Gut ersteigern und somit Höchstbieter sein. Zusätzlich können verschiedene Anreize gegeben werden, in dem in jeder Runde bewusst offengelegt oder verschwiegen wird, welche Bieter noch an der Auktion teilnehmen und welche Mengen diese ersteigern möchten.

Rückwärtsauktionen

Bei Auktionen, die mit einem Höchstgebot beginnen und der Auktionspreis schrittweise sinkt, wird von Rückwärtsauktionen gesprochen. Zu diesen zählen:

– *Die holländische Auktion:* Bei der holländischen Auktion wird anfangs ein Höchstgebot vom Auktionator vorgegeben, welches über einen Zeitverlauf schrittweise gesenkt wird, bis sich ein Käufer findet. Demnach endet die Auktion, sobald ein Angebot abgegeben wurde. Der Vorteil der Auktion besteht darin, dass der zeitliche Ablauf der Auktion relativ sicher bestimmt werden kann. Ihren Ursprung fand die holländische Auktion auf den Tulpenmärkten der Niederlande, wo binnen kurzer Zeit große Mengen an Blumen mit Hilfe dieses Verfahrens gekauft beziehungsweise verkauft werden konnten.

– *Die Auftragsauktionen:* Eine ähnliche Form der holländischen Auktion wird heutzutage oft bei sogenannten Auftragsauktionen genutzt, bei welchen Dienstleistungen angeboten werden. Ein bekanntes Beispiel ist die Internetplattform My-Hammer, auf welcher vormals ein Auftrag ausgeschrieben wurde und Handwerker sich gegenseitig bei der Angebotserstellung unterbieten konnten.[39] Jedoch wird bei Auftragsauktionen – im Gegensatz zu holländischen Auktionen – bis zum zeitlichen Ende der Auktion gewartet und der Auftraggeber wählt das niedrigste Gebot. Im Alltag wird jedoch von der Praxis, das niedrigste Gebot wählen zu müssen, oft Abstand genommen.

Neben den hier aufgeführten Varianten von Auktionsverfahren, lassen sich noch zahlreiche weitere Varianten (zum Beispiel amerikanische oder auch Yankee-Auktionen, Calcutta-Auktionen etc.) unterscheiden, wobei diese oftmals an spezielle Geschäftssituationen angepasst sind und mit ihnen nicht zuletzt versucht wird, neben dem Auktionspreis vor allem psychologische Einflüsse zu berücksichtigen wie beispielsweise im Rahmen verdeckter Zweitpreisauktionen (sogenannte Vickrey-Auktionen) (siehe Box *Goethes Vickrey-Auktion*).

⚡ Goethes Vickrey-Auktion

Johann Wolfgang von Goethe wollte seinerzeit eine Dichtung an einen seiner Verleger verkaufen, ohne jedoch diesem einen festen Preis zu nennen. Goethe schlug daher vor, dass er seine angedachte Summe notiere und in einem versiegelten Umschlag einer dritten unabhängigen Partei übergebe. Anschließend sollte sein Verleger eine Summe nennen, die ihm Goethes Arbeit wert sei. Selbstverständlich wusste der Verleger bei der Abgabe seiner Gebotsvorstellung nicht, welchen Betrag Goethe notiert hatte. Sollte das Gebot des Verlegers unter der preislichen Vorstellung von Goethe liegen, so würde kein Verkauf stattfinden und das versiegelte Dokument würde ungeöffnet vernichtet werden. Sollte jedoch das Gebot des Verlegers über der Gehaltsvorstellung von Goethe liegen, so würde das Dokument geöffnet werden und der Verleger müsste nur die preisliche Vorstellung von Goethe begleichen. Der Verleger stand daher vor der Problematik, Goethes preisliche Vorstellung möglichst realistisch einzuschätzen. Sollte er unterhalb des Betrags liegen, würde gegebenenfalls ein Konkurrent die Dichtung veröffentlichen können. Sollte er über Goethes preislicher Vorstellung liegen, müsste er zwar nur diesen Betrag begleichen, jedoch musste der Verleger zugleich berücksichtigen, dass auch Goethe von diesem Umstand wusste und gegebenenfalls bereits eine erhöhte Vorstellung angegeben hatte.[40]

---

39 Das Geschäftsmodell der Rückwärtsauktionen stellte MyHammer Ende 2012 ein. Seitdem bietet die Webseite eine reine Präsentationsplattform für Handwerksdienstleistungen an.
40 Vgl. Moldovanu, B., Tietzel, M. (1998), S. 854–855.

6.3.3 Dynamic Pricing als Optimierungsproblem

Die Bestimmung eines *optimalen* Preises kann als ein Optimierungsproblem verstanden werden, welches es mit analytischen Methoden zu lösen gilt. Vor diesem Hintergrund werden Dynamic Pricing-Verfahren mittels Algorithmen operationalisiert, um so den optimalen Preis computergestützt berechnen zu können. Die Informatik hält hierzu verschiedene Lösungsansätze bereit, wie beispielsweise selbstlernende Algorithmen, die sich selbst über den Zeitablauf verbessern, oder deterministische Modelle, bei denen davon ausgegangen wird, dass alle einflussnehmenden Faktoren bekannt sind und ein Zustand sicher bestimmt werden kann. Ein solches, einfaches deterministisches Modell wird im Folgenden vorgestellt, um die Funktionsweise von Dynamic Pricing-Algorithmen zu veranschaulichen.

Formalisierung eines einfachen Problems
Einige Annahmen sind nahezu in allen Dynamic Pricing-Algorithmen enthalten. Daher wird zur Veranschaulichung im Folgenden ein Grundmodell erläutert, welches den Optimierungsmodellen des Dynamic Pricings zugrunde liegt.[41]

Die Periodendauer, in der ein Preis konstant bleibt, wird durch $t = 1, \dots, T$ beschrieben. Die Dauer einer Periode kann dabei beliebig angepasst werden. Ferner wird eine Nachfragefunktion $d_t(p_t)$ eingeführt, welche die Nachfrage zu einem Zeitpunkt in Abhängigkeit zu dem entsprechenden Angebotspreis modelliert, wobei von $p \leq 0$ ausgegangen wird. Ein einfaches deterministisches Modell, welches zur optimalen Preisbestimmung in jeder Periode t genutzt werden kann, lautet:

$$\max r(p_1, \dots, p_T) = \sum_{t=1}^{T} p_t \cdot d_t(p_t) \tag{1}$$

Dieses deterministische Modell kann mittels dynamischer Optimierung gelöst werden. Zudem können leicht Nebenbedingungen, wie beispielsweise eine Kapazitätsbeschränkung, integriert werden. Eine Kapazitätsbeschränkung einer maximal verfügbaren Menge A kann wie folgt formuliert werden:

$$\sum_{t=1}^{T} d_t(p_t) \leq A \tag{2}$$

Die Nebenbedingung (2) beschreibt, dass die kumulierte nachgefragte beziehungsweise abzusetzende Menge den verfügbaren Gesamtbestand nicht übersteigen darf. Das beschriebene Modell benötigt jedoch viele Voraussetzungen, die in der Realität oft nicht gegeben sind. Es wird beispielsweise davon ausgegangen, dass die Anzahl der Perioden sowie die jeweilige Nachfragefunktion bekannt sind. Informationen zu

---

41 Siehe auch Kenning, P., Pohst, M. (2016), S. 1128 f.

diesen Angaben sind in der Regel unzureichend. Daher existieren komplexere Modelle, die fehlende Angaben sowie weitere Einflussfaktoren berücksichtigen können und an die geschäftsspezifischen Gegebenheiten angepasst sind.

6.4 Psychologische Grundlagen der Preiswahrnehmung im Dynamic Pricing

6.4.1 Ausgewählte Theorien der Preiswahrnehmung

Regelmäßige Preisanpassungen, die aufgrund der Nutzung von Dynamic Pricing auftreten, können zu einer geänderten Preiswahrnehmung des Kunden führen.[42] Kunden können so nur bedingt Preise aus vergangenen Einkäufen zur Beurteilung neuer Preise nutzen. Sollte sich ein bekannter Preis eines Gutes oder einer Dienstleistung geändert haben, so kann dieser zumindest als Hilfe zur Beurteilung des neuen Preises dienen. Die Preisbeurteilung erfolgt somit als Betrag aus der Differenz von erlernten Preisen und dem aktuell wahrgenommenen Preis. Jedoch hat der Betrag an sich keinen absoluten Einfluss auf die Preiswahrnehmung, stattdessen wird er in der Preisbeurteilung situativ berücksichtigt. Die situative Preiswahrnehmung ist Gegenstand einiger Theorien, welche in diesem Kontext mit Hinblick auf Dynamic Pricing kurz vorgestellt werden.

Adaptionsniveautheorie

Vor diesem Hintergrund muss die Adaptionsniveautheorie von Helson[43] genannt werden, welche als eine der frühesten Theorien zur Preiswahrnehmung gilt. Sie beschreibt den eingangs erwähnten Prozess des Vergleichs in der Vergangenheit erlernter Preise, sogenannter Referenzpreise, um aktuell wahrgenommene Preise zu beurteilen.[44] Der Betrag der Abweichung ergibt sich hierbei aus der Distanz des aktuell zu zahlenden Preises zum Referenzpreis, wobei ein höherer Betrag zu einer höheren Irritation beim Kunden führt, da Erwartungen des Kunden nicht erfüllt werden. Der Kunde vermag jedoch nicht ohne weiteres zu beurteilen, weshalb der aktuelle Preis gemessen am Referenzpreis besonders hoch oder niedrig ist. Für den Einsatz von Dynamic-Pricing-Strategien bedeutet dies, dass der kundenspezifische Referenzpreis antizipiert werden muss, damit eine Preisänderung nicht zu einer Irritation und damit zu einer Ablehnung bei dem Kunden führt. Hierbei sollte erwähnt werden, dass auch eine besonders hohe Preissenkung zu einer Irritation beim Kunden führen kann, wenn der Grund für den Nachlass nicht ohne weiteres nachvollziehbar ist.

---

42 Vgl. Weber, B., Gier, N. (2016), S. 878.
43 Vgl. Helson, H. (1964).
44 Vgl. Simon, H., Fassnacht, M. (2016), S. 175.

Assimilations-Kontrast-Theorie

Die Assimilations-Kontrast-Theorie geht davon aus, dass die eigene Einstellung einer Person als Anker fungiert, hinsichtlich dessen alle anderen Einstellungspositionen bewertet werden. Ähnlich der Adaptionsniveautheorie basiert die Assimilations-Kontrast-Theorie auf der Annahme, dass in der Vergangenheit erlernte Preise genutzt werden, um aktuelle Preise zu beurteilen. Gemäß der Theorie tendieren Kunden jedoch zu subjektiven Verzerrungen bei der Preisbeurteilung: Neue Preise, die dem gelernten Preis relativ nahe kommen, werden als der eigenen Position ähnlicher und damit angemessener wahrgenommen als sie tatsächlich sind (*Assimilationseffekt*). Preise hingegen, die von dem gelernten Preis stark abweichen, werden als von der eigenen Position weiter entfernt und damit weniger angemessen wahrgenommen, als sie objektiv betrachtet sind (*Kontrasteffekt*). Aus der Assimilations-Kontrast-Theorie lässt sich das Konzept des akzeptierten Preisbereichs ableiten. Nimmt ein Kunde Preise wahr, die innerhalb dieser Spannweite liegen, werden diese Preise assimiliert, Preise außerhalb dieser Spannweite hingegen kontrastiert. und vom Kunden als deutlich verschieden von dem Referenzpreis wahrgenommen. Demzufolge werden Preisanpassungen im Dynamic Pricing vom Kunden akzeptiert, sofern wie bei der Adaptionsniveautheorie Preise nicht als deutlich verschieden wahrgenommen werden.[45]

Range-Theorie

Einen gänzlich anderen Ansatz zur Preisbeurteilung vertritt die Range-Theorie nach Volkmann.[46] Ihr zufolge werden vom Kunden statt eines Referenzreises Schranken zur Beurteilung des Preises festgelegt. Basierend auf erlernten Preisen bildet der Kunde eine untere und eine obere Preisschranke zwischen welchen er den Preis eines Gutes oder einer Dienstleistung vermutet. Eine Irritation wird dementsprechend nur hervorgerufen, falls der Preis außerhalb dieser Schranken liegt. Innerhalb der Schranken werden Preise als besonders attraktiv empfunden, die nahe der unteren Schranke liegen. Bei Preisanpassungen müssen dementsprechend keine Referenzpreise, sondern Ober- und Unterschranken antizipiert werden, in denen sich der der neue Preis befinden darf (siehe Abbildung 6.4). Preisanpassungen innerhalb der Schranken werden demnach vom Kunden nicht als auffällig erachtet.

Range-Frequency-Theorie

Als Erweiterung der Range Theorie wurde die Range-Frequency-Theorie entwickelt. Dieser Theorie zufolge wird davon ausgegangen, dass ein Kunde neben den gebildeten alle verfügbaren Preiserinnerungen zum jeweiligen Zeitpunkt nutzt (Frequency),

---

45 Vgl. Homburg, C., Koschate, N. (2005), S. 395 f.
46 Vgl. Volkmann, J. (1951).

um die Preisbeurteilung durchzuführen (siehe Abbildung 6.4).[47] Demzufolge bildet der Kunde instinktiv ein Set aus den erlernten Preisen, und nutzt die Verteilung des Sets, um den aktuellen Preis beurteilen zu können. Bei häufigen Preisanpassungen – wie im Dynamic Pricing üblich – ergibt sich somit die Frage, wie viele Preiserinnerungen ein Kunde überhaupt verarbeiten kann, um einen neuen Preis zu beurteilen.

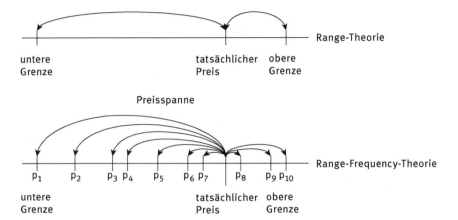

Abb. 6.4: Vergleichsprozesse zur Beurteilung eines Preises in Abhängigkeit von der zugrundeliegenden Wahrnehmungstheorie (Homburg, C., Koschate, N. (2005), S. 396).

Prospect Theory

Kahnemann und Tversky beschreiben innerhalb der Prospect Theory, dass nicht die absolute Preishöhe, sondern die Differenz eines Preises zu einem Referenzpreis relevant für die Bewertung einer Preisinformation ist.[48] Die Prospect Theory entspricht weitestgehend dem Gesetzt des abnehmenden Grenznutzen, wonach der Nutzen mit jeder weiteren konsumierten Einheit abnimmt. Gemäß der Theorie wird ein zu beurteilender Preis oberhalb des Referenzpreises als Verlust wahrgenommen. Hingegen wird ein Preis unterhalb des Referenzpreises als Gewinn erachtet. Jedoch erfolgt die Bewertung von Gewinnen und Verlusten nicht gleichmäßig. Verluste führen nach der Prospect Theory zu stärkeren Reaktionen des Kunden als Gewinne in Höhe des gleichen Betrags. Die Preisbeurteilung des Kunden lässt sich in der Folge als Nutzenfunktion darstellen, welche einen S-förmigen Verlauf besitzt (siehe Abbildung 6.5). Die Nutzenfunktion nimmt dabei im Gewinnbereich einen konkaven Verlauf und im Verlustbereich einen konvexen Verlauf an. Demnach werden marginale Verluste sub-

---

47 Vgl. Simon, H., Fassnacht, M. (2009), S. 154.
48 Vgl. ibid., S. 169 f.

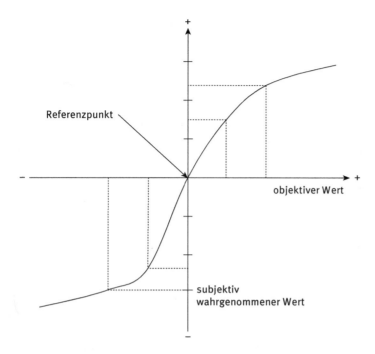

Abb. 6.5: Prospect Theory (in Anlehnung an Kahnemann, D., Tversky, A. (1979), S. 279).

jektiv stärker wahrgenommen, als sie es verhältnisweise sind. Dieses Verhältnis kehrt sich ab einer bestimmten Höhe jedoch um, sodass der wahrgenommene Verlust auf einmal unter dem objektiven Verlust liegt. Dies bedeutet, dass viele kleine Zahlungen negativer bewertet werden, als eine vergleichbare größere Zahlung. Eine analoge Beobachtung kann für Gewinne beobachtet werden. Mit Blick auf das Dynamic Pricing sollte ein Händler daher regelmäßig kleinere Preisnachlässe gewähren, die jedoch vom Kunden noch wahrgenommen werden, da diese im Verhältnis übermäßig positiv wahrgenommen werden. Hingegen sollten Preiserhöhungen eher seltener und dafür betraglich höher erfolgen, da Kunden sie nicht so negativ erachten wie viele kleine Preiserhöhungen.

Abschließend kann festgehalten werden, dass der Einsatz von Dynamic Pricing-Verfahren je nach Theorieansatz einen unterschiedlichen Einfluss auf die Preiswahrnehmung des Kunden haben kann. Allen Theorien gemeinsam ist jedoch der Vergleich mit Erfahrungen beziehungsweise Erinnerungen an zu zahlende Preise aus vorherigen Perioden und dem zu beurteilenden Preis in der Kaufsituation. Unternehmen müssen innerhalb ihrer Preissetzungsstrategie die möglichen Effekte im Rahmen verschiedener Szenarien berücksichtigen und sich mit der jeweiligen Wirkung auf die Entscheidung der Kunden auseinandersetzen.

6.4.2 Der Einfluss von Dynamic Pricing auf die Preiswahrnehmung

Der Einfluss von Dynamic Pricing kann anhand des SOR-Modells beschrieben werden. Gemäß diesem wirkt eine empfangene Preisinformation als *Stimulus* auf den Kunden (*Organismus*) ein, woraufhin interne Prozesse ausgelöst werden, wie beispielsweise Aufnahme, Verarbeitung und Speicherung der Preisinformation, die zur Entscheidung des Kaufs oder Nichtkaufs (*Reaktion*) führen. Gemäß Anderson[49] sind die Kundenzufriedenheit sowie die Preiswahrnehmung des Kunden von zentraler Bedeutung, um das Reaktionsverhalten des Kunden zu prognostizieren. Die Preiswahrnehmung lässt sich durch die Preisbeurteilung und die Preisintention des Kunden bestimmen.[50] Aufbauend auf diesen Erkenntnissen wird der Einfluss von Dynamic Pricing auf die Kundenzufriedenheit sowie die Preisbeurteilung und Preisintention dargestellt.

Kundenzufriedenheit
Die Zufriedenheit eines Kunden, sei es beispielsweise mit einem Produkt, einer Marke oder dem Einkaufserlebnis, hat einen großen Einfluss auf seine Zahlungsbereitschaft. Zufriedene Kunden sind gewillt, einen höheren Preis für ein Gut oder eine Dienstleistung zu zahlen.[51] Das Konstrukt Kundenzufriedenheit ist bezogen auf die Kaufbereitschaft und Wiederkaufbereitschaft des Kunden von hoher Bedeutung, wenn eine Preisanpassung vorgenommen wird.[52] Kundenzufriedenheit und dynamische Preisanpassungen müssen hierbei in einer wechselseitigen Beziehung betrachtet werden. Eine höhere Kundenzufriedenheit wird die Durchsetzung von regelmäßigen Preisanpassungen des Dynamic Pricing begünstigen, jedoch können die hervorgerufenen Irritationen des Dynamic Pricing langfristig zu einer Reaktanz und anschließenden Reduktion der Kundenzufriedenheit führen. Daher sollten die dynamischen Preisanpassungen unter Berücksichtigung der beschriebenen Theorien und Gesetze zur Preiswahrnehmung getroffen werden, sodass Irritationen reduziert werden und mögliches Reaktanzverhalten vermieden werden kann. Die Kundenzufriedenheit kann, wie eingangs erwähnt, auch von nichtmonetären Maßnahmen wie dem Abbau von psychischen oder physischen Kosten, dem Aufbau eines Markenimages oder durch das Vermitteln eines Einkaufserlebnisses gesteigert werden. So ist es denkbar, diese Maßnahmen gezielt einzusetzen, um die Akzeptanz des Einsatzes von dynamischen Preisanpassungen zu erhöhen und potenzielles Reaktanzverhalten zu vermeiden.

---

49 Vgl. Anderson, E. (1996), S. 271 f.
50 Vgl. Bösener, K., Roth, S. (2015), S. 68 f.
51 Vgl. Homburg, C., Koschate, N., Hoyer, W. D (2005), S. 91.
52 Vgl. Homburg, C., Hoyer, W. D., Koschate, N. (2005).

Preiswissen

Seine Bedeutung erfährt das Preiswissen vor allem aus seiner vermuteten Relevanz für die Preisbeurteilung der Kunden. Im Sinne interner Referenzpreise[53] ermöglicht das Preiswissen dem Kunden beispielsweise die Attraktivität von Sonderangeboten zu beurteilen, Preissteigerungen zu erkennen oder Preisvergleiche zwischen unterschiedlichen Einkaufsstätten durchzuführen.[54] Sind Referenzpreise bekannt, können Preiserhöhungen zu Aufschüben von Kaufentscheidungen führen, Preissenkungen hingegen zu vorgezogenen Kaufentscheidungen.[55] Studien zu Preiswissen von Kunden führten in der Vergangenheit häufig zu widersprüchlichen Ergebnissen, was es schwierig macht, entsprechend konsistente Schlussfolgerungen abzuleiten. Beispielsweise variiert die Fähigkeit von Kunden, exakte Preise wiederzugeben (Recall) in verschiedenen Studien zwischen 2 bis 61 Prozent.[56] Solche gravierenden Unterscheide lassen sich zum Teil auf soziokulturelle oder makroökonomische Faktoren zurückzuführen, wesentlich wahrscheinlicher liegen sie aber in unterschiedlichen Studiendesigns begründet.[57]

Unterschieden wird grundsätzlich zwischen tatsächlichem Preiswissen und Preiswissen auf Basis von Selbsteinschätzung, zwischen denen sich keine Korrelation feststellen lässt,[58] sowie zwischen expliziten und impliziten Preiswissen. Bei dem expliziten Preiswissen erinnern sich die Kunden bewusst an den ausgewiesenen Preis. Implizites Preiswissen beschreibt hingegen die subjektive Erinnerung an einen kategorisch hohen oder niedrigen Preis.[59] So werden zur Messung des impliziten Preiswissens insbesondere sogenannte Recognition-Tests verwendet, in denen die Probanden aus mehreren vorgelegten Preisen den richtigen Preis identifizieren sollen.

Ungeachtet einer hohen Preissensitivität vieler Konsumenten dokumentieren empirische Untersuchungen sowohl ein schwach ausgeprägtes explizites, als auch ein schwach ausgeprägtes implizites Preiswissen. Hieraus ergibt sich unter anderem die folgende Implikation für die Preispolitik: mangelt es den Kunden an Preiswissen, erhöht dies die Wahrscheinlichkeit, dass ihr Preisurteil durch externe Preisinformationen beeinflussbar ist. Für Handelsunternehmen bedeutet dies beispielsweise die besondere Berücksichtigung des Preisimages als generalisiertes Urteil über die Preisgünstigkeit einer Einkaufsstätte.[60]

---

53 Vgl. Diller, H. (2008), S. 120.

54 Vgl. Schneider, H., Kenning, P., Hartleb, V., Eberhardt, T. (2009), S. 219.

55 Vgl. Meffert, H., Burmann, C., Kirchgeorg, M. (2015), S. 437 f.

56 Vgl. Jensen, B. B., Grunert, K. (2014), S. 332.

57 Vgl. Kenning, P., Hartleb, V., Schneider, H. (2011), S. 364 ff.

58 Vgl. ibid., S. 380.

59 Vgl. Meffert, H., Burmann, C., Kirchgeorg, M. (2015), S. 452.

60 Vgl. Schneider, H., Kenning, P., Hartleb, V., Eberhardt, T. (2009), S. 230.

Preiswürdigkeit

Eine Beurteilung des Preises durch den Kunden kann anhand von Preiswürdigkeit und Preisgünstigkeit erfolgen.[61] Während bei der Preiswürdigkeit Preis und Leistung in Relation zueinander gesetzt werden, wird bei der Preisgünstigkeit lediglich die Höhe des Preises bewertet. Preisunterschiede werden im Sinne der Preiswürdigkeit dann vom Kunden als angemessen empfunden, wenn sie auf Leistungsunterschieden basieren.[62] Die Leistung darf hierbei nicht gleich der Qualität gesetzt werden, da beispielsweise auch das Markenversprechen Bestandteil der Leistung sein kann. Entsprechend diesem Zusammenhang wird die Annahme getroffen, dass Kunden, die einen höheren Preis mit einer gesteigerten Leistung assoziieren, eine ausgeprägtere Bereitschaft besitzen, einen höheren Preis für ein Gut zu zahlen.[63] Demzufolge kann einer Reaktanz des Kunden bei einer Preiserhöhung dadurch entgegen gewirkt werden, dass ihm kommuniziert wird, einen entsprechenden Mehrwert zu erhalten. Jedoch entsteht im Zuge von Dynamic Pricing im Allgemeinen die Problematik, dass sich die Leistung eines Gutes beziehungsweise einer Dienstleistung nicht mit der gleichen Intensität der Preisänderungsrate anpassen lässt. Zudem ist es für den Kunden oft schwierig, die Leistung eines Gutes zuverlässig einzuschätzen.

Preisgünstigkeit

Die Beurteilung der Preisgünstigkeit hingegen erfolgt durch Vergleich des aktuell wahrgenommen Preises mit einem vom Kunden gebildeten Referenzpreis. Bei der Preisbeurteilung im Dynamic Pricing sind insbesondere psychologischen Artefakte wie beispielsweise kognitive Verzerrungen gemäß des Weber Fechner Gesetzes von hoher Relevanz. Es wird vermutet, dass regelmäßige Preisanpassungen es dem Kunden erschweren Referenzpreise zu bilden, da er nur begrenzt Preise im Gedächtnis behalten kann.[64] Zudem wird die Referenzpreisbildung für den Kunden dadurch kompliziert, dass er nicht abschätzen kann, aus welcher Zeitspanne er Preise selektieren soll, um den Referenzpreis zu bilden.

Beispielsweise können bei Tankstellen die Benzinpreise einen Monat lang relativ günstig sein, während sie auf das Jahr bezogen verhältnisweise teuer sind. Für den Kunden besteht in einem solchen Fall die Überlegung, ob er einen Preis, der über dem Durchschnitt des günstigen Monats, aber unterhalb des Durchschnitts des teuren Jahres, als hoch oder niedrig bewerten soll. Dieses Beispiel lässt sich für viele Situationen mit entsprechender Zeitbetrachtung und Häufigkeit der Preisanpassungen verallgemeinern.

---

61 Vgl. Diller, H. (2008), S. 139.
62 Vgl. Bolton, L. E., Warlop, L., Alba, J. W. (2003), S. 475.
63 Vgl. Lichtenstein, D., Bloch, P., Black, W. (1988), S. 243.
64 Vgl. Schneider, H., Kenning, P., Hartleb, V., Eberhardt, T. (2009), S. 229.

Die eingeschränkte Aussagekraft der Preisgünstigkeit im Dynamic Pricing könnte dazu führen, dass der Kunde die Preisbeurteilung vorwiegend anhand der Preiswürdigkeit durchführt, da die Bestimmung der Leistung nicht von dynamischen Preisanpassungen beeinflusst wird. Dies widerspricht der bis dato vorherrschenden Praxis, nach welcher Kunden die Preisbeurteilung bei Wiederkäufen mit Hilfe der Preisgünstigkeit durchführen.

Preisintention – Involvement
Die Preisintention beschreibt gemäß Diller[65] mögliche Zahlungsbereitschaften für ein Gut oder eine Dienstleistung. Die Zahlungsbereitschaft ist individuell für jeden Kunden und richtet sich nach dessen Präferenzen. Diese Präferenzen gehen einher mit der emotionalen Selbstbeteiligung des Kunden, dem sogenannten *Involvement*. Präferenzen können hierbei aus verschiedenen Gründen resultieren, wie beispielsweise, dass der Kunde ein emotionales Interesse mit dem Kauf verbindet oder die Höhe des Preises einen Verzicht anderer Transaktionen zur Folge hat. Wenn sich der Kunde mit dem Kauf intensiv beschäftigt, wird von *high involvement* gesprochen, wenn der Kauf beim Kunden wenig Interesse findet, von *low involvement*.[66] Involvement stellt eine wichtige Determinante zur Erklärung des Verhaltens von Kunden und deren Intention dar, da das persönliche Interesse des Kunden Einfluss auf seine Beurteilung von Preisinformationen hat[67]. Kunden, die ein hohes Involvement aufweisen sind grundsätzlich gewillter, höhere Preise zu zahlen als Kunden, bei denen das Produktinvolvement geringer ist.[68] Eine Ausnahme ist gegeben, wenn die emotionale Beteiligung auf einer Verlustaversion beruht.

Abgesehen von der erwähnten Ausnahme führt dies im Einklang mit der Assimilations-Kontrast-Theorie dazu, dass der Kunde Informationen, die wider seiner Intention sind, bei high-involvement-Einkäufen eher vernachlässigt als bei low-involvement-Einkäufen. Für Dynamic Pricing ist damit zu vermuten, dass Kunden bei high-involvement-Einkäufen eher dazu tendieren, dynamische Preisanpassungen zu akzeptieren als bei low-involvement-Einkäufen. Umgekehrt werden bei low-involvement-Einkäufen dynamische Preisanpassungen vom Kunden stärker negativ wahrgenommen, da die fehlende emotionale Bindung zu einer geminderten Intention des Kaufes führt.

---

65 Vgl. Diller, H. (2008), S. 154.
66 Vgl. Meffert, H., Burmann, C., Kirchgeorg, M. (2015), S. 109; Kroeber-Riel, W., Gröppel-Klein, A. (2013), S. 243.
67 Vgl. Bauer, H. H., Neumann, M. M., Schüle, A. (2006), S. 235.
68 Vgl. Lichtenstein, D., Bloch, P., Black, W. (1988), S. 244 ff.

6.5 Auswahl von Forschungsarbeiten

In einer im Rahmen eines Lehrforschungsprojektes durchgeführten empirischen Studie (n = 219, 47,95 Prozent männlich, Mittelwert$_{Alter}$ = 37,92, SA$_{Alter}$ = 15,063) im Wintersemester 2017/2018 wurde der Einfluss von dynamischer Preisanpassung im stationären Handel auf das Kaufverhalten untersucht. Die Probanden wurden zufällig einer von insgesamt zehn Gruppen zugewiesen (randomisiertes Verfahren). Sie beantworteten einen Fragebogen, in dem sie zunächst gebeten wurden sich vorzustellen, einen Supermarkt zu besuchen und vor dem Regal ihres bevorzugten Produktes zu stehen. Als Stimulusmaterial diente ein Foto eines Produktes im Regal eines Supermarktes, das sich hinsichtlich der folgenden Kriterien innerhalb der Gruppen unterschied: Produktkategorie (Salat/Shampoo), Preisanpassungen (selten/häufig) und Begründung für die Preisanpassung (ohne/mit) sowie zwei Fotos der Kontrollgruppen für Salat und Shampoo ohne Preisschwankung und entsprechend ohne Hinweis (siehe Abbildung 6.6). Die Preisanpassungen wurden mit einer auf einem elektronischen Preisschild dargestellten Information über Zeit/Datum der letzten Preisanpassung manipuliert. Hierbei signalisiert ein länger in der Vergangenheit liegendes Preisänderungsdatum eine seltene Preisanpassung. Eine tagesaktuelle Uhrzeit weist aus eine häufige Preisanpassung hin. Die Begründung bestand in einer Information, warum Preisanpassungen für das Produkt in der Einkaufstätte vorgenommen werden. Die Begründung für die Preisänderung bezog sich entweder auf Nachfrageschwankungen (Shampoo) oder auf die Haltbarkeit (Salat).

Abb. 6.6: Stimulusmaterial – elektronische Preisschilder mit Preisänderungsangaben (eigene Darstellung).

Tab. 6.1: Mittelwertvergleiche zwischen den Experimentalgruppen (eigene Darstellung (1 = stimme überhaupt nicht zu, 7 = stimme voll und ganz zu)).

Produktkategorie	Preis-schwankung	Begründung	Kaufabsicht	Wiederkauf-absicht	Kunden-zufriedenheit	wahr-genommene Preisfairness
Shampoo	häufig	mit	2,64	4,77	3,23	3,88
	häufig	ohne	4,12	4,71	3,77	4,27
	selten	mit	4,62	5,15	4,14	4,73
	selten	ohne	3,92	5,32	4,77	4,91
	ohne	ohne	4,68	5,63	4,55	4,98
Salat	häufig	mit	3,43	4,93	3,55	3,84
	häufig	ohne	2,47	4,40	3,23	3,11
	selten	mit	4,05	4,90	3,73	3,49
	selten	ohne	2,71	4,46	3,45	3,78
	ohne	ohne	2,85	4,43	3,27	3,96
Gesamt			3,55	4,87	3,77	4,09

Die Ergebnisse der Datenanalyse (ANOVAs) zeigen signifikante Unterschiede zwischen den Gruppen hinsichtlich wahrgenommener Preisfairness ($F(9, 210) = 3,72$, $p < 0,001$), Kundenzufriedenheit ($F(9, 210) = 2,48$, $p = 0,010$) und Kaufabsicht ($F(9, 209) = 4,11$, $p < 0,001$). Nicht signifikant sind die Unterschiede der Gruppen hinsichtlich der Wiederkaufabsicht ($F(9, 210) = 1,47$, $p = 0,159$) (siehe Tabelle 6.1). Insbesondere für die Produktkategorie Shampoo wird deutlich, dass sich dynamische Preisanpassungen negativ auswirken. Dabei ist der Unterschied weniger zu erkennen zwischen den Gruppen mit Preisschwankung und der Kontrollgruppe ohne Preisschwankung, sondern zwischen seltenen und häufigen Preisschwankungen. Zudem führte der Hinweis auf Preisanpassungen bei häufigen Preisschwankungen zu einer Verstärkung des negativen Effekts: Im Vergleich zur Kontrollgruppe (keine Preisanpassungen) lag die durchschnittliche Kaufabsicht für das Shampoo zwei Prozentpunkte niedriger. Es ist anzunehmen, dass die Begründung (Nachfrageschwankungen) mit profitmaximierenden Motiven des Unternehmens assoziiert wird und ein entsprechendes Reaktanzverhalten auslöst. Das Gegenteil zeigt sich in der Produktkategorie Salat. Hier sind die Mittelwerte der Kaufabsicht, Wiederaufabsicht und Kundenzufriedenheit in den Gruppen mit Begründung höher als in den Gruppen ohne Begründung. Dies scheint aber nicht auf die Preisfairness zurückzuführen zu sein, bei der sich diese Unterschiede nicht finden, sondern scheint auf der Tatsache zu beruhen, dass deutsche Konsumenten tendenziell eine starke Abneigung gegen das Wegwerfen von Lebensmitteln verspüren[69] und daher eine erhöhte Akzeptanz gegenüber

---

[69] Vgl. Choshen-Hillel, S., Shaw, A., Caruso, E. M. (2015).

Preissenkungen von begrenzt haltbaren Lebensmitteln aufweisen. Hier führt die Einführung von Dynamic Pricing sogar zu einer erhöhten Kaufbereitschaft, ohne dass explizit angegeben wurde, ob der Preis zum Kaufzeitpunkt bereits gesunken ist oder erst nach dem Kauf weiter sinken wird. Die erhöhte Kaufbereitschaft scheint demnach unabhängig davon zu sein, ob der Kunde in der Situation von der Preisanpassung (monetär) profitiert oder nicht.

Als Fazit kann festgehalten werden, dass die Nachvollziehbarkeit und Akzeptanz von Preisdifferenzierung beziehungsweise dynamischer Preisanpassung entscheidend für den Erfolg solcher Maßnahmen ist. Dies lässt sich beispielsweise im Zusammenhang mit Tankstellen beobachten, bei denen die dynamische Preisanpassung seit Jahren üblich ist und auf Kundenseite kein Reaktanzverhalten feststellbar ist. Die meisten Unternehmen machen sich das intuitive Wissen um die unterschiedliche Akzeptanz von Dynamic Pricing zunutze. So bietet beispielsweise Lekkerland in seinen Tankstellen-Supermärkten tagsüber für Energy und Softdrinks niedrigere, konkurrenzfähige Preise, um sie abends und nachts dann moderat anzuheben.[70] Weitgehend akzeptiert werden auch Rabatte für Stammkunden oder für Frühbucher von Reisen. Damit wird die Rolle der Kommunikation(spolitik) deutlich: Gelingt es dem Unternehmen, die Preisanpassungen so zu kommunizieren, dass der Kunde sie sinnvoll findet, wird sie akzeptiert.[71]

Literatur

Anderson, E. (1996): Customer satisfaction and price tolerance, in: Marketing Letters, 7(3), S. 265–274.

Bauer, H. H., Neumann, M. M., Schüle, A. (2006): Konsumentenvertrauen. Konzepte und Anwendungen für ein nachhaltiges Kundenbindungsmanagement, München.

Bolton, L. E., Warlop, L., Alba, J. W. (2003): Consumer Perceptions of Price (Un)Fairness, in: Journal of Consumer Research, 29(4), S. 474–491.

Bösener, K., Roth, S. (2015): Kundenzufriedenheit und Kundenpreisverhalten, in: Meyer, A. (Hrsg.): Aktuelle Aspekte in der Dienstleistungsforschung, Springer Fachmedien Wiesbaden, S. 65–91.

Choshen-Hillel, S., Shaw, A., Caruso, E. M. (2015): Waste management: How reducing partiality can promote efficient resource allocation, in: Journal of Personality and Social Psychology, 109(2), S. 210–231.

Diller, H. (2008): Preispolitik. 4. Aufl., Stuttgart.

Genth, S. (2016): Dynamische Preise: ein Gewinn für Handel und Verbraucher, in: Wirtschaftsdienst – die Zeitschrift für Wirtschaftspolitik, 12, S. 863–868.

Giuri, M. (2017): Lekkerland testet Dynamic Pricing, in: Lebensmittelzeitung vom 17.02.2017.

Gneezy, A., Gneezy, U., Riener, G., Nelson, L. D. (2012). Pay-what-you-want, identity, and self-signaling in markets, in: Proceedings of the National Academy of Sciences, 109(19), S. 7236–7240.

---

70 Vgl. Giuri, M. (2017), S. 4.

71 Vgl. http://www.rp-online.de/nrw/staedte/duesseldorf/preis-fuer-kamera-wechselte-275-mal-aid-1.7342189 (abgerufen am 13.04.2018).

Helson, H. (1964): Adaptation-level theory; an experimental and systematic approach to behavior. New York.

Hofmann, F. (2016): Der maßgeschneiderte Preis, in: Wettbewerb und Praxis (WRP), 9, S. 1074–1081.

Homburg, C., Hoyer, W. D., Koschate, N. (2005): Customers' Reactions to Price Increases: Do Customer Satisfaction and Perceived Motive Fairness Matter?, in: Journal of the Academy of Marketing Science, 33(1), S. 36–49.

Homburg, C., Koschate, N. (2005): Behavioral Pricing-Forschung im Überblick: Teil 1: Grundlagen, Preisinformationsaufnahme und Preisinformationsbeurteilung, in: Zeitschrift für Betriebswirtschaft: ZfB, 75(4), S. 383–423.

Homburg, C., Koschate, N., Hoyer, W. D. (2005): Do Satisfied Customers Really Pay More? A Study of the Relationship Between Customer Satisfaction and Willingness to Pay, in: Journal of Marketing, 69(2), S. 84–96.

Homburg, C., Krohmer, H. (2009): Grundlagen des Marketingmanagements: Einführung in Strategie, Instrumente, Umsetzung und Unternehmensführung, Wiesbaden.

Inman, J. J., Nikolova, H. (2017): Shopper-facing retail technology: a retailer adoption decision framework incorporating shopper attitudes and privacy concerns, in Journal of Retailing, 93(1), S. 7–28.

Jensen, B. B., Grunert, K. G. (2014): Price knowledge during grocery shopping: what we learn and what we forget, in: Journal of Retailing, 90(3), S. 332–346.

Kahneman, D., Tversky, A. (1979): Prospect Theory: An Analysis of Decision under Risk, in: Econometrica, 47(2), S. 263–291.

Kenning, P., Pohst, M. (2016): Dynamic Pricing, In: WISU – Das Wirtschaftsstudium, 10, S. 1125–1130

Kenning, P., Schleusener, M., Schmidt-Kessel, M. (2016): Dynamic Pricing: Implikationen für die Verbraucherforschung und Verbraucherpolitik, in: Wirtschaftsdienst – die Zeitschrift für Wirtschaftspolitik, 96(12), S. 880–882.

Kenning, P., Hartleb, V., Schneider, H. (2011): An empirical multi-method investigation of price knowledge in food retailing, in: International Journal of Retail & Distribution Management, 39(5), S. 363–382.

Kenning, P., Schleusener, M. (2017): Dynamic Pricing: Weil Sie es sind, in: Absatzwirtschaft, Nr. 2, S. 84–87.

Kim, J. Y., Natter, M., Spann, M. (2010): Pay-what-you-want–Praxisrelevanz und Konsumentenverhalten, in: Zeitschrift für Betriebswirtschaft, 80(2), S. 147–169.

Köhler, H., Bornkamm, J., Feddersen, J. (2016): Gesetz gegen den unlauteren Wettbewerb, 34. Aufl., München.

Kroeber-Riel, W., Gröppel-Klein, A. (2013): Konsumentenverhalten, München.

Lichtenstein, D., Bloch, P., Black, W. (1988): Correlates of Price Acceptability, in: Journal of Consumer Research, 15(2), S. 243–252.

Meffert, H., Burmann, C., Kirchgeorg, M. (2015): Marketing. Grundlagen marktorientierter Unternehmensführung. Konzepte – Instrumente – Praxisbeispiele, 12. Aufl., Wiesbaden.

Minderest (2015): Pressemitteilung vom 24.02.2015, zitiert nach Zander-Hayat, H., Domurath, I., Groß, C. (2016): Personalisierte Preise, SVRV Working Paper Nr. 2, August 2016, Sachverständigenrat für Verbraucherfragen, Berlin.

Moldovanu, B., Tietzel, M. (1998): Goethe's Second-Price Auction, in: Journal of Political Economy, 106(4), S. 854–859.

Pigou, A. C. (1932): The Economics of Welfare, 4. Auflage. London.

Popescu, I., Wu, Y. (2007): Dynamic pricing strategies with reference effects, Operations Research, 55(3), S. 413–429.

Reinartz, W., Haucap, J., Wiegand, J. (2018): Die Grenzen der Preisdifferenzierung, in: Markenartikel 4/2018, S. 100–103.

Schneider, H., Kenning, P., Hartleb, V., Eberhardt, T. (2009): Implizites Preiswissen von Konsumenten – wirklich besser als ihr explizites Preiswissen?, in: Marketing ZFP – Journal of Research and Management, 4, S. 219–233

Simon, H., Fassnacht, M. (2009): Preismanagement. Strategie – Analyse – Entscheidung – Umsetzung, 3. Aufl., Wiesbaden.

Simon, H., Fassnacht, M. (2016): Preismanagement. Strategie – Analyse – Entscheidung – Umsetzung, 4. Aufl., Wiesbaden.

Spann, M., Fischer, M., Tellis, G. J. (2014): Skimming or penetration? Strategic dynamic pricing for new products, in: Marketing Science, 34(2), S. 235–249.

Stern (2015): Die neuen Tricks der Online-Händler, Stern, Nr. 51, vom 10.12.2015, zitiert nach Remmel, J. (2016): Die verbraucherpolitische Perspektive: aktuelle Entwicklungen im Online-Handel, in: Wirtschaftsdienst – die Zeitschrift für Wirtschaftspolitik, 96(12), S. 875.

Uflacker, M., Schlosser, R., Meinel, C. (2017): Ertragsmanagement im Wandel – Potentiale der In-Memory Technologie, in: Leukert, B, Gläß, R. (Hrsg.): Handel 4.0 – Die Digitalisierung des Handels, Berlin, Heidelberg, S. 177–190.

Volkmann, J. (1951): Scales of judgment and their implications for social psychology, in: Rohrer, J. H., Sherif, M. (Hrsg.): Social psychology at the crossroads, New York, S. 273–294.

Weber, B., Gier, N. (2016): Preiswahrnehmung aus neurowissenschaftlicher Sicht: Was passiert im Gehirn?, in: Wirtschaftsdienst – die Zeitschrift für Wirtschaftspolitik, 96(12), S. 878–880.

Zander-Hayat, H., Reisch, L. A., Steffen, C. (2016): Personalisierte Preise – Eine verbraucherpolitische Einordnung. Verbraucher und Recht 31(11), S. 403–409.

https://de.camelcamelcamel.com/Bresser-Spiegelteleskop-Pluto-Smartphone-Adapter/product/B000LJSL88?context=tracker (abgerufen am 20.11.2017).

https://idw-online.de/de/news474463 (abgerufen am 23.04.2018).

http://www.handelsblatt.com/unternehmen/handel-konsumgueter/digitale-preisschilder-gibt-es-bald-tankstellenpreise-im-supermarkt/12786146.html (abgerufen am 13.04.2018).

https://www.linkedin.com/pulse/ist-individual-pricing-das-n%C3%A4chste-gro%C3%9Fe-ding-im-workshop-st%C3%BCrze/ (abgerufen am 07.01.2018).

http://www.rp-online.de/nrw/staedte/duesseldorf/preis-fuer-kamera-wechselte-275-mal-aid-1.7342189 (abgerufen am 13.04.2018).

https://www.spotify.com/de/family/ (abgerufen am 25.04.2018).

Peter Kürble

7 Content-Marketing

7.1 Hintergrund

Wird der Begriff Content-Marketing eher weit interpretiert und sowohl für die Offline-als auch für die Online-Medien in Abhängigkeit vom Inhalt und Ziel der Veröffentlichung genutzt, so lassen sich erste Ansätze bereits mit den Fugger-Briefen des 16. Jahrhunderts oder der Ackerfurche (The Furrow) des Unternehmens John Deere Ende des 19. Jahrhunderts identifizieren.[1] Tabelle 7.1 zeigt einen Überblick über einige Ereignisse im Zusammenhang mit Content-Marketing.

Schon diese Übersicht zeigt aufgrund der jüngst zunehmenden Anzahl von Aktivitäten, dass Content-Marketing in den 2000er Jahren an Bedeutung gewonnen zu haben scheint und heute einer der Megatrends des Marketings ist. Abbildung 7.1 zeigt

Tab. 7.1: Meilensteine des Content-Marketings (Frühbrodt, J. (2016), S. 1).

Jahr	Ereignis
1895	Mit *The Furrow* von Deere & Company entsteht das erste Unternehmensmagazin.
1925	Der Reifenhersteller Michelin wandelt sein Kundenmagazin in den Restaurant- und Hotelführer *Guide Michelin* um.
1937	Der Hygienekonzern Procter & Gamble lässt in den USA Soap Operas (unter anderem As the World Turns) fürs Radio produzieren. In den 1950er Jahren kommen Fernsehsendungen dazu.
1955	Die irische Brauerei Guiness gibt die erste Ausgabe ihres *Guiness Buch der Rekorde* heraus.
2004	McDonald's schickt in Kanada sechs Mütter als *Quality Correspondents* durch seine Hamburger-Bratereien.
2007	Der Softdrink-Hersteller Red Bull gründet das Red Bull Media House und gilt fortan als Vorreiter des Content-Marketings.
2007	Joe Pulizzi gründet in Cleveland/Ohio sein Content-Marketing Institute.
2012	Die Ergo-Versicherung verbucht mit ihrem über mehrere Kommunikationskanäle gespielten Content-Marketing-Projekt *Karpatenhamster* einen großen Publikumserfolg im deutschsprachigen Raum
2012	Siemens führt als erstes deutsches Unternehmen eine Großraumredaktion (Newsroom) für seine Kommunikation ein. Andere Konzerne folgen.
2015	Das Forum Corporate Publishing, der größte Verband der Branche im deutschsprachigen Raum, benennt sich in *Content-Marketing Forum* um.

---

1 Vgl. Frühbrodt, L. (2016), S. 10.

https://doi.org/10.1515/9783110526097-007

das relative weltweite Interesse des Begriffs Content-Marketing als Suchbegriff bei der Suchmaschine Google. In der Darstellung wird das im Betrachtungszeitraum höchste Interesse mit 100 gleichgesetzt und alle anderen Angaben dazu in Relation gesetzt. Es wird deutlich, dass seit 2011/2012 das Interesse an Content-Marketing zugenommen hat.

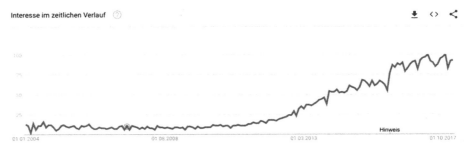

Abb. 7.1: Das relative Interesse an Content-Marketing als Suchbegriff bei Google (https://trends. google.com/trends/explore?date=all&q=content%20marketing (abgerufen am 02.02.2018)).[2]

Bereits 2014 gaben 85 Prozent der befragten 59 Unternehmen in Deutschland und der Schweiz an, im Content-Marketing aktiv zu sein und 70 Prozent schätzten ihre Organisation im Umgang mit Content-Marketing als fortgeschritten oder reif ein.[3] 2017 lag der Wert für Deutschland allerdings kaum höher: Für 88 Prozent der befragten Unternehmen gehört Content-Marketing zu den Bestandteilen der Unternehmenskommunikation. Dabei variieren die Angaben zwischen den B2C- und den B2B-Unternehmen relativ stark: nur 6 Prozent der B2B-Unternehmen empfinden Content-Marketing als ein zentrales Element ihrer Marketingkommunikation, während es bei den B2C-Unternehmen 22 Prozent sind.[4] 2016 zeigt eine Umfrage in den USA in der Summe einen ähnlichen Wert, er variiert allerdings zwischen den Unternehmen im B2C-Markt und denen im B2B-Markt nur unwesentlich (86 Prozent zu 89 Prozent).[5] Abbildung 7.2 zeigt die Investitionen in digitale Medien im Content-Marketing in der DACH (Deutschland, Österreich, Schweiz)-Region für 2016. Bis 2020 wird davon ausgegangen, dass der Betrag in Deutschland von 96 Millionen Euro in 2014 auf 413 Millionen Euro ansteigen wird.[6]

---

2 Der Einbruch im Jahr 2016 (*Hinweis*) ist mit einer Veränderung im Datenerfassungssystem zu erklären.
3 Vgl. Namics (2015), S. 2.
4 Vgl. Engagement Lab (2017), S. 11. Bei genauerer Betrachtung der Studie fällt allerdings auf, dass immerhin 32 Prozent der befragten Unternehmen angeben, dass es zwar Bestandteil ist, aber keine hohe Priorität besitzt.
5 Vgl. http://www.magronet.de/content-marketing-studien/ (abgerufen am 02.02.2018).
6 Vgl. Yahoo Deutschland (o. J.).

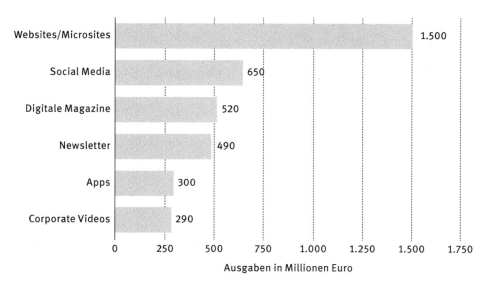

Abb. 7.2: Investitionen in digitale Medien im Content-Marketing in der DACH-Region im Jahr 2016 in Millionen Euro (https://de.statista.com/statistik/daten/studie/613300/umfrage/investitionen-in-digitale-medien-im-content-marketing/ (abgerufen am 22.02.2018)).

Bei den Sozialen Medien ist Facebook in der Nutzung deutlich im Vordergrund: 44 Prozent der befragten Unternehmen nutzen diesen Anbieter für ihr Content-Marketing. 35 Prozent nutzen YouTube, 29 Prozent Xing und 25 Prozent der Unternehmen nutzen Twitter.[7] Davon unterschieden werden müssen noch einmal die Investitionen in Printmedien im Rahmen des Content-Marketings. Hier wurde in der DACH-Region in 2016 am meisten in Magazine, Zeitungen und Broschüren investiert (1.830 Millionen Euro).[8] Insgesamt betrug das Investitionsvolumen in der DACH-Region, in die Online- als auch in die Offline-Varianten, in 2016 6,9 Milliarden Euro.[9]

7.2 Definition, begriffliche Abgrenzung und Ziele

Wird der Begriff Content-Marketing vom Englischen ins Deutsche übersetzt, so handelt es sich zum einen, nämlich beim Begriff Marketing, *um marktorientierte Unternehmensführung*[10]. Mit dem englischen Begriff Content wird zum anderen im Deutschen der *Inhalt* bezeichnet, im Sinne eines geistigen, ideellen Wertes.

---

7 Vgl. Content Marketing Forum (o. J.).
8 Vgl. Horizont (o. J.).
9 Vgl. Statista (2018), S. 6.
10 Vgl. Kapitel 1 in diesem Buch und Meffert, H., Burmann, C., Kirchgeorg, M. (2008), S. 13.

Zusammengesetzt handelt es sich somit um die marktorientierte Unternehmensführung durch geistige Werte. Da die Frage der Wertigkeit in hohem Maße subjektiv ist, verkommt der Begriff auf diesem Wege zu einer Tautologie mit einem Wahrheitsgehalt von 1 und einem Informationsgehalt von 0, denn *Inhalte* wurden immer schon durch die kommunikationspolitischen Instrumente vermittelt, schließlich ist Kommunikation ohne Inhalt nicht möglich.[11]

Das Besondere an Content-Marketing liegt also nicht in der Tatsache, dass Inhalte weitergegeben werden, sondern in der Betonung von beziehungsweise Fokussierung auf Inhalte. Die zugrundeliegende Notwendigkeit einer so gearteten Ausrichtung besteht in der insgesamt zu beobachtenden Überflutung des Nachfragers mit (Werbe-)Botschaften auf der einen Seite und einer natürlich begrenzten Aufnahmekapazität beim Nachfrager auf der anderen Seite.[12] Die Informationsüberlastung betrug schon in den 1980er Jahren in Deutschland 98,1 Prozent, was meint, dass nur knapp 2 Prozent der vorhandenen Information aufgenommen wird.[13] Die damals weltweit zur Verfügung stehende Datenmenge betrug etwa zwei Trillionen Byte (zwei Exabyte), wurde 2016 mit 16,1 Zettabyte (16.100 Exabyte) angegeben und wird für 2025 auf 163 Zettabyte (163.000 Exabyte) geschätzt.[14] Es darf davon ausgegangen werden, dass die Informationsüberlastung somit eher gestiegen ist. Aufmerksamkeit ist das knappe Gut und hat im klassischen ökonomischen Sinne einen Wert an sich, der in der Werbung unter dem Begriff der Kontakte näherungsweise ermittelt wird, den Werbeerfolg widerspiegelt und unter anderem mit dem sogenannten Tausenderkontaktpreis (TKP) monetär bemessen wird. Gesellschaftlich zeigt sich die Wertigkeit von Aufmerksamkeit nichtmonetär durch Prestige, Reputation, Prominenz und Ruhm.[15]

Vor diesem Hintergrund wird deutlich, dass die Fokussierung auf Inhalte alleine nicht ausreicht, die Inhalte müssen aus Sicht des Kunden eine Relevanz haben, um Aufmerksamkeit zu erzielen. Dabei kann die Relevanz in der Unterhaltung, der Beratung oder der Information liegen.[16] Aber das ist nicht genug, denn auch klassische Werbung versucht nur solche Inhalte zu vermitteln, die aus Sicht des Kunden relevant sein könnten. Nun ist bei klassischer Werbung, in Analogie zu den oben angegebenen Werten, festzustellen, dass dort die Informationsüberlastung bei mehr als 95 Prozent liegt.[17] Auch hier wird also ein Großteil der Werbeinformation nicht vom

11 Vgl. Watzlawick, P., Beavin, J. H., Jackson, D. D. (2011), S. 34.
12 Vgl. Franck, G (1998), S. 49.
13 Vgl. http://www.wirtschaftslexikon24.com/d/informationsüberlastung/informationsüberlastung.htm (abgerufen am 04.02.2018).
14 Vgl. https://de.statista.com/statistik/daten/studie/267974/umfrage/prognose-zum-weltweit-generierten-datenvolumen/ (abgerufen am 04.02.2018).
15 Vgl. Franck, G. (1998), S. 181 ff. Siehe hierzu auch den Beitrag zum Influencer-Marketing in diesem Buch.
16 Vgl. Frühbrodt, L. (2016), S. 19 f.
17 Vgl. Kroeber-Riel, W., Weinberg, P. (1996), S. 90.

Empfänger bewusst verarbeitet.[18] Vor diesem Hintergrund muss Content-Marketing insbesondere als ein Versuch angesehen werden, der Problematik fehlender Wahrnehmung durch den Adressaten etwas entgegenzusetzen. Die Kunden fragen nach sachlicher und nützlicher Information, wenn es um den Entscheidungsfindungsprozess geht.[19] Die Inhalte, die im Rahmen des Content-Marketings vermittelt werden, sollten diesem Bedürfnis Rechnung tragen und müssen, um Relevanz, insbesondere im Sinne einer Weiterempfehlung, zu erzeugen, emotional berühren und als großartig und umwerfend empfunden werden.[20]

Anders ausgedrückt, muss die Kunst des Content-Marketings darin liegen, eine so beschriebene *wertvolle* Information, die einerseits sachlich und andererseits emotional berührend sein soll, mit der Zielkundschaft zu teilen.[21] Der Unterschied zur Werbung besteht schließlich darin, dass „a firm advertises if it wants to tell the world that it is a rock star, but if it wants to show and prove why it is one, have great contents."[22]

Zusammenfassend kann konstatiert werden, dass es die Aufgabe des Content-Marketings ist, *nicht* vom Produkt zu erzählen, sondern Themen zu finden, die zwar einen Bezug zu Produkt oder Unternehmen haben, beide aber nicht in den Vordergrund stellen. Es lässt sich zeigen, dass der Weiterempfehlungseffekt (WOM-Effekt) dann zunimmt, wenn der Inhalt emotional, philanthrop und informativ ist.[23]

Neben dieser Art der Information sind mindestens noch zwei Faktoren wesentlich für die Beschreibung von Content-Marketing in der Abgrenzung zur klassischen Werbung:

Zum einen besteht beim Content-Marketing, im Gegensatz zum klassischen Marketing, das sogenannte *Pull-Prinzip*: Die relevanten Inhalte werden vom Unternehmen zur Verfügung gestellt und der Kunde kann sie im Internet über die verschiedenen Kanäle *freiwillig* abrufen.[24] Auch hier wird noch einmal deutlich, wie wichtig die Relevanz der Information für den Kunden ist. Zum anderen müssen die generierten Inhalte nicht zwingend vom Unternehmen kommen. Content-Marketing kann auch verstanden werden als eine erste Initialzündung bezüglich interessanter Themen, die vom Kunden diskutiert (User-Generated-Content) und geteilt werden und deren Diskussion vom Unternehmen begleitet wird. Mitunter führt dies dazu, dass Content-Marketing eher „langsam, aber heftig"[25] funktioniert und Unternehmen sich als Meinungsführer in einem bestimmten Themenfeld profilieren können, in dem sie ihr Fachwissen mög-

---

18 Es darf dabei aber nicht übersehen werden, dass Werbung durchaus auch einen unterschwelligen Effekt haben kann, vgl. Felser, G. (2007), S. 234.

19 Vgl. Wong An Kee, A., Yazdanifard, R. (2015), S. 1056.

20 Vgl. Holliman, G., Rowley, J. (2014), S. 273.

21 Vgl. Wong An Kee, A., Yazdanifard, R. (2015), S. 1056.

22 Vgl. Solomon, S. (2013), S. 9.

23 Vgl. Lee, D., Hosanagar, K., Nair, H. S. (2014), S. 34 f.

24 Vgl. Wong An Kee, A., Yazdanifard, R. (2015), S. 1060.

25 Vgl. Frühbrodt, L. (2016), S. 12.

lichst neutral formuliert mit den Interessenten teilen.[26] So kann Vertrauen aufgebaut und Kundenbindung unterstützt werden.

Die Übernahme von Meinungsführerschaften durch das Unternehmen zeigt die Nähe des Content-Marketings zum unternehmerischen Instrument der Öffentlichkeitsarbeit (Public Relations, PR): Zumindest massenmediale PR-Konzepte dienen eher der „Einflußnahme auf die Realitätskonstruktionen (Situationsdeutungen) der anvisierten Zielgruppe"[27], denn der kurzfristigen Beeinflussung von (Kauf-)Absichten. Entsprechend betrifft PR, laut Zerfaß, das Management von Kommunikationsbeziehungen[28] im Sinne einer kommunikativen Beziehung im gesellschaftspolitischen Umfeld,[29] sichert damit Handlungsspielräume und legitimiert notwendige Strategien.[30] *Corporate Publishing*, als Teilgebiet der Öffentlichkeitsarbeit, dient in erster Linie der Bestandskundenbindung, indem, in der Regel offline, unter anderem Kundenzeitschriften als Medium genutzt werden. Der dazugehörige Verband Forum Corporate Publishing (FCP) hat über lange Zeit seine besondere Bedeutung für das Content-Marketing deutlich gemacht, denn „Content Marketing ist für uns kein Trend, sondern das, was wir seit 18 Jahren machen."[31] Konsequenterweise hat sich der Verband 2015 in Content-Marketing Forum umbenannt und zählt, anders als andere Autoren, nicht nur die Onlinemedien zum Content-Marketing hinzu, sondern alle verfügbaren Medienkanäle, also auch Print und damit die bereits angesprochenen Kundenzeitschriften.[32] Entgegen dem allgemein positiven Trend in der Zeitschriftenbranche hinsichtlich der in Deutschland publizierten Titel hat die Anzahl der Kundenzeitschriften seit dem Beginn der 2000er Jahre jedoch deutlich nachgelassen. In 2017 gab es in Deutschland noch 74 Kundenzeitschriften,[33] wobei die Apotheken-Umschau mit einer Gesamtauflage von über 9 Millionen Stück den Markt deutlich anführt, der Senioren Ratgeber auf dem zweiten Platz hat nur noch eine Auflage von 1,7 Millionen. Eine Übersicht zur Abgrenzung zwischen Content-Marketing, Corporate Publishing und Werbung zeigt Tabelle 7.2.[34]

Es wird deutlich, dass es große Überschneidungen zwischen Content-Marketing und Corporate Publishing gibt. Der einzige Unterschied besteht in der Informationsgenerierung, die beim Content-Marketing auch durch den Kunden stattfinden kann. Beim Corporate Publishing bestimmt hingegen das Unternehmen die Inhalte: wer die

---

26 Vgl. Harad, K. C. (2013), S. 18.

27 Vgl. Zerfaß, A. (2010), S. 360.

28 Vgl. ibid., S. 141.

29 Vgl. ibid., S. 298.

30 Vgl. ibid., S. 317.

31 Schlottau, C. (2014), zitiert nach Horizont (2014), S. 34.

32 Vgl. http://content-marketing-forum.com/positionierung-anspruch/ (abgerufen am 10.02.2018).

33 Vgl. https://de.statista.com/statistik/daten/studie/234073/umfrage/anzahl-der-kundenzeitschriften-in-deutschland/ (abgerufen am 10.02.2018).

34 Vgl. https://de.statista.com/statistik/daten/studie/319894/umfrage/kundenzeitschriften-branchenbezogen-mit-der-hoechsten-auflage/ (abgerufen am 10.02.2018).

Tab. 7.2: Vergleich zwischen Werbung, PR und Content-Marketing (Eigene Darstellung in Anlehnung an Frühbrodt, L. (2016), S. 18).

	Werbung	PR/Corporate Publishing	Content-Marketing
Zielgruppe	Stakeholder, insbesondere Käufer	alle Stakeholder	(insbesondere zukünftige) Stakeholder
Art der Wirkung	informierend, unterhaltend, nützlich, emotional, persuasiv	überzeugend, vertrauensbildend	informierend, beratend, unterhaltend, nützlich, emotional, rational
Ziel	kurzfristig: Absatzsteigerung, langfristig: Einstellungs- und Verhaltensänderung	Imagebildung	Glaubwürdigkeit, Imagebildung und (indirekt) Absatzförderung
Gegenstand der Kommunikation	Produkt	Unternehmen (Storytelling)	mit dem (Marken-) Produkt/Unternehmen verwandte Themen (Storytelling)
Instrumente	Anzeigen, TV-Spots, Werbebanner,...	Medienarbeit, eigene Medienkanäle (Website, Presseverteiler, Kunden- und Mitarbeiterzeitschriften)	Newsportale, Blogs, Videos, Whitepaper, How-To's, Apps, (je nach Verständnis auch Offlinemedien)
Wirkungsrichtung/ Initiator	Push, ausschließlich Unternehmensgeneriert	Push, ausschließlich Unternehmensgeneriert	Push/Pull, unternehmens- und kundengenerierte Inhalte

Apotheken-Rundschau liest, der liest eine klassische Kundenzeitschrift. Hier kann das Unternehmen in der Funktion des oben schon angesprochenen Meinungsführers tätig werden und mit einem Medienwechsel in die online-Kanäle eine Diskussion begleiten. Aber wird deswegen daraus Content-Marketing? Zurzeit ist die Diskussion um die beiden Begrifflichkeiten und die Deutungshoheit noch nicht abgeschlossen. Im Folgenden sollen sie deswegen synonym verstanden werden.

Es scheint deutlich, dass die Basis des Content-Marketings/Corporate Publishing im sogenannten Storytelling liegt, also im *Geschichten erzählen*. Dass das Erzählen einer in sich geschlossenen Geschichte einprägsamer ist als unzusammenhängende Fragmente, ist hinreichend nachgewiesen[35] und, zumindest in der christlichen Welt, spätestens seit der Bibel bekannt. Dieses Storytelling kann, wie Tabelle 7.1 zeigt, auch im Rahmen von Soap Operas geschehen, wie *As the World Turns*, die seit den 1930er Jahren von Procter & Gamble produziert und bis 2010 auf CBS ausgestrahlt wurde und für Procter & Gamble als eine Plattform für Botschaften rund um ihre Markenprodukte

---

35 Vgl. Aaker, D., Aaker, J. L. (2016), S. 53 f.

galt.[36] Diese Form des Content-Marketings wird als *Episodic Content* bezeichnet und findet heute verstärkt Anwendung.[37]

Um Synergieeffekte zu erzielen, nutzen Unternehmen Öffentlichkeitsarbeit und andere Kommunikationsinstrumente, um auf die Inhalte hinzuweisen, die im Rahmen des Content-Marketings veröffentlicht werden. Abbildung 7.3 zeigt, dass neben Social-Media-Werbung die Öffentlichkeitsarbeit das zweitwichtigste Instrument darstellt.

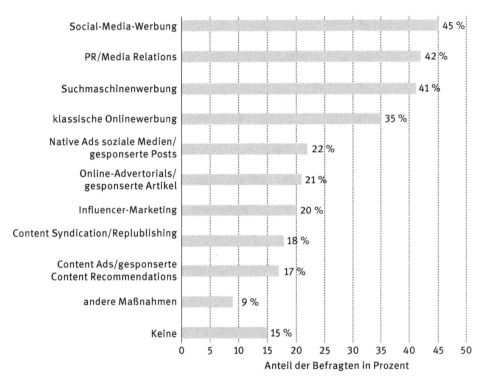

Abb. 7.3: Maßnahmen, die von Unternehmen eingesetzt werden, um auf eigene Inhalte aufmerksam zu machen (Statista (2018), S. 10).

Unternehmerischer Kommunikation darf unterstellt werden, dass sie immer intentional ist, es werden also Ziele mit der Kommunikation verfolgt.[38] Die Ziele des Content-Marketings werden wie folgt beschrieben: In der Literatur werden
- die Verstärkung der Markenwahrnehmung,

---

36 Vgl. http://news.pg.com/blog/entertainment/pgs-soap-opera-era-ends-our-innovation-entertainment-continues (abgerufen am 20.02.2018).
37 Vgl. Charski, M. (2017), S. 18 ff.
38 Vgl. Haug, A. (2012), S. 96.

– die Lead Conversion, also die Umwandlung eines Interessenten in einen Kunden
   und seine Betreuung,
– das Kunden-Upselling und
– die Kundenbegeisterung auszulösen,
als Ziele genannt.[39]

Abbildung 7.4 zeigt im Vergleich dazu die Ziele, die von Marketingverantwortlichen genannt worden sind. Dabei werden die Unterschiede zwischen dem B2B- und dem B2C-Markt deutlich: während im B2C-Markt die Kundenakquise als das wichtigste Ziel genannt wird, soll Content-Marketing im B2B-Markt insbesondere der Kundenbindung dienen.

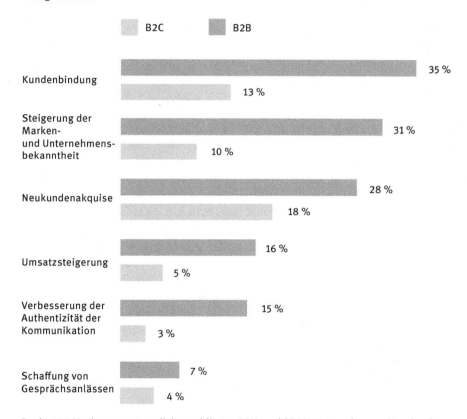

Basis: 100 Markenverantwortliche etablierter DAX- und SDAX-Unternehmen mit mehr als zehn Jahren Erfahrung, die ihre Marketing-Aktivitäten zunehmend auf Content Marketing ausrichten; Mehrfachnennung möglich; November 2016–Februar 2017

Abb. 7.4: Ziele des Content-Marketings (https://de.statista.com/infografik/12961/ziele-von-content-marketing/ (abgerufen am 01.02.2018)).

---

39 Vgl. Holliman, G., Rowley, J. (2014), S. 273.

7.3 Implikationen für das Marketing

7.3.1 Identitätsbasiertes Markenmanagement

Die Notwendigkeit einer ansprechenden Kommunikation mit den Kunden ergibt sich aus wettbewerblichen Gründen gerade, aber nicht nur, bei Markenprodukten. Die Kommunikation dient dabei nicht ausschließlich der Bekanntmachung des Produktes sondern auch dem Aufbau und Erhalt von Wertschätzung im Sinne der beiden Zusatznutzen Geltungs- und Erbauungsnutzen. Das identitätsbasierte Markenmanagement beruht auf der Grundidee, dass der Zusatznutzen eines Markenproduktes dann für den Kunden besonders deutlich wird, wenn die Identität beziehungsweise das Image der Marke mit der Identität des Kunden übereinstimmt: Wenn das Selbstbild des Kunden ihm suggeriert, dass er besonders sportlich ist, dann wird er Produkte präferieren, die ihn bei diesem Selbstbild unterstützen und ihrerseits eine sportliche Identität haben. In Zusammenhang mit dem identitätsbasierten Markenmanagement werden Marken deswegen definiert als „ein Bündel aus funktionalen und nicht-funktionalen [Zusatz-]Nutzen, deren Ausgestaltung sich aus Sicht der Zielgruppe der Marke nachhaltig gegenüber konkurrierenden Angeboten differenziert."[40]

Das identitätsbasierte Markenmanagement beschäftigt sich vor diesem Hintergrund mit der Frage der Operationalisierung des Markenwertes. Nun gibt es hierzu eine Vielzahl von Ansätzen, unter anderem auch aus dem finanzwissenschaftlichen Bereich. Dort wird versucht, den Wert einer Marke zu monetarisieren und entsprechende Rankings zu erstellen, die den Wert einer Marke in Dollar oder Euro angeben. Die Angaben variieren je nach hinterlegter Kennziffer: 2017 waren die fünf wertvollsten Marken nach BrandZTM: Google mit einem Markenwert von 245 Milliarden US-Dollar, Apple mit 234 Milliarden US-Dollar, Microsoft (143 Milliarden US-Dollar), Amazon (139 Milliarden US-Dollar) und Facebook (130 Milliarden US-Dollar).[41] Für den gleichen Zeitraum veröffentlicht das EHI retail Institut ein Ranking, in dem Apple an erster Stelle liegt, einen Markenwert von 184 Milliarden US-Dollar hat und gefolgt wird von Google, Microsoft, Coca-Cola und Amazon.[42] Hier zeigt sich die Variabilität vermeintlich harter finanzwirtschaftlicher Daten. Letztlich geht dieser Ansatz aber auch an dem eigentlichen Sinn der Markenbildung vorbei, der per Definition in erster Linie an der Wahrnehmung durch die Zielgruppe festmacht und daher eher psychologischer Natur statt ökonomischer Natur ist.

Die verhaltenswissenschaftliche Sichtweise der Operationalisierung zielt deswegen auf die *Markensteuerung* und die Wahrung der *Markenkontinuität* ab. Als Deter-

---

40 Burmann, C., Halaszovich, T, Schade, M., Hemmann, F. (2015), S. 28.

41 Vgl. https://millwardbrown.de/brandz-2017-die-top-100-der-wertvollsten-marken-der-welt/ (abgerufen am 20.02.2018).

42 Vgl. https://www.handelsdaten.de/internationaler-handel/top-30-wertvollsten-marken-weltweit-2017 (abgerufen am 20.02.2018).

minanten dafür dienen unter anderem die *Bekanntheit* der Marke und das *Image* der Marke. Die entscheidende Überlegung im Zusammenhang mit dem identitätsbasierten Markenmanagement liegt darin, dass die unternehmensinterne und die unternehmensexterne Sichtweise über die Positionierung der Marke miteinander verknüpft werden. Die interne Sichtweise wird als *Identität* der Marke bezeichnet und die externe Sichtweise als Image der Marke. Die Identität ist das Selbstbild des Unternehmens oder anders ausgedrückt: Das Selbstbild ist eine Art Meta-Identität, in der die Schnittstellen der Teil-Identitäten der einzelnen Mitarbeiter des Unternehmens zusammengeführt werden.[43] Die externe Sichtweise wird als *Image* bezeichnet, also als das Bild, was der (potenzielle) Kunde von dem Unternehmen oder seinen Produkten im Kopf gespeichert hat. Das Grundkonzept der identitätsbasierten Markenführung stellt Abbildung 7.5 dar.

Auf der linken Seite sind die Elemente der *Markenidentität* dargestellt, die aus der Vision, der Persönlichkeit, den Werten, den Kompetenzen und der Herkunft bestehen.[44] Auf der rechten Seite ist das unternehmensexterne *Markenimage* dargestellt, das sich aus dem Markennutzen und den Markenattributen zusammensetzt, wobei letztere die Elemente der Markenidentität zusammenfassen. Genau genommen handelt es sich dabei um die subjektive Interpretation der Markenidentität, da das Image das Bild im Kopf des Konsumenten beschreibt, mithin seine Interpretation der wahrgenommenen Identität. Aus dieser subjektiven Sicht der Kunden auf die Attribute generiert sich der vom Kunden empfundene Markennutzen. Die Markenbekanntheit ist die grundlegende Voraussetzung für das Markenimage, weswegen sie in der Abbildung nicht als Teil des Markenimages dargestellt ist, sondern als deren Basis.[45]

Die beiden Sichtweisen treffen an den sogenannten Brand Touchpoints zusammen, also den Berührungspunkten von Marke und Kunden.[46] Es wird identitätsseitig noch einmal zwischen der Kommunikation des Markennutzenversprechens und der tatsächlichen Ablieferung unterschieden. Die Unterscheidung ist deswegen von großer Relevanz, weil bei einer Differenz zwischen dem, was das Unternehmen kommuniziert und dem, was es tatsächlich leistet, der Kunde negative kognitive Dissonanzen empfinden könnte, oder anders ausgedrückt: er wird unzufrieden. Die Behebung dieser Unzufriedenheit durch das Unternehmen kann vorausschauend, zum Beispiel durch das Einrichten einer Hotline, organisiert sein und verursacht auf jeden Fall Kosten, deren Höhe durch eine korrekte Abstimmung zwischen Leistungsversprechen und tatsächlicher Leistung beeinflusst werden kann. Das kundenseitige Pendant sind die Markenbedürfnisse, als Resultat aus der Kommunikation, und das Markenerlebnis, als Resultat aus der Ablieferung des Markennutzenversprechens.

---

43 Vgl. Burmann, C., Halaszovich, T., Schade, M., Hemmann, F. (2015), S. 41.
44 Vgl. hierzu ausführlich Burmann, C., Halaszovich, T., Schade, M., Hemmann, F. (2015), S. 43 ff.
45 Vgl. Burmann, C., Halaszovich, T., Schade, M., Hemmann, F. (2015), S. 57 ff.
46 Siehe hierzu auch die Ausführungen zum Touchpoint-Marketing in diesem Buch.

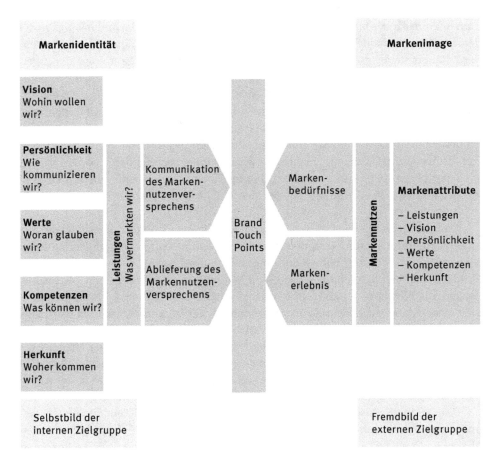

Abb. 7.5: Grundkonzept der identitätsbasierten Markenführung (eigene Darstellung in Anlehnung an Burmann, C., Halaszovich, T., Schade, M., Hemmann, F. (2015), S. 115).

Die Kommunikation des Markennutzenversprechens mithilfe des Content-Marketings wird unter anderem geleitet von der *Markenpersönlichkeit* als einem Element der Identität (siehe Abbildung 7.5). Eine Marke mit einer Persönlichkeit zu versehen, erscheint begrifflich erst einmal schwierig, da Persönlichkeit definiert werden kann als „das für ein Individuum charakteristische Muster des Denkens, Fühlens und Handelns."[47] Da es sich einerseits bei Marken nicht um Individuen handelt und ihnen keine der in der Definition angesprochenen Aktivitäten zugeschrieben werden kann, andererseits der Mensch nur innerhalb seiner eigenen Vorstellungswelt und nur mit den ihm eigenen Begrifflichkeiten erfassen kann, muss eine Übertragung stattfinden, um eine Interaktion zu erleichtern.

---

47 Myers, D. G. (2008), S. 588.

Schon 1919 beschrieb Gilmore die Beseelung lebloser Artefakte durch menschliche Eigenschaften, die von Aaker 1997 aufgegriffen wurde und ihrer Definition von Markenpersönlichkeit zugrunde liegt.[48] Da aber Markenpersönlichkeit und Persönlichkeit keine völlig übereinstimmenden Konzepte darstellen können, sei folgende Definition für Markenpersönlichkeit genutzt: Markenpersönlichkeit ist „the set of human personality traits that correspond to the interpersonal domain of human personality and those which are relevant to describing the brand as a reciprocal partner in the consumer-brand relationship"[49]. Das Modell von Aaker wurde schon häufig kritisiert und tatsächlich muss darauf hingewiesen werden, dass es keine Allgemeingültigkeit besitzt und Anpassungen hinsichtlich unterschiedlicher Länder und Produktkategorien gelegentlich notwendig sind.[50] Andererseits war es das erste, das, zumindest in dem untersuchten Zusammenhang, empirisch belegt werden konnte. Aaker identifizierte insgesamt fünf Persönlichkeitsdimensionen für ihre Brand Personality Scale, denen sie verschiedene Persönlichkeitsmerkmale zuordnen konnte (siehe Abbildung 7.6).[51]

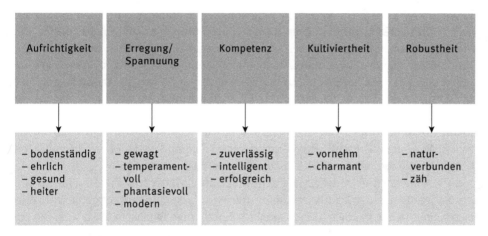

Abb. 7.6: Persönlichkeitsdimensionen und Persönlichkeitsmerkmale nach Aaker (eigene Darstellung in Anlehnung an Aaker, J. (1997), S. 352).

Die Persönlichkeitsmerkmale dienen dem Kunden zur Orientierung. Die Kommunikation des Unternehmens muss sich an diesen Persönlichkeitsmerkmalen orientieren, um eine entsprechende Persönlichkeit nach außen darstellen zu können. Dies bezieht sich nicht nur auf die Kommunikation im Rahmen dessen, was das Marketing über die

---

48 Vgl. Aaker, J. L. (1997), S. 347.
49 Sweeney, J. C., Brandon, C. (2006), S. 639.
50 Vgl. unter anderem Muhammad, A., Muhammad, T. J. (2015), S. 388 ff. und Ha, H.-Y., Janda, S. (2013), S. 216 ff.
51 Vgl. Aaker, J. (1997), S. 351.

verschiedenen operativen Instrumente der sogenannten Ps verbreitet, sondern auch auf die Mitarbeiter des Unternehmens, also die Angestellten oder den Vorstand. Darüber hinaus bildet sich die wahrgenommene Persönlichkeit einer Marke auch über Externe, wie die Markennutzer und die Markenanhänger. Während erstere die Personengruppe beschreibt, welche die Marke kaufen und/oder gebrauchen, beschreibt der Begriff Markenanhänger solche Personengruppen, die zwar Fans der Marke sind, diese aber, aus welchen Gründen auch immer, nicht nutzen: so kann beispielsweise eine Person ein Fan der Automarke Ferrari sein, es sich aber gleichzeitig nicht leisten können, einen Ferrari zu kaufen. In solchen Fällen symbolisieren die Markenanhänger ihre Zugehörigkeit durch den Kauf von Devotionalien der Marke, also Aufkleber, Fahnen, Kappen und so weiter. Die Berücksichtigung dieser Vielzahl von Kommunikationskanälen wird im Rahmen der sogenannten *Integrierten Kommunikation* vollzogen.[52]

Während die Kommunikation externer Personengruppen etwas schwerer für das Unternehmen zu lenken ist, muss dafür Sorge getragen werden, dass die Kommunikation innerhalb des Unternehmens und vom Unternehmen nach außen einheitlich geschieht. In Bezug auf das oben angesprochene Markennutzenversprechen ist die *Markenauthentizität* ein wichtiges Konstrukt, da sie das Vertrauen des Kunden gegenüber der Marke stärken kann. Authentisch meint in diesem Zusammenhang die schon angedeutete Übereinstimmung zwischen dem, was das Unternehmen kommuniziert und dem, was es tatsächlich leistet – die Übereinstimmung also von Schein und Sein beziehungsweise das Ausmaß „to which personal identity is causally linked to individual behavior."[53] Die daraus empfundene Echtheit des Markenversprechens schafft Vertrauen. Die Authentizität wird nach Schallehn durch drei Determinanten bestimmt: die Individualität, die Konsistenz und die Kontinuität.

Die *Individualität* bezieht sich auf die Einzigartigkeit der Merkmale der Marke und der wahrgenommenen Übereinstimmung mit dem Markennutzenversprechen. Da Einzigartigkeit in der heutigen Zeit eine relativ kurzfristige Eigenschaft ist, liegt die Fokussierung für eine längerfristige Authentizität der Marke bei der Konsistenz und der Kontinuität.[54] Die *Konsistenz* bezieht sich auf die gegenwärtig vom Kunden wahrgenommene Übereinstimmung zwischen Nutzenversprechen und der in Abbildung 7.5 dargestellten Ablieferung im Sinne der Produktqualität und des Produktprogramms. Die *Kontinuität* bezieht sich im Gegensatz dazu auf das Ausmaß der Übereinstimmung beider Faktoren über die Zeit: Vergangenes Verhalten und gegenwärtiges Nutzenversprechen sind im Idealfall deckungsgleich.[55] Da dies nicht alleine über aktuelle Produkte leistbar ist, muss es dem Unternehmen gelingen, als Meinungsführer für be-

---

52 Vgl. Bruhn, M. (2014).
53 Schallehn, M., Burmann, C., Riley, N. (2014), S. 193.
54 Vgl. Burmann, C., Halaszovich, T., Schade, M., Hemmann, F. (2015), S. 81.
55 Vgl. ibid., S. 80.

stimmte Themen einen Rahmen zu schaffen, der dann für alle weiteren Informationen als Orientierung dienen kann. Hierfür bietet sich bei der Markenführung zum Beispiel die Markenherkunft im Sinne einer Markenhistorie an.

7.3.2 Storytelling

Die Markenherkunft im Sinne einer *Markenhistorie* zu beschreiben kann Aufgabe des sogenannten *Storytellings*, als Kommunikationsform des Content-Marketings (siehe Tabelle 7.2), sein, welches ergänzender Teil der Gesamtkommunikation ist und auf allen Ebenen der Markenführung und in allen internen und externen Kommunikationsinstrumenten berücksichtigt wird.[56] Dabei kommt es nicht darauf an, immer und überall die gleiche Geschichte hinsichtlich der Art, des Umfangs oder der Inhalte zu erzählen, da sich nicht alles im gleichen Maße auf allen Kommunikationskanälen eignet. Es ist aber wichtig, dass der Kern der Geschichte gleich bleibt und ein konsistentes und stimmiges Bild vermittelt wird.[57]

Storytelling in der Organisationskommunikation kann definiert werden als „der strategische Einsatz von Stories"[58] für die Ziele des Unternehmens und vermittelt „in der PR Schlüsselinformationen"[59] über das Unternehmen, womit das Storytelling eine strategische Dimension erreicht hat. Ein so aufgefasstes Storytelling bezieht sich nicht mehr nur auf eine Sender-Empfänger-Perspektive. Storytelling wird, gerade im Online-Bereich, sowohl als Rückkanal als auch zur Weiterempfehlung genutzt. Damit findet die Geschichte nicht nur eine Verbreitung, sondern auch eine Erweiterung und kann damit als Ressource für weitere Geschichten genutzt werden.[60] Gleichzeitig birgt dies das Risiko der kritischen Überprüfung durch die Nutzer und damit des Kontrollverlustes durch die Unternehmen. Somit ist einmal mehr die Authentizität ein wichtiges Merkmal des Storytellings und macht noch einmal deutlich, dass die Begrifflichkeit der Geschichte hier nicht im Sinne eines literarischen Textes nach Aristoles verstanden werden darf, demzufolge Wahrheitsgehalt und sachliche Richtigkeit irrelevant sind.[61] Gerade beim Storytelling im Content-Marketing sind beide Aspekte entscheidend. Es kann sich um Geschichten von und über Mitarbeiter, Lieferanten und Kunden oder Geschichten aus der Region, in der das Unternehmen tätig ist[62] beziehungsweise der Region, aus der das Unternehmen stammt (Coun-

---

56 Vgl. Hilzensauer, A. (2014), S. 90.
57 Vgl. ibid., S. 90 f.
58 Ettl-Huber, S. (2014), S. 18.
59 Herbst, D. (2011), S. 30.
60 Vgl. Ettl-Huber, S. (2014), S. 20.
61 Vgl. Aristoteles, zitiert nach Fuhrmann, M. (1982), S. 29.
62 Vgl. Charski, M. (2016), S. 18 ff.

try-Of-Origin) handeln: „To raise the question of the nature of narrative is to invite reflection of the very nature of *culture* and, possibly, even on the nature of humanity itself."[63]

Das Storytelling wird in der Markenführung durch drei Fragen geleitet: die Frage nach dem *Was*, dem *Wie* und dem *Wozu*.[64] Die Handlung der erzählten Geschichte (*Was*) legt den Fokus darauf, warum die Marke die Bedürfnisse der Konsumenten besser erfüllt, als andere Marken, allerdings ohne die Marke dabei in den Vordergrund zu rücken: wenn Milka-Schokolade mit den Alpen assoziiert wird und dabei ein positives Bild im Kopf des Konsumenten entsteht, dann nicht deshalb, weil dies per se mit einer Schokolade verbunden ist, sondern deshalb, weil es mit dem Bild von der ursprünglichen Natur der Berge verbunden ist. Im Zentrum steht nicht das Produkt, die Marke oder das Unternehmen, im Zentrum steht die Geschichte. Die Elemente der Frage nach dem Was sind die Thematik (Thema, Motiv), die Handlung (Ereignis, Handlungslogik), die Figuren (Personen, Organisationen) und der Raum (Ort, Zeit).[65]

Das *Wie* meint die Erzählweise der Geschichte und den Aufbau. Die Elemente sind die Erzähldistanz (Perspektive, Erzähler), die Rede (direkt, indirekt) und der Stil (Stilfiguren, Sprache).[66] Das Storytelling im Rahmen der Markenführung orientiert sich an den in Abbildung 7.5 angesprochenen Aspekten der Vision, der Persönlichkeit, der Werte, der Kompetenzen und der Herkunft. Diese Elemente werden beim Storytelling im Rahmen des Content-Marketings, entsprechend der in diesem Kapitel vorgestellten Aspekte, in einer Geschichte maximal nur beiläufig integriert[67] und dabei an den Werten der Kunden festmacht, an unerfüllten Wünschen, Sehnsüchten oder Herausforderungen.[68] So wird beispielsweise das YoungTicketPLUS des Verkehrsverbund Rhein-Ruhr (VRR) und der Stadtwerke Krefeld (SWK) mit der Zielgruppe der Auszubildenden und Studierenden inhaltlich und sprachlich mit einem Video beworben, dass den Tagesablauf einer jugendlichen Person zeigt, wie sie den Alltag mit Hilfe des Tickets besser bewältigt.[69]

Das *Wozu* bezieht sich darauf, die Glaubwürdigkeit zu stärken und die positive Imagebildung zu fördern, um Kunden an die Marke zu binden beziehungsweise Neukunden zu gewinnen. Damit das geschieht, muss es mit Hilfe des Storytellings gelingen, dass der Kunde sich mit der Geschichte identifizieren und eine Erlebniswelt aufgebaut werden kann, in der er sich gleichzeitig abgrenzt und in eine soziale Grup-

---

63 White, H. (1987), S. 1, Hervorhebung durch den Autor.
64 Vgl. Mangold, M. (2002), S. 15.
65 Vgl. Ettl-Huber, S. (2014), S. 15.
66 Vgl. ibid., S. 16.
67 Vgl. Sammer, A. (2017), S. 23.
68 Vgl. ibid., S. 27.
69 Vgl. https://www.swk.de/privatkunden/bus-bahn/rund-ums-ticket/tickets-fuer-vielfahrer/youngticketplus/?L=0 (abgerufen am 17.07.2018).

pe integriert (inclusive individuality).[70] Ein Beispiel für gelungenes Storytelling liefert Apple mit *shot on iPhone X* seit Anfang 2018, wo über verschiedene zwischenmenschliche Ereignisse berichtet wird und die Videoaufnahmen mit einem iPhone X aufgenommen werden.[71]

Der *Prozess* des Storytellings lässt sich in die folgenden vier Prozessstufen unterteilen:[72]

1. Story-Identifikation: Erzählungen zum Unternehmen oder Produkt sind innerhalb des kollektiven Gedächtnisses eines Unternehmens vorhanden und lassen sich im Austausch mit den Mitarbeitern identifizieren. Nicht jede Story ist aber auch eine,[73] da es einen Unterschied zwischen Storypotenzial und Story gibt: „Die Tatsache, dass jemand das erste „Hybridauto der Welt erfunden hat" bietet viel Storypotenzial (Neuigkeit, Nutzen,…), ist aber noch keine Story. Zur Story wird sie erst, wenn beispielsweise ein Forscher eine bahnbrechende Entdeckung macht (erstes Ereignis), sich im zeitlichen Wettstreit gegen ein konkurrierendes Unternehmen durchsetzt (zweites Ereignis), um das erste Hybridauto serienreif zu machen (drittes Ereignis)."[74] Hier spielt also die Darstellung einer möglichen Verkettung von Ereignissen die entscheidende Rolle.

2. Story-Selektion: Aus den vorhandenen Geschichten müssen nun die ausgewählt werden, die sich im Rahmen eines strategischen Storytellings im Content-Marketing als zielführend für die vorliegende Situation erweisen.

3. Story-Formatierung: Die ausgewählten Geschichten sind nochmals hinsichtlich ihrer Narrativität zu überprüfen und zu bearbeiten, um die Geschichte optimal erzählen zu können.

4. Story-Telling im engeren Sinne: Schließlich müssen Kommunikatoren und Kommunikationskanäle ausgewählt werden. Hier spielen, je nach Branche und Produkt, die Sozialen Medien und insbesondere die Influencer eine inzwischen herausragende Rolle.[75]

Storytelling bei Harley-Davidson
Ein Beispiel für die Bedeutung von Geschichten rund um eine Marke ist die Motorradmarke Harley-Davidson. Die Bedeutung von Herkunft eines Unternehmens oder kultureller Einbindung für die Wahrnehmung durch den Kunden wurde bereits mehrfach angesprochen. Den Kern einer jeden Kultur bilden die Werte und deren Bedeutung für die Nutzeninterpretation durch den Kunden ist grundlegend.[76] Der Kunde versucht diese Werte unter anderem im Image der Marke wiederzu-

---

70 Vgl. Wong An Kee, A., Yazdanifard, R. (2015), S. 1057.

71 Vgl. https://www.apple.com/sg/three-minutes/ (abgerufen am 20.02.2018).

72 Vgl. Krüger, F. (2017), S. 106 f.

73 Vgl. Sammer, P. (2017), S. 21.

74 Ettl-Huber, S. (2014), S. 14.

75 Siehe hierzu auch den Beitrag Social Media und Influencer-Marketing in diesem Buch.

76 Vgl. Reynolds, T. J., Gutmann, J. (1984), S. 27 ff.

finden. Damit eine Marke zum Symbol einer Kultur werden kann, muss sich ein Mythos entwickeln, der in der Regel Subkulturen zugeschrieben wird und sich für den Normalbürger aus dem kulturellen Widerspruch zwischen nationalen Werten und den individuellen täglichen Erlebnissen als zielführend ergibt: Die sich aus diesem Widerspruch ergebenden Bedürfnisse und Ängste lassen sich durch die Teilhabe am Mythos reduzieren. Wer von Freiheit träumt, sie im Alltag aber nicht erlebt, der möchte gerne ein bisschen Freiheitsgefühl bekommen. Gerade mit dem Motorradfahren verbinden viele ein Gefühl von Freiheit, Fairness und echter Freundschaft: 2008 gaben 78 Prozent der Motorradfahrer in Deutschland an, dass diese Aktivität ein Stück Freiheit bedeutet und 66 Prozent nannten die Flucht vor dem Alltag als Motiv.[77] Bernhard Gneithing, ehemaliger Pressechef von Harley Davidson in Deutschland formulierte es so: „Wir verkaufen einen Lebensstil – das Motorrad gibt es gratis dazu."[78] Abbildung 7.7 stellt diesen Zusammenhang dar.

Das Bedürfnis nach Auflösung des Widerspruchs in einer Gesellschaft führt zum Aufbau und Konsum eines Mythos, also Eigenschaften, die beispielsweise bestimmten Personen oder Gesellschaftsgruppen zugesprochen werden und unter anderem durch Spielfilme, Bücher, Videospiele und Marken transportiert werden. Der Konsum einer so aufgeladenen Marke bedeutet dann die Überbrückung des Widerspruchs, die Verwirklichung der gesellschaftlich relevanten Werte.

Im Zusammenhang mit Harley-Davidson sind die amerikanischen Motorradclubs für den Mythos verantwortlich, der sich rund um die einzige amerikanische Motorradmarke gebildet hat, die seit ihrer Gründung 1903 ununterbrochen existiert. Den Ausgangspunkt lieferte ein Artikel im Life-Magazin rund um ein Motorradwochenende 1947 in einer amerikanischen Kleinstadt namens Hollister. Dieses Wochenende wurde wegen der dort ausgetragenen Schlägereien, in die auch Motorradclubs verwickelt waren, als die Schlacht von Hollister hochstilisiert.[79] Bekannt wurde die Schlägerei allerdings in erster Linie wegen eines landesweit verbreiteten Fotos eines betrunkenen Bikers auf einem stehenden Motorrad, das von leeren Bierflaschen auf dem Boden gesäumt war. Diese Szenerie, die sich zwei Journalisten ausgedacht haben, war gestellt und sozusagen ein erster Fall von Fakenews. Bis in die 70er Jahre hinein wurden die Mitglieder der Motorradclubs, obwohl sie als Outlaws bezeichnet wurden und trotz ihrer bekannten Gesetzesbrüche, zu nationalen Revolverhelden. Zum einen, weil bereits die amerikanischen Soldaten des zweiten Weltkrieges und eine Vielzahl von Behörden auf Harleys ihren Dienst taten und das Motorrad damit zum Pferd der Neuzeit wurde. Einem Tier, das immer noch mit dem Mythos um die Eroberung des wilden Westens in den USA eine entscheidende Rolle gespielt hat und die so interpretierte Höchstleistung und den Verdienst von mutigen Männern und Frauen der damaligen Zeit symbolisiert. Zum anderen waren die Hell's Angels aber auch gegen die für die meisten Amerikaner eher suspekten Hippies[80]: während die Hippies die amerikanische Fahne als Protest gegen den Vietnam-Krieg verbrannten, befestigten die Hell's Angles sie an ihrem Motorrad und befürworteten den Vietnam-Krieg, zu dem sich das Oakland-Chapter freiwillig meldete.[81] Damit wandelte sich der Mythos vom freien Verbrecher hin zum Patrioten, zu einem reaktionären Revolverhelden, zum Verteidiger einer historisch gewachsenen amerikanischen Männlichkeit, zum Mann der Tat.[82] Diese freien Männer der Tat befreien auch ihr Motorrad von allem Überflüssigen (choppen) und passen es ihren Bedürfnissen an. Dies umso

---

77 Vgl. http://www.presseportal.de/meldungen/1353843/ (abgerufen am 20.02.2018).

78 Vgl. https://www.welt.de/print/wams/hamburg/article142062302/Ein-Lebensgefuehl-das-Motorrad-gibt-es-gratis-dazu.html (abgerufen am 20.02.2018).

79 Vgl. http://www.bikersnews.de/motorrad/berichte/mythos+hollister_078.html, 20.02.2018.

80 Vgl. Holt, D. B. (2004), S. 165.

81 Vgl. Yates, B. (1999), S. 67.

82 Vgl. Kürble, P. (2010), S. 14.

mehr, als in der Zeit ab 1970 Customizer immer berühmter wurden, allen voran Arlen Ness, der das Customizing zu einer Kunstform erhob, so dass die Motorräder immer individueller und teurer wurden und damit auch immer mehr zum Statussymbol für eine gehobene Käuferschicht.

Der durch die Subkultur getragene Mythos wurde durch die Medien verbreitet und verstärkt. So wurden zwischen 1930 und 1993 über 90 Spielfilme in den USA gedreht, in denen eine Harley-Davidson eine Rolle spielte, der bekannteste davon ist Easy Rider. Und auch hier wurde das Image des Outlaws, das bis in die 1960er Jahre prägend war, ab den 1970er Jahren durch ein Bild ersetzt, das insbesondere von der Autonomie des Protagonisten geprägt war. Die oben beschriebene tägliche Diskrepanz zwischen individueller Erfahrung und nationalen Werten wird bei Easy Rider sehr deutlich durch eine Szene, in der die Vertreibung der beiden Protagonisten aus einem Dorf durch die Gesetzeshüter folgendermaßen erklärt wird: „They're not scared of you: They're scared of what you represent. What you represent to them is freedom. But talking about it and being it are two different things."[83] In den 80er Jahren wurde Harley-Davidson durch seine eigene Unternehmensgeschichte Sinnbild des erfolgreichen Kampfs gegen die wirtschaftliche Bedrohung aus dem Ausland (insbesondere durch japanische Wettbewerber) und den neuerlichen Aufschwung der amerikanischen Wirtschaft. Harley-Davidson erfuhr nicht nur präsidiale politische Unterstützung, sondern erlangte seinen neuerlichen Erfolg auch durch die Etablierung eines Motorradclubs, der auf die private Initiative von Besitzern einer Harley-Davidson gegründet wurde und inzwischen vom Unternehmen betreut wird. Harley-Davidson wurde zum Lebensstil, zum Symbol für Freiheit und Männerfreundschaft. Der Mythos um Harley Davidson in Deutschland basiert insbesondere auf den lange Zeit sehr positiven politischen Erfahrungen mit den USA und dem American Way of Life, der in seiner erfolgreichen Variante den Vom-Tellerwäscher-zum-Millionär-Traum wiederspiegelt.[84] „...(V)iele (...) sehen in der Harley-Davidson eine vergleichsweise harmlose Form der Rebellion. Sie dient als Symbol angedeuteter Anarchie, als eine subtile Waffe gegen gesellschaftliche Konventionen. (...) Sie kennzeichnet ihn [seinen Besitzer] als Abenteurer, ohne dass er dafür seine grundlegenden sozialen Bindungen aufgeben muss."[85] Harley Davidson ist damit die Vereinbarkeit von Couch und Sattel, von Schwarzwälder Kirsch und Dosenbier. Das ursprüngliche Outlaw-Image spielt für den heutigen Harley-Fahrer nur noch unterschwellig eine wichtige Rolle, in der Hoffnung, dass Energie und Potenz der Maschine ihn als Mann-der-Tat darstellen und ihn mit der gleichen Unbesiegbarkeit ausstatten, wie verklärter Weise die Cowboys bei der Eroberung des Wilden Westens.[86]

Harley-Davidson ist (zumindest in den Anfangszeiten) damit nicht unbedingt ein gutes Beispiel für Storytelling von Seiten des Unternehmens. Es zeigt aber, wie wichtig eine vom Unternehmen losgelöste Geschichte sein kann, die von den Fans des Produktes erzählt wird und die sich anfänglich ganz beiläufig auf ein Produkt übertragen hat, um im weiteren Verlauf vom Unternehmen aufgegriffen, zivilisiert und gepflegt zu werden. Und es zeigt auch, dass, sofern die Geschichte nicht vom Unternehmen aktiv begleitet wird, die Story eine Eigendynamik und ein Risiko in sich bergen kann, das nicht zuträglich für das Unternehmen ist, denn ohne den Wandel der Outlaws in Patrioten hätte die Entwicklung auch problematisch sein können. Nicht umsonst hat Harley-Davidson die ursprünglich private Initiative der Harley-Besitzer, die Harley Owner Group (HOG), mit dem Ziel gemeinsamer Aktivitäten, übernommen und betreut diese Gruppe inzwischen aus dem Unternehmen heraus.

83 Holt, D. B. (2004), S. 167.
84 Vgl. Yates, B. (1999), S. 251.
85 Vgl. ibid., S. 263.
86 Vgl. Kürble, P. (2010), S. 16.

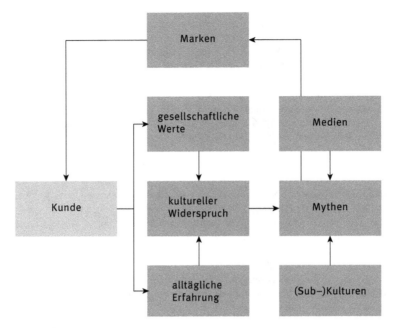

Abb. 7.7: Marken und Mythen (in Anlehnung an Kürble, P. (2010), S. 13).

Die Berücksichtigung möglicher Risiken gilt heutzutage durch die exponentielle Zunahme der Kommunikationsmöglichkeiten umso mehr. Insbesondere die Bedeutungszunahme audiovisueller Applikationen stellen sowohl eine Chance als auch ein Risiko dar: Die Wahrscheinlichkeit, dass eine Information Beachtung findet, ist auch in informationsüberfluteten sozialen Netzwerken deutlich höher, wenn sie mit einer graphischen Darstellung, einem Foto oder einem Video begleitet wird.[87] Gleichzeitig steigt die Möglichkeit der verfälschten oder unerwünschten Darstellung durch Unternehmensexterne an: Die Qualität heutiger Smartphone-Fotos oder -Videos ist für die meisten Laien nicht mehr von der Qualität professioneller Darstellungen zu unterscheiden und damit steigt die vermutete Authentizität. Es zeichnet sich ab, dass (VR-)Videos die zukünftig dominierende Form der Verbreitung von Inhalten sein werden.

Insgesamt muss konstatiert werden, dass hier, wie bei allen kommunikationspolitischen Maßnahmen der Begriff des Marketingmix seine Berechtigung findet und Kommunikation nur sinnhaft in Form einer integrierten Kommunikation funktionieren kann, also einer konsistenten und aufeinander abgestimmten und damit widerspruchsfreien Kommunikation für die Bindung der Zielgruppe an das Unterneh-

---

87 Vgl. Samuel, A. (2015), S. 2 ff.

men. Die Kommunikationsplanung wird damit eher ein ununterbrochener Kreislauf statt eines periodischen Reports durch Kampagnen-Scorecards, wie er bisher üblich ist.[88]

7.4 Auswahl von Forschungsarbeiten

7.4.1 Künstliche Intelligenz und Content-Marketing

Auch das Content-Marketing ist von den Entwicklungen rund um die Digitalisierung betroffen. Mögliche Auswirkungen in Bezug auf VR/MR wurden im letzten Abschnitt bereits kurz angesprochen. Eine weitere Veränderung wird die zunehmende Nutzbarkeit künstlicher Intelligenz für die Unternehmen sein. Das Wachstum der Verarbeitungskapazitäten von Rechnern ist fast schon legendär und wird gerne mit dem Gesetz von Moore beschrieben, wonach sich die Leistungsfähigkeit der Computer in bestimmten festen Abständen verdoppelt.[89] Diese Abstände schwanken allerdings, je nach Quelle zwischen einem und zwei Jahren. Tatsächlich befindet sich heute auf jedem Smartphone die gleiche Leistungsfähigkeit wie die des Computers, mit dem die Amerikaner Ende der 1960er Jahre auf dem Mond gelandet sind. Für das Content-Marketing bedeutet dies, auch in Verbindung mit dem Customer-Relationship-Management (CRM), dass eine noch individuellere Möglichkeit besteht, auf die unterschiedlichen Bedürfnisse des einzelnen Interessenten eingehen zu können und die entsprechenden Inhalte aufbereitet zur Verfügung stellen zu können. Die ersten Anfänge sind im Rahmen von Social-Media-Targeting unter anderem bei Facebook schon zu erkennen.[90]

Kose und Sert knüpfen in ihrem Aufsatz an diese Entwicklung an und verbinden die Idee der Künstlichen Intelligenz (KI) mit der des Content-Marketings.[91] Wird der Content-Marketing-Prozess auf die drei wesentlichen Elemente Vorbereitung, Durchführung und Überprüfung reduziert, so kann KI auf allen drei Ebenen hilfreich sein, indem es bei der Vorhersage unterstützt, bei der Optimierung von Prozessen oder bei der Korrektur von Fehlern. Hierzu können beispielsweise künstliche neuronale Netzwerke genutzt werden, wie sie von Hochreiter und Schmidhuber seit Anfang der 1990er Jahre entwickelt werden.[92]

---

88 Vgl. Pophal, L. (2018), S. 14 f.

89 Moore, G. E. (1965), S. 114 ff.

90 Vgl. http://www.handelsblatt.com/my/finanzen/anlagestrategie/trends/ki-pionier-juergen-schmidhuber-die-krone-der-schoepfung/20799188.html?ticket=ST-1139580-pIq4kVqJi3T2dTtOg1XZ-ap1 (abgerufen am 20.02.2018).

91 Vgl. Kose, U., Sert, S. (2017).

92 Vgl. Hochreiter, S., Schmidhuber, J. (1997), S. 1735 ff.

Die Autoren stellen insgesamt sechs verschiedene Szenarien der Integration von KI und Content-Marketing vor. Sie bezeichnen diese Form von Content-Marketing entsprechend als Intelligentes Content-Marketing. Von den sechs Szenarien werden im Folgenden zwei ausführlicher beschrieben. Die Auswahl unterliegt keiner besonderen Wertung, sondern ist lediglich der notwendigen Fokussierung der Aufsätze in diesem Buch geschuldet. Abbildung 7.8 stellt das erste Szenario vor:

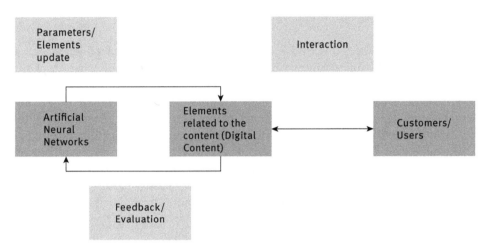

Abb. 7.8: Intelligentes Szenario – zielgruppenbestimmt (eigene Darstellung in Anlehnung an Kose, U., Sert, S. (2017), o. S).

In diesem ersten Szenario wird der digitale Inhalt in einzelnen Elementen zur Verfügung gestellt und die Inhalte aufgrund des Feedbacks durch die Nutzer mit Hilfe künstlicher neuronaler Netzwerke angepasst. Als digitale Inhalte lassen sich zum Beispiel Videos, Bilder oder Texte nutzen, die dann in einer Interaktionsform, zum Beispiel über Kommentarzeilen, Like-Buttons oder Bewertungsskalen optimiert werden, bis die beste Gesamtlösung gefunden ist. Diese Lösung kann dann immer wieder angepasst werden und, ähnlich wie bei einem Werbespot, der als Reminder eine verkürzte Version des Originals darstellt, reduziert oder ergänzt werden. Damit könnten solche Elemente entfernt werden, die aus Kundensicht am wenigsten sinnvoll erscheinen und zukünftig auch nicht mehr erstellt werden müssen. Es handelt sich also letztlich um einen Optimierungsvorgang, wie er beispielsweise beim Target Costing im Supply Chain Management angewandt wird, wo die einzelnen Produktkomponenten entsprechend ihrer Nutzenbewertung durch den Kunden beibehalten oder entfernt werden, um kostenseitig zu optimieren.

Ein zweites Szenario beschäftigt sich mit Selbstlernprozessen (siehe Abbildung 7.9). Künstliche Intelligenz kann in diesem Szenario dazu genutzt werden, sich selber an die Entwicklungen des Lernprozesses eines Kunden anzupassen und sich hinsichtlich bestimmter Parameter so zu verbessern, dass eine Interaktion mit dem Teilneh-mer auf einem weiter entwickelten Niveau möglich ist. Dies kann beispielsweise bei Schulungen von Mitarbeitern eine entscheidende Rolle spielen oder bei der Frage der Attraktivität von Lerninhalten aus Sicht des Kunden. Manche Lerninhalte sind viel-leicht nach einer Zeit für den Kunden langweilig, weil er sie kennt, so dass eine An-passung notwendig wird. Dies gilt insbesondere hinsichtlich einer ständigen, dann aber individualisierten Aktualisierung von Inhalten. Manche Lerninhalte sind per se aus Sicht des Kunden schlecht und müssen angepasst werden. Wird eine besondere Popularität von Inhalten festgestellt, so kann dann mit Hilfe künstlicher Intelligenz eine Anpassung für verschiedene Web-Umgebungen vorgenommen werden, so dass die Nutzung dieser Inhalte zum Beispiel unabhängig vom Browser oder Endgerät ist.

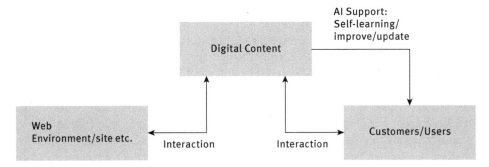

Abb. 7.9: Selbstlernprozesse mit digitalen Inhalten (Eigene Darstellung in Anlehnung an Kose, U., Sert, S. (2017), o. S).

7.4.2 Kommunikation in sozialen Netzwerken und die Wahrnehmung von Marken

Die Forschungsarbeit von Schivinski und Dabrowski beschäftigt sich mit den Auswir-kungen von Kommunikation in sozialen Netzwerken auf die Wahrnehmung der Kon-sumenten bezüglich einer Marke.[93] Dieses Thema ist vor dem Hintergrund des Con-tent-Marketings relevant, weil es um die Frage geht, inwieweit nutzergenerierte Inhal-te (User Generated Content, UGC) in ihren Wirkungen von unternehmensgenerierten Inhalten (Firm Created Content, FCC) zu unterscheiden sind. Diese Thematik ist auch aus Sicht der Wirkungsweise von sozialen Netzwerken interessant und hat deshalb ei-ne sehr starke Verknüpfung mit dem entsprechenden Aufsatz im vorliegenden Buch.

Die Autoren formulieren, wie andere auch schon, einen ansteigenden Einfluss der Kunden auf Marken von Unternehmen durch die zunehmende Diffusion von sozialen

---

93 Schivinski, B., Dabrowski, D. (2016), S. 189 ff.

Netzwerken und die Teilnahme sowohl der Kunden als auch der Unternehmen an der dort stattfindenden Kommunikation. Im vorliegenden Fall wurde darauf aufbauend untersucht, welchen Einfluss FCC und UGC in der Kommunikation innerhalb sozialer Medien (Social Media Communication, SMC) auf den *Markenwert*, die *Markeneinstellung* und die *Kaufabsicht* haben.

Grundsätzlich verstehen die Autoren die soziale Vernetzung über Onlinemedien als eine Vielzahl von Quellen, die von Internetnutzern entworfen, verbreitet und konsumiert werden, um sich gegenseitig über Produkte, Marken, Dienstleistungen und Persönlichkeiten zu informieren. Die Nutzer erwarten heutzutage einen sofortigen und dauerhaften Zugriff auf die Informationen, wenn sie sie benötigen. Das heißt auch, dass die Kunden die Informationen proaktiv suchen und erwarten, dass ihnen die richtige Information in der richtigen Menge zur richtigen Zeit von den Unternehmen (FCC) zur Verfügung gestellt wird.

Nutzergenerierte Inhalte werden von der OECD durch folgende drei Eigenschaften definiert: Publication Requirement, creative Effort, Creation outside of professional Routines and Practises.[94] *Publication Requirement* bezieht sich dabei auf solche Inhalte, die öffentlich zugänglich sind, also auf einer Internetseite oder in einem Sozialen Netzwerk eingestellt werden, damit beispielsweise E-Mails oder private bilaterale Kurznachrichten, wie über WhatsApp oder ähnliche Anwendungen ausgeschlossen sind. *Creative Effort* meint den ergänzenden eigenen Beitrag zu veröffentlichten Inhalten. Damit soll die reine Weiterleitung von Nachrichten nicht zum UGC gezählt werden. Schließlich bezieht sich der letzte Punkt darauf, dass die Nachricht nicht von Experten oder professionellen Unternehmen erstellt worden ist und damit keine kommerziellen Hintergründe hat. Als Motivatoren fungieren hier eher Prestige, Ruhm, Bekanntheit oder einfach nur das Bedürfnis nach persönlicher Äußerung zu bestimmten Themen.

Der Vorteil von UGC für Unternehmen liegt in der Möglichkeit, die Meinungen oder Ideen sammeln zu können, ohne aufwändige Studien betreiben oder anderweitig Kosten der Befragung generieren zu müssen. Darüber hinaus wird UGC meist von Kunden betrieben, die tendenziell positiv zur Marke stehen und ihre Meinungen zur Marke mit anderen Kunden teilen. Da es sich um private Personen handelt, wird UGC von anderen Nutzern oft als deutlich vertrauenswürdiger empfunden als die klassische Werbung. Deswegen stellt die Kommunikation zwischen Kunden einen wesentlichen Erfolgsfaktor für das Unternehmen dar.

Im Rahmen der Untersuchung von Schivinski und Dabrowski wird der Markenwert nicht finanzwirtschaftlich interpretiert, sondern aus kundenbezogener Sicht. Der Markenwert kann nach Aaker (1991) dann definiert werden als „. . . a set of brand assets and liabilities linked to a brand, its name and symbol that add to or subtract from

---

94 Vgl. OECD (2007), S. 8.

the value provided by a product or service to a firm and/or to that firm's customers."[95] Schivinski und Dabrowski gehen, aufgrund anderer Untersuchungen[96], davon aus, dass die Markenkommunikation sowohl durch das Unternehmen als auch durch die Nutzer einen positiven Einfluss auf den Markenwert hat.[97]

Die *Markeneinstellung* (Brand Attitude) wird in der Untersuchung als eine umfassende Bewertung der Marke interpretiert, die ein Ergebnis positiver wie negativer Reaktionen auf Stimuli der Marke darstellt.[98] Da die Bewertung in hohem Maße einen Prädiktor für die Kaufabsicht darstellt, gehen die Autoren weiterhin davon aus, dass die Markeneinstellung den Markenwert positiv beeinflusst und die SMC sowohl des Unternehmens als auch der Nutzer einen positiven Einfluss auf die Einstellung zur Marke haben.

Da die Kommunikation über eine Marke in sozialen Medien annahmegemäß einem positiven Einfluss auf den Markenwert hat und sich die meisten Konsumenten vor dem Kauf über soziale Medien über das Produkt informieren, folgern die Autoren daraus, dass der Markenwert einen positiven Einfluss auf die *Kaufabsicht* hat. Gleiches vermuten die Autoren für die Markeneinstellung, da diese bekanntermaßen einen hohen Einfluss auf die Kaufabsicht hat.[99] Grundsätzlich schlagen die Autoren deshalb einen kooperativen Umgang mit Konsumenten seitens des Unternehmens vor, um die Sichtbarkeit der Marke zu vergrößern. Abbildung 7.10 stellt das Conceptual Model dar und zeigt gleichzeitig die Ergebnisse der Untersuchung.

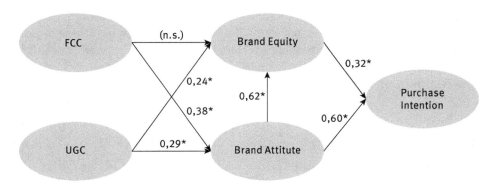

Abb. 7.10: Conceptual model und standardisierte Schätzungen (Schivinski, B., Dabrowski, D. (2016), S. 200).

---

95 Aaker, D. (1991), S. 15.
96 Vgl. unter anderem Yoo, B., Donthu, N., Lee, S. (2000) und Christodoulides, G., Jevons, C. (2011), S. 101 ff.
97 Vgl. Schivinski, B., Dabrowski, D. (2016), S. 194.
98 Vgl. ibid., S. 194 f.
99 Vgl. hierzu Ajzen, I., Fishbein, M. (1980) und Kroeber-Riel, W., Gröppel-Klein, A. (2013), S. 242.

Die Autoren hatten hierzu alle sieben Tage insgesamt fünf Mal einen Link zu einem Fragebogen auf verschiedenen Fan-Seiten von Marken auf Facebook eingestellt. Insgesamt konnten 504 Fragebögen ausgewertet werden. Die Befragung stellte einen repräsentativen Querschnitt der polnischen Bevölkerung dar, die in sozialen Netzwerken eingeschrieben sind.

Das Ergebnis der Befragung zeigt, dass UGC sowohl in Bezug auf den Markenwert als auch in Bezug auf die Einstellung zur Marke einen positiven Effekt hat. Die FCC hingegen hat lediglich einen positiven Effekt auf die Markeneinstellung, auf den Markenwert ließ sich kein Effekt feststellen, anders, als dies vor der Untersuchung vermutet worden war. Dadurch wird deutlich, dass es Unternehmen gelingen muss, die Kunden zur Teilnahme an Social-Media-Kampagnen zu gewinnen. Dies lässt sich in der Realität inzwischen häufig beobachten. So ließ beispielsweise REWE seine Kunden über den Zuckergehalt eines Schokopuddings abstimmen.[100] Gleichzeitig lässt sich daraus auch schlussfolgern, dass Social-Media-Kommunikation die klassische Werbung nicht ersetzen kann, sondern auch weiterhin als unterstützendes Medium verstanden werden muss.

Das Ergebnis zeigt außerdem, dass FCC zwar den Markenwert nicht direkt beeinflusst, es indirekt über den Umweg der Markeneinstellung aber doch gelingen kann, da die Markeneinstellung ihrerseits den Markenwert positiv beeinflusst. Schließlich zeigt die Untersuchung auch, dass sowohl Markeneinstellung als auch Markenwert die Kaufabsicht positiv beeinflussen. Darüber hinaus wird die Bedeutung der Markeneinstellung noch einmal sichtbar: ihr Einfluss auf die Kaufabsicht ist nahezu doppelt so groß, wie der Einfluss des Markenwertes. Die Schlussfolgerung muss also sein, dass sich Unternehmen auf die Einstellung zur Marke konzentrieren, um sowohl der Markenwert zu steigern, als auch damit direkt und indirekt die Wahrscheinlichkeit der Kaufabsicht zu erhöhen.

Literatur

Aaker, D. (1991): Managing Brand Equity: Captalizing on the Value of a Brand Name. New York.
Aaker, J. L. (1997): Dimensions of Brand Personality, in: Journal of Marketing Research, 34, August, S. 347–356.
Aaker, D., Aaker, J. L. (2016): What Are Your Signature Stories, in: California Management Review, 58(3), S. 49–65.
Ajzen, I., Fishbein, M. (1980): Understanding Attitudes and Predicting Social Behaviour, Englewood Cliffs, NJ.
Aristoteles (1982): Poetik. Fuhrmann, M. (Hrsg. und Übersetzer), Stuttgart.
Bruhn, M. (2014): Integrierte Unternehmens- und Markenkommunikation: Strategische Planung und operative Umsetzung, 6. Auflage, Stuttgart.

100 Vgl. https://wenigerzucker.rewe.de (abgerufen am 22.02.2018).

Burmann, C., Halaszovich, T., Schade, M., Hemmann, F. (2015). Identitätsbasierte Markenführung. Grundlagen-Strategie-Umsetzung-Controlling, 2. Auflage, Wiesbaden.

Charski, M. (2016): Localization ist he key to going global with content marketing, in: EContent, Juli/August, S. 18–23.

Charski, M. (2017): The ‚it girl' of content marketing: Episodic Content, in: EContent, Juli/August, S. 18–22.

Christodoulides, G., Jevons, C. (2011): The Voice of the Consumer Speaks Forcefully in Brand Identity: User-Generated Content Forces Smart Marketers to Listen, in: Journal of Advertising Research, 51(1), S. 101–108.

cmf (2018): Acht Trends im Content Marketing in 2018, München.

Content Marketing Forum (o. J.): Investitionen in digitale Medien im Content Marketing in Deutschland, Österreich und in der Schweiz im Jahr 2016 (in Millionen Euro), in: Statista – Das Statistik-Portal, abgerufen am 22.02.2018, von https://de.statista.com/statistik/daten/studie/613300/umfrage/investitionen-in-digitale-medien-im-content-marketing/.

Engagement Lab (2017): Content Marketing Studie 2017, Berlin.

Ettl-Huber, S. (2014): Storypotenziale, Stories und Storytelling in der Organisationskommunikation, in: Ettl-Huber, S. (Hrsg.): Storytelling in der Organisationskommunikation, Wiesbaden, S. 9–26.

Felser, G. (2007): Werbe- und Konsumentenpsychologie, 3. Auflage, Berlin.

Franck, G. (1998): Aufmerksamkeitsökonomie, München.

Frühbrodt, L. (2016): Content Marketing. Wie "Unternehmensjournalisten" die öffentliche Meinung beeinflussen, Frankfurt am Main.

Ha, H.-Y., Janda, S. (2013): Brand personality and its outcomes in the Chinese automobile industry, in: Asia Pacific Business Review, Jahrgang 20, Nr. 2, S. 216–230.

Harad, K. C. (2013): Content Marketing Strategies to Educate and Entertain, in: Journal of Financial Planning, März, S. 18–20.

Haug, A. (2010): Multisensuelle Unternehmenskommunikation, Wiesbaden.

Herbst, D. (2011): Storytelling, Konstanz.

Hilzensauer, A. (2014): Storytelling – Mit Geschichten Marken führen, in: Ettl-Huber, S. (Hrsg.): Storytelling in der Organisationskommunikation, Wiesbaden, S. 87–102.

Hochreiter, S., Schmidhuber, J. (1997): Long Short-Term Memory, in: Neural Computation, Jahrgang 9, Nr. 8, S. 1735–1780.

Holliman, G., Rowley, J. (2014): Business to business digital content marketing: marketers' perceptions of best practice, in: Journal of Research in Interactive Marketing, 8,(4), S. 269–293.

Holt, D. B. (2004): How brands become icons, Boston.

Horizont (o. J.): Investitionen in Printmedien im Content Marketing in Deutschland, Österreich und der Schweiz im Jahr 2016 (in Millionen Euro), in Statista – Das Statistik-Portal. Zugriff am 22. Februar 2018, von https://de.statista.com/statistik/daten/studie/613324/umfrage/investitionen-in-printmedien-fuer-das-content-marketing/.

Horizont (2014): Eine Frage der Definition, Nr. 46, S. 34 f.

Kose, U., Sert, S. (2017): Improving Content Marketing Processes with the Approaches by Artificial Intelligence, in: ECOFORUM, 6(1/10), o. S.

Kroeber-Riel, W., Gröppel-Klein, A. (2013): Konsumentenverhalten, 10. Auflage, München.

Krüger, F. (2017): Corporate Storytelling – Narrative Public Relations zwischen Fakt und Fiktion, in: Schach, A. (Hrsg.)(2017): Storytelling, Wiesbaden, S. 99–108.

Kürble, P. (2010): Der Kult um die Marke: Wenn Marken zum Mythos werden, in: Bernecker, M., Pepels, W. (Hrsg.): Jahrbuch Marketing 2010/11, Köln, S. 253–273.

Lee, D., Hosanagar, K., Nair, H. S. (2014): The Effect of Social MediaMarketing Content on Consumer Engagement: Evidence from Facebook, in: Stanford Graduate School of Business; Working Papers (Faculty).

Mangold, M. (2002): Markenmanagement durch Storytelling, München.

Meffert, H., Burmann, C., Kirchgeorg, M. (2008): Marketing. Grundlagen marktorientierter Unternehmensführung, Wiesbaden.

Moore, G. E. (1965): Cramming more components onto integrated circuits, in: Electronics, 38(8), S. 114–117.

Myers, D. G. (2008): Psychologie, Heidelberg.

Muhammad, A., Muhammad, T. J. (2015): An extension of Aaker's brand personality model from Islamic perspective: a conceptual study, in: Journal of Islamic Marketing, 6(3), S. 388–405.

Namics (2015): Content-Marketing-Studie 2014/15, Essenz, Zürich.

OECD (2007): Participative Web: User-Created Content, Paris.

Pophal, L. (2018): The State of Content Marketing, in: EContent, Winter, S. 14–15.

Reynolds, T. J., Gutmann, J.: Adversiting ist Image Management: Translating Image Research to Image Strategies, in: Journal of Advertising Research, 24(1), S. 27–38.

Schach, A. (Hrsg.)(2017): Storytelling, Wiesbaden.

Sammer, A. (2017): Von Hollywood lernen? Erfolgskonzepte des Corporate Storytelling, in: Schach, A. (Hrsg.): Storytelling, Wiesbaden, S. 13–32.

Samuel, A. (2015): Data Is the Next Big Thing in Content Marketing, in: Harvard Business Review, 14. September, S. 2–5.

Schallehn, M., Burmann, C., Riley, N. (2014): Brand authenticity: model development and empirical testing, in: Journal of Product & Brand Management, 23(3), S. 192–199.

Schivinski, B., Dabrowski, D. (2016): The effect of social media communication on consumer perceptions of brands, in: Journal of Marketing Communications, 22(2), S. 189–214.

Schein, E. H. (1985): Organizational Culture and Leadership, San Francisco.

Solomon, S. (2013): Content Enjoys a Gloriois Reign, in: Marketing Health Services, Frühjahr 2013, S. 8–9.

Statista (Hrsg.)(2018): Dossier Corporate Publishing, https://de.statista.com/statistik/studie/id/11877/dokument/corporate-publishing-statista-dossier/.

Sweeney, J. C., Brandon, C. (2006): Brand Personality: Exploring the Potential to Move from Factor Analytical to Circumplex Models, in: Psychology & Marketing, 23(8), S. 639–663.

Watzlawick, P., Beavin, J. H., Jackson, D. D. (2011): Menschliche Kommunikation, 12. Auflage, Bern.

White, H. (1987): The Content of the Form. Narrative Discourse and Historical Representation, Baltimore.

Wong An Kee, A., Yazdanifard, R. (2015): The Review of Content Marketing as a New Trend in Marketing Practices, in: International Journal of Management, Accounting and Economics, 2(9), S. 1055–1064.

Yates, B. (1999): Mythos Harley – Auf der Suche nach dem American Dream, München.

Yoo, B., Donthu, N., Lee, S. (2000): An Examination of Selected Marketing Mix Elements and Brand Equity, in: Journal of the Academy of Marketing Science, 28(2), S. 195–211.

Yahoo Deutschland (o. J.): Schätzung der Ausgaben für Content Marketing in Europa im Jahr 2014 und Prognose für 2020 (in Millionen Euro), in: Statista – Das Statistik-Portal, abgerufen am 02.02.2018, von https://de.statista.com/statistik/daten/studie/555681/umfrage/ausgaben-fuer-content-marketing-in-europa/.

Zerfaß, A. (2010): Unternehmensführung und Öffentlichkeitsarbeit. Grundlegung einer Theorie der Unternehmenskommunikation und Public Relations, 3. Auflage, Wiesbaden.

https://www.apple.com/sg/three-minutes/ (abgerufen am 20.02.2018).

http://www.bikersnews.de/motorrad/berichte/mythos+hollister_078.html, (abgerufen am 20.02.2018).

http://content-marketing-forum.com/positionierung-anspruch/ (abgerufen am 10.02.2018) http://www.handelsblatt.com/my/finanzen/anlagestrategie/trends/ki-pionier-juergen-schmidhuber-die-krone-der-schoepfung/20799188.html?ticket=ST-1139580-plq4kVqJi3T2dTtOg1XZ-ap1 (abgerufen am 20.02.2018).

http://www.magronet.de/content-marketing-studien/ (abgerufen am 02.02.2018).

http://news.pg.com/blog/entertainment/pgs-soap-opera-era-ends-our-innovation-entertainment-continues (abgerufen am 20.02.2018).

http://www.presseportal.de/meldungen/1353843/ (abgerufen am 20.02.2018).

https://de.statista.com/statistik/daten/studie/234073/umfrage/anzahl-der-kundenzeitschriften-in-deutschland/ (abgerufen am 10.02.2018).

https://de.statista.com/statistik/daten/studie/246026/umfrage/bedeutung-sozialer-netzwerke-im-corporate-publishing/ (abgerufen am 22.02.2018).

https://de.statista.com/statistik/daten/studie/267974/umfrage/prognose-zum-weltweit-generierten-datenvolumen/ (abgerufen am 04.02.2018).

https://de.statista.com/statistik/daten/studie/319894/umfrage/kundenzeitschriften-branchenbezogen-mit-der-hoechsten-auflage/ (abgerufen am 10.02.2018).

https://de.statista.com/statistik/daten/studie/555681/umfrage/ausgaben-fuer-content-marketing-in-europa/ (abgerufen am 04.02.2018).

https://de.statista.com/statistik/daten/studie/613300/umfrage/investitionen-in-digitale-medien-im-content-marketing/ (abgerufen am 22.02.2018).

https://www.swk.de/privatkunden/bus-bahn/rund-ums-ticket/tickets-fuer-vielfahrer/youngticketplus/?L=0 (abgerufen am 17.07.2018).

https://www.welt.de/print/wams/hamburg/article142062302/Ein-Lebensgefuehl-das-Motorrad-gibt-es-gratis-dazu.html (abgerufen am 20.02.2018).

https://wenigerzucker.rewe.de (abgerufen am 22.02.2018).

Peter Kürble und Christian Gondek

8 Social Media und Influencer-Marketing

8.1 Hintergrund

Sich mit den Themen Social Media und Influencer zu beschäftigen heißt zum einen Eulen nach Athen tragen, scheint es doch kaum etwas zu geben, was zu dazu noch nicht erzählt worden ist und kaum jemanden, der nicht etwas dazu zu sagen weiß. Zum anderen liegt, in Anlehnung an einen Disney-Klassiker, soviel Musik und Zauber in diesen Wörtern, dass es kaum möglich ist, sich der Faszination zu entziehen. Einen für das Marketing sehr ansprechend pointierten Hinweis gab die Absatzwirtschaft 2017 in ihrem Artikel: *Facebooks Flegeljahre. Wie lange kann das Social Network noch wachsen?*. In diesem heißt es: „[...] das soziale Netzwerk bildet die Kommunikation der Menschheit ab"[1] – und Kommunikation ist eine der zentralen Aufgaben des Marketings. Wenn sich also ein zunehmender Teil der Kommunikation in das Internet verlagert, dann wird es zunehmend relevant, sich als Unternehmen damit zu beschäftigen. Dabei ist es erst einmal grundsätzlich egal, um welches Endgerät es sich handelt, also ob der (potenzielle) Kunde über das Smartphone, das Tablet, den Laptop oder den stationären Rechner auf diese Inhalte zugreift. Wichtiger ist vielmehr, welche Plattformen der Kunde nutzt. 2017 sind immerhin fast 90 Prozent der Deutschen online und 72 Prozent sogar täglich.[2] Dabei variiert die tägliche Nutzungsdauer in Abhängigkeit vom Alter in hohem Maße: Die 14–29-jährigen sind 4,5 Stunden pro Tag im Internet, die über 70-jährigen nur noch eine gute halbe Stunde. In allen Altersgruppen hat die Nutzung 2017 gegenüber 2016 aber zugenommen.[3] Abbildung 8.1 zeigt die Anzahl der Nutzer sozialer Netzwerke prognostiziert bis 2021.

Abbildung 8.1 zeigt auch einen deutlichen Anstieg seit 2010: Die Zahlen haben sich in den fünf Jahren zwischen 2010 und 2015 mehr als verdoppelt. Es wird aber klar, dass sich das Wachstum seitdem verlangsamt hat, denn in den darauf folgenden fünf Jahren hat die Anzahl der Teilnehmer nur noch um weniger als 50 Prozent zugenommen. Es wird erwartet, dass bis 2021 3,02 Milliarden Menschen in sozialen Online-Netzwerken angemeldet sind,[4] was bei 7,9 Milliarden Menschen weltweit in 2021[5] einen Anteil von rund 38 Prozent ausmacht. 2021 wird also gut jeder dritte Weltbürger in sozialen Netzwerken vertreten sein.

---

1 Vgl. Absatzwirtschaft (2017), S. 114.
2 Vgl. Koch, W., Frees, B. (2017), S. 435.
3 Vgl. ibid., S. 438.
4 Vgl. https://de.statista.com/statistik/daten/studie/219903/umfrage/prognose-zur-anzahl-der-wel tweiten-nutzer-sozialer-netzwerke/ (abgerufen am 03.12.2017).
5 Vgl. United Nations – Department of Economic and Social Affairs, Population Division (2015), S. 2.

https://doi.org/10.1515/9783110526097-008

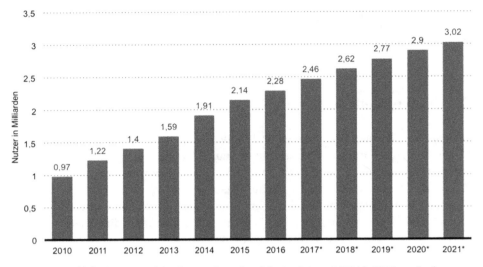

Abb. 8.1: Anzahl der Nutzer sozialer Netzwerke weltweit in den Jahren 2010 bis 2016 sowie eine Prognose bis 2021 (Statista (Hrsg.) (2017), S. 41).

Tab. 8.1: Anzahl der Unique User in sozialen Netzwerken in Deutschland 2016 und 2017 in Prozent (http://www.ard-zdf-onlinestudie.de/whatsapponlinecommunities/ (abgerufen am 02.01.2018)).

	2016 Gesamt	2017 Gesamt	Frauen	Männer	14–19 J.	14–29 J.	30–49 J.	50–69 J.	ab 70 J.
WhatsApp	58	64	65	64	92	90	82	54	20
Facebook	34	33	32	34	50	59	42	22	4
Instagram	9	9	9	10	51	36	6	1	0
Snapchat	5	6	6	6	43	28	1	0	0
Twitter	4	3	2	4	11	7	4	1	0
Xing	3	2	2	3	2	3	5	1	0

Tabelle 8.1 zeigt die Anzahl der Unique User an der Gesamtbevölkerung in Deutschland in Prozent, die mindestens einmal wöchentlich in den Netzwerken aktiv waren. Das wichtigste soziale Netzwerk[6] in Deutschland ist 2017 Whatsapp mit 64 Prozent Anteil an den Unique Usern[7], gefolgt von Facebook mit etwa 33 Prozent, Instagram mit 9 Prozent und Snapchat mit 6 Prozent. Dabei zeigt sich sehr deutlich, dass eine Unterscheidung zwar nicht geschlechtsspezifisch erfolgen kann, die Nutzung aber durchaus altersabhängig ist: Die Nutzung liegt, außer bei Xing, im We-

---

[6] Siehe hierzu auch Kapitel 8.3.1: WhatsApp wird, je nach Abgrenzung nicht zu den sozialen Netzwerken, sondern zu den Microblogs gezählt.

[7] Der Begriff des Unique Users entspricht der Netto-Reichweite in der klassischen Werbung, siehe auch https://www.agof.de/studien/daily-digital-facts/methode/ (abgerufen am 02.01.2018).

sentlichen bei den beiden Altersgruppen 14–19 Jahre und 14–29 Jahre. Die Nutzer der verschiedenen Netzwerke lassen sich noch einmal in solche unterteilen, die aktive Nutzer sind und solche, die passive Nutzer sind. Je nach Netzwerk differieren die Zahlen sehr stark. Bei YouTube sind zum Beispiel ungefähr 14 Prozent aktive und 55 Prozent passive Nutzer, bei Facebook halten sich beide in etwa die Waage (33 Prozent beziehungsweise 32 Prozent) und bei WhatsApp überwiegen die aktiven Nutzer mit 55 Prozent deutlich vor den passiven mit 5 Prozent.[8] Es darf angenommen werden, dass die aktiven Nutzer, also solche, die Inhalte einstellen, auch noch einmal unterschieden werden können in die, welche reaktiv tätig sind und solche, die aus eigenem Antrieb Inhalte generieren. In der Regel sind letztere deutlich in der Unterzahl.

Tatsächlich scheint eine für Unternehmen sinnvolle Beschäftigung mit Social-Media-Marketing eher im B2C-Bereich als im B2B-Bereich zu liegen. Während Privatkunden sehr gerne Informationen über soziale Kanäle kommunizieren, ist dies im Geschäftskundenbereich seltener der Fall. Der dortige Entscheidungsprozess beispielsweise im Rahmen einer Beschaffung fokussiert eher auf fachspezifische Problemstellungen, die in hohem Maße individualisiert sind, so dass die Nutzer bestenfalls eine allgemeine Suche über das Internet starten (68 Prozent), sich auf der Internetseite des Anbieters umschauen (54 Prozent) und auf die Empfehlungen von Fachkollegen vertrauen (49 Prozent). Nur 13 Prozent der Befragten einer Studie nutzen dabei soziale Netzwerke.[9] Dabei wird unter anderem eine fehlende Effizienz für berufliche Zwecke bemängelt.[10] Die folgenden Ausführungen beschäftigen sich deswegen auch im Wesentlichen mit Social-Media-Marketing im B2C-Sektor. Insgesamt darf die Bedeutung von Social Media jedoch auch nicht überschätzt werden. Der Werbemarkt in Deutschland wird auch 2017 noch deutlich von den Offline-Medien dominiert, so betrug das Volumen für den Online-Markt 15,8 Milliarden Euro, für den Offline-Markt 29 Milliarden Euro.[11] Werden die einzelnen Mediengattungen analysiert, so liegt der Marktanteil von Fernsehen bei 49,4 Prozent und macht damit nahezu die Hälfte des Werbemarktes aus. Der Bereich Online liegt bei 9,4 Prozent.[12]

Als die wichtigsten Trends im Bereich mobile Werbung gab eine Expertenbefragung von 2016 an, dass neben Locationbased Advertising das Influencer-Marketing, Beacon Technology und personalisierte Werbung am wichtigsten sind, Social-Media-

---

8 Vgl. https://de.statista.com/statistik/daten/studie/245427/umfrage/regelmaessige-nutzung-sozialer-netzwerke-in-deutschland/. Die verbleibenden Prozent auf Hundert sind die Befragten, die das Medium nicht nutzen (abgerufen am 03.12.2017).

9 Vgl. https://marketing-fuer-b2b.de/b2b-dateien/Social-Media-im-B2B-Marketing.pdf (abgerufen am 07.01.2018).

10 Vgl. http://www.globalspec.com/advertising/wp/2016_SocialMediaUse (abgerufen am 07.01.2018).

11 Vgl. https://de.statista.com/statistik/daten/studie/459107/umfrage/online-und-offline-volumen-des-werbemarktes-in-deutschland/ (abgerufen am 03.12.2017).

12 Vgl. https://de.statista.com/statistik/daten/studie/189855/umfrage/marktanteile-der-mediengattungen-im-werbemarkt/ (abgerufen am 03.12.2017).

Werbung landete nur auf Platz 7.[13] Auch die Marketingentscheider in Deutschland halten Influencer-Marketing für zunehmend wichtiger.[14] Um der begrifflichen Vielfalt etwas Herr zu werden, soll im Folgenden deutlich gemacht werden, was unter Social-Media-Kommunikation verstanden wird.

8.2 Definition und begriffliche Abgrenzung

Social-Media-Marketing kann als „Marketing durch den zielorientierten Einsatz von Social Media"[15] verstanden werden, womit das Bestreben formuliert ist, die „eigenen Inhalte, Produkte oder Dienstleistungen in sozialen Netzwerken bekannt zu machen und mit vielen Menschen – (potenziellen) Kunden, Geschäftspartnern und Gleichgesinnten – in Kontakt zu kommen."[16] Dabei geht es in dieser Definition um Kommunikation, also dem aktiven Zuhören und der angemessenen Antwort auf Anmerkungen.[17]

Aus diesem Grund muss das Social-Media-Marketing vom Internet-Marketing abgegrenzt werden und soll im Folgenden durch den Begriff Social-Media-*Kommunikation* ersetzt werden, um die Marketingaktivitäten im Internet, die eher distributiven Charakter haben (zum Beispiel Onlineshops), von den kommunikativen Komponenten (zum Beispiel Soziale Netzwerke) deutlicher abzugrenzen.[18] Darüber hinaus lassen sich die Instrumente unterscheiden, die einen unidirektionalen Charakter haben, also eher der klassischen Werbung entsprechen und unter anderem als Display Ads und Suchmaschinen-Marketing bezeichnet werden[19] und solchen, die einen bidirektionalen Charakter haben, also eine Zwei-Wege-Kommunikation zulassen. Als soziales Online-Medium kann jedes digitale Medium bezeichnet werden, mit dem der Nutzer die Möglichkeit hat, über digitale Kanäle in einen interaktiven Austausch von Inhalten zu gelangen.

Ökonomisch betrachtet erzielt ein soziales Netzwerk nur dann einen Sinn für den Nutzer, wenn die Kommunikation mit möglichst vielen, aus seiner Sicht relevanten, anderen Nutzern geschehen kann, um sich über Inhalte austauschen zu können. Aus diesem Grund brauchen soziale Netzwerke eine Mindestanzahl von Nutzern. In der Ökonomie wird hier vom sogenannten Tipping Point[20] oder der kritischen Masse[21] ge-

---

13 Vgl. https://de.statista.com/statistik/daten/studie/617719/umfrage/groessten-trends-im-bereich-mobile-werbung/ (abgerufen am 03.12.2017).
14 Vgl. https://de.statista.com/statistik/daten/studie/748753/umfrage/zukuenftige-relevanz-von-influencer-marketing-in-deutschland/ (abgerufen am 03.12.2017).
15 Vgl. Hettler, U. (2010), S. 37.
16 Vgl. Weinberg, T. (2012), S. 8.
17 Vgl. ibid., S. 9.
18 Vgl. Kürble, P. (2015), S. 211.
19 Vgl. http://wirtschaftslexikon.gabler.de/Archiv/576005961/display-advertising-v4.html (abgerufen am 20.12.2017).
20 Vgl. Gladwell, M. (2000).

sprochen. Diese Problematik galt schon bei Festnetztelefon, Radio, Fernsehen oder Mobiltelefon. Wird diese kritische Masse nicht erreicht, verlassen Nutzer das Netzwerk, wie dies bei den VZ-Netzwerken in Deutschland der Fall war. Produkte oder Dienstleistungen, deren Nutzen durch die Anzahl der Nutzer für jeden Teilnehmer steigt, werden als Netzwerkgüter bezeichnet und die damit verbundenen Effekte als Netzwerkeffekte. Sie können positiv sein, wenn die Attraktivität des Netzwerkes mit der Anzahl der Nutzer zunimmt, sie sind negativ, wenn beispielsweise durch die Zunahme Engpässe in der Datenversorgung oder Erreichbarkeit auftreten. Damit Netzwerke dauerhaft Erfolg haben, gelten insbesondere folgende Kriterien: Sie müssen

- interaktionsfördernd sein,
- interpersonelles und institutionelles Vertrauen erzeugen,
- permanent aktualisiert werden,
- eine schnelle kommunikative Reaktionszeit haben und auch
- dauerhaft unterhaltend sein.[22]

Entsprechend dem 3-Ebenen-Modell von Michelis findet Social Media auf einer individuellen, einer technologischen und einer sozio-ökonomischen Ebene statt (siehe Abbildung 8.2).[23] Auf individueller Ebene „bezeichnet der Begriff Social Media die Beteiligung von Nutzern an der Gestaltung von Internetangeboten"[24]. Diese Ebene hängt eng mit der sozio-ökonomischen Ebene zusammen, bei der sich Social Media auf das neue Informations- und Kommunikationsverhalten der Nutzer bezieht, aus denen andere Ausprägungen von Beziehungen zwischen den Akteuren resultieren können.[25]

Beide Ebenen bedienen die fünf Grundbedürfnisse, die das soziale Verhalten bestimmen: Beziehung, Unterhaltung, Selbstverwirklichung, Anerkennung und Wissen.[26] Auch wenn bereits angesprochen wurde, dass zwischen aktiven und passiven Nutzern unterschieden werden kann, so ist diese Unterteilung eher orientierend hinsichtlich des Mediums, nicht aber hinsichtlich des Nutzers, denn die Nutzer können barrierelos zwischen den verschiedenen Verhaltensweisen wechseln, weswegen hier auch vom sogenannten Prosumenten[27] gesprochen wird. Sozio-ökonomisch führen diese Entwicklungen zu Verstärkungen der dort zu beobachtenden Entwicklungen symmetrischer Beziehungen, also solcher Beziehungen, in denen die Kommunikation in gleichen Teilen von den Beteiligten gleichberechtigt geleistet wird.[28]

---

21 Vgl. Mahler, A., Rogers, E. M. (1999), S. 719.
22 Vgl. Gysel, S., Michelis, D., Schildhauer, T. (2015), S. 273 ff.
23 Vgl. Michelis, D. (2015), S. 23.
24 Ibid., S. 25.
25 Vgl. ibid., S. 29.
26 Vgl. Universal MCCann (2017), S. 7.
27 Vgl. Toffler, A. (1988).
28 Vgl. Watzlawick, P., Beavin, J. H., Jackson, D. D. (2011), S. 78 ff.

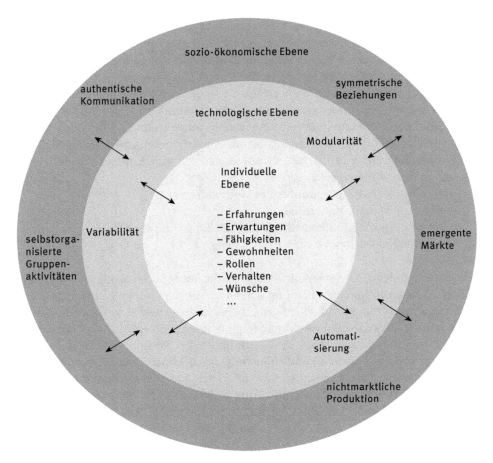

Abb. 8.2: 3-Ebenen-Modell (Eigene Darstellung in Anlehnung an Michelis, D. (2015), S. 23).

Darüber hinaus finden Angebote ihren Weg ins Internet, die sich an einer sehr geringen Anzahl von Abnehmern richtet. Durch die Digitalisierung wird es möglich, Inhalte zur Verfügung zu stellen, die in ihrer Produktion und Distribution eine erhöhte Fixkostendegression aufweisen, wodurch die Kosten pro Stück deutlich abnehmen. Dieses Phänomen wird unter dem Begriff des Long Tail in der Ökonomie diskutiert und führt dazu, dass der klassische Massenmarkt bei digitalen Produkten nicht mehr die betriebswirtschaftliche Bedeutung besitzt, die er im Offline-Markt inne hat.[29] Hinzu kommt, dass es den Unternehmen möglich wird, die Produkte in zunehmendem Maße zu individualisieren (Mass Customization) und dadurch die Attraktivität der Produkte für den Einzelnen zu erhöhen.[30]

---

29 Vgl. Anderson, C. (2006).
30 Siehe auch den Beitrag Mass Customization in diesem Buch.

8.3 Grundlagen der Social-Media-Marketingkommunikation

8.3.1 Grundlegende Aspekte der Marketingkommunikation

Da es sich bei der hier vorliegenden Betrachtung um den kommunikativen Teil der Nutzung von Internet und Social Media handelt, spielen in erster Linie psychologische Ziele eine ausschlaggebende Rolle. Kommunikation zwischen Menschen ist, unabhängig, ob sie im privaten oder geschäftlichen Bereich erfolgt, immer intentional, es wird also immer ein Ziel verfolgt. Dieses Ziel kann in der reinen Mitteilung liegen oder in der Überzeugung. In beiden Fällen erfolgt aber auf Seiten des Empfängers eine Verarbeitung der Information, die zu einer Reaktion führt. Abbildung 8.3 zeigt das klassische einstufige Kommunikationsmodell, welches inzwischen zwar durch eine Vielzahl von Modellen erweitert worden ist, die grundsätzliche Problematik aber sehr deutlich darstellt.

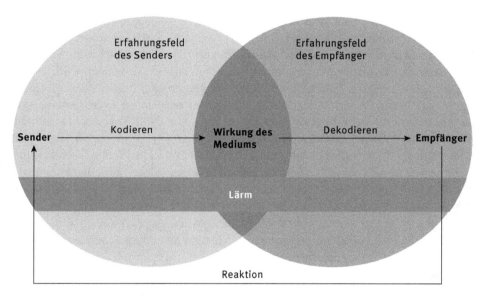

Abb. 8.3: Einstufiges Kommunikationsmodell (Eigene Darstellung in Anlehnung an Shannon, C. E., Weaver, W. (1964), S. 7).

Wenn ein Sender (beispielsweise ein Unternehmen) eine Botschaft an seine Stakeholder (zum Beispiel Kunden) versenden möchte, dann erfordert dies in einem ersten Schritt die Notwendigkeit, sich mit dem Erfahrungshintergrund des Kunden auseinanderzusetzen. Das Unternehmen muss den Kunden also verstehen lernen und unter anderem seine Bedürfnisse kennen und seine kommunikativen Fähigkeiten begreifen. Dabei geht es weniger darum, sich anzupassen und unglaubwürdig zu werden, es geht vielmehr darum, eine gemeinsame Basis (in Abbildung 8.3 als Schnittmenge dargestellt) zu finden, auf der kommuniziert werden kann. Dies erklärt auch, warum Botschaften, die sich an ein sehr breites Publikum richten, eher allgemeingültiger Natur sind und sehr einfach formuliert werden, da hier die gemeinsame Schnittmenge vermuteter Maßen relativ klein ist. Eine kleine Schnittmenge bedeutet aber auch eine Botschaft überbringen zu müssen, die in ihrer Formulierung nicht missverstanden werden kann. Die meisten Slogans von Gütern des täglichen Bedarfs erfüllen dieses Kriterium.

Hinzu kommt, dass die Empfänger nicht nur die Botschaft des einen Absenders erhalten, sondern insgesamt eine Vielzahl von Informationen, die sie filtern und im Idealfall behalten (in Abbildung 8.3 mit Lärm bezeichnet). Da die Aufmerksamkeit des Empfängers ein knappes Gut ist und deswegen eine Vielzahl von Informationen verloren geht, bevor der Empfänger sie abspeichern kann, besteht die Herausforderung darin, in dem Lärm mit seiner Botschaft wahrgenommen zu werden. Dies hängt zum einen damit zusammen, dass der Empfänger ständig abgelenkt wird, weil er je nach aktueller Umgebung beispielsweise im Straßenverkehr seine Aufmerksamkeit auf die anderen Verkehrsteilnehmer lenken muss oder weil andere Unternehmen ebenso alle Instrumente der Kommunikationspolitik nutzen und der Werbedruck so groß ist, dass die Botschaft des einzelnen Unternehmens kaum noch wahrgenommen wird.

Deswegen müssen Botschaften Aufmerksamkeit erregen, um aus der Informationsmenge hervorzustechen. Diese Aufmerksamkeit erzielen sie unter anderem dadurch, dass die Botschaft persönlich relevant wird, also die Nutzenaspekte trifft, die für den Kunden in dem Moment wichtig sind. Die Kunst liegt somit darin zu antizipieren, wann der Kunde welche Bedürfnisse in welcher Situation hat und die Kommunikation so zu steuern, dass die eigene Botschaft in diesem Moment für den Empfänger sichtbar wird. Damit ist unter anderem der geeignete Kanal beziehungsweise das geeignete Medium angesprochen, über das die Botschaft vermittelt werden soll. Zum einen muss überlegt werden, welche Möglichkeiten der Ansprache ein Medium bietet und zum anderen, welche Aussage mit der Nutzung eben dieses Mediums gemacht wird (sogenannte Inter- und Intramediaselektion).[31]

Die *Intermediaselektion* beschäftigt sich mit der Frage, welche Mediengattung für die Botschaft in der vorliegenden Situation und die Zielgruppe die ideale Mediengattung ist. Dabei ist zu berücksichtigen, dass das Medium selber eine Botschaft vermittelt, da es einen Unterschied in der Wahrnehmung darstellt, ob die Nachricht über das Internet, die Zeitung, das Radio, das Fernsehen oder ein Plakat verbreitet wird. Dies hängt unter anderem damit zusammen, dass jedes Medium seine spezifischen Stärken und Schwächen hinsichtlich der Ansprache der fünf Sinne des Menschen hat:[32] Bei Zeitung und Plakat müssen Bild und Text reichen, um die Botschaft zu vermit-

---

31 Vgl. Koss, I. (2011).
32 Vergleiche hierzu unter anderem: Haug, A. (2012).

teln, beim Radio stehen nur Töne zur Verfügung und beim Fernsehen können Bilder, Text und Töne genutzt werden. Das Internet vereint alle medialen Möglichkeiten und ist somit im wahrsten Sinne des Wortes multimedial. Allerdings fehlt es hier, je nach Einbettung der Botschaft, an der gegebenenfalls notwendigen Seriosität und manche der Werbeträger im Internet gelten als eher flüchtige Werbeträger. Neben der Frage der medialen Möglichkeiten eines Werbeträgers steht darüber hinaus nicht jede Mediengattung mit der gleichen zeitlichen und räumlichen Flexibilität zur Verfügung. Insbesondere bei Zeitungen und Zeitschriften muss die Erscheinungsweise (täglich, wöchentlich, monatlich, etc.) berücksichtigt werden. Außerdem sind die Reichweite und damit zusammenhängend die Streuverluste für die möglichste effiziente Nutzung der Mediengattung entscheidend.

Die *Intramediaselektion* dient der Auswahl des geeigneten Werbeträgers innerhalb der Mediengattung. Auch hier ist zu berücksichtigen, dass jeder Werbeträger seine Stärken und Schwächen hat. Als Werbeträger gelten beispielsweise bei den Zeitungen die einzelnen Formate, also FAZ, Welt, Handelsblatt, Bild, die nicht nur ein sehr eigenes Zielpublikum haben, sondern auch ein eigenes Image, das auf die Interpretation der dort getätigten Anzeige wirkt. Gleiches gilt für das Sendeformat im Fernsehen oder Radio beziehungsweise die Homepage oder das Soziale Medium im Internet. Manche der Sozialen Online-Medien sind eher dafür bekannt, dass dort private Inhalte gepostet werden, wie Facebook oder Instagram, andere zeichnen sich eher dadurch aus, dass berufliche Inhalte mitgeteilt werden (Twitter) und dienen indirekt als Job-Börsen, wie beispielsweise Xing oder LinkedIn.

Aufgrund der sehr unterschiedlichen Ausprägungen und Möglichkeiten der einzelnen Mediengattungen ist es als Sender einer Botschaft wichtig, sich vorab Gedanken darüber zu machen, welche Werbebotschaft in welcher Form übermittelt werden soll. Hier dient die sogenannte *Copy-Strategie* als Methode, die grundlegende Werbeaussage festzuhalten. Die Copy-Strategie setzt sich mindestens aus drei Elementen zusammen: Dem Consumer-Benefit (das Nutzenversprechen für den Kunden), dem Reason-Why (der Begründung des Werbeversprechens) und der Tonality (die Anmutung der Botschaft).

Der *Consumer-Benefit* stellt die Kernaussage dar, die sich am vermuteten Nutzen für den Kunden orientieren muss. Es muss so einfach wie möglich und so grundlegend wie möglich deutlich gemacht werden: Wenn ein Waschmittel damit wirbt, möglichst sauber zu waschen, so ist das für jeden Kunden ein nachvollziehbares Argument. Hier wird deutlich, wie wichtig es ist, darüber nachzudenken, in welcher Situation der Kunde angetroffen wird, wenn die Werbebotschaft übermittelt wird und zu welchen Anlässen der Kunde das Produkt oder die Dienstleistung nutzen könnte. Aus diesem Grund verändern sich beispielsweise Darreichungsformen der Waschmittel, die sich eventuell an besonders ökologisch orientierte Kunden richten oder an Kunden, die hauptsächlich schwarze Wäsche waschen.

Mit dem *Reason Why* wird dem Kunden erklärt, warum ausgerechnet dieses Produkt seine Wirkung entfalten kann und damit gegebenenfalls auch besser ist, als das Produkt von Wettbewerbern. Bei Waschmittel wird dies beispielsweise mit einer besonderen Wirkformel und einem vorher-nachher-Vergleich versucht, deutlich zu machen.

Die *Tonality* beschäftigt sich schließlich mit der Frage, in welchem Stil und mit welcher Atmosphäre die Botschaft vermittelt werden soll, also unter anderem die Nutzung von Musik[33], Humor[34] oder Furchtappellen[35]. Im Radio ist beispielsweise die Stimme ein wichtiges Instrument, im Fernsehen zusätzlich die Präsentation. Unabhängig vom gewählten Medium ist die durch die Copy-Strategie sicher zu stellende Einheitlichkeit in der Werbebotschaft ein entscheidendes Kriterium: Für den Kunden muss die Kernaussage, unabhängig von der Mediengattung, dem Werbeträger und vom Werbemittel immer gleich empfunden und interpretiert werden, damit die Werbebotschaft möglichst effizient ihr Ziel erreicht.

8.3.2 Instrumente der Social-Media-Kommunikation

Zu den Social-Media-Instrumenten zählen insbesondere:[36]
- Weblogs/Blogs
- Microblogs
- Soziale Netzwerke
- Webforen
- Kollektiv erstellte Nachschlagewerke, sogenannte Wikis
- Podcasts
- Bookmarks
- Videosharing und
- Empfehlungs- und Bewertungsportale.

Mit *Weblogs*, oder auch verkürzt *Blogs*, sind häufig aktualisierte Webseiten gemeint, die durch ihre Initiatoren gepflegt werden und sich meistens an ein spezielles Publikum beziehungsweise an Interessenten richten. Dabei kann es sich um Kommentare des Initiators handeln, um Videos, Sprachbeiträge oder Grafiken. Der gesamte Blog wird in umgekehrter chronologischer Reihenfolge angezeigt und bietet die Möglichkeit Kommentare zu hinterlassen.[37] Weblogs können über einen sogenannten RSS-Feed verfügen, der wie ein Nachrichtenticker funktioniert[38] und dem Abonnenten

---

33 Vgl. Schramm, H., Spangardt, B. (2016), S. 433 ff.
34 Vgl. Ryffel, F. A. (2016), S. 473 ff.
35 Vgl. Hastall, M. R. (2016), S. 493 ff.
36 Vgl. Homburg, C. (2017), S. 812.
37 Vgl. Weinberg, T. (2012), S. 119.
38 Vgl. Lammenett, E. (2015), S. 251.

die neuesten Einträge geräte- und softwareübergreifend automatisch liefert. Der RSS-Feed kann entweder im Browser integriert oder über personalisierte Webseiten der Suchdienste abgerufen werden. Grundsätzlich ist ein Blog aber nichts anderes als eine Webseite, so dass Nutzer den Inhalt auch über das Aufrufen der Homepage des Blogs lesen können.

Microblogs sind eine Unterkategorie der Weblogs, bei denen die Möglichkeit der versendeten Nachrichten quantitativ auf eine vorgegebene Anzahl von Zeichen beschränkt wird. Zu den bekanntesten Diensten zählen Twitter und Instagram, mit 34,8 Prozent und 34,5 Prozent.[39] Die Nutzerzahlen für Twitter und Instagram liegen in Deutschland zurzeit bei etwa 0,6 Millionen täglich beziehungsweise 3,7 Millionen täglich.[40] Der Marktanteil von Twitter an Social-Media-Portalen im Allgemeinen liegt in 2017 bei 3,56 Prozent, Instagram kommt immerhin auf 4,55 Prozent.[41]

Soziale Netzwerke bestehen massentauglich in ihrer Online-Variante seit nunmehr über 20 Jahren in Deutschland. In diesen wie in den Offline-Varianten organisieren, treffen und kommunizieren Gleichgesinnte, die wenigstens den Wunsch nach Kommunikation und Teilhabe an Kommunikation gemeinsam haben. Den Kern bilden dabei die individuellen und interaktiven Profile, die dazu aufrufen, Kontakte zu knüpfen oder Kommentare zu generieren.[42] Die sozialen Netzwerke können in unterschiedlichsten Formen und Orientierungen auftreten, so finden sich lokal begrenzte Netzwerke oder berufsbezogene Netzwerke genauso wie solche, die an bestimmten Lebenssituationen festmachen.[43] Das größte soziale Netzwerk für die private Kommunikation in Deutschland ist zur Zeit Facebook mit etwa 31 Millionen monatlich und 13 Millionen täglich aktiven Nutzern.[44] Der Marktanteil von Facebook an Social-Media-Portalen im Allgemeinen liegt in 2017 bei 63,53 Prozent.[45]

Webforen zeichnen sich dadurch aus, dass zwar, ähnlich wie bei sozialen Netzwerken, eine Internetseite aufgebaut wird, die dem Informations- und Meinungsaustausch gilt, allerdings sind Webforen häufiger themenbezogen und werden vor allem in erster Linie von Privatpersonen betrieben. Innerhalb des Forums können neue Diskussionen im Rahmen sogenannter Threads, also einer Art Unterkategorien aufgemacht werden. Bereits existierende Threads können kommentiert oder bewertet werden. Firmen können sich auf den Webforen ebenfalls beteiligen, sollten aber von

---

39 Vgl. Universal MCCann (2017), S. 32.
40 Vgl. https://www.kontor4.de/beitrag/aktuelle-social-media-nutzerzahlen.html (abgerufen am 02.12.2017).
41 Vgl. https://de.statista.com/statistik/daten/studie/559470/umfrage/marktanteile-von-social-media-seiten-in-deutschland/ (abgerufen am 04.12.2017).
42 Vgl. Homburg, C. (2017), S. 813.
43 Vgl. Lammenett, E. (2015), S. 258 f.
44 Vgl. https://www.kontor4.de/beitrag/aktuelle-social-media-nutzerzahlen.html (abgerufen am 03.12.2017).
45 Vgl. https://de.statista.com/statistik/daten/studie/559470/umfrage/marktanteile-von-social-media-seiten-in-deutschland/ (abgerufen am 04.12.2017).

ihnen eher als reaktives Medium verstanden werden.[46] In einigen Industrien, zum Beispiel der Automobilindustrie, stellen Webforen das hauptsächliche Kommunikationsmittel der – zumeist technikaffinen – Kunden dar.

Mit *Podcasts* sind Audio- oder Mediadateien gemeint, die von Privatpersonen oder Unternehmen zum Download über das Internet zur Verfügung gestellt wird. In den meisten Fällen handelt es sich dabei um Audiodateien, die dann über einen entsprechenden Dienst heruntergeladen und angehört werden können. Sehr oft handelt es sich deswegen um Radiosendungen oder Hörbücher. Ein Podcast kann aus mehreren Episoden bestehen, die über einen Web-Feed automatisch bezogen werden können.[47] In den letzten Jahren fand zunehmend eine Vermengung von Influencer-Marketing und Podcast-Einsätzen zustande.

Social Bookmarking und *Social-News-Portale* erlauben es, Lesezeichen zu setzen und diese mit Schlagwörtern zu versehen. Der Nutzer kann diese Lesezeichen überall und von jedem Computer sehen und sie mit anderen Nutzern teilen, austauschen oder kommentieren. Gleichzeitig besteht aber auch die Möglichkeit, solche Lesezeichen auf den privaten Gebrauch zu beschränken, die nicht geteilt werden sollen.[48] Die erste Webanwendung war del.icio.us, die bereits 2003 gestartet wurde.[49] Teilweise lassen sich diese Lesezeichen mit denen der Internet-Browser kombinieren.

Bei *Wikis* handelt es sich im Internet um Nachschlagewerke, die in erster Linie durch den Nutzer mit Inhalten gefüllt werden. Die Grundidee besteht in der sogenannten *Weisheit der Vielen*, die zum ersten Mal von Surowiecki 2005 beschrieben wurde:[50] Unter bestimmten Voraussetzungen sind Gruppenentscheidungen Individualentscheidungen vorzuziehen. Bei Wikis besteht dieser Prozess in der Kontrollfunktion und Korrekturfunktion Einzelner in Bezug auf die veröffentlichten Aufsätze. Da diese Prozesse freiwilliger Natur sind, finden sie nicht immer mit der notwendigen zeitlichen Nähe statt, was dazu führen kann, dass falsche Behauptungen länger im Wiki verfügbar sind, als dies sinnvoll wäre. Eine Problematik, die nicht zuletzt dazu geführt hat, dass Wikipedia als eines der bekanntesten Nachschlagewerke in akademischen Kreisen verpönt ist. In 2018 waren dort 47,9 Millionen Artikel veröffentlicht.[51]

Videosharing-Dienste sind solche Webseiten, bei denen die Nutzer anderen Videos zur Verfügung stellen können.[52] Zu den bekanntesten zählt in Deutschland YouTube mit einem Marktanteil von zur Zeit 6,63 Prozent und rund 6 Millionen Nutzern.[53] Wird

---

46 Vgl. Ceyp, M., Scupin, J.-P. (2013), S. 41.

47 Vgl. Weinberg, T. (2012), S. 395.

48 Vgl. ibid., S. 308.

49 Die Seite wurde 2017 vom Wettbewerber Pinboard gekauft und ist seit dem nur noch im Lesemodus verfügbar, vgl. https://thenextweb.com/apps/2017/06/01/its-the-end-of-an-era-as-pinboard-buys-and-shutters-del-icio-us/ (abgerufen am 08.01.2018).

50 Vgl. Surowiecki, J. (2005).

51 Vgl. https://de.statista.com/statistik/daten/studie/195081/umfrage/anzahl-der-artikel-auf-wikipedia-weltweit/ (abgerufen am 10.07.2018).

52 Vgl. Homburg, C. (2017). S. 815.

auf die Nutzung von Video-Anwendungen im Internet fokussiert, so lässt sich feststellen, dass Videoportale wie YouTube von 31 Prozent der Befragten mindestens wöchentlich genutzt werden und damit an zweiter Stelle noch vor den Streaming-Diensten im Internet, wie beispielsweise Netflix stehen.[54]

Empfehlungs- und Bewertungsportale dienen in erster Linie dem Austausch von Informationen über Produkte oder Dienstleistungen durch Kunden oder potenzielle Kunden. Laut einer repräsentativen Studie aus 2017 erkunden sich 66,4 Prozent der Befragten in Deutschland vor einer Kaufentscheidung nach einer Bewertung im Netz. 31,9 Prozent geben an, dass sie sich in ihren Entscheidungen maßgeblich beeinflussen lassen. Insbesondere die jungen Erwachsenen (20–29 Jährige) vertrauen auf Bewertungsportale (52,6 Prozent).[55] Eine Studie von HolidayCheck ergab, dass die Online-Bewertung genauso wertvoll ist wie die Empfehlungen von Familie und Freunden. Dabei sind die am häufigsten bewerteten Bereiche der Online-Handel sowie die touristischen Angebote.[56]

Aufgrund der Vielfalt der möglichen Anwendungsgebiete der vorgestellten Instrumente innerhalb der sozialen Medien, soll im Folgenden der Fokus auf das Influencer-Marketing gelegt werden, welches insofern begrifflich eine Klammer darstellt, als es dabei um eine mögliche und sehr aktuelle Form der Nutzung dieser Medien für Unternehmen geht. Über zwei Drittel der befragten Marketing-Experten geben an, dass sie in ihrem Unternehmen in 2017 ein Budget für Influencer-Marketing vorgesehen haben.[57]

8.4 Influencer-Marketing

8.4.1 Grundlagen

Das Internet ist aufgrund seiner digitalen Form das einzige Medium, in dem die verschiedenen Sinne in verschiedenen Ausprägungen gleichzeitig angesprochen werden können.[58] Im Internet können die Botschaften kombiniert vermittelt werden und eventuell über einen sogenannten Influencer eine zusätzliche Vertraulichkeit erhalten, die mit anderen Mitteln nicht in gleichem Umfang möglich ist. Influencer sind Meinungsführer beziehungsweise Meinungsbildner und haben drei Wirkungen: Zum ersten den

---

53 Vgl. https://www.kontor4.de/beitrag/aktuelle-social-media-nutzerzahlen.html (abgerufen am 03.01.2018).
54 Vgl. ARD/ZDF (2017), S. 5.
55 Vgl. https://www.presseportal.de/pm/59864/3555972 (abgerufen am 04.01.2018).
56 Vgl. HolidayCheck (2016), o. S.
57 Vgl. Statista (2018): Study_id45106_influencer_marketing, S. 5.
58 Es bleibt abzuwarten, inwieweit das Fernsehen, verstanden als Programmveranstalter, in der Lage ist, mit der auch dort zunehmenden Digitalisierung zum Internet aufzuschließen. Allerdings spricht zurzeit die Nutzungssituation beim Fernsehen noch gegen die Einbindung von (längeren) Texten.

Eigeneffekt. Damit ist die größere Wahrscheinlichkeit gemeint, dass die Meinungsführer das Produkt als erste kaufen werden. Zum zweiten den *Vermittlungseffekt*, er bezieht sich auf die in Abbildung 8.4 dargestellte Verknüpfung zum Kunden: Meinungsführer werden als Kommunikatoren wirksam. Schließlich wird der dritte Effekt als *Beeinflussungseffekt* bezeichnet: Die persönliche Kommunikation des Meinungsführers mit den Verbrauchern hat in der Regel einen stärkeren Effekt als die Massenkommunikation.[59]

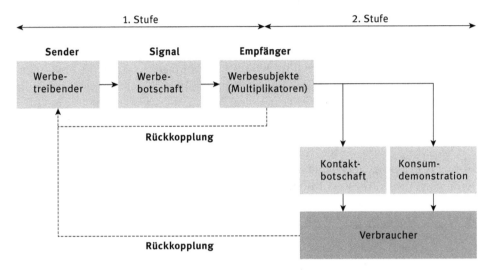

Abb. 8.4: Zweistufige Kommunikation (Meffert, H. (2000), S. 687).

Die Grundlage für das Influencer-Marketing, verstanden als eine *marktorientierte Unternehmensführung unter Zuhilfenahme von Meinungsbildnern*, ist das sogenannte Word-of-Mouth (WOM). Schon 1943 stellten Ryan und Gross fest, dass für die Annahme von Innovationen die Kommunikation zwischen den Kunden einen größeren Einfluss hat, als die Marketingkommunikation[60] und auch Brooks identifizierte bereits 1957 WOM als einflussreiches Instrument für die Kaufentscheidungen.[61] Die Grundlage für WOM bildet die sogenannte zweistufige Kommunikation, wie sie in Abbildung 8.4 dargestellt ist und die auf eine Untersuchung von Lazarsfeld zurückzuführen ist.[62] Dabei wird über die Massenkommunikation der Meinungsführer erreicht und dieser gibt die Information, mit der ihm zugesprochenen Autorität, an die Mitglieder seiner Gruppe weiter.

---

59 Vgl. Kaas, K. P. (1973).
60 Vgl. Ryan, B., Gross, N. C. (1943), S. 15 f.
61 Vgl. Brooks, R. C. Jr. (1957), S. 154.
62 Vgl. Lazarsfeld, P. F., Berelson, B., Gaudet, H. (1968).

Genau genommen lassen sich drei *Evolutionsstufen des WOM* feststellen:[63] Erstens gibt es eine eher natürliche Beeinflussung zwischen Konsumentengruppen unter anderem durch Meinungsführer, wie sie beispielsweise seit je her bei Innovationen zu finden ist, wenn die Innovatoren ihre Erfahrungen an die Früh-Adaptoren weitergeben.[64] Das Marketing hatte hier eine eher unterstützende und reaktive Funktion.

Die zweite Stufe zeichnet sich durch die aktive Identifikation von solchen Meinungsführern durch die Unternehmen aus und ist etwa ab der Zeit nach dem Zweiten Weltkrieg zu beobachten. Es wurde klar, dass die Identifikation dieser Konsumenten besonders effizient ist, da sie in ihren Gruppen einflussreich sind, respektiert werden und als glaubwürdig erscheinen. Schon Dichter unterschied hier noch einmal zwischen Pre Decision WOM und Post Decision WOM, also einer Weiterempfehlung, die vor dem eigentlichen Kauf stattfindet oder nach dem Kauf. Er kommt zu dem Ergebnis, dass die effektivere Variante im Post Decision WOM besteht, da in dieser Situation der Käufer bereit ist, alle möglichen Nachkaufdissonanzen von sich aus zu eliminieren.[65]

Die dritte Stufe besteht schließlich darin, dass die Marketingentwicklungen vom transaktionalen Marketing hin zum Beziehungsmarketing auch Einfluss genommen haben auf die Entwicklung von WOM. So geht es weiterhin darum, den Meinungsführer zu identifizieren und zu beeinflussen. Darüber hinaus muss die multidirektionale Verknüpfung, die in den sozialen Netzwerken üblich ist, Berücksichtigung finden. Hier wird das Marketing also aktiv in den Kommunikationsprozess eingebunden und sollte versuchen, ihn mitzugestalten und zu steuern. Sofern die sozialen Netzwerke im Internet gemeint sind, wird von eWOM (Electronic Word-of-Mouth) oder auch Consumer-Consumer-Interactions[66] gesprochen.

8.4.2 Influencer-Formen

Influencer zeichnen sich dadurch aus, dass sie im Internet auf sozialen Netzwerken, wie beispielsweise YouTube und Instagram Produkte und Dienstleistungen von Unternehmen testen und empfehlen. Insgesamt können je nach begrifflicher Abgrenzung heute etwa 9 Prozent der Deutschen als Influencer bezeichnet werden.[67] Immerhin 31 Prozent der Deutschen sind sogenannte Recommender, also solche, die in den letzten sechs Monaten eine positive oder negative Äußerung zu einer Marke gegeben haben und eine abgeschwächte Form der Social Influencer darstellen. Von diesen Recommendern sprechen 46 Prozent innerhalb ihrer sozialen Netzwerke mit potenziel-

---

63 Vgl. Kozinets, R. V., de Valck, K., Wojnicki, A. C., Wilner, S. J. S. (2010), S. 71 ff.
64 Vgl. Rogers, E. M. (2003), S. 247.
65 Vgl. Dichter, E. (1966), S. 147.
66 Vgl. Yadav, M. S., Pavlou, P. A. (2014), S. 20 f.
67 Vgl. McKinsey (2010), o. S.

len Kunden.[68] Diese Empfehlungen spielen eine zunehmende Rolle bei der Kaufent-scheidung.[69] Immerhin 17 Prozent der befragten deutschen Männer und 20 Prozent der befragten Deutschen Frauen gaben in einer Untersuchung 2016 an, dass sie ein Pro-dukt beziehungsweise eine Dienstleistung erworben haben, weil diese(s) von einem Influencer empfohlen wurde.[70] Die meisten Influencer auf Instagram sind zwischen 24 und 28 Jahren alt.[71] Es wundert dann auch nicht, dass die Altersgruppe mit den meis-ten Nennungen eines Kaufs aufgrund von Influencer-Empfehlungen zwischen 14–19 Jahren sind (50 Prozent), während bei den 60-Jährigen und Älteren die Quote nur bei 3 Prozent liegt.[72] Die Hauptthemengebiete sind Mode, Kosmetik, Fitness und Reisen. In Deutschland erreichen die zurzeit erfolgreichsten Influencer-Aufsteiger lisaandle-na auf Instagram 13 Millionen Fans und belegen damit Platz 4. Auf Platz 1 steht der Fußballspieler Toni Kroos, der Mitte 2018 auf insgesamt 17,5 Millionen Fans kommt.[73]

Influencer sind also immer Recommender, weisen aber darüber hinaus ein über-durchschnittlich hohes Markenbewusstsein auf. Außerdem nutzen sie täglich Social Media und haben eine überdurchschnittliche Reputation als Markenkenner.[74] Sie verfügen über ein hohes Maß an Vertrauen bei der jeweiligen Zielgruppe, was zu ei-ner intensiven Kundenbeziehung führen kann. Dabei ist deutlich zu unterscheiden zwischen den sogenannten Celebrities, also den aus Film, Funk und Fernsehen be-rühmt gewordenen Persönlichkeiten, wie beispielsweise Kim Kardashian oder Arnold Schwarzenegger und deren Posts auf Instagram oder anderen Plattformen sowie den Privatpersonen, die lediglich durch ihre Auftritte in den Sozialen Medien eine gewis-se Bekanntheit erreicht haben. Zumindest derzeit wird den (privaten) Influencern eine hohe Glaubwürdigkeit bescheinigt, die insbesondere auch aus der Tatsache re-sultiert, dass sie sich eigentlich nur durch ihre Anzahl an Followern von ihren Fans unterscheiden.[75]

In einer weiteren Unterscheidung können verschiedene Marktteilnehmer in ihrer *Funktion* als Influencer kategorisiert werden: Die *Peer Influencer*[76] sind solche, die eine Nähe zum Unternehmen aufweisen, dennoch als Vertrauensperson wahrgenommen werden, da sie durch ihre Persönlichkeit oder ihre Erfahrungen und ihr Know-How Kaufentscheidungen beeinflussen können. Hierzu zählen insbesondere Mitarbeiter

---

68 Vgl. Kolo, C. (2014), S. 10.

69 Vgl. Cheung, C. M. K., Lee, M. K. O. (2012), S. 218 f.

70 Vgl. Statista (2018): Study_id45106_influencer_marketing, S. 9.

71 Vgl. ibid., S. 8.

72 Vgl. ibid., S. 10.

73 Vgl. https://onlinemarketing.de/news/instagram-top-10-deutschland-instagrammer/instagram-top-10-1-toni-kroos (abgerufen am 10.07.2018).

74 Vgl. Kolo, C. (2014), S. 7.

75 Vgl. Jacobsen, N. (2017), S. 44.

76 Vgl. http://www.influma.com/blog/influencer-marketing-was-sind-influencer/ (abgerufen am 10.01.2018).

oder Geschäftspartner von Unternehmen (wie beispielsweise Tech-Nick bei Saturn, es können aber auch Zulieferer oder Handelspartner (sogenannte Supply Chain Influencer) sein.[77]

Mit *Social Influencer* werden solche Meinungsführer bezeichnet, die Meinungen und Empfehlungen bezüglich bestimmter Produkte mitteilen und Diskussionen leiten und lenken. Sie sind in Form von Kommentaren oder Posts im Netz vertreten. Hierbei kann es sich auch um Co-Konsumenten handeln, also andere potenzielle Käufer.

Die *Key Influencer* sind schließlich die Personen, die eine große Anzahl von Nutzern ihrer Social Media Accounts haben, die ihre Nutzer aber nicht zwingend persönlich kennen müssen. Sie sind Vorbilder, denen eine weithin anerkannte Kenntnis über das von ihnen behandelte Themengebiet zugesprochen wird. Dabei kann es sich beispielsweise um Journalisten, aber auch um Blogger oder Markenbotschafter handeln, die zu ihren Themen vielleicht sogar eigene Online-Magazine veröffentlichen. Diese Influencer werden auch als *Value Adding Influencer* bezeichnet.

Auch wenn die Reichweite als weiteres Differenzierungskriterium nicht einzig ausschlaggebend sein kann,[78] so spielt dieses Kriterium insbesondere bei der *Honorierung* durch Unternehmen immer noch eine herausragende Rolle. Entsprechend kann unter anderem zwischen Micro- und Macro Influencern unterschieden werden. Die Abgrenzung ist allerdings relativ beliebig und stark von der Branche und der Zielgruppe abhängig. So zählen bei Influencerdb zu den Micro Influencern Personen, die zwischen 5.000 und 25.000 Follower haben, der Burda-Verlag legt die Grenze bei 10.000 Followern fest und gibt einen Durchschnittswert von 350 Followern bei seinen Influencern an. Für diese Gruppe zahlt Burda kein Geld, sondern verteilt Testprodukte und lässt die Influencer an Gewinnspielen teilnehmen. Deren Bedeutung liegt laut Zimmermann, der Geschäftsführerin der Burda-Tocher Tracdelight, in dem sogenannten Earned Content, also Inhalten, für den die Influencer nicht bezahlt werden. Dadurch wirkt diese Gruppe glaubwürdiger und authentischer als die Macro Influencer, die Paid Content erstellen, also solchen, für den sie bezahlt werden.[79]

Um die Abgrenzung etwas zu spezifizieren, kann nach Solis der Einfluss einer Person, das sogenannte soziale Kapital, entlang der Dimensionen Reach, Relevance und Resonance beschrieben werden.[80] *Reach* beschreibt die quantitative und qualitative Reichweite, also neben der Abonnentenzahl auch das Image und die Glaubwürdigkeit, *Relevance* den Grad der thematischen Autorität, also das Vertrauen in die fachliche Kompetenz und *Resonance* das Engagement, mit dem interagiert wird. Damit kann

77 Vgl. Kolo, C. (2014), S. 6.
78 Vgl. o. V. (2017), S. 20.
79 Vgl. https://www.wuv.de/medien/so_wertvoll_sind_micro_influencer_fuer_burda (abgerufen am 10.01.2018).
80 Vgl. https://de.slideshare.net/Altimeter/the-rise-of-digital-influence?utm_source=blog&utm_medium=espresso&utm_content=analysen-meinungen&utm_term=influencer-marketing-forum&utm_campaign=blog-influencer-marketing-forum-analysen-meinungen (abgerufen am 11.01.2018).

dann, nach Tegtmeier, in Nano Influencer, Micro Influencer, Macro Influencer und Mega Influencer unterschieden werden.[81] Die drei Dimensionen Reach, Relevance und Resonance werden zunehmend wichtiger aus Unternehmenssicht, um die geeignete Zielgruppe so eindeutig wie möglich zu identifizieren.

Danach sind *Nano Influencer* die Meinungsführer im klassischen Sinne, so wie sie schon von Lazarsfeld beschrieben worden sind und die seit je her Basis jeder Marketing-Aktivität darstellen, weil sie offline wie online zu finden sind. Die Anzahl der Mitglieder der sozialen Gruppe und damit auch die Reichweite sind auf den dreistelligen Bereich begrenzt, der Meinungsführer ist aber für seine Kenntnis in einem bestimmten Themengebiet und damit auch für seine Autorität und sein Engagement bekannt.

Die Anzahl der Follower liegt bei *Micro Influencern* im kleinen vier- oder fünfstelligen Bereich und sie zeichnen sich, im Vergleich zu den Nano Influencern, durch ein nicht mehr ganz so ausgeprägtes Engagement pro Follower aus. Trotzdem kann ihnen noch eine gewisse qualitative Tiefe zugesprochen werden. Hier besteht auch noch die Möglichkeit des Aufbaus parasozialer Beziehungen zu den Mitgliedern, um Nähe und Vertrautheit zu schaffen.

Die *Macro Influencer* sind dann eher im sechs- bis siebenstelligen Bereich vertreten und ihre Engagement-Rate pro Follower liegt zwischen 5 Prozent und 25 Prozent. Hier findet eine hohe Frequenz von Postings statt, um die notwendige Wahrnehmung bei den Mitgliedern sicher zu stellen.

Mega Influencer sind Prominente und Stars, die auch in der Offline-Welt einen hohen Bekanntheitsgrad haben und deren Online-Aktivitäten ein Spiegelbild der Offline-Aktivitäten darstellen. Die Anzahl der Follower liegt entsprechend im eher siebenstelligen Bereich und die Engagement-Rate deutlich unter 5 Prozent.

Welche Gruppe von Influencern in welcher Mischung angesprochen wird, hängt in hohem Maße vom jeweiligen Ziel der Kampagne ab: Eine reine Aktivierung einer großen Anzahl von Kunden oder die Erhöhung des Bekanntheitsgrades ist über die Mega und Macro Influencer möglich. Geht es dabei eher um eine Markenpflege, so sind unter Umständen die Micro und Nano Influencer mit einer besseren Verknüpfung zu ihren Followern und einer höheren wahrgenommenen Themen-Kompetenz besser geeignet. Abbildung 8.5 stellt diese Problematik exemplarisch dar: Ein Mega Influencer zeichnet sich gegebenenfalls zwar durch eine hohe Reichweite (Reach) aus, aber nicht unbedingt durch ein hohes Engagement (Resonance) und eventuell nur durch eine mittlere thematische Autorität (Relevance), da das Image des Prominenten wichtiger für eine Beeinflussung sein kann, als die wirkliche Kenntnis über ein Produkt. Gleichzeitig kann ein Nano Influencer zwar eine niedrige Reichweite haben, seine Interaktion mit den Followern ist aber ausgeprägter und die ihm zugesprochene fachliche Kompetenz größer.

---

81 Vgl. Tegtmeier, A.-K. (2017), o. S.

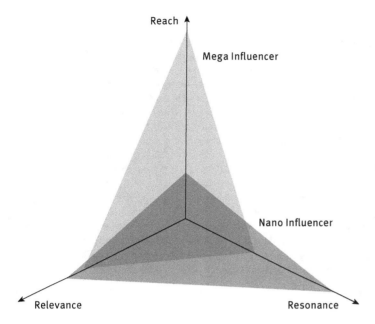

Abb. 8.5: Mögliche Ausprägung des sozialen Kapitals von Influencern (eigene Darstellung).

Neben der Glaubwürdigkeit spielt auch die Nachhaltigkeit im Sinne einer länger-
fristigen Sinnhaftigkeit eine entscheidende Rolle für den Einsatz des Influencers: Der
Influencer muss zur Marke passen und es muss sehr genau analysiert werden, welche
Inhalte zu kommunizieren sind, also welche Normen von der Gemeinschaft im You-
Tube-Kanal oder Instagram-Konto gesetzt sind.[82] Den persönlichen Kontakt zwischen
Unternehmen und Influencer hält auch Lichius, Head of Communications und CSR bei
Pernod Ricard für entscheidend: „Nur wenn die Identifikation sowohl mit der Marke
als auch mit unseren Wertvorstellungen, beispielsweise zum verantwortungsvollen Al-
koholkonsum, erfolgt, ist eine Zusammenarbeit wertvoll und richtig."[83] Trotzdem soll
sich der Nutzer in erster Linie mit dem Produkt auseinandersetzen und weniger mit
dem Influencer.[84] Hier ist die Gefahr des Vampireffektes[85] bei den Prominenten größer als bei den Micro Influencern.

---

82 Vgl. o. V. (2017), S. 20.
83 Zitiert nach Müller, C. C. (2017), S. 17.
84 Vgl. Meyer, M. (2017), S. 24.
85 Vgl. Tropp, J. (2011), S. 622.

> **⚡ Praktische Herausforderungen**
>
> Mitunter kann es zu Irritationen zwischen den Influencern und ihren Erwartungen und der *realen* Welt kommen, wie bei dem Beispiel der Bloggerin Elly Darby, die beim Charleville Lodge Hotel in Dublin aufgrund ihrer Followerzahlen gehofft hatte, eine kostenlose Woche im Austausch zu einem positiven Video zu bekommen, welches sie dann in Ihrem YouTube-Kanal veröffentlicht hätte. Der Hotelbesitzer fand diese Anfrage unverschämt und weigerte sich. Beide kommentierten die jeweiligen Aktivitäten wochenlang auf ihren jeweiligen Internetseiten und schafften so internationale Publicity, die am Ende beiden einen (kurzfristigen) neuen Zuwachs an Followern brachte.[86]
> Eines der Hauptprobleme besteht zurzeit noch in der klaren Abgrenzung zur Schleichwerbung: 2017 wurde die Firma Rossmann wegen Schleichwerbung mit einem Influencer verurteilt. Die Richter erklärten die Anordnung des hashtags #ad (als Hinweis auf die bezahlte Werbung, ähnlich wie #sponsored) an der zweiten Stelle einer Reihe von hashtags als nicht ausreichend für die Kennzeichnung.[87] Die Glaubwürdigkeit kann nur dadurch auch langfristig sichergestellt sein, dass die Influencer mit größerer Ehrlichkeit vorgehen. Inzwischen ist eine entsprechende Kennzeichnung bei Instagram durch den Zusatz „Bezahlte Partnerschaft mit…" rechtlich erforderlich. Hinzu kommt, dass immer stärker Fake-Profile aufkommen, Likes automatisiert sind und Kommentare gefälscht.[88] Auch deswegen existieren eine Reihe von Portalen, wie beispielsweise socialblade.com, FollowerWork oder TweetReach, über die erste Analysedaten über Instagramer, YouTuber usw. eingeholt werden können.

8.5 Auswahl von Forschungsarbeiten

8.5.1 Influencer-Strategien

Nach Kozinets et al. lassen sich vier wichtige Erfolgsfaktoren für eine Kampagne mit Influencern unterscheiden:[89]
– der Influencer,
– der Werbeträger, der von ihm genutzt wird,
– die Normen, die in der jeweiligen Community gelten und
– die ergänzenden Marketingaktivitäten.

Der Influencer beeinflusst das Ergebnis der eWOM insofern, als er mit seiner Persönlichkeit und seinem Image zum Produkt beziehungsweise zur Dienstleistungen passen muss, damit die Botschaft glaubwürdig ist. Diese Glaubwürdigkeit ist insbesondere deswegen eine Gratwanderung, weil der Influencer in einer kommunikativen Doppelrolle tätig ist: zum einen ist er Mitglied einer Gemeinschaft, die ihm vertraut, zum anderen ist er, aufgrund seiner vertraglichen Bindung mit dem Unternehmen auch

---

86 Vgl. https://www.stern.de/neon/feierabend/hotelier-aus-dublin-schickt-youtuberin-saftige-rechnung-fuer--gratis-pr--7835958.html (abgerufen am 15.01.2018).
87 Vgl. Rest, J. (2017), o. S.
88 Vgl. Jacobsen, N. (2017), S. 46.
89 Vgl. Kozinets, R. V., de Valck, K., Wojnicki, A. C. Wilner, S. J. S. (2010), S. 71 ff.

Vertriebler. Damit erfüllt der Influencer drei Aufgaben: er kommuniziert die Marketing-Botschaft, wertet sie mit seiner Reputation auf und wandelt die Botschaft in normenkonforme, glaubwürdige und relevante Formulierungen um. Sein eigener Erfolg hängt somit von zwei Faktoren ab: von der Anzahl der Mitglieder, die so lange bereit sind, ihm zu folgen, solange er glaubwürdig ist, und von dem durch ihn generierten Verkaufserfolg.

Der Werbeträger kann ein YouTube-Kanal, ein Blog, ein Podcast oder auch eine Kombination aus allem sein. Je nach Werbeträger können sich sowohl die Zielgruppen unterscheiden, aber auch die Möglichkeiten der kommunikativen Kontaktaufnahme.

Ähnliches gilt für die meist impliziten Normen, deren Einhaltung, je nach Werbeträger, von einem Administrator überwacht werden und die in Abhängigkeit vom Alter der Teilnehmer, dem Geschlecht, den Interessen, der sozialen Klasse oder der ethnischen Orientierung stark variieren können. Oft bilden sich diese Normen im Zeitablauf heraus und entwickeln sich durch die Art, in der die Kommunikation betrieben wird, beispielsweise im Hinblick auf die Länge der Posts oder die hochgeladenen Fotos oder Videos.

Schließlich ist die Ganzheitlichkeit der Marketingmaßnahme auch bei eWOM von entscheidender Bedeutung. Zum einen müssen alle kommunikativen Maßnahmen aufeinander abgestimmt sein und die oben angesprochene Copy-Strategie als Leitfaden für die Nutzenfokussierung, die Begründung und die Tonalität Berücksichtigung finden. Zum anderen muss die Kommunikationspolitik auf die anderen operativen Maßnahmen des Marketingmix abgestimmt sein. So muss die Kommunikation zum Produkt passen: Makeup muss anders beworben werden als Digitalkameras. Alle vier Elemente beeinflussen sich gegenseitig. Abbildung 8.6 zeigt die Komplexität von eWOM.

Als Ergebnis ihrer Untersuchung stellen die Autoren fest, dass sich, je nach Kombination der Faktoren, vier Strategien unterscheiden lassen, um die Ausprägungen der einzelnen Erfolgsfaktoren möglichst optimal auszunutzen: Evaluation (Bewertung), Embracing (Umfassen), Endorsement (Billigung), Explanation (Erklärung). Dabei ist die die Annahme, dass das Marketing die dem WOM innewohnende Konsumenten-zu-Konsumenten-Glaubwürdigkeit nutzen kann. In diesem Verständnis muss es gelingen, das Verhältnis zwischen der Akzeptanz kommerzieller Hintergründe in der Gruppe und dem Wunsch nach vertrauensvollem Austausch auszubalancieren (implizite oder explizite Erwähnung des kommerziellen Aspekts) und die interpersonalen Verhältnisse im Sinne einer Bevorzugung von individualistischen oder gemeinschaftlichen Interessen zu berücksichtigen.

Eine *Evaluation-Strategie* wäre dann sinnvoll, wenn die Gemeinschaftlichkeit wichtig ist und offene kommerzielle Interessen nicht erwünscht sind. In diesem Fall muss der Fokus der Kampagne auf dem Produkt oder der Dienstleistung liegen und weniger auf der Vermarktung. Dabei kann das Ziel darin bestehen, die Bedürfnisse und Ziele der Mitglieder in der Gemeinschaft kennenzulernen. Der Influencer wird also als Meinungsführer vertrauensvolle und ausgewogene Informationen weitergeben.

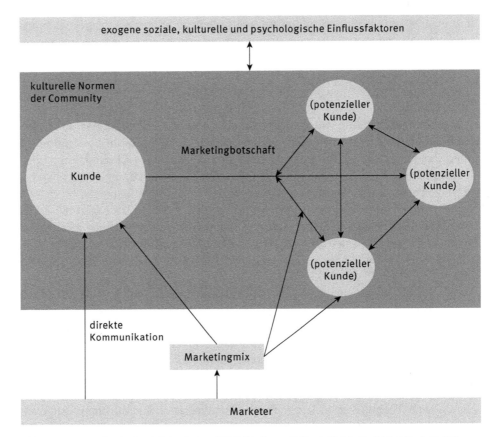

Abb. 8.6: Netzwerke-Co-Produktion beim eWOM (Kozinets, R. V., de Valck, K., Wojnicki, A. C., Wilner, S. J. S. (2010), S. 72).

Die *Embracing-Strategie* ist in eher individualistisch orientierten Sozialen Netzwerken sinnvoll, bei denen offene kommerzielle Interessen ebenfalls nicht gewünscht sind. Hier scheint es erfolgreich zu sein, als Influencer sehr offen mit der Tatsache umzugehen, dass er Teil einer Kampagne ist und das Produkt aus individualistischen Gründen ausprobiert/konsumiert. Dieser offene Umgang wird honoriert, solange keine zu deutliche und exklusive Beschäftigung mit dem Produkt/der Dienstleistung erfolgt und es inhaltlich in die Gesamtgeschichte der Person und des Blogs passt.

Die *Endorsement-Strategie* ist in einer Gemeinschaft sinnvoll, in der sowohl die Erwähnung des Produkts als auch der offene Hinweis um individuelle Interessen akzeptiert sind. Hier findet eine Begründung der Mitteilung im Blog über die persönliche Notwendigkeit statt. Dabei wird oft um die Beteiligung der Gemeinschaft im Sinne einer Bewertung oder Unterstützung gebeten.

Die *Explanation-Strategie* ist in einer Situation kommunaler Präferenz bei Akzeptanz expliziter Erwähnung der Kommerzialisierung sinnvoll, solange der Influencer das Interesse seiner Mitglieder an der Beschäftigung mit dem Produkt/der Dienstleistung unterstellt und die Befassung zum Beispiel hinsichtlich Nutzbarkeit als hilfreich für die Mitglieder seiner Gruppe erklärt.

8.5.2 eWOM-Elastizität

Die Beschäftigung mit den grundlegenden Aspekten von Social Media oder Influencern ist relativ alt, da die Thematik grundsätzlich relativ alt ist. Die Übertragung auf ein elektronisches Medium ändert daran nicht viel, außer, dass die Dynamik zunimmt und damit die Bedeutung von Empfehlungen zunehmen könnte. Zusätzlich verschiebt sich die Auswahl der Protagonisten zunehmend von Prominenten auf alltägliche Menschen, was die Identifikation der (potenziellen) Kunden mit den jeweiligen Influencern erhöht. Die wesentlichen Messgrößen um den Einfluss von eWOM auf den Verkauf festzustellen sind Volume und Valence, also die Gesamtzahl der eWOM-Nachrichten und die Stimmung in den Kommentaren (positiv, neutral oder negativ).

You, Vadakkepatt und Amit untersuchten in einer Meta-Studie die eWOM-Elastizität, also den Zusammenhang zwischen eWOM und Verkauf. Sie überprüften dabei 51 Studien und verknüpften diese mit den untersuchten Produkteigenschaften, Branchenspezifika und Plattformspezifika.

Die Ergebnisse der Studie sind sehr vielfältig, so dass im Folgenden nur ein Auszug dargestellt werden soll (siehe Abbildung 8.7). Es konnte festgestellt werden, dass die Elastizitäten von Anzahl an eWOM-Nachrichten und Stimmung von der Langlebigkeit des Produktes, der Erprobbarkeit des Produktes und der Beobachtbarkeit[90] abhängig ist. Umso weniger das Produkt beispielsweise in der Öffentlichkeit zu beobachten ist, umso stärker ist der Einfluss der beiden eWOM-Kriterien auf den Kauf. Für die Langlebigkeit der Produkte gilt: umso langlebiger die Produkte, umso größer ist der Einfluss von eWOM Volume und Valence. Umgekehrt gilt, dass je stärker die Möglichkeit des Ausprobierens ist, desto geringer ist der Einfluss der beiden Kriterien auf den Kauf, da die Kunden dann nicht auf eWOM vertrauen müssen, sondern die Eigenschaften des Produktes und die daraus resultierende Bedürfnisbefriedigung selber erfahren können.[91]

Für die praktische Anwendung lässt sich festhalten, dass eWOM die höchste kurzfristige Elastizität aufweist, wenn es mit Werbung, persönlichem Verkauf oder Online-Produktbesprechungen verglichen wird. Außerdem konnte festgestellt werden, dass neben der Relevanz der betrachteten Branche auch die gewählte Plattform ei-

---

90 Damit ist die Möglichkeit gemeint, das Produkt im Gebrauch öffentlich wahrnehmen zu können, wie beispielsweise bei einem Auto im Gegensatz zu einem Fön.
91 Vgl. You, Y., Vadakkepatt, G. G., Joshi, A. M. (2015), S. 34 f.

contextual factors

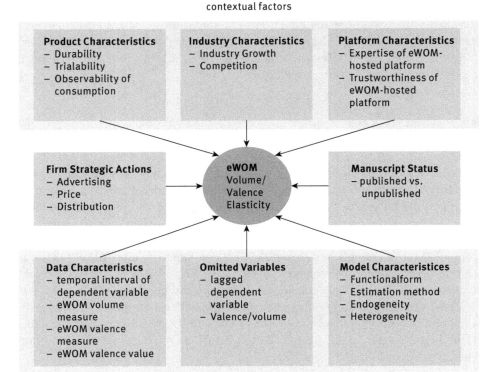

Model and Data Characteristics

Abb. 8.7: Conceptual Framework der Einflussfaktoren auf den eWOM-Effekt (You, Y., Vadakke-patt, G. G., Joshi, A. M. (2015), S. 20).

ne entscheidende Rolle für den Erfolg darstellt. So sollten Manager in wettbewerbs-intensiven Branchen in Bezug auf die Fokussierung auf eWOM vorsichtig sein: der Zusammenhang zwischen den beiden Faktoren ist negativ. Umso höher die Wettbe-werbsintensität, umso geringer die Wirkungen von Volume und Valence. Ein Erklä-rungsversuch könnte in der zu großen Auswahlmöglichkeit in wettbewerbsintensiven Branchen und damit in der Konsumentenverwirrtheit und dem Wunsch nach Kom-plexitätsreduzierung liegen. In Bezug auf die Plattform kann festgestellt werden, dass Kunden eWOM von neutralen Quellen, die eine Fachkompetenz aufweisen, mehr ver-trauen, als beispielsweise den Versprechen in Werbespots. Die Faktoren der Neutra-lität und Vertrauenswürdigkeit separieren aber nicht nur die Mediengattungen, son-dern auch die Werbeträger: nicht alle sozialen Medien werden gleich wahrgenommen.

Literatur

Absatzwirtschaft (2017): Facebooks Flegeljahre: Wie lange kann das Social Network noch wachsen? Ausgabe1/2, S. 114–119.

Anderson, C. (2006): The Long Tail. Why the Future of Business Is Selling Less or More, New York.

ARD/ZDF (2017): Onlinestudie 2017. Kern-Ergebnisse, http://www.ard-werbung.de/fileadmin/user_upload/media-perspektiven/ARD-ZDF-Onlinestudie/Kern-Ergebnisse_ARDZDF-Onlinestudie_2017.pdf (abgerufen am 04.01.2018).

Brooks, R. C. Jr. (1957): „Word of Mouth" Advertising in Selling New Products, in: Journal of Marketing, Vol. 22, S. 154–161.

Cheung, C. M. K., Lee, M. K. O. (2012): What Drives Consumers to Spread Electronic Word of Mouth in Online Consumer-Opinion Platforms, in: Decision Support Systems, 53, S. 218–225.

Ceyp, M., Scupin, J.-P. (2013): Erfolgreiches Social Media Marketing. Konzepte, Maßnahmen, Praxisbeispiele, Wiesbaden.

De Vries, L., Gensler, S., Leeflang, P. S. (2012): Popularity of brand posts on brand fan pages: An investigation of the effects of social media marketing, in: Journal of Interactive Marketing, 26(2), S. 83–91.

Dichter, E. (1966): How Word-of-Mouth Advertising Works, in: Harvard Business Review, 16, S. 147–166.

Foscht, T., Swoboda, B. (2011): Käuferverhalten, 4. Auflage, Wiesbaden.

Gladwell, M. (2000): The Tipping Point: How Little Things Can Make a Big Difference, New York.

Gysel, S., Michelis, D., Schildhauer, T. (2015): Die Sozialen Medien des Web 2.0: Strategische und operative Erfolgsfaktoren am Beispiel der Facebook-Kampagne des WWF, in: Michelis, D., Schildhauer, T. (2015): Social Media Handbuch. Theorien, Methoden, Modelle und Praxis, 3. Auflage, Baden-Baden, S. 273–286.

Hastall, M. R. (2016): Wirkung von Furchtappellen in der Werbung, in: Siegert, G., Wirth, W., Weber, P., Lischka, J. A. (Hrsg.): Handbuch Werbeforschung, Wiesbaden, S. 493–516.

Haug, A. (2012): Multisensuelle Unternehmenskommunikation, Wiesbaden.

Hettler, U. (2010): Social Media Marketing – Marketing mit Blogs, Sozialen Netzwerken und weiteren Anwendungen des Web 2.0, Oldenbourg.

HolidayCheck (2016): Psychologie des Bewertens, München.

Homburg, C. (2017): Marketingmanagement, 6. Auflage, Wiesbaden.

Jacobsen, N. (2017): Quo Vadis, Influencer-Marketing, in: Absatzwirtschaft, 12/2017, S. 42–46.

Kaas, K. P. (1973): Diffusion und Marketing. Das Konsumentenverhalten bei der Einführung neuer Produkte. Stuttgart.

Koch, W., Frees, B. (2017): ARD/ZDF-Onlinestudie 2017: Neun von zehn Deutschen online, in: Media Perspektiven, 9/2017, S. 434–446.

Kolo, C. (2014): Markenempfehlung in sozialen Medien. Internationale Studie zu generellen Einflussfaktoren und spezifischen Motiven im Plattformvergleich, München.

Koss, I. (2011): Werbung. Handbuch für Studium und Praxis, 5. Auflage, München.

Kozinets, R. V., de Valck, K., Wojnicki, A. C., Wilner, S. J. S. (2010): Networked Narratives: Understanding Word-of-Mouth Marketing in Online Communities, in: Journal of Marketing, Vol. 74, S. 71–89.

Kürble, P. (2015), Operatives Marketing, Stuttgart.

Lammenett, E. (2015): Praxiswissen Online-Marketing: Affiliate-und E-Mail-Marketing, Suchmaschinenmarketing, Online-Werbung, Social Media, Online-PR, Wiesbaden.

Lazarsfeld, P. F., Berelson, B., Gaudet, H. (1968): The People's Choice: How the Voter Makes Up His Mind in a Presidential Campaign, 3. Auflage, New York.

Mahler, A., Rogers, E. M. (1999): The Diffusion of Interactive Communication Innovations and the Critical Mass: The Adoption of Telecommunications Services in German Banks, in: Telecommunications Policy, 23, S. 719–740.

Meffert, H. (2000): Marketing, 9. Auflage, Wiesbaden.

Meyer, M. (2017): Die Werbewirkung von Influencern, in: W&V, 32/2017, S. 22–24.

Michaelidou, N., Siamagka, N. T., Christodoulides, G. (2011): Usage, barriers and measurement of social media marketing: An exploratory investigation of small and medium B2B brands. Industrial marketing management, 40(7), S. 1153–1159.

Michelis, D. (2015): Social-Media-Modell, in: Michelis, D., Schildhauer, T. (2015): Social Media Handbuch. Theorien, Methoden, Modelle und Praxis, 3. Auflage, Baden-Baden, S. 23–37.

Michelis, D., Schildhauer, T. (2015): Social Media Handbuch. Theorien, Methoden, Modelle und Praxis, 3. Auflage, Baden-Baden, S. 23–37.

McCormick, K. (2016): Celebrity endorsements: Influence of a product-endorser match on Millennials attitudes and purchase intentions. Journal of Retailing and Consumer Services, 32, S. 9–45.

McKinsey (2010): https://www.mckinsey.com/business-functions/marketing-and-sales/our-insights/a-new-way-to-measure-word-of-mouth-marketing (abgerufen am 20.01.2018).

Müller, C. C. (2017): Denn sie wissen nicht, was sie tun, oder? in: W&V, 29/2017, S. 16–17.

o. V. (2017): So macht man Influencer Marketing kaputt, in: Horizont, 32/2017, S. 20.

Rauschnabel, P. A., Göbbel, T., Sasse, J., Rippe, K. (2012): Sieben Handlungsfelder, ein Ergebnis – erfolgreiches Social Media Marketing, in: Insights, 16, Düsseldorf und München, S. 40–53.

Reichwald, R., Piller, F. (2009): Interaktive Wertschöpfung. Open Innovation, Individualisierung und neue Formen der Arbeitsteilung, 2. Auflage, Wiesbaden.

Rest, J.(2017): Drogeriekette Rossmann für Schleichwerbung mit Instagram-Star verurteilt, http://www.manager-magazin.de/unternehmen/handel/rossmann-fuer-schleichwerbung-mit-instagram-star-verurteilt-a-1164434.html, (abgerufen am 15.01.2018).

Rogers, E. M. (2003): Diffusion of Innovations, 5. Auflage, New York.

Ryan, B., Gross, N. C. (1943): The Diffusion of Hybrid Seed Corn in Two Iowa Communities, in: Rural Sociology, 8, S. 15–24.

Ryffel, F. A. (2016): Wirkung von Humor in der Werbung. Eine Systematisierung, in: Siegert, G., Wirth, W., Weber, P., Lischka, J. A. (Hrsg.): Handbuch Werbeforschung, Wiesbaden, S. 473–492.

Schramm, H., Spangardt, B. (2016): Wirkung von Musik in der Werbung, in: Siegert, G., Wirth, W., Weber, P., Lischka, J. A. (Hrsg.): Handbuch Werbeforschung, Wiesbaden, S. 433–450.

Shannon, C. E., Weaver, W. (1964): The mathematical theory of communication, 7. Auflage, Urbana.

Siegert, G., Wirth, W., Weber, P., Lischka, J. A. (Hrsg.): Handbuch Werbeforschung, Wiesbaden,

Statista (2018): Study_id45106_influencer_marketing, https://de.statista.com/statistik/studie/id/45106/dokument/influencer-marketing/ (abgerufen am 23.01.2018).

Surowiecki, J. (2005): The Wisdom of Crowds, London.

Tegtmeier, A.-K. (2017): Micro, Macro, Nano und Mega – die Unterschiede von influencern in Reichweite und Einfluß, http://espresso-digital.de/2017/10/12/micro-macro-nano-und-mega-die-unterschiede-von-influencern-in-reichweite-und-einfluss/ (abgerufen am 20.01.2018).

Toffler, A. (1988): Die dritte Welle. Zukunftschancen. Perspektiven für die Gesellschaft des 21. Jahrhunderts, Gütersloh.

Tropp, J. (2011): Moderne Marketing-Kommunikation, Wiesbaden.

United Nations – Department of Economic and Social Affairs, Population Division (2015): World Population Prospects: The 2015 Revision.

Universal McCann Worlwide GmbH (2017): wave 9: The Meaning of Moments, Frankfurt.

Watzlawick, P., Beavin, J. H., Jackson, D. D. (2011): Menschliche Kommunikation, 12. Auflage, Bern.

Weinberg, T. (2012): Social Media Marketing. Strategien für Twitter, Facebook & Co, 3. Auflage, Köln.

Yadav, M. S., Pavlou, P. A. (2014): Marketing in Computer-Mediated Environments: Research Synthesis and New Directions, in: Journal of Marketing, 78, S. 20–40.

You, Y., Vadakkepatt, G. G., Joshi, A. M. (2015): A Meta-Analysis of Electronic Word-of-Mouth Elasticity, in: Journal of Marketing, 79, S. 19–39.

https://www.agof.de/studien/daily-digital-facts/methode/ (abgerufen am 02.01.2018).

http://www.globalspec.com/advertising/wp/2016_SocialMediaUse (abgerufen am 07.01.2018).

http://www.influma.com/blog/influencer-marketing-was-sind-influencer/ (abgerufen am 10.01.2018).

https://www.kontor4.de/beitrag/aktuelle-social-media-nutzerzahlen.html (abgerufen am 02.12.2017).

https://marketing-fuer-b2b.de/b2b-dateien/Social-Media-im-B2B-Marketing.pdf (abgerufen am 07.01.2018).

https://onlinemarketing.de/news/instagram-top-10-deutschland-instagrammer/instagram-top-10-1-toni-kroos (abgerufen am 22.01.2018).

https://www.presseportal.de/pm/59864/3555972 (abgerufen am 04.01.2018).

https://de.slideshare.net/Altimeter/the-rise-of-digital-influence?utm_source=blog&utm_medium=espresso&utm_content=analysen-meinungen&utm_term=influencer-marketing-forum&utm_campaign=blog-influencer-marketing-forum-analysen-meinungen (abgerufen am 11.01.2018).

https://de.statista.com/statistik/daten/studie/189855/umfrage/marktanteile-der-mediengattungen-im-werbemarkt/ (abgerufen am 03.12.2017).

https://de.statista.com/statistik/daten/studie/195081/umfrage/anzahl-der-artikel-auf-wikipedia-weltweit/ (abgerufen am 04.01.2018).

https://de.statista.com/statistik/daten/studie/219903/umfrage/prognose-zur-anzahl-der-weltweiten-nutzer-sozialer-netzwerke/ (abgerufen am 03.12.2017).

https://de.statista.com/statistik/daten/studie/245427/umfrage/regelmaessige-nutzung-sozialer-netzwerke-in-deutschland/. Die verbleibenden Prozent auf Hundert sind die Befragten, die das Medium nicht nutzen (abgerufen am 03.12.2017).

https://de.statista.com/statistik/daten/studie/459107/umfrage/online-und-offline-volumen-des-werbemarktes-in-deutschland/ (abgerufen am 03.12.2017).

https://de.statista.com/statistik/daten/studie/559470/umfrage/marktanteile-von-social-media-seiten-in-deutschland/ (abgerufen am 04.12.2017).

https://de.statista.com/statistik/daten/studie/617719/umfrage/groessten-trends-im-bereich-mobile-werbung/ (abgerufen am 03.12.2017).

https://de.statista.com/statistik/daten/studie/748753/umfrage/zukuenftige-relevanz-von-influencer-marketing-in-deutschland/ (abgerufen am 03.12.2017).

https://www.stern.de/neon/feierabend/hotelier-aus-dublin-schickt-youtuberin-saftige-rechnung-fuer--gratis-pr--7835958.html (abgerufen am 15.01.2018).

https://thenextweb.com/apps/2017/06/01/its-the-end-of-an-era-as-pinboard-buys-and-shutters-del-icio-us/ (abgerufen am 08.01.2018).

http://wirtschaftslexikon.gabler.de/Archiv/576005961/display-advertising-v4.html (abgerufen am 20.12.2017).

https://www.wuv.de/medien/so_wertvoll_sind_micro_influencer_fuer_burda (abgerufen am 10.01.2018).

Helena M. Lischka und Yana Schneider

9 Touchpoint-Marketing

9.1 Hintergrund

Erfolgreiche Marken sind Marken, die es in das Gedächtnis der Konsumenten geschafft haben, die sich über geschaffene Präferenzen von ansonsten vergleichbaren Konkurrenzleistungen differenzieren und mit Innovationen und vor allem mit positiven Erfahrungen verbunden werden.[1] Erfolgreich und attraktiv werden sie jedoch nicht allein durch Werbung oder ein substanzielles Leistungsversprechen. Verschiedene Anspruchsgruppen stehen beinahe täglich in Interaktion mit einer Marke. Die Eindrücke aus diesen Interaktionen an den sogenannten Customer Touchpoints bilden über einen Lernprozess das Image und die Einstellung zu einer Marke. Dies gilt nicht nur für Konsumgütermarken, sondern betrifft auch Marken für Industriegüter oder Dienstleistungen.[2] Am Beispiel einer Bank entstehen ganz unterschiedliche Customer Touchpoints, je nachdem ob Kunden mit dem stationären Bankvertrieb, dem mobilen Bankvertrieb und/oder dem technologiegestützten Bankvertrieb in Verbindung treten. Die Touchpoints (zum Beispiel Beratungsgespräch, Kontoauszug, Electronic Banking, Website, etc.) erzeugen beim (potenziellen) Kunden sowohl kognitive als auch emotionale Wirkungen. Ist das Kreditinstitut in der Lage, diese Eindrücke zu erfassen, hat es die Möglichkeit, aus diesen Informationen zielgerichtet Ansatzpunkte für eine Kundenbeziehung zu erhalten.[3]

Eine wesentliche Herausforderung für Unternehmungen besteht darin, dass jeder dieser Customer Touchpoints einen Eindruck hinterlässt und ein einzelnes schlechtes Erlebnis den Eindruck aller positiven Eindrücke zunichtemachen kann. Die Marke beziehungsweise die Unternehmung wird immer als Einheit wahrgenommen, das heißt, dass der Kunde von einem schlechten Erlebnis mit einem Servicemitarbeiter im Callcenter nicht bloß auf den telefonischen Service schließt, sondern seinen Eindruck auf die Gesamtwahrnehmung der Unternehmung und Marke überträgt. Gleiches gilt für abgenutzte Flyer, die in Geschäften ausliegen oder Mailings mit falscher Kundenansprache. Touchpoints müssen daher so gesteuert werden, dass sie bei jeder Interaktion den Kunden mindestens nicht enttäuschen. Um Zielgrößen wie Wiederkauf, Upselling und Weiterempfehlung zu realisieren müssen sie aber begeistern, und zwar entlang des gesamten *Customer Journey*. Dabei steigt ceteris paribus der Umsatz

---

1 Vgl. Best Brands (2018) http://bestbrands.de/ (abgerufen am 28.02.2018).
2 Vgl. Esch, F.-R., Backes, T., Knörle, C. (2016), S. 3.
3 Vgl. Hellenkamp, D. (2018), http://wirtschaftslexikon.gabler.de/Definition/customer-touch-point. html (abgerufen am 27.02.2018).

https://doi.org/10.1515/9783110526097-009

einer Unternehmung mit der Anzahl der genutzten Touchpoints, vorausgesetzt, die Touchpoints sind hinsichtlich Qualität, Komponenten der Markenidentität und Situation aufeinander abgestimmt. Im Vordergrund stehen hochwertige und authentische Markeninhalte, nicht das Tanzen auf allen Hochzeiten.

Eine weitere Herausforderung besteht für die Unternehmungen darin, dass sich die Anzahl der Touchpoints seit Social Media und Mobile-Marketing potenziert hat. Unabhängig von der Branche gehen verschiedene Autoren von mehreren hundert Customer Touchpoints aus, über die der (potenzielle) Kunde mit der Marke in Berührung kommt.[4] Neben der hieraus entstehenden Komplexität in der Koordination stellt auch die Flut an Stimuli für die Konsumenten gepaart mit der Bedrohung durch Imitation der Konkurrenten eine ernstzunehmende Aufgabe für die Unternehmungen dar.

Hinzu kommt die notwendige technologische Aufrüstung: Analysetools, CRM-Programme, die Entwicklung neuer Touchpoints etc. – all das kostet Geld. Jedoch: Wird Customer-Touchpoint-Management ganzheitlich und systematisch durchgeführt, können (potenzielle) Kunden auf den entscheidenden Kanälen erreicht, Einsparpotenziale identifiziert, Schwächen erkannt und Verbesserungen kontinuierlich realisiert werden.[5]

9.2 Customer Touchpoints

9.2.1 Definition und begriffliche Abgrenzung

Customer Touchpoints entstehen überall dort, wo ein (potenzieller) Kunde mit einer Marke beziehungsweise Unternehmung und ihren Produkten, Leistungen und Mitarbeitern in Berührung kommt, und zwar sowohl vor, während, nach oder sogar (zunächst) ohne Transaktion. Im Deutschen wird Customer Touchpoint häufig mit Kundenkontaktpunkt übersetzt.[6] Das Wort Berührungspunkt hingegen rückt die emotionale Komponente in den Vordergrund und drückt damit deutlicher aus, dass es um nachhaltige Markenerlebnisse und Kundenbindung und nicht nur um den einmaligen Kontakt geht.

Im Rahmen des Touchpoint-Marketings können bestehende Touchpoints optimiert, neue gefunden, aber auch alte verworfen werden. Wichtig ist aber vor allem die Kopplung und Synchronisierung im Sinne eines stimmigen Ineinandergreifens verschiedener Touchpoints, vor allem in Bezug auf digitale und nichtdigitale Touchpoints.[7] So reicht es beispielsweise nicht mehr aus, die Kunden einfach über mehrere

---

4 Vgl. Esch, F.-R., Backes, T., Knörle, C. (2016), S. 4; Schüller, A. (2016), S. 130.
5 Vgl. Esch, F.-R., Backes, T., Knörle, C. (2016), S. 3.
6 Vgl. Hellenkamp, D. (2018), http://wirtschaftslexikon.gabler.de/Definition/customer-touch-point. html (abgerufen am 27.02.2018).
7 Vgl. Schüller, A. (2016), S. 120 f.

Kanäle online (zum Beispiel Mobile Apps, Onlineshop etc.) und offline (zum Beispiel stationäres Geschäft, Printwerbemaßnahmen etc.) zu bespielen.[8] Alle Berührungspunkte mit dem Kunden müssen kanalübergreifend miteinander vernetzt sein und ein ganzheitliches Bild und Erlebnis der Marke oder der Unternehmung aus Kundensicht ergeben. In diesem Zusammenhang ist die Abgrenzung zwischen Multi-, Cross- und Omnichannel relevant. Während sich Multichannel-Marketing auf die Erweiterung und den Ausbau der einzelnen Vertriebs- und Kommunikationskanäle konzentriert, wird im Cross- und Omnichannel-Marketing der Fokus auf das Zusammenspiel der Kanäle gelegt.[9] In Abgrenzung zum Begriff des Crosschannel-Marketings, das vor allem den integrativen Charakter betont, liegt beim Omnichannel der Schwerpunkt auf der Konsumentenperspektive. Mit anderen Worten geht es beim Omnichannel darum, den (potenziellen) Kunden genau das zu geben, was sie wollen, wie sie es wollen und wann sie es wollen (siehe Box *Omnichannel statt Multichannel*). Beide Ansätze, Cross- und Omnichannel, verschmelzen daher idealerweise, wenn es um die Gestaltung von Touchpoints geht. Customer-Touchpoint-Management ist demzufolge als ganzheitlicher Ansatz zu verstehen, bei dem alle Unternehmenseinheiten eingebunden werden. Es beinhaltet die Steuerung aller Schnittstellen, über welche die Kunden mit einer Unternehmung in Kontakt treten können.[10]

Omnichannel statt Multichannel
Im Jahr 2000 war Deichmann der erste Schuhhändler, der Schuhe über das Internet verkaufte. Aktuell betreibt die Unternehmensgruppe international 25 verschiedene Onlineshops und hat das Thema konsequent zum Omnichannel-Angebot weiterentwickelt. Der Kunde entscheidet wie, wo und wann er ein Produkt kaufen möchte. Wenn beispielsweise ein Kunde einen bestimmten Schuh kaufen will, dann kann er ihn im Netz sehen und darüber Informationen einholen, aber anprobieren und Probe laufen kann er ihn nur in der Filiale. Ist ein Schuh in der gewünschten Größe aktuell in der Filiale nicht vorhanden, kann der Kunde ihn dort bestellen und bekommt ihn an seine Wunschadresse zugestellt oder umgekehrt – der Kunde bestellt die Produkte im Onlineshop, lässt sie sich in die Filiale oder nach Hause liefern und gibt sie gegebenenfalls in der Filiale oder im Paketshop wieder zurück. Der Bestell-, Zahlungs- und Rückgabeprozess wird dabei nutzerfreundlich und einfach für den Kunden gestaltet. Zudem entwickelt Deichmann seinen Onlineshop und die Filialen sowohl optisch als auch funktional stetig weiter, um den Kunden ein bestmögliches Einkaufserlebnis zu bieten.[11]

Wie die Nutzung von Online-Kanälen den Einkauf offline beeinflusst, skizziert auch der sogenannte *ROPO-Effekt* (Research-Online-Purchase-Offline). Den Angaben der Textilunternehmung Ernsting's Family zufolge kaufen 31 Prozent der Nutzer nach ei-

---

8 Vgl. Krups, S. (2013), S. 54.
9 Vgl. Verhoef, P. C. et al. (2015), S. 174 ff.
10 Vgl. Keller, D., Ott, C. S. (2017), S. 22 ff., 31.
11 Vgl. Deichmann SE (2018), https://corpsite.deichmann.com/de/unternehmen/omnichannel (abgerufen am 24.02.2018).

nem Besuch des Webshops anschließend in der Filiale ein. Zudem folgen auf 100 Web-Bestellungen rund 45 stationäre Zusatzkäufe.[12] Abbildung 9.1 stellt die Ergebnisse einer Erhebung aus 2016 vor, in der Konsumenten gefragt wurden, wie häufig sie sich im Internet informieren, dann aber im Geschäft kaufen beziehungsweise umgekehrt. Nur ein geringer Anteil der Befragten gab an, nur einmal oder noch nie on- und offline Shopping kombiniert zu haben. Die Mehrheit hingegen geht beim Shopping zumindest manchmal so vor.

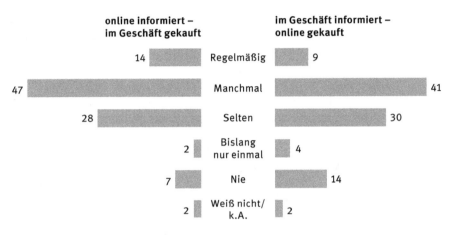

Abb. 9.1: ROPO-Effekt (W&V 6-2016, S. 50).

9.2.2 Systematisierung von Touchpoints

In der Systematisierung von Touchpoints gibt es verschiedene Ansätze, die je nach Kunden, Unternehmungen, Branchen und/oder Leistungen ganz unterschiedlich vorgenommen werden. Customer Touchpoints lassen sich demzufolge nach diversen Kriterien gruppieren. Zunächst ist eine Unterteilung in *online* und *offline Touchpoints* möglich, häufig auch in Erweiterung mit der Kategorie *mobile*.

Weiterhin können Customer Touchpoints dahingehend unterschieden werden, ob eine Interaktion mit einem Mitarbeiter besteht (*direkte Touchpoints*) oder nicht (*indirekte Touchpoints*). Trotz Digitalisierung spielen Mitarbeiter weiterhin eine zentrale Rolle. Sie sind die eigentlichen Botschafter der Marken und können die indirekte und/oder digitale Erfahrung bestätigen oder zerstören (siehe Box *Touchpoint Zugbegleiter – Bericht eines begeisterten Kunden*).

---

12 Vgl. Internet World Business (2013), S. 1.

Je nach Größe und Branche der Unternehmung kann eine Unterteilung in *Human, Process, Product, Document* oder *Location Touchpoints* sinnvoll sein. Eine solche Systematisierung kann helfen, einzelne Aspekte einer Leistung aus Kundensicht zu betrachten. Am Beispiel eines Hotels sind die dortigen Mitarbeiter, mit denen der Kunde an vielen verschiedenen Punkten in Berührung kommt, die Human Touchpoints. Prozesse wie der Ein- und Auscheckvorgang sind Process Touchpoints, die Zimmerausstattung und das Fernsehprogramm Product Touchpoints, das Infomationsmaterial auf dem Zimmer und die Speisekarte Document Touchpoints und der Parkplatz oder der Fitness-Bereich Location Touchpoints.[13]

Denkbar sind auch Gruppierungen nach *Earned, Paid* und *Owned Touchpoints*. Earned Touchpoints beschreiben Touchpoints, die sich das Unternehmen durch gute Leistungen (zum Beispiel Customer Experience) verdient hat (Weiterempfehlungen, Test- und Presseberichte, Blogs etc.), wohingegen Paid Touchpoints gekauft sind (Anzeigen, Plakate, Bannerwerbung, TV- und Radiospots etc.). Owned Touchpoints umfassen schließlich alle Touchpoints, die sich im Eigentum der Unternehmung befinden (Webseite, Onlineshop, Kundenmagazin, Filiale etc.). Gegebenfalls kann diese Gruppierung noch um *Managed* und *Shared* Touchpoints erweitert werden. Managed Touchpoints sind meist Paid Touchpoints, die an Drittplätzen gemanaged werden (Call Center, Social Media, Messestand etc.). Insbesondere im Online-Kontext können sich die Rahmenbedingungen für Managed Touchpoints schnell ändern, zum Beispiel, wenn Plattformanbieter von einem auf den anderen Tag Regeln oder Algorithmen ändern. Managed Touchpoints erfordern daher eine schnelle Reaktionszeit. Shared Touchpoints stellen meist eine Form der Earned Touchpoints dar, bei denen es darum geht, dass ein Konsument sie mit anderen teilt (Erfahrungsberichte, Tweets, Forenbeiträge etc.). Somit sind sie überwiegend online. Damit Nutzer bestimmte Inhalte mit anderen Nutzern teilen, müssen diese nützlich, bewegend oder unterhaltsam sein.[14]

Touchpoint Zugbegleiter – Bericht eines begeisterten Kunden
„Vergangene Woche saß ich im Zug nach Hause. Pünktlich abgefahren. Sitzplatz. Normale Temperatur im Großraumwagen. Alles ist gut. Bis zur Fahrkartenkontrolle. Mit Entsetzen stelle ich fest, dass mein Ticket im Büro liegt. Ich hatte es bei einer Reisekostenabrechnung aus dem Geldbeutel genommen – und vergessen. Ich erkläre dem Zugbegleiter den Sachverhalt, weiß aber, dass ich eigentlich nicht um den Aufschlag im Zug herumkomme. Der Mann hört zu, tippt minutenlang auf seinem Gerät herum. „Eigentlich kostet Sie die Fahrt jetzt 20,80 Euro", sagt er. „Ich glaube Ihnen aber. Ich weiß, dass Sie die Strecke öfters fahren. Macht dann 8 Euro." Das ist der normale Preis für eine Einzelfahrt. Ich bin platt. Auch wegen der Kulanz, aber vor allem, dass der Mann mich aus der Masse herausgefiltert hat. Einfach so. Ohne Daten, ohne Targeting, dafür aber mit dem Blick für die Menschen. Danke, Deutsche Bahn."[15]

---

13 Vgl. Schüller, A. (2016), S. 127.
14 Vgl. Schüller, A. (2016), S. 129 (siehe auch das Kapitel zu Content Marketing in diesem Buch).
15 Reidel, M. (2016), S. 17.

9.3 Customer-Touchpoint-Management-Prozess

9.3.1 Grundlegende Vorgehensweise

Obschon nicht alle Berührungspunkte von der Unternehmung direkt kontrolliert werden können (siehe Managed oder Shared Touchpoints), ist es das Ziel eines professionellen Customer-Touchpoint-Managements, positive, konsistente und markenspezifische Eindrücke über sämtliche relevanten Touchpoints aufzubauen. Die Voraussetzung hierfür sind klar fokussierte Zielsetzungen.[16] Um diese Zielsetzungen dann auch zu erreichen, umfasst ein wirksames Customer-Touchpoint-Management mehrere, aufeinander aufbauende Prozessschritte.[17] Diese Prozessschritte verlaufen nicht sequenziell, sondern stets parallel, so dass der Management-Prozess nie abgeschlossen ist, sondern sich in einer Art Regelkreis fortlaufend weiterentwickelt. Konkret besteht der Customer-Touchpoint-Management-Prozess aus den folgenden Schritten:

1. Analyse: Die Identifikation der Touchpoints aus Innen- und Außensicht und Bewertung der aktuellen Ausgestaltung (IST).
2. Planung: Festlegung der Ziele (SOLL), Priorisierung der Touchpoints, SOLL/IST-Vergleich und Ableitung der Maßnahmen.
3. Steuerung: Entwicklung von Optimierungsmaßnahmen, Ausgestaltung des Marketingmix.
4. Messung: Feststellung der Maßnahmenwirkung an den Touchpoints.

Zu 1. Analyse:
Die Analysephase hat zunächst vor allem das Ziel, die (kundenrelevanten) Touchpoints zu identifizieren und die IST-Situation aus Kundensicht zu bewerten. Im Zusammenhang mit der systematischen Erfassung von Customer Touchpoints hat das Customer Journey Mapping (CJM), das strategische Vorgehen zur Systematisierung der Touchpoints entlang der Customer Journey, als Trendbegriff sowohl in Praxis als auch Wissenschaft und Lehre an Relevanz und Popularität gewonnen.[18] Obschon wissenschaftliche Zeitschriften und Branchenmagazine regelmäßig Artikel zu CJM veröffentlichen, besteht dennoch große Verwirrung wie sich eine Customer Journey Map am besten entwickeln lässt. Die zugrunde liegende Idee hinter CJM ist jedoch verhältnismäßig simpel: es handelt sich um die visuelle Darstellung von Ereignissequenzen, in denen Kunden mit einer Unternehmung interagieren. Eine Customer Journey Map listet demzufolge alle Touchpoints auf, bei denen ein Kunde im Verlaufe eines Prozesses mit der Unternehmung in Berührung kommt, auch ohne dass es dabei unbedingt zum Kauf kommen muss. Durch das Verständnis der Customer Touchpoints kann das Ma-

---

16 Vgl. Esch, F.-R., Knörle, C. (2016), S. 126 f.
17 Vgl. auch Esch, F.-R., Backes, T., Knörle, C. (2016), S. 3; Schüller, A. (2016), S. 122.
18 Vgl. Rosenbaum, M., Losada Otalora, M., Contreras Ramírez, G. (2017), S. 143.

nagement in Zusammenarbeit mit funktionenübergreifenden Teams Taktiken umsetzen (operatives Marketing), wie diese Touchpoints im Sinne der Unternehmensziele optimal zu steuern sind.

Daraus folgend werden Customer Touchpoints typischerweise entlang eines Zeit- beziehungsweise Prozessverlaufes dargestellt. Dieser Prozessverlauf kann unterschiedlich definiert werden. Üblicherweise lassen sich Touchpoints systematisieren entlang der Phasen im

– Konsumprozess (vor dem Konsum, während des Konsums, nach dem Konsum),
– Kaufentscheidungsprozess (Problemerkennung, Informationssuche, Bewertung der Alternativen, Kaufentscheidung, Verhalten nach dem Kauf) oder
– Lebenszyklus (z. B. Kundenepisodenzyklus, Kundenbeziehungszyklus).

Während eine Systematisierung entlang des Konsum- oder Kaufentscheidungsprozesses die Berücksichtigung einer langfristigen und in der Regel angestrebten Kundenbeziehung zunächst unberücksichtigt lässt, verdeutlicht sie die Perspektive des Kunden entlang der Customer Journey. Dabei zeigen sich viele unterschiedliche, individuelle Customer Journeys und es wird veranschaulicht, dass nicht nur jeder Touchpoint, sondern auch die Abfolge und Kombination der Touchpoints jeweils Eindrücke hinterlassen, die sich dann zu einem Gesamtbild verdichten (siehe Abbildung 9.2). Darüber hinaus wird durch eine Darstellung entlang des Konsum- oder Kaufentscheidungsprozesses betont, dass die kaufentscheidungsprägende Wahrnehmung von Touchpoints zum Teil deutlich vor dem eigentlichen Kaufprozess beginnt. Dies gilt insbesondere mit Bezug zum Content Marketing (siehe Kapitel 7 in diesem Buch), das die Aufbereitung von Inhalten mit dem Ziel vornimmt, dass sich Anspruchsgruppen mit diesen Inhalten überhaupt beschäftigen und im Idealfall virale Prozesse bewirken. Damit ist

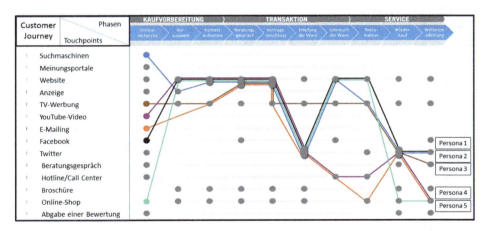

Abb. 9.2: Beispiel für eine horizontal-lineare Systematisierung von Touchpoints nach Konsumprozess (Schüller, A. (2016), S. 125).

Content Marketing nicht primär auf den Kauf fokussiert. Die Touchpoint-Analyse betont damit die wahrnehmungsbezogene Verschmelzung von Marketing und PR, indem sie die Transformation von Anspruchsgruppen zum Kunden entlang von Touchpoints darstellt.[19]

Eine gleichzeitige Berücksichtigung des Konsum- oder Kaufentscheidungsprozesses und der langfristigen Kundenbeziehungsperspektive ließe sich in einer Art *Loyalty Loop*[20] darstellen. Dabei wird der Konsum- oder Kaufentscheidungsprozess als Schleife dargestellt, in der es einer Unternehmung idealerweise gelingt, die Prozesse so kundenspezifisch zu gestalten, dass der Kunde den nächsten Schritt der Journey nimmt ohne auch nur darüber nachzudenken, ob ein anderer Anbieter für ihn in Frage käme. Als erfolgreiches Beispiel sei hier unter anderem Amazon zu nennen. Die kombinierte Darstellung des Konsum- oder Kaufentscheidungsprozesses und der langfristigen Kundenbeziehungsperspektive unter Berücksichtigung zahlreicher, verschiedener Customer Journeys führt jedoch zu einer entsprechend komplexen Gestaltung und der Herausforderung übersichtlicher Visualisierung.

Zu 2. Planung:

Nach der Festlegung eines Prozessverlaufes (zum Beispiel Konsum- oder Kaufentscheidungsprozess, Beziehungszyklus) zur Systematisierung der Touchpoints erfolgt gemäß des CJM die Festlegung einer Systematisierung der Maßnahmen in Bezug auf die jeweiligen Touchpoints. Während das erstere noch relativ einfach erscheint, stellt sich das zweite deutlich komplexer dar. Die Effektivität einer Customer Journey Map hängt ganz wesentlich von dieser zweiten Dimension ab. Ohne ihre Ergänzung verbleibt das CJM als graphische Darstellung der Berührungspunkte von Kunden mit der Unternehmung ohne dem Management eine Hilfestellung zu geben, wie diese Touchpoints zu steuern sind.

Einige Ansätze vertreten die Integration von Emotionen und Einstellungen der Kunden als zweite Dimension der Customer Journey Map.[21] Während diese Ansätze zwar sehr spezifisch sind und ein hilfreiches Instrument für das Design von Touchpoints sein können, so ist ihre Fähigkeit, Komplexität zu reduzieren und Interdependenzen aufzuzeigen beschränkt. Meist dient die zweite Dimension auch als ein Sammelsurium von Aktivitäten im Bereich von Branding, Design, Multichannel und Mitarbeiteraufgaben.[22] Mit Aufnahme weiterer Aktivitäten steigt dabei nicht nur die Komplexität, sondern sinkt auch die Wahrscheinlichkeit, dass die resultierende Customer Journey Map als Instrument auch genutzt wird. Als strategisches Instrument sollte die Customer Journey Map im Idealfall so aufgebaut sein, dass die zweite Dimen-

---

19 Vgl. Lies, J. (2017), S. 26.
20 Vgl. Edelman, D. C., Singer, M. (2015).
21 Lingqvist, O., Plotkin, J., Stanley, J. (2015).
22 Vgl. Court, D. et al. (2009); Rosenbaum, M., Losada Otalora, M., Contreras Ramírez, G. (2017), S. 144.

sion die Schlüsselkomponenten der Leistung widerspiegelt. Erst daraus ergibt sich, wie Betriebsabläufe, Marketing, Human Resources, Informationstechnologien etc. aufeinander abgestimmt werden können, um Kundenerwartungen zu erfüllen. Gemäß dieser Vorstellung ist CJM eng verbunden mit dem (Service) Blueprinting Prozess (siehe Abbildung 9.3). Zweckdienlich kann, je nach Arbeitsweise der Unternehmung, in diesem Zusammenhang auch die Integration der Systematisierung von Earned, Paid und Owned Touchpoints für die zweite Dimension sein.

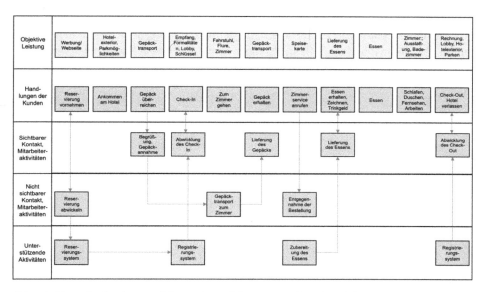

Abb. 9.3: Blueprint für eine Hotelübernachtung (eigene Darstellung in Anlehnung an Bitner, M. J., Ostrom, A. L., Morgan, F. N. (2008), S. 9).

Resultierend aus der Schwierigkeit, die zweite Dimension festzulegen, endet der CJM-Prozess häufig in einer Sackgasse. Verantwortliche vernachlässigen die Vorgehensweise, weil es ihnen nicht gelingt, die cross-funktionalen Zusammenhänge in der zweiten Dimension den Phasen beziehungsweise den einzelnen Touchpoints zuzuordnen. Darüber hinaus liegt eine wesentliche Limitation in der Anwendung von CJM in der oftmals zugrunde liegenden (methodischen) Annahme, dass alle Kunden auch alle Touchpoints wahrnehmen und jeden einzelnen als gleich wichtig betrachten. Dabei ist diese Annahme allein durch die schiere Anzahl von Touchpoints, über die der (potenzielle) Kunde mit der Marke in Berührung kommt, unrealistisch. Dennoch weisen Customer Journey Maps häufig alle identifizierten Touchpoints auf und unterscheiden nicht, welchen Maßnahmen im Planungsprozess mehr Wichtigkeit beigemessen werden sollten. Um diese Limitation zu heilen, sollte die Marktforschung in den CJM-Prozess integriert sein. Mittels Primärdatenerhebung und -analyse im

Rahmen von Kundenbefragungen kann so herausgefunden werden, welche Touch-points besondere Relevanz haben und damit mehr Aufmerksamkeit erhalten sollten. Die Definition der Relevanz ist jedoch nicht einfach: Aufgrund des direkten Kunden-kontaktes hat der für die Kaffeezubereitung zuständige Barista bei Starbucks einen wesentlich höheren Einfluss auf die Wahrnehmung der Marke als beispielsweise klas-sische Werbung. Werbung wiederrum erreicht eine größere Anzahl von Menschen.[23] Relevanz kann demnach unterschiedlich definiert werden, lässt sich jedoch relativ gut über beispielsweise die Korrelation mit Weiterempfehlungsabsicht oder Cross-Sel-ling-Potenzial etc. operationalisieren.

Aus der Kombination von Kundenzufriedenheit in Bezug auf die einzelnen Touch-points und deren Relevanz ließe sich sodann eine Handlungsrelevanzmatrix erstellen, aus der Maßnahmen abgeleitet werden können, um die gewünschten Soll-Positionen zu erreichen (siehe Abbildung 9.4).[24]

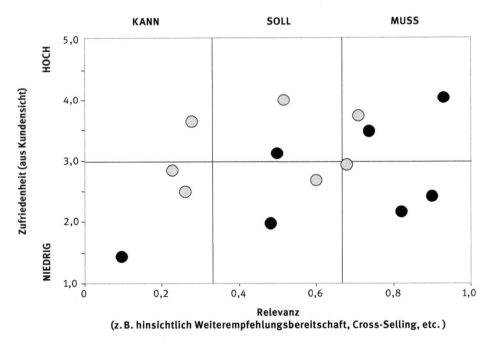

Abb. 9.4: Handlungsrelevanzmatrix zum Management von Customer Touchpoints (eigene Darstel-lung).

---

23 Vgl. Esch, F.-R. (2013), S. 18.
24 Kein Instrument ohne Kritik: Die Handlungsrelevanzmatrix ist, wie viele Instrumente, die der Ver-einfachung dienen, zahlreicher Kritik ausgesetzt. Dies vor allem daher, weil sie unterstellt, dass Fakto-ren, die gering mit der Zielgröße korrelieren, nicht relevant sind und suggeriert damit deren Vernach-lässigbarkeit. Tatsächlich muss dies jedoch nicht so sein. Die geringe Korrelation kann unter anderem

Durch die unterschiedliche Farbgebung oder der Punkte kann der eigentlich zwei-dimensionalen Handlungsrelevanzmatrix eine dritte Dimension (zum Beispiel Kundensegmente, Personas, etc.) hinzugefügt werden. Eine zusätzliche Erweiterung um eine vierte Dimension ist beispielsweise durch die Größe der Punkte denkbar. Eine solche Erweiterung nähert sich der Betrachtungsweise sogenannter 360-Grad-Konzepte. Aus Unternehmenssicht spielen bei der Analyse von Customer Touchpoints 360-Grad-Konzepte eine wesentliche Rolle. Diese Konzepte versprechen performanceorientiertes Markt- und Markenmanagement durch eine umfassende, ganzheitliche Sicht auf den Kunden, die durch die Erfassung aller Interaktionen mit dem Kunden über alle Kontaktpunkte hinweg und die Erforschung der gesamten Customer Journey entsteht. Bereits im Jahr 2016 gaben mehr als 52 Prozent der befragten Unternehmungen in einer Studie von Forrester Research an, das Verstehen von Kundenverhalten über alle Kanäle hinweg sei die größte Herausforderung der nächsten Jahre.[25] Während der Vorteil horizontal-linearer Darstellungen vor allem darin liegt, den Verlauf der Customer Journey übersichtlich zu dokumentieren, besteht der (proklamierte) Mehrwert von 360 Grad-Konzepten in der Verknüpfung unterschiedlichster Daten. Customer Touchpoints können so nach ganz unterschiedlichen Kategorisierungen (vergleiche Kapitel 9.2) und Kundenprofilen (zum Beispiel Personas, Kundenbeziehung, Demografika etc.) ausgewertet werden (vergleiche Abbildung 9.5). Dafür muss jedoch nicht zwangsläufig auf eine horizontal-lineare Darstellung verzichtet werden. Sinnvoll ist eine 360 Grad-Sicht, die in der Regel mit erhöhter Komplexität verbunden ist, wenn unterschiedliche Kaufverhaltensmuster in allgemeine Wenn-Dann-Aussagen überführt werden können, da Relevanz und Einfluss eines Touchpoints neben Kundencharakteristika beispielsweise auch von den jeweiligen Touchpoint- oder Konsumkontexten abhängig sind. Zudem sollte trotz der Touchpoint-Betrachtung die Interaktion des Kunden im Fokus stehen, nicht der Touchpoint. Um dies zu ermöglichen erfordert es in der Regel eine Veränderung der meisten bestehenden Arbeitsweisen und Prozesse, der Einführung neuer Technologien sowie der Weiterentwicklung der (digitalen) Infrastruktur in Unternehmungen.

Wird der Gedanke der Kundenbeziehung konsequent verfolgt, sollten bei der Zieldefinition je nach Phase des Beziehungszyklus unterschiedliche Zielgrößen definiert werden. Da die relevante Anspruchsgruppe in der Anbahnungsphase primär aus potenziellen Kunden besteht, liegen entsprechende Oberziele in der Kundengewinnung.

---

auch daraus resultieren, dass das Zufriedenheitslevel bei diesem Faktor wenig Varianz hat. Das bedeutet, dass zum Beispiel die meisten Befragten mit diesem Punkt sehr zufrieden sind, auch wenn sie eine unterschiedliche Gesamtzufriedenheit oder Weiterempfehlungsabsicht aufweisen. Würde man den Faktor nun aber vernachlässigen, entstünde vermutlich mehr Varianz (durch mehr unzufriedenere Kunden) und es ließe sich durchaus eine Korrelation mit der Zielvariablen feststellen. Bei der Handlungsrelevanzmatrix gilt also, wie bei allen anderen Instrumenten, die der Vereinfachung dienen, dass nachfolgende, differenzierte Analysen sinnvoll und notwendig sind.

25 Vgl. Warner, R. (2016), S. 3.

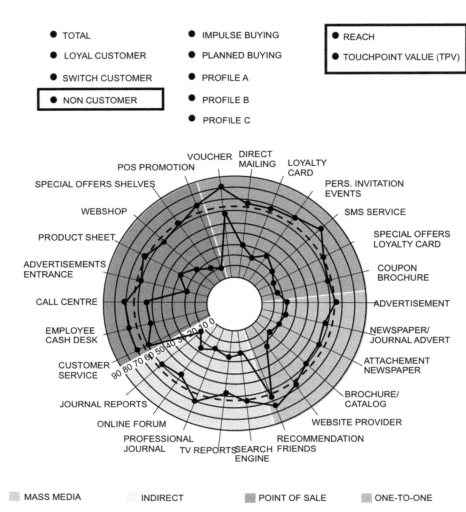

- TOTAL
- LOYAL CUSTOMER
- SWITCH CUSTOMER
- NON CUSTOMER

- IMPULSE BUYING
- PLANNED BUYING
- PROFILE A
- PROFILE B
- PROFILE C

- REACH
- TOUCHPOINT VALUE (TPV)

MASS MEDIA   INDIRECT   POINT OF SALE   ONE-TO-ONE

Abb. 9.5: Darstellungsform sogenannter 360-Grad-Konzepte (Renzo, C., Spengler, P., Sopp, S. (2011), S. 1).

Die Kennzahlen, die dabei im Digitalmarketing eine Rolle spielen, sind beispielsweise die Anzahl und die Dauer der Kontakte des (potenziellen) Kunden mit der Unternehmung bis zur einer Transaktion oder die Conversion Rate, die in der Regel die Umwandlung eines Interessenten in einen Kunden widerspiegelt.

Der Anbahnung folgt die Sozialisationsphase mit dem Oberziel der Kundeneingewöhnung. Oberziele der Wachstums- und Reifephase betreffen dann vor allem die Kundenbindung. Zielgrößen beziehen sich hier beispielsweise auf das Crossselling, Upselling und Weiterempfehlungen. Das Weiterempfehlungsverhalten ist vor allem deshalb eine so wichtige Zielgröße, weil Konsumenten den Empfehlungen von Bezugspersonen (Freunde, Bekannte, Influencer) und auch gänzlich fremden Personen (Online-Bewertungen) mehr vertrauen als den Botschaften der Unternehmungen. Wenn das (Teil-)Ziel darin besteht, die Mundpropaganda und Weiterempfehlungen zu erhöhen, ist es in Bezug auf den Einsatz von Ressourcen daher nicht sinnvoll, unreflektiert Budgets in Kanäle zu legen (z. B. durch Quoten), sondern die Ressourcen dort zu verteilen, wo Mundpropaganda und Weiterempfehlungen stattfinden und intensiviert werden können.

In den schwierigen Phasen der Gefährdung, Auflösung und Abstinenz spielt ganz wesentlich die psychologische und faktische Kundenrückgewinnung (Churn-Management) eine Rolle.[26] Zielgrößen sind hier beispielsweise die Zufriedenheit nach einem Beschwerdevorfall (Stichwort: *Service Recovery Paradox*).

Die übergeordnete Ergebnisgröße eines Kundenbeziehungsmanagements ist dann vor allem der Customer Lifetime Value, der schließlich dazu beiträgt den *ROI* (Return-on-Investment) in Bezug auf die Gesamtheit der Maßnahmen zu steigern.

Zu 3. Steuerung:
Die Steuerung beziehungsweise Koordination von Touchpoints richtet sich im Sinne eines ganzheitlichen Managements auf alle unternehmerischen Maßnahmen. In dieser Phase des Customer-Touchpoint-Management-Prozesses werden diese zuvor definierten Maßnahmen mit dem Ziel umgesetzt, dem Kunden an jedem Interaktionspunkt eine synchronisierte, herausragende wie auch verlässliche und vertrauenswürdige Erfahrung zu bieten, bei gleichzeitiger Berücksichtigung der Prozesseffizienz.

Je nach Unternehmung, Branche und vor allem individueller Customer Journey variiert der optimale Marketingmix stark. Die Interaktionsmöglichkeiten mit bestehenden und potenziellen Kunden sind unterschiedlich effektiv. Auf Basis der Analyse der Customer Journeys und einer beziehungsorientierten Kundensegmentierung erfolgt der segmentspezifische Einsatz der Marketinginstrumente auf Kundengruppen- oder Einzelkundenebene. Der Kunde profitiert im Falle eines individuell auf ihn abgestimmten Marketingmix von bedarfsgerechten Problemlösungen. Dadurch kann die Unternehmung zum einen Umsatzsteigerungen generieren, zum anderen unnötige Ausgaben vermeiden, die durch unkoordinierten und nicht an den Kundenbedürfnissen ausgerichteten Einsatz von Marketingmaßnahmen entstehen (siehe Box *Die Customer Journey kennt keine Trennung zwischen on- und offline*).[27] Zu berücksichtigen ist dabei jedoch, dass trotz der zielgenaueren Ansprache entlang der Customer Journey, die durch Programmatic Advertising möglich ist, die vollständige Automatisierung des Medieneinsatzes kritisch gesehen werden sollte. Erfolgreiche Werbung lebt trotz der Digitalisierung letztlich von der Kreativität der Strategie.[28]

---

26 Vgl. Bruhn, M. (2015), S. 151 ff.
27 Vgl. Bruhn, M. (2015), S. 15.
28 Vgl. Koch, T. (2017), S. 41.

⚡ Die Customer Journey kennt keine Trennung zwischen on- und offline
Oftmals funktioniert das Target Advertising recht gut. Der Kunde klickt auf die Bannerwerbung das Produkt an, das er sich vor zwei Tagen angesehen hat und entscheidet sich nun für einen Kauf. Er bestellt und bekommt die Ware geliefert. Im Paket befinden sich neben der bestellten Ware für den Kunden kaum relevante Werbeflyer. Sie landen im Müll.
Neuere Softwarelösungen analysieren nicht nur das mit dem Kauf assoziierte Kundensegment, sondern die gesamte Historie des Online-Shopping-Prozesses bis zur Bestellung: Welche Produkte sich der Kunde außerdem wie lange angesehen hat, wie oft er diese angeklickt hat etc. Diese Daten werden kombiniert und mit weiteren Kundendaten gematcht. Entscheidet sich ein Online-Käufer schließlich für ein Produkt und schließt den Kauf ab, ermittelt die Software automatisch individuelle Angebote auf Basis der Interessen und erstellt daraus einen personalisierten Flyer. Dieser Flyer wird dann im Lager des Online-Händlers an einer Druckmaschine und bei der Kommissionierung in das entsprechende Paket gelegt. Beim Erhalten des Pakets bekommt der Online-Käufer sein bestelltes Produkt und den personalisierten Flyer mit Angeboten, die speziell auf ihn zugeschnitten sind.[29]

Bei der Umsetzung eines ganzheitlichen Touchpoint-Managements ist auf sogenannte *Meilensteine* beziehungsweise schnelle Erfolge zu achten. Denn während die Unternehmung noch plant, geht die Customer Journey weiter und der unzufriedene Kunde wartet nicht unbedingt, bis sich die Unternehmung endlich erneuert hat.[30] Die Ausgestaltung und Optimierung besonders wichtiger Touchpoints sollte daher nicht hinausgezögert werden, sondern den Planungsprozess begleiten. Bei hochwertigem Schmuck spielt beispielsweise der Touchpoint *Ladengeschäft* eine zentrale Rolle. Optimierungspotenziale könnten sich unter anderem hinsichtlich der Verbindung digitaler und analoger Welten, der besonderen und exklusiven Ladengestaltung, der Beratung, der innovativen Ausgestaltung exklusiver Luxusmarken-Events, der Integration von Kunst, Kultur, lokalen Trendsettern und Multiplikatoren ergeben.[31] Für Touchpoints, an denen Kaufentscheidungen getroffen werden, sollte gelten, dass die Prozesse so einfach wie möglich gestaltet werden, egal, ob online oder offline. Dem Kunden sollte die Kaufentscheidung so einfach wie möglich gemacht werden.

Eine bedeutende, häufig unterschätzte Rolle für die Kundenzufriedenheit und -bindung spielen Touchpoints entlang des Beschwerdemanagements. An einem Beispiel der Autovermietung AVIS zeigen Ergebnisse der sogenannten TARP-Studien,[32] dass bei nahezu der Hälfte aller befragten Kunden bei der letzten Automiete Probleme auftraten. Hiervon beschwerten sich allerdings nur 40 Prozent. Von dem Anteil abgeschlossener Reklamationen zeigten sich 37 Prozent aller Kunden mit dem Be-

---

29 https://www.gruenderszene.de/allgemein/adnymics-offline-werbung-flyer-paketbeileger (abgerufen am 27.02.2018).
30 Vgl. Schüller, A. (2016), S. 123.
31 Vgl. Thieme, W. M. (2017), S. 77.
32 Vgl. Goodman, J. (1986).

schwerdevorgang nicht zufrieden. In der Folge gaben sie eine um 33 Prozent niedrigere Kaufabsicht an als Kunden, die keine Probleme bei ihrer letzten Automiete hatten. Die zukünftige Kaufabsicht der Kunden, die den Reklamationsprozess als *akzeptabel* bewerteten (37 Prozent), lag zwar höher als der unzufriedener Kunden, dennoch deutlich unter dem Niveau von Kunden ohne Komplikation. Erstaunlich aber war die geäußerte Widerkaufabsicht solcher Kunden, deren Reklamation zur völligen Zufriedenheit (17 Prozent) bearbeitet wurde. Sie war gleichauf mit Kunden, die keine Probleme hatten. Obschon die TARP-Studien bereits lange zurückliegen, zeigen die Ergebnisse einer späteren Studie[33], dass zwar nur noch die Hälfte der Befragten bei einem Vorfall keine Beschwerde einreichen, dieser Anteil aber immer noch hoch ist. Die Ergebnisse weiterer Studien bestätigen sogar das sogenannte *Service Recovery Paradox*[34]. In diesen Fällen weisen Kunden nach einem Beschwerdeprozess sogar eine höhere Zufriedenheit auf als Kunden ohne einen kritischen Vorfall. Dies ist durch die geringe Erwartungshaltung der Kunden im Beschwerdeprozess verbunden. Eine positive Bearbeitung des Beschwerdevorfalls führt daher in der Regel zu einer Übererfüllung der Erwartungen und in der Folge zu Kundenzufriedenheit (positive Diskonfirmation).

Zu 4. Messung:

In dieser Prozessphase geht es nicht nur um die Messung der Kundenzufriedenheit an einzelnen Touchpoints, sondern vielmehr darum, diese Touchpoints entlang des Verlaufs der Kundenbeziehung gesamtheitlich und gewinnbringend zu managen. Während die kontinuierliche Kundenzufriedenheitsmessung in nahezu jeder größeren Unternehmung umgesetzt wird und diese auch über Social Media Monitoring, Online Communities, Transaktions- und Vertriebsdaten sowie CRM-Datenbanken verfügen, werden diese Daten meist getrennt voneinander betrachtet, häufig auch in unterschiedlichen Abteilungen. Dies entspricht dem sogenannten Silo-Denken. Erfolgreiches Touchpoint Management setzt hingegen voraus, dass die Daten gesamtheitlich – und damit zentral – ausgewertet werden. Zu solchen Daten gehören neben persönlichen Informationen (Name, Geburtstag, Geschlecht, Adresse etc.) und der erfassten Kaufhistorie auch E-Mails oder Call-Center-Gespräche und Kundenbefragungen. Ziel der Auswertung der Daten ist zum einen eine adäquate Kundensegmentierung und zum anderen die Prognose über zukünftiges Verhalten von Kunden. Da dabei sämtliche Daten einfließen, ist die Datenmenge hinreichend, um auch auf individueller Ebene Vorhersagen zu treffen. Die Herausforderung besteht insbesondere

---

[33] Vgl. http://www.spiegel.de/wirtschaft/service/verbraucherstudie-50-prozent-der-deutschen-fehlt-das-mecker-gen-a-665014.html (abgerufen am 12.04.2018).
[34] Vgl. McCollough, M. A., Bharadwaj, S. G. (1992).

darin, auch solche Kunden zu berücksichtigen, über die nicht ausreichend individuelle Daten vorhanden sind. Die Daten können mit den Daten anderer Kunden gematcht werden.[35]

Bei hoher Prognosegenauigkeit können sowohl erfolgreiche Kundenbeziehungen, bei denen Potenzial für zusätzliche Umsätze besteht als auch Abwanderungstendenzen rechtzeitig erkannt werden, noch bevor sich der betreffende Kunde dessen bewusst ist,[36] beispielsweise indem erfasst wurde, dass Updates seltener durchgeführt, Newsletter seltener abgerufen, die Kundenkarte weniger benutzt wird etc.

9.3.2 Entstehung neuer Geschäftsmodelle

Die digitale Transformation, die viele Unternehmungen in diesem Zusammenhang in den letzten Jahren durchleben mussten oder immer noch durchleben, stellt eine große Herausforderung für viele europäische Unternehmungen dar. Digitale Transformation bedeutet einen fortlaufenden Veränderungsprozess im Zuge der Digitalisierung der Gesellschaft und der wachsenden Vernetzung von Personen und Objekten über das Internet. Die zunehmende Digitalisierung bedingt wiederum einen erhöhten Daten- und Informationsaustausch an einer Vielzahl von Touchpoints. Dies erfordert die Sammlung, Verarbeitung, Auswertung und den Umgang mit einer enormen Menge an (Kunden-)Daten. Der Sammelbegriff, der für dieses Phänomen oft verwendet wird, lautet Big Data. In der Praxis stoßen viele Unternehmungen dabei früher oder später an ihre Grenzen im technischen und methodischen Umgang mit solchen Datenvolumen und mit der Geschwindigkeit, in der sie verarbeitet werden müssen. Diejenigen Unternehmungen, die diese Hürden meistern, können Erkenntnisse aus den Daten ziehen, die es ihnen ermöglichen ihre Kunden besser zu verstehen, ihre Produkte oder Services sowie eigene Unternehmensprozesse zu optimieren und Wettbewerbsvorteile zu erlangen.

Die komplexe Erfassung und Messung der Kundenkontakte über alle Touchpoints hinweg bietet damit auch Potenzial für neue Geschäftsmodelle. In den letzten Jahren sind vermehrt B2B-Unternehmungen in den Markt erfolgreich eingetreten, deren Kernkompetenz darin besteht die gesamte Customer Journey und alle Interaktionen der Konsumenten mit der Unternehmung (dem direkten Kunden) zu erfassen und zu messen. Darüber hinaus lässt sich eine Transformation von sogenannter Box-Software in Richtung cloud-basierte Lösungen und Services beobachten (zum Beispiel Adobe Experience Cloud).[37]

---

35 Vgl. Thun, S. (2017), S. 63 f.
36 Vgl. ibid, S. 64.
37 Vgl. Kirn, F. M. (2017), S. 56.

9.4 Customer-Experience-Management

Die Marketingliteratur dokumentiert bereits seit Langem, dass Güter zunehmend austauschbarer werden und eine Differenzierung gegenüber dem Wettbewerb vor allem über Serviceleistungen geschieht.[38] Allerdings zeichnet sich ab, dass sich diese Austauschbarkeit zunehmend auch auf Serviceleistungen bezieht und der heutige Konsument mehr erwartet als kompetenten Service. Wenn Leistungen zunehmend austauschbar werden, dann reicht auch die Zufriedenheit an den wenigen zentralen Touchpoints nicht mehr aus. Preise, Produkte und Technologie stellen keine hinreichende Bedingung mehr für strategische Wettbewerbsvorteile dar. Customer Experience spielt in diesem Zusammenhang eine wichtige Rolle. Es geht darum, positive Kundenerfahrung zu schaffen und damit vor allem eine emotionale Bindung zu dem Kunden aufzubauen. Um eine führende Position im Kopf des Kunden zu erlangen, müssen diese Erlebnisse möglichst einnehmend, stark, anziehend und unvergesslich sein.[39] Der Kunde erwartet Erlebnisse, die auf seine Bedürfnisse eingehen und auf seine Lebenssituation zugeschnitten sind. Diese Erwartungen werden sich in Zukunft noch verstärken, wenn Kunden zunehmend mit neuen Technologien wie Augmented Reality und den Möglichkeiten künstlicher Intelligenz in Berührung kommen.[40] Damit liegt die Aufgabe des Customer-Experience-Managements darin, alle Prozesse innerhalb einer Unternehmung zu koordinieren, die für die Interaktion mit dem Kunden relevant sind. Markenerlebnisse sollen durch die Gesamtheit aller Eindrücke, die ein Kunde während der Dauer einer Kundenbeziehung von einem Unternehmen erhält, gewinnbringend gemanaged werden. Dabei sind sämtliche Interaktionen des Kunden mit einer Marke beziehungsweise einer Unternehmung an den verschiedenen Customer Touchpoints letztlich so auszurichten, dass Kunden loyal bleiben, mehr kaufen und die Marke aktiv weiterempfehlen.[41] In Erweiterung des Touchpoint Marketings betont das Customer Experience Managements dabei, Customer Touchpoints derart auszugestalten, dass sie positive Kundenerlebnisse generieren, Kundenbegeisterung erzeugen und auf diesem Weg die Kunden nachhaltig an das Unternehmen binden.[42] Es geht also darum, für den Kunden eine ganzheitliche Erlebniswelt an allen Touchpoints entlang der Customer Journey zu erschaffen und ihn zu begeistern. Denn erst durch ein konsequentes Customer-Experience-Management wird schließlich die Erfahrung am Touchpoint zum nachhaltig positiven Markenerlebnis.

---

[38] Vgl. Reinartz, W., Ulaga, W. (2008).
[39] Vgl. Gilmore, J., Pine, B. (2002), S. 10.
[40] Siehe hierzu auch Kapitel 10 in diesem Buch.
[41] Vgl. Bruhn, M., Hadwich, K. (2012), S. 9 f.; Lachner, I. B., Meyer, T. (2017), S. 47.
[42] Bruhn, M. (2015), S. 231.

Die Tatsache, dass der Kunde dabei stets im Zentrum der Marketingaktivitäten, Sortimentsgestaltung und sogar der gesamten Unternehmensführung steht, findet sich in dem Ausdruck Customer Centricity wieder (siehe Box *Customer Centricity bei Google: 1. Grundsatz*), die letztlich den Kerngedanken des Marketings widerspiegelt.

Customer Centricity bei Google: 1. Grundsatz
„1. Der Nutzer steht an erster Stelle, alles Weitere folgt von selbst. Seit der Unternehmensgründung konzentrieren wir uns bei Google darauf, dem Nutzer eine optimale und einzigartige Erfahrung zu bieten. Von der Entwicklung unseres eigenen Internetbrowsers bis zum letzten Schliff an unserem Startseitendesign steht eine Sache für uns stärker im Vordergrund als Gewinne und interne Ziele: dass alle unsere Bemühungen letztendlich dem Nutzer zugutekommen."[43]

Die Umsetzung und Erfolgsmessung eines Customer-Experience-Managements lässt sich in Anlehnung an das Management von Touchpoints wie folgt strukturieren: Im Hinblick auf die Touchpoint-Gestaltung gilt es zunächst, sowohl die jeweiligen Touchpoint-Erlebnisse als auch deren funktionale sowie emotionale Erlebnistreiber festzulegen. Am Beispiel des Lebensmitteleinzelhändlers REWE kann sich dies beispielsweise auf die Touchpoint-Erlebnisse beim Off- und Online-Shopping beziehen (siehe Abbildung 9.6 sowie die ausführliche Darstellung in der Box *Customer Experience bei REWE*). Den Ausgangspunkt für die Festlegung liefert analog zu den Ausführungen zum Touchpoint-Management-Prozess die aus der Analysephase identifizierten und aus Kundensicht relevanten Touchpoints und Erlebnistreiber. Bezüglich der Output-Faktoren ist zu definieren, welche psychologischen, verhaltensbezogenen und ökonomischen Wirkungen als Zielgrößen gemessen werden sollen. Die im Rahmen einer solchen Kausalanalyse gewonnenen Daten ermöglichen die Identifikation wichtiger Erlebnistreiber (Stärke des Einflusses), die Bildung von Indizes (zur Vergleichbarkeit der Messergebnisse) sowie eine fundierte Zusammenhangsanalyse (Erkennen von Strukturen). So kann bei gleichzeitiger Betrachtung verschiedener Touchpoints beispielsweise bestimmt werden, welche Kundenerlebnisse maßgeblichen Einfluss auf die Kundenbindung haben.[44]

---

43 Vgl. https://www.google.com/about/philosophy.html (abgerufen am 17.02.2018).
44 Vgl. Mayer-Vorfelder, M. (2012), S. 150 f.

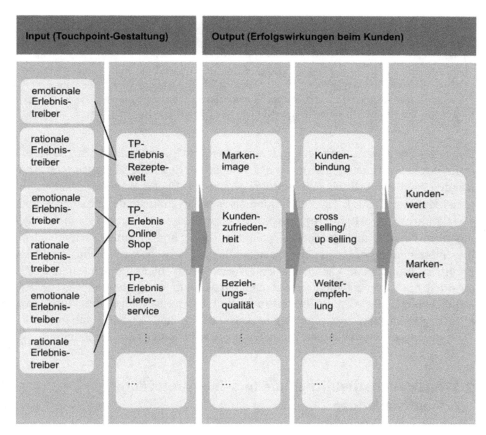

Input (Touchpoint-Gestaltung)	Output (Erfolgswirkungen beim Kunden)

emotionale Erlebnis-treiber

rationale Erlebnis-treiber

TP-Erlebnis Rezepte-welt

Marken-image

Kunden-bindung

emotionale Erlebnis-treiber

TP-Erlebnis Online Shop

Kunden-zufrieden-heit

cross selling/ up selling

Kunden-wert

rationale Erlebnis-treiber

TP-Erlebnis Liefer-service

Bezieh-ungs-qualität

Weiter-empfeh-lung

Marken-wert

emotionale Erlebnis-treiber

rationale Erlebnis-treiber

Abb. 9.6: Kausalmodell zur Erfolgskontrolle des Customer Experience Managements am Beispiel des Lebensmitteleinzelhandels (in Anlehnung an Bruhn, M. (2015), S. 240).

Customer Experience bei REWE
Als einer der ersten Lebensmittelhändler in Deutschland bietet REWE bereits seit 2013 neben den stationären Märkten auch einen Liefer- und Abholservice an und macht somit den Lebensmittel-einkauf für den Kunden so einfach und flexibel wie möglich. Der Kunde kann selbst entscheiden, ob er seinen Einkauf auf traditionelle Weise im Markt erledigen möchte, seine Einkaufsliste online vom Sofa aus oder unterwegs per App zusammenstellt und sich die Produkte durch wenige Klicks zu einem gewünschten Liefertermin nach Hause bringen lässt oder ob er seinen Online-Einkauf später am Abholschalter im REWE-Markt selbst abholt. Zudem bietet REWE auch weitere Services an, die den Lebensmitteleinkauf zusätzlich erleichtern und abwechslungsreicher gestalten. Eins davon ist die Rezepte-Welt. Dass viele Menschen nach Kochrezepten im Internet suchen, ist nicht neu. REWE bietet seinen Kunden jedoch nicht nur eine Vielzahl an Rezepten auf der Webseite, in der App oder in den Märkten am REWE Service Punkt (einem Kundenterminal), sondern gibt ih-nen auch die Möglichkeit, die notwendigen Zutaten für ein Gericht direkt einzukaufen oder auf die digitale Einkaufsliste für den späteren (online oder offline) Einkauf zu setzen.

> Kunden richten ihr Einkaufsverhalten daran, wofür sie einkaufen. Für die Deckung des Grundbedarfes, die nicht unbedingt mit Vergnügen verbunden wird, ist die Bereitschaft relativ groß, sich Waren liefern zu lassen. Kunden, die aber für ein besonderes Essen einkaufen möchten und noch nicht genau wissen, was sie kochen wollen, zieht es eher in den Supermarkt, um sich dort an Fleisch-, Fisch- und Käsetheke beraten zu lassen und zu probieren. Hier steht das sinnliche Erleben im Vordergrund. REWE möchte beides bieten: das Erlebnis im stationären Handel sowie die Einkaufsmöglichkeiten und Vielfalt für Kunden über die virtuelle Thekenverlängerung erhöhen.[45]

Die steigenden Erwartungen der Kunden, der Trend zur Erlebnisorientierung sowie die technologischen Herausforderungen der Gesellschaft durch die Digitalisierung erhöhen den Wettbewerbsdruck und erfordern oftmals das Überdenken der gesamten Unternehmensausrichtung. Die Vermittlung einer positiven Customer Experience über alle Berührungspunkte hinweg bietet eine Chance sich von Wettbewerbern zu differenzieren, eine nachhaltige Kundenloyalität zu fördern und die Kunden schließlich an die Unternehmung zu binden. Jedoch stellen in der Praxis die wachsende Anzahl der Berührungspunkte und Kanäle sowie die Verarbeitung einer enormen Datenmenge, die durch die Erfassung aller Interaktionen mit den Kunden entsteht, eine große Herausforderung für viele Unternehmungen dar und ziehen eine weitgehende Anpassung aller Unternehmensprozesse und der -organisation mit sich. Der damit einhergehende Veränderungsprozess wird die Unternehmungen noch einige Jahre beeinflussen.

9.5 Auswahl betrieblicher und forschungsrelevanter Fragestellungen

In Zusammenhang mit Customer-Experience-Management werden an dieser Stelle zwei empirische Arbeiten vorgestellt, die sich jeweils mit der Messung von Customer Experience befassen. Beide Arbeiten identifizieren dabei jeweils Indikatoren, aus denen sich die Customer Experience zusammensetzt beziehungsweise manifestiert. Die beiden Ansätze unterscheiden sich im Wesentlichen darin, dass sich die Experience auf den Service versus die Marke bezieht. Damit erfasst die Customer-Experience-Quality-Skala, inwiefern es im Prozessverlauf gelungen ist, ein Kundenerlebnis zu schaffen. Die Brand-Experience-Skala hingegen misst, inwiefern die Marke als solche ein Kundenerlebnis hervorruft beziehungsweise mit Kundenerlebnissen assoziiert wird.

---

45 Vgl. REWE Group (2017), https://www.rewe-group.com/de/newsroom/stories/interview-omnich annel-andreas-conrad (abgerufen am 24.02.2018).

9.5.1 Customer-Experience-Quality-Skala

In ihrer Arbeit, bestehend aus insgesamt vier Hauptstudien, entwickeln Klaus und Maklan[46] ein Messinstrument für die wahrgenommene Service-Experience-Qualität (Customer Experience Quality). Dabei stellen sie fest, dass die Wahrnehmung der Service Experience auf einem Gesamtniveau, einem dimensionalen Niveau und einem Niveau auf Attributebene stattfindet. Dies bedeutet konkret, dass sich die Service- Experience-Qualität (Gesamtniveau) aus vier Dimensionen (*Produkterlebnis*, *Outcome-Fokus*, *Moment der Wahrheit*, *Innerer Frieden*) zusammensetzt, die wiederum durch einzelne Indikatoren (Items, Aussagen wie beispielsweise 'Der gesamte Prozess war so einfach, sie haben sich um alles gekümmert.') manifestiert sind (siehe Abbildung 9.7). Die Dimensionen werden im Folgenden zusammenfassend erläutert:

– *Produkterlebnis*: Diese Dimension bezieht sich auf die Leistung als solches und betont im Besonderen das Gefühl der Kunden, zwischen verschiedenen Angeboten auswählen und diese auch vergleichen zu können. Des Weiteren umfasst diese Dimension auch Attribute wie den Wunsch der Kunden, einen zentralen Ansprechpartner zu haben, der sie während des gesamten Prozesses begleitet.

– *Outcome-Fokus*: Hier werden Indikatoren zusammengefasst, die mit der Reduzierung von Transaktionskosten assoziiert sind und die ergebnisbezogenen Erfahrungen hervorheben. Transaktionskosten entstehen auf Seiten der Kunden beispielsweise durch die Suche, Bewertung und Anbahnung neuer Anbieter. Wenn eine Beziehung erfolgreich aufgebaut wurde, stellen ergebnisbezogene Erfahrungen die Basis für späteres habituelles Verhalten dar. Dies bedeutet, dass trotz des Wissens um existierende alternative Angebote der Kunde bei dem Anbieter verbleibt, getreu dem Motto: 'Ich weiß, dass es vielleicht bessere Angebote gibt, aber warum sollte ich wechseln, wenn ich hier weiß, was ich bekomme?'

– *Moment der Wahrheit*: Ein *Moment der Wahrheit* bestimmt ganz wesentlich die Zufriedenheit der Kunden und spiegelt wider, ob eine Unternehmung das Leistungsversprechen überzeugend vermittelt oder nicht. Eine zentrale Rolle spielen hierbei die Service Recovery und Flexibilität. Diese Dimension bringt den Einfluss zum Ausdruck, den beispielsweise proaktives Verhalten, soziale Kompetenzen des Service-Anbieters in kritischen Situationen beziehungsweise Komplikationen auf aktuelle und zukünftige Entscheidungen der Kunden hat ('Ich war sehr unglücklich über den Vorfall, aber die Art und Weise, wie mit der Situation umgegangen wurde, hat mich darin bestärkt, die richtige Entscheidung getroffen zu haben, bei dem Anbieter zu bleiben.').

– *Innerer Frieden*: Diese Dimension beschreibt die Wahrnehmung des Kunden aller Interaktionen mit dem Anbieter vor, nach und während der Erbringung des Services. Sie beinhaltet Aussagen, die in hohem Maße mit emotionalen Aspekten as-

---

46 Vgl. Klaus, P., Maklan, S. (2012).

soziiert sind. Die Dimension *Innerer Frieden* spiegelt den emotionalen Nutzen aus dem Kundenerlebnis wider, der auf der wahrgenommenen Expertise des Anbieters und der professionellen Begleitung während des gesamten Prozesses beruht. Nicht nur der Prozess als solcher erscheint den Kunden damit als leichter, auch empfinden sie insgesamt ein Gefühl der Entlastung und Gelassenheit. Dies wiederum führt dazu, dass sich die Kunden in der Entscheidung, eine Beziehung mit dem Anbieter eingegangen zu sein, bestätigt fühlen.

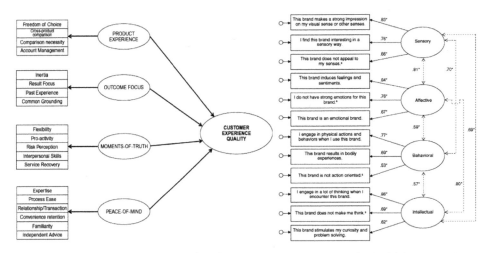

Abb. 9.7: Customer Experience Quality (links) und Brand Experience Skala (rechts) (Klaus, P., Maklan, S. (2012), S. 21); (Brakus, J. J., Schmitt, B. H., Zarantonello, L. (2009), S. 60).

Die Skala kann sowohl zur Messung als auch zur Ableitung von Maßnahmen zur Verbesserung der wahrgenommenen Service-Experience-Qualität verwendet werden, als auch um den Einfluss der Service-Experience-Qualität auf die unternehmensbezogenen Zielgrößen festzustellen. So stellen Klaus und Maklan fest, dass sich die wahrgenommene Service Experience auf Kundezufriedenheit und Kundenloyalität (Wiederkaufsabsicht, Weiterempfehlungsabsichten) auswirkt.

9.5.2 Brand-Experience-Skala

Brakus, Schmitt und Zarantonello[47] konzeptionalisieren Brand Experience als Empfindungen, Gefühle, Kognitionen und Verhaltensreaktionen als Folge markeninduzierter Stimuli (Design, Identität, Verpackung, Kommunikation etc.). Demzufolge

---

47 Vgl. Brakus, J. J., Schmitt, B. H., Zarantonello, L. (2009).

unterscheiden die Autoren vier unterschiedliche Brand-Experience-Dimensionen (sensorisch, affektiv, intellektuell und verhaltensbezogen), die von unterschiedlichen Marken in unterschiedlichem Ausmaß hervorgerufen werden. In insgesamt sechs Studien weisen Brakus, Schmitt und Zarantonello die Reliabilität und Validität der Skala nach und zeigen, dass sie sich sowohl von anderen markenbezogenen Konstrukten wie Involvement, Bewertung und Verbundenheit als auch von Kundenbegeisterung oder Markeneigenschaften (Persönlichkeit) unterscheidet (Diskriminanzvalidität). Die Ergebnisse der Studie zeigen darüber hinaus, dass Brand-Experience Kundenzufriedenheit und -loyalität direkt und indirekt (Mediation) über Markenpersönlichkeit beeinflusst. Die Indikatoren der vier Dimensionen von Brand Experience werden im Folgenden aufgeführt. Bei den Aussagen handelt es sich wie bei der Customer-Experience-Quality-Skala um Zustimmungsskalen, die von den Probanden mittels einer Likert-Skala (1 = stimme überhaupt nicht zu, 7 = stimme voll und ganz zu) beantwortet werden.

– Sensorisch:
    1. Bezogen auf meine Sinne (visuell, etc.) macht diese Marke einen starken Eindruck.
    2. Ich finde diese Marke sinnlich betrachtet interessant.
    3. Diese Marke spricht meine Sinne nicht an. (reversed)
– Affektiv:
    1. Diese Marke ruft Gefühle und Empfindungen hervor.
    2. Ich habe keine starken Emotionen für diese Marke. (reversed)
    3. Diese Marke ist eine emotionale Marke.
– Verhaltensbezogen:
    1. Wenn ich diese Marke verwende, setzen bei mir physische Handlungen und Verhaltensweisen ein.
    2. Diese Marke führt zu körperlich spürbaren Erlebnissen.
    3. Diese Marke ist nicht verhaltensorientiert.
– Intellektuell:
    1. Ich denke viel nach, wenn ich dieser Marke begegne.
    2. Diese Marke bringt mich nicht zum Nachdenken. (reversed)
    3. Diese Marke regt meine Neugier und Problemlösungssuche an.

Die Brand-Experience-Skala lässt sich sowohl in Marketingforschung als auch in der Praxis anwenden. Touchpoint-Manager können die Skala – auch in angepasster Form – zur Messung und Beobachtung verwenden, wenn sie verstehen wollen, wie Kunden die Marke erleben (siehe Abbildung 9.7). Aus diesem Verständnis heraus ließen sich wiederrum Verbesserungsmaßnahmen ableiten.

Literatur

Bitner, M. J., Ostrom, A. L., Morgan, F. N. (2008): Service blueprinting: A practical technique for service innovation, in: California Management Review, 50(3), S. 66–94.

Brakus, J. J., Schmitt, B. H., Zarantonello, L. (2009): Brand experience: what is it? How is it measured? Does it affect loyalty? in: Journal of Marketing, 73(3), S. 52–68.

Bruhn, M., Hadwich, K. (2012): Customer Experience: Forum Dienstleistungsmanagement, Wiesbaden.

Bruhn, M. (2015): Relationship Marketing: Das Management von Kundenbeziehungen, 4. Auflage, München.

Court, D., Elzinga, D., Mulder, S., Vetvik, O. J. (2009): The consumer decision journey. McKinsey Quarterly, 2009(3), S. 96–107.

Edelman, D. C., Singer, M. (2015): Competing on customer journeys, in: Harvard Business Review, 93(11), S. 88–100.

Esch, F.-R. (2013): Am Kontaktpunkt kommt es zum Schwur, Frankfurter Allgemeine Zeitung, 18.02.2013, Wirtschaft, S. 18.

Esch, F.-R., Knörle, C., Strödter, K. (2014): Internal Branding: Wie sie mit Mitarbeitern ihre Marke stark machen, München.

Esch, F.-R., Backes, T., Knörle, C. (2016): Customer Journey – die Reise des Kunden verstehen. MARKEN.Insights Nr. 12, verfügbar über: http://www.esch-brand.com/wp-content/uploads/2014/06/2014-l-ESCH-Marken-Insights-12.pdf.

Esch, F.-R., Knörle, C. (2016): Omni-Channel-Strategien durch Customer-Touchpoint-Management erfolgreich realisieren, in: Binckebanck, L., Elste, R. (Hrsg.): Digitalisierung im Vertrieb, Wiesbaden, S. 123–137.

Gilmore, J., Pine, B. (2002): Customer experience places: the new offering frontier, in: Strategy & Leadership, Vol. 30, S. 4–11.

Goodman, J. (1986): Technical assistance research program (TARP). US Office of consumer affairs study on complaint handling in America.

Hellenkamp, D. (2018): Customer Touch Point,

Internet World Business (2013): Webshop hilft der Filiale, 18.02.2013, Internet World Business 4/13, S. 1.

Klaus, P., Maklan, S. (2012): EXQ: a multiple-item scale for assessing service experience. Journal of Service Management, 23(1), S. 5–33.

Koch, T. (2017): Interview, in: Marke 41, Ausgabe 4/2017, S. 40 f.

Krups, S. (2013). Der Omnichannel-Kunde, 18.02.2013, in: Internet World Business 4/13, S. 54.

Lachner, I. B., Meyer, T. (2017): Die Customer Experience Challenge, in: Marke 41, Ausgabe 4/2017, S. 44–55.

Lies, J. (2017): Die Digitalisierung der Kommunikation im Mittelstand: Auswirkungen von Marketing 4.0, Wiesbaden.

Lingqvist, O., Plotkin, C., Stanley, J. (2015): Do you really understand how your business customers buy? McKinsey Quarterly, 2015(1), S. 74–85.

Keller, B., Ott, C. S. (2017): Touchpoint Management – Entlang der Customer Journey erfolgreich agieren, Freiburg.

Kirn, F. M. (2017): Adobe – Turbo in der Digitalen Transformation, in: Marke 41, Ausgabe 4/2017, S. 56–60.

Mayer-Vorfelder, M. (2012): Customer Experience Management im Dienstleistungsbereich- Konzeption eines entscheidungsorientierten Managementansatzes, in: Bruhn, M., Hadwich, K. (Hrsg.): Customer Experience: Forum Dienstleistungsmanagement, Wiesbaden, S. 133–160.

McCollough, M. A., Bharadwaj, S. G. (1992): The recovery paradox: an examination of consumer satisfaction in relation to disconfirmation, service quality, and attribution based theories, in: Marketing Theory and Applications, S. 119.

Reidel, M. (2016): Mein Markenerlebnis, 21. Dezember 2016, in: HORIZONT 51–52, S. 17.

Reinartz, W., Ulaga, W. (2008): How to sell services more profitably, in: Harvard Business Review, Vol. 86, S. 90–6.

Renzo, C., Spengler, P., Sigrist Sopp, S. (2011): Exploit innovation potential to the maximum, Swiss Innovation Guide 2011, verfügbar über http://www.accelerom.com/en/wp-content/uploads/2012/11/2011_Handelszeitung_Exploit-innovation-potential-to-the-maximum.pdf.

Rosenbaum, M., Losada Otalora, M., Contreras Ramírez, G. (2017): How to create a realistic customer journey map, in: Business Horizons, 60, S. 143–150

Schüller, A. M. (2016): Touchpoint Management – Begeisterung entlang der Customer Journey, in: Stumpf, M. (Hrsg.): Die 10 wichtigsten Zukunftsthemen im Marketing, Freiburg.

Thieme, W. M. (2017): Weiterentwicklung der Luxusmarke in digitalen Zeiten, in: Marke 41, Ausgabe 4/2017, S. 72–78.

Thun, S. (2017): Am Kunden orientiert: Das ist Customer Experience Management, in: Marke 41, Ausgabe 3/2017, S. 62–65.

Verhoef, P. C., Kannan, P. K., Inman, J. J. (2015): From Multi-Channel Retailing to Omni-Channel Retailing: Introduction to the Special Issue on Multi-Channel Retailing, in: Journal of Retailing, Volume 91, Issue 2, S. 174–181

Warner, R. (2016): The Forrester Wave™: Cross-Channel Campaign Management, Q2 2016.

http://bestbrands.de/ (abgerufen am 28.02.2018).

https://corpsite.deichmann.com/de/unternehmen/omnichannel (abgerufen am 24.02.2018).

https://www.google.com/about/philosophy.html (abgerufen am 17.02.2018).

https://www.gruenderszene.de/allgemein/adnymics-offline-werbung-flyer-paketbeileger (abgerufen am 27.02.2018).

https://www.rewe-group.com/de/newsroom/stories/interview-omnichannelandreas-conrad (abgerufen am 24.02.2018).

http://www.spiegel.de/wirtschaft/service/verbraucherstudie-50-prozent-der-deutschen-fehlt-das-mecker-gen-a-665014.html (abgerufen am 12.04.2018).

http://wirtschaftslexikon.gabler.de/Definition/customer-touch-point.html (abgerufen am 27.02.2018).

Peter Kürble

10 Augmented Reality

10.1 Hintergrund

Iron Man konnte es im Film schon vor 10 Jahren: In seinem Helm wurden alle möglichen relevanten Daten seiner Umgebung sichtbar und wenn Tony Stark an seiner Rüstung bastelte, dann half ihm nicht nur sein Super-Computer J.A.R.V.I.S., sondern er wanderte in beliebigen Hologrammen, um den Dingen auf den Grund zu gehen – Künstliche Intelligenz und Augmented Reality (AR). Zum ersten Mal in den Grundzügen beschrieben und umgesetzt wurde AR im Jahre 1963 von Ivan Sutherland mit seinem Programm Sketchpad, welches er als Teil seiner Doktorarbeit am MIT entwickelte.[1] Das Sketchpad ermöglichte erstmals nicht nur das Zeichnen auf einem Computer, es war zudem in der Lage explizite Information über die Topologie einer Zeichnung und damit die Bedeutung der Änderung eines Teils der Zeichnung für die gesamte Zeichnung zu erfassen und umzusetzen. 1975 stellte Myron Kruger ein Labor vor, das er VIDEOPLACE nannte und in dem er menschliche Silhouetten in ein Computerprogramm übertrug, die dort ihre realen Gesten abgebildet sahen und die auf dem Bildschirm unter anderem Linien oder Körper zeichnen konnten und mit diesen Zeichnungen arbeiten konnten.[2] Der Begriff Augmented Reality wurde von Caudell in die Diskussion eingeführt[3] und beschreibt eine Form der *Virtual Reality*, bei der der Nutzer aber die reale Welt noch wahrnehmen kann, die um virtuelle Objekte ergänzt wird.[4] Die reale Welt wird also um dreidimensionale virtuelle Elemente erweitert.[5] Eine aktuelle Variante war in 2016 das Spiel Pokémon Go, das auf den Geodaten von Google Maps basierte und an realen Orten sogenannte Arenen zeigte, in denen sich Spieler gegenseitig bekämpfen konnten.[6] Die meisten Experten der Spieleindustrie gehen davon aus, dass Augmented Reality mehr ist als nur eine kurzfristige Modeerscheinung, sondern ein Trend, der sich in den nächsten Jahren weiter fortsetzen wird. 21 Prozent betrachten AR sogar als sogenannten Game Changer, also ein Instrument, das die Spielregeln der

---

1 Vgl. Sutherland, I. E. (1963), S. 323 ff.
2 Vgl. Krueger, M. (1983).
3 Vgl. Caudell, T. P., Mizell, D. W. (1992), S. 659.
4 Vgl. Azuma, R. T. (1997), S. 356.
5 Vgl. Tönnis, M. (2010), S. V.
6 Vgl. Müller, F. (2016), S. 4.

https://doi.org/10.1515/9783110526097-010

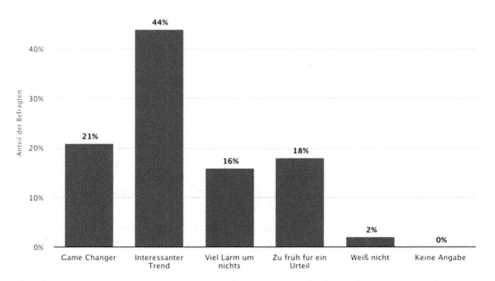

Abb. 10.1: Einschätzung von AR unter Experten der Games-Branche (https://de.statista.com/prognosen/789247/expertenbefragung-in-deutschland-zum-trend-augmented-reality (abgerufen am 20.01.2018)).

betroffenen Branchen ändern wird (Abbildung 10.1).[7] Die Umfrage zeigt aber auch, dass immerhin 34 Prozent der Befragten der Thematik im Moment skeptisch gegenüber stehen.

Inzwischen gibt es zahlreiche Anwendungen im Rahmen von Apps für das Smartphone unter anderem von IKEA, Star Wars oder den FC Bayern München für den privaten Gebrauch, aber auch im geschäftlichen Bereich, unter anderem bei Automobilfirmen wie Volvo oder VW für die Ideenentwicklung, Produktion, die Fehlerermittlung und Reparatur.

Im B2B-Bereich wird für die nächsten Jahre auch das Hauptpotenzial von AR gesehen, da dort, in Verbindung mit dem, was unter dem Begriff Industrie 4.0 an Änderungen zu erwarten ist, AR den größten Einfluss auf die menschliche Leistungsfähigkeit haben wird. Die bisherige, durch zweidimensionale Darstellungsformen limitierte mentale Brücke zwischen der realen und der digitalen Welt begrenzt die Fähigkeiten zur Problemlösung. AR „improves our ability to rapidly and accurately absorb information, make decisions, and execute required tasks quickly and efficiently."[8]

---

[7] Vgl. https://de.statista.com/prognosen/789247/expertenbefragung-in-deutschland-zum-trend-augmented-reality (abgerufen am 10.02.2018).

[8] Porter, M. E., Heppelmann, J. E. (2017), S. 48.

Entsprechend ist die Thematik bei den meisten Unternehmen angekommen, wobei die Branchen Medien, Transport/Mobilität, IT, Telekommunikation sowie der Dienstleistungssektor am stärksten an der Thematik arbeiten.[9] Die Prognosen für den B2B-Umsatz in Deutschland für alle Variationsformen (Virtual, Augmented beziehungsweise Mixed Reality) sind entsprechend positiv. Bis 2020 soll der Umsatz von heute (2017) 389 Millionen Euro auf 1.020 Millionen Euro ansteigen, wobei den Großteil (730 Millionen Euro) die Lösungen (Implementierung, Updates und New Releases) ausmachen und 290 Millionen Euro die Hardware.[10]

Im privaten Bereich scheint, zumindest in Deutschland, noch relativ wenig Geld mit VR verdient zu werden: Wilhelm, CEO des Berliner Unternehmens Xymatic beschreibt die Zahlungsbereitschaft aufgrund der überschaubaren Zugriffszahlen auf VR-Inhalte über den von ihnen entwickelten Webplayer für 3D- und VR-Inhalte als gering. Dabei werden weltweit pro Monat über diesen Player 25 Millionen Inhalte abgespielt, davon stammen 90 Prozent aus dem „traditionellen Treiber visueller Innovationen: dem ‚Adult Entertainment'".[11] Gerade im privaten Sektor darf die Bedeutung von Smartphones oder Tablet-PC für AR nicht unterschätzt werden: „Where we anticipate augmented relity coming into play more for both enterprises and consumers is on mobile devices."[12]

Die deutschen Privatpersonen nach ihrem Interesse an *Virtual Reality* befragt, gaben in 2017 noch zu 24 Prozent an, dass sie überhaupt nicht interessiert und nur zu 16 Prozent, dass sie sehr interessiert wären.[13] Unter Gamern war das Ergebnis naturgemäß deutlich positiver: hier waren über 50 Prozent interessiert beziehungsweise sehr interessiert.[14] Das Spiel Pokémon Go, ein Beispiel für Augmented Reality, wurde in seiner Spitzenzeit von 30 Millionen Menschen gespielt.[15] Es liegt nahe, dass Unternehmen versuchen, den Geschmack der Massen erneut zu treffen, immerhin verdiente Niantic schon im ersten Monat nach der Veröffentlichung 35 Millionen US-Dollar.[16]

Eine Prognose zur weltweiten Marktentwicklung von Augmented und Virtual Reality wird in Abbildung 10.2 dargestellt.

---

9 Vgl. Brandoffice (2017), S. 15.

10 Vgl. Bitkom e. V. (2016), S. 53, andere Quellen sprechen von weltweit 61,3 Milliarden US-Dollar in 2023, in: Del Rowe, S. (2017a), S. 23.

11 Janke, K. (2017), S. 33.

12 Vgl. Abbruzzese, E., zitiert nach: Del Rowe, S. (2017b), S. 12.

13 Vgl. https://de.statista.com/prognosen/793221/umfrage-in-deutschland-zum-interesse-an-virtual-reality (abgerufen am 23.01.2018).

14 Vgl. https://de.statista.com/statistik/daten/studie/685695/umfrage/umfrage-zum-interesse-an-virtual-reality-unter-gamern-in-deutschland/ (abgerufen am 23.01.2018).

15 Vgl. http://www.pcgames.de/Pokemon-GO-Spiel-56108/News/Spielerzahl-um-80-Prozent-auf-5-Millionen-abgestuerzt-1224849/ (abgerufen am 20.01.2018).

16 Vgl. Del Rowe, S. (2017a), S. 24 f.

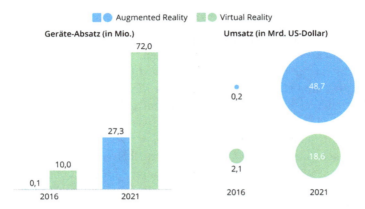

Abb. 10.2: Prognose zur weltweiten Marktentwicklung von Augmented und Virtual Reality (https://de.statista.com/infografik/9006/marktentwicklung-von-augmented-und-virtual-reality/ (abgerufen am 20.01.2018)).

10.2 Definition und begriffliche Abgrenzung

Um beide und weitere relevante Begrifflichkeiten abzugrenzen, soll das Realitäts-Virtualitäts-Kontinuum von Milgram et al. genutzt werden (siehe Abbildung 10.3). Dieses Kontinuum zeigt auf der linken Seite eine Umgebung, die nur aus realen Objekten besteht, also im einfachsten Fall die *reale Welt*, die von einer Person direkt, über ein Fenster oder ein Display gesehen werden kann.

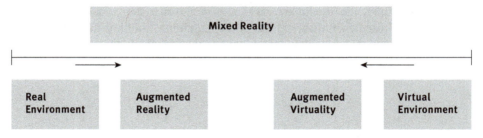

Abb. 10.3: Realitäts-Virtualitäts-Kontinuum (Milgram, P. (1994), S. 283).

Auf der rechten Seite ist die reine virtuelle Welt dargestellt, welcher der Begriff der *Virtual Reality* zugeordnet werden kann, die aber auch Monitor-basierte Computersimulationen umfasst. Virtuelle Realität meint ein vollständiges immersives, also *eintauchendes*, Erlebnis zum Beispiel durch das Aufsetzen einer VR-Brille. In diesem Fall existiert für den Nutzer keine reale Umgebung mehr und er bewegt sich in einer geschlossenen virtuellen Welt. VR-Anwendungen zeichnen sich durch drei wesentliche Eigenschaften aus:

- Simulation. Damit ist die Fähigkeit eines Systems gemeint, eine reale Umgebung darzustellen.
- Interaktion. Dies meint die Möglichkeit der Kontrolle über das System beziehungsweise die dargestellte Welt.
- Wahrnehmung. Dies erlaubt dem System, die Sinne durch externe Bestandteile zu täuschen.[17]

Zwischen diesen beiden Extremen der realen und der virtuellen Welt definieren die Autoren die *Mixed Reality*, zu der die Augmented Reality (AR) und die Augmented Virtuality (AV) gehört. Hier werden reale Welt und virtuelle Welt gemischt und gemeinsam in einem Display dargestellt. Während bei AR die reale Umgebung durch virtuelle Elemente in Echtzeit erweitert wird, liegt die Gewichtung bei AV genau umgekehrt: hier wird die virtuelle Welt um reale Objekte ergänzt, wie dies beispielsweise der Fall ist, wenn Fernsehansager vor einem virtuellen Hintergrund die Wettervorhersage machen, oder in Videokonferenzsystemen die teilnehmenden Personen lediglich mit ihren Köpfen in einer virtuellen Bürowelt an einem virtuellen Sitzplatz teilnehmen.[18]

Nach Porter und Heppelmann besteht der entscheidende Unterschied zwischen AR und VR darin, dass die Kernkompetenzen von AR in der Visualisierung, der Revolutionierung von Lernprozessen und der Interaktivität bestehen. VR stellt eine Erweiterung um die Möglichkeit der Simulation dar.[19] In den Fällen also, in denen die Simulation notwendig ist, wie bei bestimmten Unterhaltungsanwendungen und bei Trainings, ergibt die entsprechende Erweiterung Sinn. So wird VR beispielsweise beim U.S. Department of Homeland Security angewandt, um Personal für gefährliche Situationen zu schulen.[20]

Hier wird auch ein Hauptproblem der VR/MR-Diskussion deutlich: die Frage nach dem Nutzen und den Kosten. Es ist für den Privathaushalt wie für Unternehmen eine der grundlegenden Fragen für die Annahme von Innovationen, egal, ob es sich eher um Modifikationen im Sinne der Produktpolitik handelt oder um radikale Innovationen. Die Diskussion ist mit VR/AR nicht anders als bei einem Elektroauto, bei einem Smartphone oder laktosefreien Lebensmitteln: Erst wenn der Nutzen erkennbar und relevant ist, lassen sich die durch die Nutzung generierten Kosten einordnen und ein möglicher Netto-Nutzen ermitteln. Nur wenn ein positiver Netto-Nutzen vorhanden ist, kommt es zur Adoption und zu einer dauerhaften Anwendung. Rogers beschreibt den Prozess als *Routinizing*: „Routinizing occurs when an innovation has become incorporated into the regular activities of the organzation and has lost its separat iden-

---

17 Vgl. Olmedo, H. (2013), S. 262.
18 Vgl. Regenbrecht, H., et. al. (2004), S. 338.
19 Vgl. Porter, M. E., Heppelmann, J. E. (2017), S. 50.
20 Vgl. https://www.dhs.gov/sites/default/files/publications/R-Tech_EDGE-Virtual-Training-Fact Sheet_180103-508.pdf (abgerufen am 20.01.2018).

tity."[21] Die dauerhafte Annahme eines Produktes bezeichnet er als *Sustainability*, die er definiert als „the degree to which an innovation continues to be used after initial efforts to secure adoption is completed."[22]

In 2017 werden folgende Hauptgründe dafür genannt, dass Unternehmen VR/MR noch *nicht* eingesetzt haben:

- Fehlende Kompetenzen (46,8 Prozent),
- zu hohe Kosten für die Produktion der Inhalte (34,2 Prozent),
- keine erkennbare Relevanz für das Geschäft (21,5 Prozent),
- Technologien sind noch nicht ausgereift (20,3 Prozent) und
- zu hohe Kosten für die Technologie (20,3 Prozent).[23]

In Bezug auf Unternehmen konnte unter anderem festgestellt werden, dass Loyalität und Wechselkosten einen positiven Einfluss auf die dauerhafte Nutzungsabsicht bei Informationssystemen haben. Dabei wird die Loyalität von dem vom Anwender erwarteten Nutzen beeinflusst und die Wechselkosten von den produktbegleitenden Dienstleistungen nach dem Kauf.[24] Die daraus resultierende praktische Empfehlung lautet dann auch, dass Dienstleister insbesondere Wert auf die Dienstleistungen *nach* der Adoption von Produkten legen sollten, da so die Loyalität der Kunden gestärkt wird und die Wechselkosten steigen.[25] Karahanna, Straub und Chervany fanden heraus, dass die Annahme von IT-Innovationen unter anderem durch soziale Netzwerke und hier die Wahrnehmung der Nützlichkeit und der Einfachheit in der Nutzung durch die Demonstration der Anwendung beeinflusst wird.[26] In der Post-Adoptionsphase hängt die Sustainability davon ab, inwieweit der Nutzer das Produkt für sinnvoll hält und das Produkt eine positive Imagewirkung hat.[27] Darüber hinaus müssen mindestens zwei Varianten der fehlenden Sustainability (zumindest bei Online-Diensten, darauf bezog sich die vorliegende Untersuchung) unterschieden werden:

Zum einen können Kunden zu anderen Produkten wechseln, dies geschieht in erster Linie bei den sogenannten Early Adopters, die andere Nutzungsmotive haben als andere Nutzergruppen. Ihr intrinsisches Informationsbedürfnis fördert nicht nur die Suche nach immer neuen Produkten, sondern begünstigt auch einen möglichen Wechsel. Enttäuschung als Ursache für den Produktwechsel spielt bei ihnen eine geringere Rolle als bei anderen Kundengruppen, weil sie sich in den meisten Fällen vorab unabhängig informieren und das Produkt bewerten.[28]

21 Vgl. Rogers, E. M. (2003), S. 428.
22 Vgl. ibid., S. 429.
23 Vgl. Brandoffice (2017), S. 12.
24 Vgl. Park, J. G, Park, K., Lee, J. (2014), S. 268.
25 Vgl. ibid., S. 270.
26 Siehe hierzu auch den Beitrag zum Influencer-Marketing in diesem Buch.
27 Vgl. Karahanna, E., Straub, D. W., Chervany, N. L. (1999), S. 198 ff.
28 Vgl. Parthasarathy, M., Bhattacherjee, A. (1998), S. 374.

Zum anderen sind Kunden, die enttäuscht sind und das Produkt deshalb nicht weiter nutzen, für Unternehmen insbesondere deswegen problematisch, weil enttäuschte Nutzer ihren Frust mit einer sehr großen Wahrscheinlichkeit weitererzählen und damit eine negative Mund-zu-Mund-Propaganda betreiben. Der Grund für die Enttäuschung oder Unzufriedenheit wird im wesentlichen Maße aus interpersonalen Einflüssen generiert. Hier spielt das soziale Netzwerk im Sinne von Freunden, Bekannten und Familie eine wichtige Rolle. Gleichzeitig ist auch das Ausmaß der Lücke zwischen Erwartungen an das Produkt und der Realität bei der Nutzung des Produktes (sogenannte kognitive Nachkaufdissonanzen) ein wichtiger Faktor für die Enttäuschung und fehlende Fortführung der Nutzung.[29]

10.3 Implikationen für das operative Marketing

In diesem Kapitel soll es weniger um die Frage gehen, mit welcher Software oder Hardware VR oder eine MR-Form durchgeführt werden kann, sondern vielmehr darum, Branchen vorzustellen und Beispiele zu diskutieren, in denen VR/MR bisher beziehungsweise zukünftig eingesetzt werden kann. Dabei liegt der Fokus auf dem operativen Marketing und den dort bekannten Ps. Es darf davon ausgegangen werden, dass ein Einfluss auf die Nutzung aller Marketinginstrumente zu erwarten ist. So kann VR/MR beispielsweise bei der Vermittlung von Information hilfreich sein, sowohl für Kunden, als auch für Mitarbeiter. Entsprechend handelt es sich um erweiterte Möglichkeiten entweder für die Kommunikationspolitik oder die Personalpolitik. Möglichkeiten der Produktdarstellungen durch VR/MR nehmen Einfluss auf die Produktentwicklung und -adoption, die gleichzeitig Aspekte der Distributionspolitik und Preispolitik berührt. Prozessabläufe am POS können neu überdacht werden, wenn VR/MR bei Dienstleistungen genutzt wird und gleiches gilt für die Ausstattungspolitik. Aufgrund dieses vielfältigen multiinstrumentalen Einflusses soll im folgenden der Versuch einer Schwerpunktsetzung vorgenommen werden, der, auch aufgrund des pointierten, überblicksartigen Charakters des Beitrages, nur ansatzweise das Potenzial von VR/MR aufzeigen kann.

10.3.1 Produktpolitik

Im Rahmen der Produktpolitik lassen sich im Marketing eine Reihe von Aspekten unterscheiden, die grundlegend in einer sachlichen und in einer zeitlichen Struktur zusammengefasst werden können. VR/MR nimmt in diesem Zusammenhang Einfluss insbesondere auf Aspekte der zeitlichen Struktur und hier insbesondere auf die Innovation, Modifikation und Differenzierung. Der Überlegung bei der zeitlichen Struktur

---

29 Vgl. Parthasarathy, M., Bhattacherjee, A. (1998), S. 374.

der Produktpolitik liegt der Produktlebenszyklus zugrunde, der aussagt, dass die Existenz von Produkten in Märkten in verschiedenen Phasen beschrieben werden kann, die sich durch unterschiedliche Umsatzniveaus auszeichnen, so dass der Verlauf der sich daraus ergebenen Umsatzkurve über die Zeit glockenförmig ist. Die Einteilung der Phasen kann in eine Einführungsphase, Wachstumsphase, Reifephase und Sättigungsphase geschehen und impliziert für das Marketing unterschiedliche Aktivitäten in den operativen Instrumenten. So kann der Einführungsphase in der Produktpolitik beispielsweise die Innovation zugeordnet werden, der Wachstumsphase die Modifikation, der Reifephase die Differenzierung und der Sättigungsphase die Eliminierung.[30]

Der Innovationsphase bei Produkten geht eine Inventionsphase voraus, also eine Phase, in der das Produkt noch nicht auf dem Markt angeboten, sondern erst entwickelt wird. Dieser Entwicklungsprozess findet in zunehmendem Maße im Rahmen sogenannter Open Innovation statt, also der Öffnung des Unternehmens zu einem sehr frühen Zeitpunkt des Innovationsprozesses gegenüber möglichen Kunden. Dadurch soll die spätere Akzeptanz des Produktes im Markt erhöht werden (siehe Abbildung 10.4).[31]

Abbildung 10.4 zeigt auf der linken Seite den klassischen Aufbau einer Produktentwicklung, bei welcher der Kunde erst nach dem Bau eines ersten Prototyps in den Prozess eingebunden wird und diesen Prototypen bewerten soll. Das Feedback geht dann in den Innovationsprozess ein und führt gegebenenfalls zu einer Anpassung des Produktes. Im Normalfall findet das Feedback im Rahmen von Testmärkten oder Fokusgruppen-Gesprächen statt. Dieses Vorgehen ist deshalb problematisch, weil, ähnlich wie bei einer Stichprobenüberprüfung nach einem fertigen Produktionsprozess, viel Zeit und Geld in ein Produkt investiert wurde, dessen Leistungsfähigkeit erst dann festgestellt wird, wenn es bereits produziert worden ist. Deutlich effizienter ist eine Einschätzung oder Überprüfung zu einem früheren Zeitpunkt. Im Rahmen der *Produktentwicklung* hilft deswegen Open Innovation, wo der Kunde bereits zu Beginn der Ideengenerierung involviert ist und damit frühzeitig Fehlentwicklung vermeiden hilft (rechte Seite in Abbildung 10.4). Hier kann VR/MR durch die kostengünstigere Möglichkeit der Sichtbarkeit des potenziellen neuen Produktes unterstützend genutzt werden. Mitunter ist dies für den (Privat-)Kunden allerdings schwierig einzuschätzen, da er, insbesondere bei radikalen Innovationen (siehe Tabelle 10.1), auf kein Erfahrungswissen zurückgreifen kann. Die Integration von (Privat-)Kunden wird deshalb in erster Linie bei inkrementalen Produktinnovationen eingesetzt.

Unternehemsnintern bietet VR/AR ebenfalls die Möglichkeit, Prozesskosten einzusparen. So hat BMW im April 2016 bekannt gegeben, dass sie auf HTC Vive VR-Brillen und MR setzen, um neue Fahrzeugmodelle zu entwickeln. Bereits seit den 1990er

---

30 Es sei an dieser Stelle angemerkt, dass die Phaseneinteilung etwas beliebig erfolgt und auch in der Literatur nicht einheitlich diskutiert wird, was eine der Schwächen des Produktlebenszykluskonzeptes darstellt, siehe u. a. Homburg, C. (2017), S. 453.
31 Siehe hierzu auch die Anmerkungen in diesem Buch zum Thema Mass Customization.

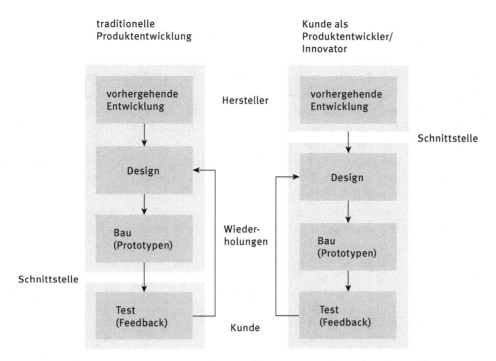

Abb. 10.4: Open Innovation im Innovationsprozess (Reichwald, R., Piller, F. (2009), S. 190).

Tab. 10.1: Vier Typen von Produktinnovationen im Überblick (Herrmann, A., Huber, F., Tomczak, T. (2007), S. 166).

Neuartigkeit der Technologie bzw. Neuartigkeit aus Unternehmenssicht	Neuartigkeit der Nutzenstiftung bzw. Neuartigkeit aus Kundensicht	
	gering	hoch
gering	inkrementale Produktinnovation	kundenbezogene Produktinnovation
hoch	unternehmensbezogene Produktinnovation	radikale Produktinnovation

Jahren werden VR-Systeme bei BMW im Entwicklungsprozess genutzt und nun wird, in Zusammenarbeit mit HTC das HTC-Vive-Entwicklerkit in Pilotprojekten angewandt. Dabei sollen Fahrzeugfunktionen und Innenraumkonzepte dargestellt werden und es den Ingenieuren ermöglichen, die Nutzung der Konzepte zu überprüfen.[32]

---

32 Vgl. https://www.press.bmwgroup.com/deutschland/article/detail/T0258902DE/bmw-setzt-auf-htc-vive-vr-brillen-und-mixed-reality-bei-der-entwicklung-neuer-fahrzeugmodelle-bilder-aus-dem-computer-statt-aufwendig-gebauter-entwuerfe:-mehr-flexibilitaet-schnellere-ergebnisse-und-geringere-kosten?language=de (abgerufen am 20.01.2018).

Unternehmensübergreifend wurde festgestellt, dass über 15 Prozent der befragten Unternehmensvertreter mit AR kürzere Produkt-Entwicklungszyklen verbinden.[33]

Die Annahme von Produkten im Rahmen des oben schon erwähnten Adoptionsprozesses verläuft ebenfalls in verschiedenen Phasen, wobei der Entscheidungsprozess im Wesentlichen ein Prozess der Informationssuche und -verarbeitung ist, bei dem es darum geht, dass der potenzielle Kunde seine Unsicherheit über die Vor- und Nachteile der Innovation reduziert.[34] Die Frage der Annahme von Innovationen ist geprägt durch deren wahrnehmbare(n)

– relativen Vorteil gegenüber bisherigen Produkten,
– die Kompatibilität mit bestehenden Normen und Werten,
– die Komplexität in der Nutzung,
– die Möglichkeit des Testens und
– die Beobachtbarkeit im Sinne der Wahrnehmung im sozialen Umfeld.[35]

Nach Rogers kann der Adoptionsprozess in fünf Phasen unterteilt werden (siehe Abbildung 10.5): Erkennen, Interesse, Beschluss, Versuch, Bestärkung.

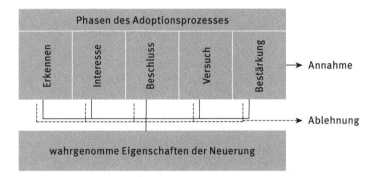

Abb. 10.5: Phasen im Adoptionsprozess (eigene Darstellung in Anlehnung an Rogers (2003), S. 20).

Erkennen bezieht sich auf die erste Wahrnehmung des neuen Produktes und dessen Eigenschaften. Daraufhin hat der potenzielle Kunde ein Interesse an dem Produkt oder nicht. Wenn er Interesse hat, dann folgt der Beschluss, das Produkt zu erwerben oder nicht. Hier können andere Faktoren eine Rolle spielen, die nicht direkt mit dem Produkt zu tun haben und für eine mögliche Ablehnung sorgen, wie beispielsweise fehlendes Einkommen. Mit Versuch ist gemeint, dass der potenzielle Kunde die Innovation nutzt und die Bestärkung bezieht sich auf die mögliche Vermeidung be-

---

33 Vgl. HBR (2017), S. 59.
34 Vgl. Rogers, E. M. (2003), S. 14.
35 Vgl. ibid., S. 16.

ziehungsweise den Ausgleich von kognitiven Dissonanzen nach dem Kauf, wenn der Kunde feststellt, dass das Produkt eventuell nicht seinen Erwartungen entspricht. Am Ende dieses Prozesses steht dann entweder die Annahme oder die Ablehnung. Mitunter folgt die Ablehnung aber auch erst nach einer Weile, wenn das Produkt seinen Neuheitseffekt verloren hat. Gerade die Kenntnis um den Umgang des Kunden mit dem Produkt in diese Post-Adoptionsphase ist für mögliche Weiterentwicklungen des Produktes von entscheidender Bedeutung. Ob und wann Kunden das Produkt annehmen, hängt von der subjektiven Interpretation der Ausprägungen der oben beschriebenen Eigenschaften der Innovation ab. Dabei ist es zusammenfassend wieder entscheidend, wie der Kunde das Verhältnis von Kosten und Nutzen wahrnimmt.

VR/MR können nun im Adoptionsprozess in jeder der einzelnen Phasen, eine wichtige Unterstützung für die Entscheidungsfindung liefern. In der Phase des Erkennens, also der Wahrnehmung des Vorliegens einer Innovation, erlauben sie die Möglichkeit, das Produkt dreidimensional zu erkennen und zum Beispiel bei einem Auto eine virtuelle Probefahrt zu erleben: Der Kunde kann in das virtuelle Auto einsteigen und die Ausstattung zumindest optisch wahrnehmen oder das Motorengeräusch/ die Soundanlage im Innenraum hören (siehe hierzu auch die Anmerkungen im folgenden Kapitel 10.3.2). 13 Prozent der befragten Unternehmen verbinden mit VR/MR ein besseres Produkterlebnis für den Endkunden.[36] In diesem Zusammenhang wird auch von *Extended Human* und *Immersion* gesprochen: Extended Human bezeichnet die Sehnsucht, „durch digitale Techniken sein Leben zu verbessern und Erfahrungen teilen zu können"[37] und Immersion meint das Eintauchen in eine virtuelle Welt, welches je nach Grad der Immersion bis zur real empfundenen virtuellen Welt führt.[38]

Die Möglichkeiten, die VR/MR bieten, machen sich auch Sprachlernprogramme zunutze. So erlaubt das mobile Sprachlernprogramm Mondly auf Basis der Samsung-Gear-VR die Darstellung einer immersiven Lernumgebung,[39] um damit reale Gesprächssituationen nachzuempfinden und dadurch die Übertragung zwischen Lern- und Abrufsituation zu erleichtern. Denn letztlich ist es für das Gelingen der Abrufprozesse wichtig, dass sich beide Situationen möglichst gut entsprechen, damit die Lerninhalte schneller aus dem Gedächtnis abgerufen werden können.[40]

10.3.2 Kommunikationspolitik

In engem Zusammenhang mit der Produktpolitik steht die Kommunikationspolitik: Diffusion „is a special type of communiation, in that the messages are concerned with

---

36 Vgl. HBR (2017), S. 59.
37 Forster, P. zitiert nach Campillo-Lundbeck, S. (2016), S. 24.
38 Vgl. Bitkom e. V. (2016), S. 44.
39 Vgl. https://www.mondly.com (abgerufen am 20.01.2018).
40 Vgl. Schulte, F. P. (2017), S. 5.

new ideas."[41] Das grundsätzliche Ziel der Kommunikationspolitik ist es, unabhängig von der Produktlebenszyklusphase, Einfluss auf die Einstellungen (potenzieller) Interessengruppen zu nehmen. Dazu gehört es am Anfang des Produktlebenszyklus, einen Bekanntheitsgrad zu erzeugen, damit, die potenziellen Kunden erkennen können, dass eine Innovation auf dem Markt vorhanden ist.[42]

Hier kann mit Hilfe von AR dem Kunden sehr frühzeitig, auch noch deutlich vor der Einführung, ein Gefühl für das Produkt gegeben werden,[43] in dem er mit dem Design und den grundlegenden Funktionen des Produktes, zum Beispiel eines Autos, vertraut gemacht wird. Abbildung 10.6 zeigt eine solche Möglichkeit von BMW.

Abb. 10.6: AR-Darstellung des BMW Vision Next 100 (Eigene Darstellung).

Dabei handelt es sich um eine App für das Smartphone (BMW Vision), mit der dem potenziellen Kunden einfachste Möglichkeiten von AR gezeigt werden und beispielsweise der BMW Vision Next 100 in 3D Außen- und Innenansicht dargeboten wird. Dazu muss das Smartphone auf einen Marker ausgerichtet werden und das Auto manifestiert sich dann dort.[44] Diese Maßnahme wird inzwischen von einer Reihe von Unternehmen auch für bereits existierende Produkte angeboten, und kann sich, neben der AR-Ergänzung bei Plakaten[45] auch auf den POS beziehen, wo im Rahmen von Kunden-

---

41 Rogers, E. M. (2003), S. 5.

42 Eine ausführliche Beschreibung von möglichen Kommunikationszielen findet sich in: Tropp, J. (2011), S. 373 ff.

43 Vgl. Owyang, J. (2010), o. S.

44 Vgl. https://www.press.bmwgroup.com/deutschland/article/detail/T0258902DE/bmw-setzt-auf-htc-vive-vr-brillen-und-mixed-reality-bei-der-entwicklung-neuer-fahrzeugmodelle-bilder-aus-dem-computer-statt-aufwendig-gebauter-entwuerfe:-mehr-flexibilitaet-schnellere-ergebnisse-und-geringere-kosten?language=de (abgerufen am 20.01.2018).

45 Vgl. o. V. (2016), S. 26 ff.

gesprächen das Auto zusammengesetzt wird, welches der Kunde präferiert und dann in einer VR-Umgebung präsentiert wird. Gerade bei komplexen Produkten wie Autos ist die Präsentationsmöglichkeit aber noch eingeschränkt.

10.3.3 Prozesspolitik

Seit vielen Jahren experimentieren auch Museen weltweit mit den Möglichkeiten der AR. So werden beispielsweise im Sukiennice Museum in Krakau mit Hilfe eines Smartphones Spielszenen in historischen Kostümen vor entsprechenden Gemälden dargestellt[46] oder im Royal Ontario Museum animierte Dinosaurier eingespielt.[47] Diese Aspekte müssen im Rahmen des Marketings nicht nur in der Kommunikationspolitik diskutiert werden, hier sind sie, je nach Darbietungsform der Werbung zuzuordnen, sondern insbesondere in der Prozesspolitik: Die Prozesspolitik beschäftigt sich bei Dienstleistungen mit der Frage des Ablaufs der Dienstleistungserstellung. In diesem Zusammenhang spielen die Aspekte der durch den Kunden subjektiv wahrgenommenen Qualität der Gesamtleistung, der Flexibilität bei der Integration des Kunden in den Erstellungsprozess hinsichtlich der Qualität der Kunden und der Koordination der Kunden bezüglich des einigermaßen geregelten Ablaufs der Dienstleistung unabhängig von der Quantität der Kunden, eine entscheidende Rolle.[48]

Die qualitative Wahrnehmung der Dienstleistung bei Integration von AR/MR in den Ablauf hängt in hohem Maße von den Inhalten und deren Darstellungsniveau ab: so haben Kinder vielleicht andere Ansprüche an die gezeigten Inhalte und Verknüpfungen von Realität und Virtualität als Erwachsene. Gleichzeitig kann den Kindern, als sogenannte Digital Natives, der Umgang mit der erforderlichen Hardware leichter fallen als den Erwachsenen, die bisher eventuell noch keine Annäherung an die Technik und VR hatten. Letztlich stellt sich auch hier die Frage nach dem Nutzen für den Kunden, der eventuell über dem reinen Überraschungsmoment und das reine Erleben von VR/MR hinausgeht. Das Hauptproblem bei der Nutzung von VR bleibt sonst die Abnutzung dieses Erlebnisses. Sind Lernprozesse intendiert, so kann gegebenenfalls durch den Einsatz von VR/MR am Ende des Lernprozesses eine Verhaltensänderung erreicht werden, die nicht nur für die Lernsituation gilt, sondern auch später in einer Anwendungssituation.[49] Das dies durch die Ansprache möglichst aller Sinne und damit durch eine vermeintlich größere Nähe zur Realität besser gelingt, als durch zweidimensionales Lernen, ist hinreichend bekannt.[50]

---

46 Vgl. https://www.youtube.com/watch?v=JNY-ogBkt4Q (abgerufen am 20.01.2018).
47 Vgl. https://www.rom.on.ca/en/exhibitions-galleries/exhibitions/past-exhibitions/ultimate-dinos/augmented-reality (abgerufen am 20.01.2018).
48 Vgl. Kürble, P. (2015), S. 156.
49 Vgl. Schulte, F. P. (2017), S. 4.
50 Vgl. https://www.mpg.de/8930937/vokabel-lernen-gesten (abgerufen am 20.02.2018).

10.4 Auswahl von Forschungsarbeiten

10.4.1 Konsumentenpräferenzen und Printanzeigen

Die Arbeit von Yaoyuneyong et al. beschäftigt sich mit der Frage von Konsumentenpräferenzen und Einstellungen gegenüber Hypermedia-Printanzeigen. Die Arbeit ordnet sich ein in eine Reihe von Arbeiten im Rahmen von Augmented-Reality-Marketing (ARM), einer Ausrichtung, die sich mit Marketingstrategien beschäftigt, deren Fokus auf der Ausnutzung von mobilen, smarten Endgeräten liegt. Augmented-Reality-Hypermedia(ARH)-Printanzeigen werden im Rahmen der Studie in ihrer Wirkung mit herkömmlichen Anzeigen und Anzeigen mit QR-Code verglichen. Die Autoren verstehen Augmented Reality als „consumers using handheld mobile devices as viewfinders while looking at a print ad to see digital content (hyperlinked images) virtually displayed over the print ad."[51]

Abbildung 10.7 zeigt, wie eine solche ARH-Printanzeige funktioniert. Die Kunden halten ihr Smartphone oder ihr Tablet-PC vor die Anzeige. Die installierte App erkennt die Anzeige und fügt der Anzeige 3D-Bilder hinzu, die ergänzende und/oder unterhaltende Informationen zeigen können.

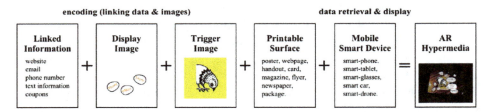

Abb. 10.7: Aufbau einer ARH-Printanzeige (Yaoyuneyong, G., Foster, J., Johnson, E., Johnson, D. (2016), S. 18).

Der Aufwand, der mit einer solchen Anzeige verbunden ist, kann dann gerechtfertigt werden, wenn es gelingt, den Kunden zu einer intensiveren Kommunikation mit der von ihm präferierten Marke zu bringen. Dies setzt voraus, dass der Kunde einen zusätzlichen Nutzen empfindet und die positiven Erfahrungen des Kunden mit der Marke (customer experience) gesteigert werden. Grundsätzlich ist der Einsatz von VR/MR an jedem Touchpoint des Kunden in den verschiedenen Abstufungen möglich.[52] Der vom Kunden als Aufwand empfundene notwendige zusätzliche Gebrauch von Hardware muss aber entsprechend entschädigt werden. Die multisensorischen Möglichkeiten, die VR/MR ermöglichen sind dabei entscheidend. Der zunehmende Hedonismus und

---

51 Yaoyuneyong, G., Foster, J., Johnson, E., Johnson, D. (2016), S. 17.
52 Vgl. ibid., S. 19.

die zunehmende Bedeutung utilitaristischer Werte unterstützen die Bedeutung von einem Shopping-Erlebnis, das interaktiv und unterhaltend ist.

In der Studie von Yaoyuneyong et al. beantworteten Studierende (n = 77) einen Fragebogen, in dem unter anderem eine von drei verschiedenen Varianten von Anzeigen eines lokalen Einzelhändlers abgebildet waren (siehe Abbildung 10.8). Eine der Anzeigen war eine traditionelle Anzeige ohne direkte Response-Möglichkeit, allerdings mit der Web-Adresse, der Social-Media-Adresse, der E-Mail-Adresse und einer Telefonnummer. Die zweite Anzeige hatte QR-Codes, die entsprechend verknüpft waren und die dritte Anzeige beinhaltete ein virtuelles Bild mit nutzbaren Anzeigeflächen der Adressen und einer direkten Verlinkung dorthin.

Abb. 10.8: Drei Arten von Printwerbung: Traditionell, QRH und ARH (Yaoyuneyong, G., Foster, J., Johnson, E., Johnson, D. (2016), S. 22).

Die Untersuchung brachte folgende Ergebnisse:[53]
- ARH-Anzeigen wurden als deutlich informativer, innovativer, origineller und effektiver beschrieben als die anderen beiden Varianten. Dies bedeutet aber nicht, dass ARH-Anzeigen immer die beste Wahl sein müssen. Gerade bei (potenziellen) Kunden ist das ein zweischneidiges Schwert: zum einen sind möglichst einfach zu erhaltene Information für sie sinnvoller, zum anderen kann gerade der unterhaltende Charakter Kunden locken. Gegebenenfalls kann hier eine Kombination beider Werbeformen der beste Weg sein. Bei bestehenden Kunden, die bereits gut informiert sind, spielt der unterhaltende, bindende Charakter einer bestätigenden und/oder verbesserten Erfahrung mit der Marke eine größere Rolle.
- Grundsätzlich wurde die traditionelle Variante in der Gesamtpräferenz den beiden anderen Varianten vorgezogen, obwohl bei allen anderen Teilpräferenzen (Qualität, Attraktivität der Anzeige, Einprägsamkeit und Effizienz der Anzeige) ARH deutlich besser bewertet wurde. Dies deutet darauf hin, dass die Konsumenten die bekannte Variante mit ihrer einfacheren Nutzungsmöglichkeit vorziehen und macht ebenfalls deutlich, dass die Nutzung von ARH eher ergänzenden Charakter haben kann. Jede Werbeform hat ihre spezifischen Vorteile.

---

53 Vgl. Yaoyuneyong, G., Foster, J., Johnson, E., Johnson, D. (2016), S. 24 ff.

- ARH-Anzeigen wurden als zeitsparender gegenüber den anderen Anzeigeformen empfunden. Dies kann auch damit zusammenhängen, dass 86,8 Prozent der Befragten bereits vor der Untersuchung QR-Codes kannten und 75 Prozent mit AR vertraut waren, so dass vermutet wird, dass AR dann als positiv empfunden wird, wenn die Berührungsängste abgebaut werden können und die Konsumenten die ARH ausprobieren.
- ARH scheint nicht die gleichen negativen Konnotationen zu haben wie QR-Codes, deren Akzeptanz insbesondere darunter gelitten hat, dass Unternehmen in der Vergangenheit nicht genügend in der Lage waren, die Kundensicht einzunehmen.[54] Aus diesem Grund empfehlen die Autoren auch den Austausch von QR-Codes durch AR-Technologie, die nicht nur positiver bewertet werden, sondern auch ästhetischer wirken.
- Unternehmen sollten den Neuheitseffekt von AR ausnutzen, um Aufmerksamkeit zu erzielen und dabei berücksichtigen, dass dieser Effekt von kurzer Dauer ist und auf längere Sicht durch die Nützlichkeit der mit AR generierten Informationen ersetzt werden muss.
- Statische Informationen, wie bspw. die Adresse oder die Öffnungszeiten sollten eher auf traditionelle Weise vermittelt werden. Eingebundene AR-Oberflächen können dann für dynamische Informationen eingesetzt werden, die sich beispielsweise auf Produktinnovationen oder Sonderangebote beziehen können. Die AR-Oberfläche könnte entsprechend bei Bedarf geändert werden, ohne dass die gesamte Anzeige erneuert werden muss.

10.4.2 Augmentation, Interaktivität und der Einfluss auf die Konsumentenreaktionen

Die zweite Forschungsarbeit ist von Javornik und beschäftigt sich unter anderem mit der Frage, des Einflusses von Augmentation und Interaktivität auf die affektive, kognitive und konative Reaktion von Konsumenten.

Aus Sicht der Autorin lassen sich die AR-Anwendungen hinsichtlich ihrer Eigenschaften (zum Beispiel virtuelles An- beziehungsweise Ausprobieren oder eine Simulation), ihrer Technologie (zum Beispiel Hologramme oder farbliche Wiedergabe), der Endgeräte (zum Beispiel Interaktiver Bildschirm, Wearables) und des Inhaltes (öffentlich oder privat) unterscheiden. Unabhängig von ihren Unterschieden haben alle AR-Anwendungen Gemeinsamkeiten: sie vermitteln eine Simulation von räumlich zusammengesetzten visuellen und/oder textlicher Information, die eine Illusion einer erweiterten Welt darstellt. Damit ist AR eine Kombination aus realen und virtu-

---

54 Vgl. Marquis, R. (2012), o. S.

ellen Objekten, mit Interaktivität in Echtzeit und Angleichung von virtuellen Objekten in einer realen Welt.[55]

Interaktivität ist eines der wichtigsten Kriterien, wenn es um die Eigenschaften von computergestützten Umwelten geht, da sie einen hohen Einfluss auf die Reaktion der Konsumenten hat. Dabei findet dieser Einfluss in erster Linie indirekt über Immersion, Vergnügen und Vertrauen statt. In der Forschung haben sich zwei Forschungsrichtungen herausgebildet: die eine versucht die Bedeutung von Interaktivität an den Eigenschaften des Mediums festzumachen, also beispielsweise die Funktionalität der Oberfläche hinsichtlich synchroner Kommunikation. Die andere Forschungsrichtung orientiert sich an der Wahrnehmung des Nutzers während der Interaktion. Sundar et al. haben diese Trennung durch ihr TIME (Theory of Interactive Media Effects)-Model versucht zu überwinden.[56]

Sie unterteilen Interaktivität in eine *Mediale Interaktivität*, womit die technischen Funktionalitäten des Mediums gemeint sind, eine *Interaktivität der Mitteilung* im Sinne der Austauschmöglichkeiten zwischen verschiedenen Kommunikationspartnern und die *Interaktivität der Quelle*, womit die Möglichkeit des Nutzers gemeint ist, kommunikative Inhalte zu kontrollieren. Das TIME-Model (siehe Abbildung 10.9) zeigt einen Zusammenhang zwischen den *Predictors*, also den Wirkungsvariablen, den *Mediators*, als den vermittelnden Variablen, und den *Outcomes*, also dem Ergebnis. *Affordances* beschreibt die technischen Voraussetzungen wie zum Beispiel die Interaktivität oder die Möglichkeit zu Navigieren. Deren Darstellung geschieht über die *Cues* (Stichworte oder Markierungen auf dem Gerät) und führt beim Nutzer zu irgendeiner Form von *Action*, beispielsweise im Sinne kommunikativer Aktivitäten. Die dazugehörigen psychologischen Korrelate (zum Beispiel Einfachheit der Nutzung, Kontrollmöglichkeit durch den Nutzer) spielen eine wichtige Rolle als Vermittler zwischen den Aktivitäten, die durch die Schnittstelle gefordert sind und die Verbundenheit des Nutzers mit dem zur Verfügung gestellten Inhalt. Diese anforderungsgetriebene Verbundenheit hat schließlich einen vermittelnden Effekt des medialen Inhalts auf das Wissen des Nutzers, seiner Einstellungen und sein Verhalten.

Neben den motivationalen Aspekten, die im unteren Teil der Abbildung dargestellt werden, vermittelt der obere Teil die Auswirkungen der Darstellungen auf der Nutzeroberfläche. Das reine Vorhandensein von Schaltflächen auf der Oberfläche kann einen sehr beeinflussenden Charakter haben: Schaltflächen oder bestimmte Formen von Buttons, wie beispielsweise die Likes bei Facebook laden zur Nutzung ein. Entsprechend führt beispielsweise die Anzahl positiver Likes, negativer Likes oder anderer Formen von Kommentaren dazu, dass sich eher heuristische Einschätzungen gegenüber den Inhalten, der Quelle oder der Nutzeroberfläche einstellen.[57]

---

55 Vgl. Javornik, A. (2016), S. 989.
56 Vgl. Sundar, S. S., Jia, H., Waddell, T. F., Huang, Y. (2015), S. 47 ff.
57 Vgl. ibid., S. 51 f.

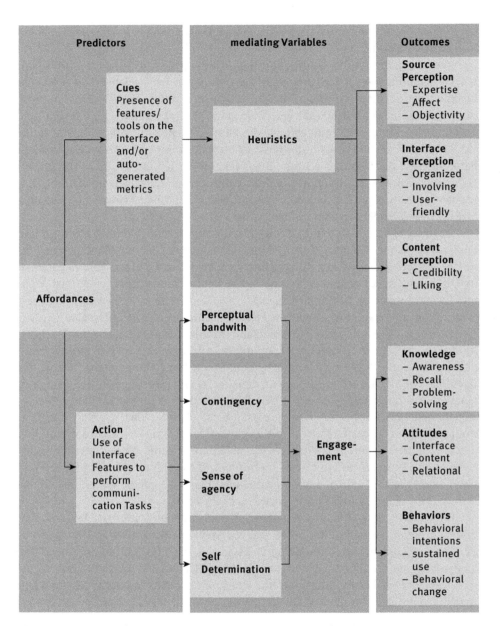

Abb. 10.9: TIME-Model (Sundar, S. S., Jia, H., Waddell, T. F., Huan, Y. (2015), S. 51).

Javornik nutzt das beschriebene Model für ihre Untersuchung und konzentriert sich im Rahmen der technischen Voraussetzungen (Affordances) auf die Interaktivität im Sinne einer medialen Interaktivität und einer Interaktivität der Quelle. Die Autorin untersucht drei Fragestellungen: zum einen, ob AR-Anwendungen zu einer höheren Interaktivität im Sinne einer wahrnehmbaren Reaktion führt als Nicht-AR-Anwendungen, zum zweiten, ob bei AR-Anwendungen das Gefühl der Kontrollmöglichkeiten für den Nutzer gegenüber Nicht-AR-Anwendungen zunimmt und zum dritten, ob die Nutzung von AR-Elementen in den kommerziellen Anwendungen das Gefühl der Erweiterten Realität vermittelt oder nicht. Eine wichtige Rolle für den Erfolg von AR spielt die Möglichkeit des Eintauchens in die erweiterte Realität. Dabei sind der möglichst ungehinderte Durchlauf der Handlungsmöglichkeiten im Sinne unter anderem einer ruckelfreien Präsentation, der Neuheitsgrad, das empfundene Vergnügen und die Möglichkeit der Kontrolle für die Wahrnehmung des Eintauchens in eine Aktivität relevant. Diese Überlegungen führen zu einer vierten überprüften Annahme: Umso intensiver die wahrgenommene Erweiterung der Realität, umso stärker fällt die affektive, kognitive und konative Reaktion aus (siehe hierzu Abbildung 10.10).

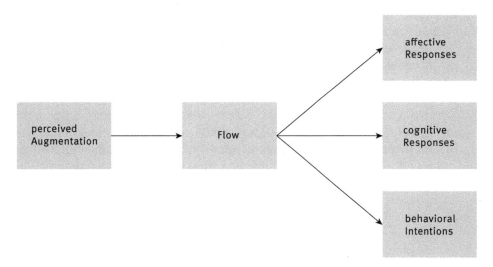

Abb. 10.10: Das Perceived-Augmentation-Flow-Modell (Javornik, A. (2016), S. 995).

Bei den Studienteilnehmern handelte es sich um 60 Studierende beziehungsweise ehemalige Studierende einer schweizer Universität. Getestet wurde eine AR-App von IKEA im Vergleich zur IKEA-Homepage, die nicht AR-unterstützt war. Die Studie kam zu den folgenden Ergebnissen:[58]

---

58 Vgl. Javornik, A. (2016), S. 1002 ff.

- Die Interaktivität von AR führt nicht zu einer zunehmenden wahrgenommenen Kontrollmöglichkeit oder Reaktivität. Auch hier, wie schon in der weiter oben beschriebenen Studie, wird empfohlen, „... rather focus on AR's ability to add visual simulations in the physical environment and interact with consumers in real time."[59] Mit O'Mahony kann dieses Ergebnis noch ergänzt werden: Grundsätzlich gilt für AR das gleiche, wie es für alle Instrumente empfohlen wird: Umso genauer die Zielformulierung, umso exakter und umso effizienter der Einsatz von AR.[60]
- Die Nicht-AR-Seite wurde als reaktiver wahrgenommen. Dies lag allerdings auch an den technischen Herausforderungen, die teilweise zu zeitlichen Verzögerungen in der Reaktion auf Nutzereingaben bei der AR-Variante führten. Ein deutlicher Hinweis darauf, dass AR nur dann seinen Nutzen entfalten kann, wenn seitens des Unternehmens sichergestellt ist, dass die Anwendung einwandfrei funktioniert. Auch wenn dies eher trivial erscheint, so muss berücksichtigt werden, dass hier eine Reihe von unternehmens-externen Faktoren eine kritische Rolle spielen, wie beispielsweise die zur Verfügung stehenden Bandbreiten der Netze.
- Das Konzept der wahrgenommenen Realitätserweiterung (Perceived Augmentation) erfasst alle Wahrnehmungen der speziellen AR-Media Eigenschaften, also die Kombination und Anpassung realer und virtueller Objekte und die Interaktivität in Echtzeit.
- Bezüglich des Zusammenhangs zwischen der wahrgenommenen Erweiterung der Realität und den drei verschiedenen Reaktionen, konnte festgestellt werden, dass die Durchlauffähigkeit sowohl positive Effekte bei den affektiven als auch den konativen Reaktionen gezeigt hat, allerdings negative bei den kognitiven Effekten. Dies kann damit zusammenhängen, dass zwischen den Reaktionen in Bezug auf die App und denen in Bezug auf die Marke IKEA unterschieden werden muss. Bei der Erinnerungsleistung kann angenommen werden, dass die App diese Erinnerung an die Marke kannibalisiert hat. Immerhin führen die beiden positiven Effekte dazu, dass die Äußerungen der Befragten Weiterempfehlungsabsichten hinsichtlich der Anwendung der AR-Applikationen beinhaltet haben.[61] Darüber hinaus darf, sofern die App funktioniert, nicht unterschätzt werden, inwieweit die Bereitstellung auch positive Auswirkungen auf das innovative Image der Marke haben kann.[62]

---

59 Javornik, A. (2016), S. 1003.
60 Vgl. O'Mahony, S. (2015), S. 234.
61 Weitere Ergebnisse hinsichtlich der AR-Wirkungen, siehe beispielsweise Cianciarulo, D. (2015), S. 138 ff.
62 Vgl. Del Rowe, S. (2017a), S. 25.

Literatur

Anthes, C., García-Hernández, R. J., Wiedemann, M., Kranzlmüller, D. (2017): State oft he Art of Virtual Reality Technology, Conference-Paper 2016 IEEE Aerospace Conference, Montana.

Azuma, R. T. (1997): A Survey of Augmented Reality, in: Presence, 6(4), S. 355–385.

Bitkom e. V. (2016): Zukunft der Consumer Technology – 2016. Marktentwicklung, Schlüsseltrends, Mediennutzung, Konsumverhalten, neue Technologien. Berlin.

Brandoffice (2017): Deutscher Markenreport, München.

Cianciarulo, D. (2015): From local traditions to „augmented reality". The MUVIG Museum of Viggiano (Italy), in: Procedia – Social and Behavioral Sciences 188, S. 138–143.

Campillo-Lundbeck, S. (2016): Die neue Welt der Bilder, in: Horizont, 48/2016, S. 24.

Caudell, T. P., Mizell, D. W. (1992): Augmented reality: An application of heads- up display technology to manual manufacturing processes. Proceedings of 25th IEEE Hawaii International Conference on Systems Sciences, Band 2, Kauai/Hawaii, 07.01.–10.01.1992, S. 659–669.

Del Rowe, S. (2017a): Seeing the Realities of AUGMENTED REALITY, in: Customer Relationship Management, Nov., S. 22–26.

Del Rowe, S. (2017b): Augmented Reality Is Piquing the Interest of Marketers, in: Customer Relationship Management, Nov., S. 12.

Gassmann, O.; Zeschky, M. (2007): Radikale Innovation ist nicht planbar wie ein Produktionsprozess, in: Innovation Management, Sept.–Nov., Nr. 3, S. 8–10.

Haire, M. (1950): Projective Techniques in Marketing Research, in: The Journal of Marketing, 14(5), S. 649–656.

HBR (2017): Augmented Reality in the Real World, Nov–Dec., S. 59.

Herrmann, A., Huber, F., Tomczak, T. (2007): Determinanten radikaler Produktinnovationen, in: Belz, C., Schögel, M., Tomczak, T. (Hrsg.): Innovation Driven Marketing, Wiesbaden, S. 161–196.

Homburg, C. (2017): Marketingmanagement, 6. Auflage, Wiesbaden.

Janke, K. (2017): Mit neuem Blick, in: Horizont, 11/2017, S. 33.

Javornik, A. (2016): „It's an illusion, but it looks real!" Consumer affective, cognitive and behavioural responses to augmented reality applications, in: Journal of Marketing Management, 32(9/10), S. 987–1011.

Karahanna, E., Straub, D. W., Chervany, N. L. (1999): Information Technology Adoption Across Time: A Cross-Sectional Comparison Of Pre-Adoption And Post-Adoption Beliefs, in: MIS Quarterly, 23(2), S. 183–213.

Krueger, M. (1983): Artificial Reality, Boston.

Kuerble, P. (2015): Operatives Marketing, Stuttgart.

Marquis, R. (2012): 3 Brands That Failed with QR Codes, in: iMedia Connection, http://www.imediaconnection.com/articles/ported-articles/red-dot-articles/2012/jun/3-brands-that-failed-with-qr-codes/ (abgerufen am 20.01.2018).

Marvin, R. (2017): Microsoft's mixed-reality plans go far beyond hololens, in: PC-Magazine digital edition, Mai 2017, o. S.

Milgram, P., Takemura, H., Utsumi, A., Kishino, F.: Augmented Reality: A class of displays on the reality-virtuality continuum, in: SPIEE Vol. 2351, Telemanipulator and Telepresence Technologies, S. 282–292.

Müller, F. (2016): Pikachus Comeback, in: Horizont, 29/2016, S. 4.

O'Mahony, S. (2015): A Proposed Model for the Approach to Augmented Reality Deployment in Marketing Communications, in: Procedia – Social and Behavioral Sciences 175, S. 227–235.

Olmedo, H. (2013): Virtuality Continuum's State oft he Art, in: Procedia Computer Science 25, S. 261–270.

o. V. (2016): Fueling Sales, in: Response, Oktober, S. 26–30.

Owyang, J. (2010): The New Reality Will Be Augmented, in: http://www.destinationcrm.com/Articles/Columns-Departments/Connect/The-New-Reality-Will-Be-Augmented-60593.aspx (abgerufen am 20.01.2018).

Park, J. G., Park, K., Lee, J. (2014): A firm's post-adoption behavior: loyalty or switching-costs?, in: Industrial Management & Data Systems, 114(2), S. 258–275.

Parthasarathy, M., Bhattacherjee, A. (1998): Understanding Post-Adoption Behavior in the Context of Online-Services, in: Information systems research, 9(4), S. 362–379.

Porter, M. E., Heppelmann, J. E. (2017): Why every organization needs an augmented reality strategy, in: Harvard Business Review, Nov./Dez., S. 46–57.

Regenbrecht, H., Lum, T., Kohler, P., Ott, C., Wagner, M., Wilke, W., Mueller, E. (2004): Using Augmented Virtuality for Remote Collaboration, in: Presence, 13(3), S. 338–354.

Reichwald, R., Piller, F. (2009): Interaktive Wertschöpfung. Open Innovation, Individualisierung und neue Formen der Arbeitsteilung, 2. Auflage, Wiesbaden.

Rogers, E. M. (2003): Diffusion of Innovations, 5. Auflage, New York.

Schulte, F. P. (2017): (Virtuelles) Lernen hier, hier und hier, und (reales) Handeln dort – Die Bedeutung einer (Transfer-) Kompetenzorientierung bei der Gestaltung von Virtual/Augmented/Mixed Reality-Lernszenarien, Vortrag auf einem Workshop VR/AR-Learning im Rahmen der DeLFI, Essen.

Sundar, S. S., Jia, H., Waddell, T. F., Huang, Y. (2015) in: Sundar, S. S. (Hrsg.): The Handbook oft he Psychology of Communication Technology, Chichester, S. 47–86.

Sutherland, I. E. (1963): SketchPad: A man-machine graphical communication system. AFIPS Conference Proceedings *23*, S. 323–328.

Tönnis, M. (2010): Augmented Reality. Einblicke in die Erweiterte Realität. Heidelberg.

Tropp, J. (2011): Moderne Marketing-Kommunikation, Wiesbaden.

Yaoyuneyong, G., Foster, J., Johnson, E., Johnson, D. (2016): Augmented Reality Marketing: Consumer Preferences and Attitudes Toward Hypermedia Print Ads, in: Journal of interactive advertising, 16(1), S. 16–30.

https://www.dhs.gov/sites/default/files/publications/R-Tech_EDGE-Virtual-Training-FactSheet_180103-508.pdf (abgerufen am 20.01.2018).

https://www.mpg.de/8930937/vokabel-lernen-gesten (abgerufen am 20.02.2018).

http://www.pcgames.de/Pokemon-GO-Spiel-56108/News/Spielerzahl-um-80-Prozent-auf-5-Millionen-abgestuerzt-1224849/ (abgerufen am 20.01.2018).

https://www.press.bmwgroup.com/deutschland/article/detail/T0258902DE/bmw-setzt-auf-htc-vive-vr-brillen-und-mixed-reality-bei-der-entwicklung-neuer-fahrzeugmodelle-bilder-aus-dem-computer-statt-aufwendig-gebauter-entwuerfe:-mehr-flexibilitaet-schnellere-ergebnisse-und-geringere-kosten?language=de (abgerufen am 20.01.2018).

https://www.rom.on.ca/en/exhibitions-galleries/exhibitions/past-exhibitions/ultimate-dinos/augmented-reality (abgerufen am 20.01.2018).

https://de.statista.com/infografik/9006/marktentwicklung-von-augmented-und-virtual-reality/ (abgerufen am 20.01.2018).

https://de.statista.com/prognosen/789247/expertenbefragung-in-deutschland-zum-trend-augmented-reality (abgerufen am 20.01.2018).

https://de.statista.com/prognosen/793221/umfrage-in-deutschland-zum-interesse-an-virtual-reality (abgerufen am 23.01.2018).

https://de.statista.com/statistik/daten/studie/685695/umfrage/umfrage-zum-interesse-an-virtual-reality-unter-gamern-in-deutschland/ (abgerufen am 23.01.2018).

https://www.youtube.com/watch?v=JNY-ogBkt4Q (abgerufen am 20.01.2018).

Stichwortverzeichnis

https://doi.org/10.1515/9783110526097-011

www.ingramcontent.com/pod-product-compliance
Lightning Source LLC
LaVergne TN
LVHW080113070326
832902LV00015B/2565